◎山东大学研究生核心课程教材

供应链系统规划与设计

谢京辞　包春兵　付学梅
蒋　鹏　于国栋　刘伟波　编著

山东大学出版社
SHANDONG UNIVERSITY PRESS
·济南·

图书在版编目(CIP)数据

供应链系统规划与设计/谢京辞等编著.—济南：山东大学出版社，2023.5

ISBN 978-7-5607-7838-9

Ⅰ.①供… Ⅱ.①谢… Ⅲ.①供应链管理—教材
Ⅳ.①F252.1

中国国家版本馆CIP数据核字(2023)第079773号

策划编辑 宋亚卿
责任编辑 邵淑君
封面设计 王秋忆

供应链系统规划与设计
GONGYINGLIAN XITONG GUIHUA YU SHEJI

出版发行 山东大学出版社
社　　址 山东省济南市山大南路20号
邮政编码 250100
发行热线 (0531)88363008
经　　销 新华书店
印　　刷 山东新华印务有限公司
规　　格 720毫米×1000米 1/16
　　　　 23.25印张 443千字
版　　次 2023年5月第1版
印　　次 2023年5月第1次印刷
定　　价 60.00元

前　言

2017年，国务院办公厅在《关于积极推进供应链创新与应用的指导意见》中强调，供应链是以客户需求为导向，以提高质量和效率为目标，以整合资源为手段，实现产品设计、采购、生产、销售、服务等全过程高效协同的组织形态。2022年12月，国务院办公厅发布了《"十四五"现代物流发展规划》，特别强调要做好供应链战略设计，提升现代供应链运行效率，强化现代供应链安全韧性等内容。在国家相关政策的支持下，供应链的重要性逐步提高，关注度逐年提升。

为了培养国家急需的相关人才，国内高校相继开设了物流管理、物流工程、采购管理、供应链管理等本科专业。物流与供应链管理方向的硕博士研究生培养多分布在管理科学与工程、工商管理学、交通规划与管理等一级学科学位点。山东大学管理学院于2004年开设物流管理本科专业，2020年年初获教育部批准设立供应链管理新兴本科专业，硕博士研究生培养设在管理科学与工程一级学科学位点。为了提高学生培养的质量，适应供应链管理学科的发展，山东大学组织供应链管理领域的一线教师编写了本书。

随着全球化与数智时代的到来，企业之间的竞争演化为供应链与供应链之间的竞争。供应链系统规划与设计作为一种先进的组织供需资源的理念和管理技术，在促进企业降本增效、供需匹配和产业升级中作用明显。本书主要面向管理科学与工程类、工商管理类、交通运输类等学科在研究生阶段开设的"供应链系统规划与设计""物流规划与设计"等相关课程，同时兼顾物流管理与工程类本科高年级学生的学习需求。本书从系统的观点出发，将规划与设计理念贯穿供应链系统分析全过程，理论联系实际，注重学科知识点的有机结合和融会贯通。本书共11章，包括供应链系统规划与设计概论、供应链战略规划与设计、供应链系统预测、供应链设施选址规划与设计、供应商管理规划与设计、供应链运输系统规划与设计、供应链网络规划与设计、供应链金融、供应链风险管理、供应链系统评价、供应链系统建模仿真，内容较为丰富，体例规范。对于本书涉及的相关基础知识，读者可登录“智慧树”山东大学“供应链系统规划与设计”同名慕课学习。

本书由谢京辞负责全书策划、大纲制定及统稿工作。本书编写的具体分工如下：第1章由王梓彤与谢京辞编写，第2章由侯雪与谢京辞编写，第3、10章由蒋鹏编写，第4章由于国栋编写，第5、6章由付学梅编写，第7章由刘欣婧与谢京辞编写，第8、9章由包春兵编写，第11章由刘伟波编写。

我们在编写本书的过程中，参考了大量国内外文献资料，主要参考资料已在参考文献中列出，可能有遗漏，在此对国内外有关作者和出版机构表示衷心的感谢。由于本书涉及内容较广，知识更新速度较快，加上时间仓促，编者水平有限，书中难免会有一些不当与错误，恳请读者批评指正。

编著者

2022年12月

目　录

第1章　供应链系统规划与设计概论

1.1　供应链系统概述

1.1.1　供应链和供应链系统产生的背景与原因

1.供应链产生的背景

将物品由卖方供应给中间商再供应给买方是自古以来存在的交易现象，但与之相关的“供应链”的概念是在20世纪后期随着消费者需求层次提高、产品工艺复杂化、全球经济一体化、技术发展进步、新利润源泉出现才被正式提出的[1]。

(1)消费者需求层次提高。随着消费者生活水平的提高以及对产品认知的增加，消费者需求层次发生了变化。消费者购买企业产品时不再仅仅考虑最初的生存需要，而是掺杂了更多的个人偏好，越来越追求个性化、质量高、服务好的企业产品。消费者希望企业能够在保证产品质量的前提下，提供优质的售前、售中、售后服务。

(2)产品工艺复杂化。消费者对企业产品提出了更高的要求，为满足消费者日益提高的产品要求，给消费者提供更优质的产品，产品的制造工艺和技术流程愈加复杂。一件产品的生产往往涉及多个高精端技术，这使得仅靠单个企业完成产品从原材料开始的全部生产过程变得困难。同时也受限于生产技术的版权垄断，企业不得不与其他企业进行合作以实现产品的生产供应。

(3)全球经济一体化。第二次世界大战以后，一些全球性经济组织的成立和公约的签订，以及通信和运输技术的创新提高，促进了全球经济一体化发展，企业在全球范围内搜寻供应市场和销售市场。同时，全球经济一体化也带来了激烈的市场竞争，其在为企业进入其他国家市场提供机会的同时，也为他国企业进入该国市场创造了可能，市场竞争的激烈程度随着市场中企业数量的增加而增大。

(4)技术发展进步。20 世纪 80 年代，随着个人计算机应用的推广，计算机网络技术在企业内部得到广泛应用。企业内部员工可以借助个人计算机终端，通过企业内部局域网对企业内部文件资料进行访问，打破了企业内各部门之间的壁垒，使得企业内部的信息得以快速共享交流，从而大大提高了企业的管理水平和盈利能力。一些企业间数据交换和处理工具如电子数据交换(Electronic Data Interchange，EDI)的使用也加快了企业之间信息传递的速度。

(5)新利润源泉出现。经过多年对第一利润源泉(资源领域)和第二利润源泉(人力领域)的挖掘，企业难以再通过节约资源、提高生产率等方式挖掘出更多的利润，急需一种新的利润源泉来创造更大的利润空间。于是，第三利润源泉——物流领域被提出，企业可以通过对物流活动的管理，在恰当的时间将合适数量的产品以合适的方式运送到合适的位置，从而实现库存水平、运输成本等的降低，通过管理手段给企业带来利润。

2.供应链产生的原因

(1)横向一体化运作更适应市场需求。无论是消费者理念的转变，还是产品工艺的复杂化，无疑都给企业生产活动带来了更大的挑战，企业传统的纵向一体化运作模式不再适用[2]。在过去消费者需求单一的卖方市场，企业出于牢牢占据生产资源等目的，多采用纵向一体化运作模式，通过扩大经营、参股等方式参与原材料的生产供应，把大部分原材料和产品生产过程囿于企业内部，有些企业为了保证运输和销售的质量与效率，甚至把物流和零售也纳入企业自身业务范围内。但是，消费者对产品的高质量需求要求企业对产品从原材料生产开始的每一个生产环节都做到极致，然而企业可用的资金和精力都是有限的，难以对每一个生产环节都做到高效管理。产品工艺的复杂化增大了这一难度，企业必须把部分生产管理活动“外包”出去，与其他企业合作以完成最终产品的生产。全球经济一体化发展带来的供应和销售市场在地理上分布范围的扩大以及市场竞争的加剧，更是使得企业必须专注于某一环节的生产管理，发展核心竞争力，并通过与其他企业的战略合作实现对各企业优势力量的整合，生产出符合消费者和市场需求的产品。例如，通用汽车公司将运输和物流业务外包给里斯维物流(Leaseway Logistics)公司，从而获得专业企业的优势，这样还可以避免自己投资建设相关设施设备带来的建设周期长和额外成本增加的问题，实现产品生产全过程的最优。

(2)信息共享理念由企业内部扩展到企业外部。企业借助计算机网络技术实现企业内部信息共享,打破了企业部门之间的数据和信息垄断[3],有效地提高了企业中各业务部门沟通交流的效率和质量,企业管理水平显著提升。企业管理层看到了信息共享给企业经营管理带来的巨大好处,希望将这种信息共享带来的优势由企业内部扩展到企业外部,以获得管理水平和盈利水平的提高。而计算机网络技术的进一步发展为信息共享走出企业创造了可能,企业管理层能够借助更快速、可靠的互联网实现与上下游企业的信息共享,从而实现更高水平的管理和盈利。第三利润源泉理论实践也表明,企业可以通过管理手段创造利润,而不限于企业内部管理或企业外部管理。但是这种利润的创造离不开信息的流动,如供应企业需要通过一定的手段确定或正确预测生产企业的原材料需求量和需求时间点信息,才能在恰当的时间将产品交付给生产企业,避免过多库存堆积或供应不足。而当生产企业能够将这些信息共享给供应企业时,就可以有效地减少供应企业预测不准确的现象,从而对物流活动实现更合理的管理安排,由此创造出新的利润并最终由两个企业共享。

(3)通过供应链管理可以为企业创造难以被模仿的竞争优势。技术的发展进步在促进企业内部、企业之间进行沟通和信息共享的同时,也提高了企业的学习和模仿能力,企业在产品生产技术等方面的竞争优势很容易被竞争对手模仿成功。同时,全球经济一体化带来的市场竞争加剧也要求企业具有更强的、不易被模仿的竞争优势。供应链管理通过将具有不同专业优势的企业联合在一起并进行组织和协调,使企业各司其职、专注于各自的核心业务,整合不同企业的核心业务能力来促使整个生产供应活动的进行,从而使企业形成更强的竞争优势[4]。而且,这种竞争优势的形成依赖于供应链上所有企业的核心业务能力,缺一不可,这是竞争对手难以完全模仿的,故而这种优势更有助于企业在竞争中立于不败之地。

3.供应链系统产生的背景

(1)企业对供应链更加依赖。21世纪,企业之间的竞争已经转变为供应链之间的竞争[5]。当前激烈的市场竞争、严格的环境限制以及能源的短缺等给企业的生产经营带来了前所未有的限制,企业想要存活下来,就需要与供应链上的其他企业进行优势互补,以战略联盟的形式共同应对风险。同时,企业难以通过自身完成产品的生产制造,必须与原材料供应商或分销商等合作。企业对供应链的依赖程度愈发增强。

(2)企业市场风险变大。随着技术的发展、市场竞争愈加激烈,企业面临的市场风险也越来越大。如信息技术的发展方便企业及时获取消费者需求变化信息，但也决定了任何消费者的信息都不单属于一家企业，其他企业也可以通过相同的技术获得同样的消费者信息。这种消费者信息获取的便利化在使企业降低客户搜寻成本的同时，也使得企业既有潜在客户有可能被迅速抢走，企业将面临更激烈的市场竞争，而市场上产品同质化严重，消费者转移成本低，企业生存的不确定性增大。

(3)企业商业模式变化。随着市场环境、消费者理念、产品特征等的变化，企业的商业模式也在发生变化。生产产品和提供服务的企业日益增多，消费者具有更多的选择项和选择权，企业生产什么顾客就购买什么的时代已然发生改变，消费者在买卖关系中逐渐占据主导地位。产品技术的快速创新也使得产品更新速度加快，产品生命周期大大缩短。准时制生产方式(Just in Time，JIT)、柔性化生产、看板管理、“拉式”生产等理念大放异彩。

4.供应链系统产生的原因

(1)供应链管理的需要。企业对供应链的依赖对企业供应链管理提出了要求。传统供应链中的企业出于盈利等目的，相互之间多为竞争关系，如生产企业总是希望供应企业能够提供更低的售价，想尽办法压价，而供应企业却总是希望生产企业能够支付更高的售价。但是企业对供应链的依赖要求企业与供应链中的其他企业不应只是竞争关系，更多的应该是资源共享、风险共担，如此才能真正形成供应链战略联盟。这就要求企业以系统的观点和方式对供应链进行管理。同时，供应链战略联盟能够使企业具有供应链整体的竞争优势，如更快的顾客响应速度、更高的产品质量，这种优势是依赖供应链上所有企业联盟合作才能实现的，难以被其他企业复制，从而有助于企业留住客户，应对市场风险。

(2)企业经营管理的需要。无论是JIT生产理念，还是柔性化生产、看板管理、“拉式”生产等理念，都要求企业必须与供应链中的上下游企业进行合作。如JIT要求企业在正确的时间生产正确数量的零件和产品，实现一种无库存或者库存最小的生产模式。而在原材料库存方面就需要生产企业与供应企业进行合作，以求在生产企业原材料库存量刚降为零的时点供应企业就将恰好足够生产企业完成订单需求的原材料运至生产企业车间，这种联盟合作要求生产企业与供应企业必须像一个整体一样进行生产经营活动。扩展到整个供应链上的生产经营活动，就是将供应链上的所有企业作为一个整体进行管理，即将供应链作为系统进行管理。

1.1.2　供应链的概念与类型

1.供应链的概念

“供应链”这一概念最早源自“现代管理学之父”彼得·德鲁克(Peter Drucker)提出的“经济链”，在此基础上，20世纪80年代，迈克尔·波特(Michael Porter)在《竞争优势》一书中提出了“价值链”，最终演变为“供应链”[6]。供应链本质上是一个价值增值的过程，在信息流的指导下，以资金流、物流、服务流为媒介增加产品价值。原材料从最初的供应端企业开始，在供应链上的节点之间流动，被逐渐加工成半成品、成品，并借助物流、销售等服务企业的支撑在各节点之间流转，最后销售至最终消费者手中。在这个流动的过程中，每一个加工企业对经过的物料进行加工的过程以及每一个服务企业为生产和物料流动提供支撑的过程也就是对物料进行价值增值的过程，随着物料在节点间的流动，产品的价值也在不断增加，最终以累加的价值销售到消费者手中。

同时，随着企业外部环境的改变和研究的推进，供应链的概念和管理重点也在不断变化，人们对供应链的理解也从企业内部的物流过程到涵盖整个产品运动过程的增值链再到围绕核心企业的功能网链[7]，发展过程如表1-1所示。

表1-1　供应链概念的发展

观点	定义	提出者
企业内部的物流过程[7]	供应链是指将采购的原材料和收到的零部件通过生产转换和销售等活动传递到用户的一个过程[7]	—
涵盖整个产品运动过程的增值链[7]	通过增值过程和分销渠道控制从供应商的供应商到用户的用户的流就是供应链，它开始于供应的原点，结束于消费的终点[7]	格雷厄姆·史蒂文斯(Graham Stevens)
	供应链始于未加工的原材料，结束于顾客使用的最终产品，其将众多的企业连接在一起。在物质和信息从原材料采购到成品配送交换过程中，所有的供应商、服务商和客户都通过供应链得以连接[8]	美国供应链管理专业协会(Council of Supply Chain Management Professionals，CSCMP)

续表

观点	定义	提出者
围绕核心企业的功能网链[7]	供应链是执行采购原材料,将它们转换为中间产品和成品,并将成品销售到用户的功能网链[7]	艾伦·哈里森(Alan Harrison)
	供应链是围绕核心企业,通过工作流、信息流、物料流、资金流的协调和控制,从采购原材料开始,制成中间产品以及最终产品,最后由销售网络把产品送到消费者手中的供应商、制造商、分销商、零售商直至最终用户连成一个整体的功能网链结构[7]	马士华
	生产及流通过程中,围绕核心企业,将所涉及的原材料供应商、制造商、分销商、零售商直到最终用户等成员通过上游和或下游成员链接所形成的网链结构[9]	中国国家标准GB/Z 26337.1—2010《供应链管理》
	生产及流通过程中,围绕核心企业的核心产品或服务,由所涉及的原材料供应商、制造商、分销商、零售商直到最终用户等形成的网链结构[10]	中国国家标准GB/T 18354—2021《物流术语》(修订版)

本书参考其他学者对供应链的定义,认为:“供应链就是围绕核心企业,通过信息流、物流或服务流、资金流,从原材料开始,到制成中间产品及最终产品,最后由销售网络把产品送到消费者手中的将供应商、制造商、分销商、零售商直到最终客户连成一个整体的功能网链,这个网链中既有物质形态的产品的生产和消费,也有非物质形态的产品(服务)的生产(提供服务)和消费(享受服务)。”[11]

2.供应链的类型

在一条典型的供应链中,一般是由原材料供应商向制造商提供原材料和半成品,制造商将原材料和半成品生产成产品后通过分销商和零售商将最终产品销售给消费者,其中有服务提供商如物流服务提供商为供应链中生产、销售业务的进行提供必要的服务支撑。依据不同的划分标准,可以将供应链划分为不同的类别。

(1)稳定的供应链和动态的供应链[12]。根据供应链的稳定性状况,可以将供应链分为稳定的供应链和动态的供应链。稳定的供应链一般存在于市场需求比较单一、变化幅度和变化可能性比较小的情况下,供应链中的成员基本不发生变化。动态的供应链则一般存在于市场需求变化比较快、需求比较复杂的情况下,企业需要不断根据需求的变化选择合适的企业组成新的供应链或者对原有供应链中的上游或下游企业进行调整,供应链是处于动态变化中的。

(2)平衡的供应链和倾斜的供应链[12]。根据供应链容量和消费者需求情况,可以将供应链划分为平衡的供应链和倾斜的供应链。当供应链的容量能够满足消费者需求时,供应链可以实现在最优状态下进行运作,这时的供应链是平衡的供应链。当市场剧烈变化,出现生产超时、成本增加等现象时,供应链的容量不能满足消费者需求,供应链无法在最优状态下进行运作,这时的供应链是倾斜的供应链。

(3)有效性供应链和反应性供应链[12]。根据供应链的功能模式的侧重点,可以将供应链划分为有效性供应链和反应性供应链。当管理侧重于供应链的物质功能时,即追求供应链全生产、销售过程中的成本最低和投入最低,这种供应链被称为有效性供应链。当管理侧重于供应链的市场协调功能时,即追求在市场需求变化时,能够据此快速在合适的时间将适量的产品提供给合适的消费者,这种供应链被称为反应性供应链。

(4)推式供应链和拉式供应链[13]。根据供应链的运作方式,可以将供应链划分为推式供应链和拉式供应链,如图1-1所示。推式供应链的出发点是制造商,制造商对市场进行需求预测,根据预测结果向上游寻找合适的供应商,向下游寻找合适的零售商,并生产一定数量的产品,通过零售商把产品销售给顾客。拉式供应链的出发点是顾客需求,企业以获得顾客订单为前提,通过零售商、制造商、供应商一级一级将需求向上传,再由供应商开始根据需求向制造商提供原材料,制造商根据需求生产产品,最终由零售商销售给顾客。为了综合利用两种供应链运作模式的优点,现在企业多采用"推—拉"混合的供应链运作模式,即在某些节点企业之间采用推式供应链运作模式,而在有些节点企业之间采用拉式供应链运作模式。

（a）制造商推动的供应链（集成度低，需求变化大，缓冲库存量高）

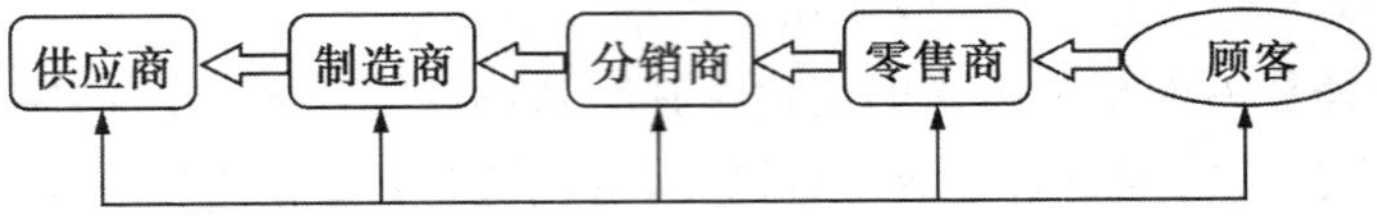

（b）顾客拉动的供应链（集成度高，数据交换迅速，缓冲库存量高，快速反应）

图 1-1　推式供应链和拉式供应链

(5)按构筑核心划分的供应链[12]。根据供应链的构筑核心,可以将供应链划分为以客户要求为核心构筑的供应链、以销售为核心构筑的供应链和以产品为核心构筑的供应链。以客户要求为核心构筑的供应链是指根据客户的具体要求,以客户满意为目标构筑的供应链。以销售为核心构筑的供应链是指在买方市场环境下,以销售的数量、时间、成本和服务水平为目标构筑的供应链。以产品为核心构筑的供应链是指以产品生产为出发点,为达到产品质量和服务水平目标对供应链、零售商、物流企业等进行选择而构筑的供应链。

1.1.3　供应链系统

1.供应链系统概述

(1)系统概述。系统是指由若干要素以一定的结构形式联结构成的具有某种功能的有机整体。一般来说,系统具有整体性、相关性、层次性、集成性、目的性、环境适应性等特点[14]。

①整体性。系统具有整体性。系统是由其中所有要素组成的一个整体,它追求的是整体最优,而不是每一个要素最优。通过对系统中各个要素的协调,可以得到区别于所有要素功能的新功能,并且整体功能效果会大于所有要素功能简单加总带来的效果。对任何一个要素以及要素之间关系的研究,都不能脱离系统这个整体。

②相关性。系统的各要素之间、要素与系统之间、系统与环境之间是相互联系、相互作用的。如果一个要素发生了变化,那么与其相关的要素也必须随之发生变化,这样才能维持系统的最优状态。当外界环境发生变化时,要素与系统的状态也必须发生变化。比如对于供应链系统中的半成品供应商和制造商来说,当制造商调整自己的制造策略时,半成品供应商也必须随之调整自己

的生产策略,否则可能造成半成品堆积或缺乏,从而造成半成品库存堆积或制造商制造过程被打断,使供应链系统偏离最优状态。

③层次性。根据系统中包含的要素以及要素之间的关系,可以将大的系统分成一个个小的子系统,这些子系统同样可以根据其中包含的要素和要素之间的关系再次细分成更小的子系统。比如供应链系统可以分为供应子系统、生产子系统、物流子系统、需求子系统。这种系统与子系统之间包含与被包含或者领导与被领导的关系就反映了供应链系统的层次性。

④集成性。系统并非要素的简单叠加,而是基于要素之间复杂的相关关系的有机结合。系统中要素之间的关系应该服从于某些法则,从而形成一个有序的整体。只有一个要素的系统是没有意义的。

⑤目的性。系统是根据一定的目的构建的,系统的构建一定是为了实现某项或多项目标。比如沃尔玛的供应链系统的目标就是尽可能地将最低价的产品以最低的成本在合适的时间运送到线下门店,实现“天天低价”的经营目标。

⑥环境适应性。任何系统都是存在于变化的环境之中的。系统和子系统不停地与环境进行交互,环境的任何变化都可能对系统产生影响。例如在供应链系统中,新替代产品的出现将会影响消费者对制造企业的需求,制造企业需要据此调整自己的生产策略,同时整个供应链中的其他企业也需要根据这个变化进行调整。系统这种在环境变化时进行自我调整,以使得系统在新环境中仍处于最优状态的行为,即系统的环境适应性。

(2)供应链系统的定义。供应链系统是指为终端客户提供产品、服务或信息,从最初的原材料一直到最终用户的整条链上的企业的关键业务流程和关系的一种集成[15]。这种集成使得供应链上的所有企业能够像一个企业一般进行生产经营活动,供应链系统中的企业风险共担、收益共享。供应链系统的目的是在复杂的市场变化、激烈的市场竞争下,整合供应链上所有企业的优势能力,以最快的响应速度、最低的生产成本、最高的质量满足消费者的需求,同时实现供应链上企业的经营目标。

2.供应链系统的构成

供应链系统一般由供应商、厂家、分销企业、零售企业和物流企业构成。供应商是指给厂家提供原材料或零部件的企业,厂家是指进行产品生产活动的企业,分销企业是指将厂家生产的产品送到经营地范围的产品流通代理企业,零售企业是指直接将产品销售给消费者的企业,物流企业是指在整个供应过程中承担供应链中物品流动的企业[16]。

(1)一般构成要素。供应链系统的一般构成要素包括人、财、物、信息，如图1-2所示。

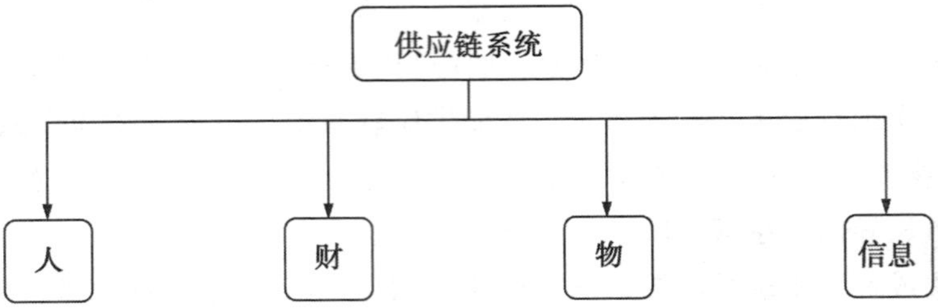

图1-2 供应链系统的一般构成要素

人即供应链系统中从事经营、生产、消费等所有业务涉及的人，如企业中的员工、最终消费者。人是支配供应链的主要因素，是控制供应链系统的主体。供应链系统中所有业务活动的进行都以人的意志为根本。

财是指供应链系统中流动的资金，供应链系统中节点与节点之间的关系是供需关系，供需关系产生的买卖关系的完成离不开资金的支付。

物是指供应链系统中存在的所有原材料、半成品、产成品以及生产、服务、经营必需的设备、设施、工具和能源等。这些物的存在是供应链系统中业务流程可以进行的根本所在。没有这些物的存在，供应链系统中的生产无法进行，供需关系不再存在，供应链系统也就没有了存在的依据。

信息是指流动在供应链系统各节点之间的信息，包括需求信息、库存信息、生产信息等，是供应链系统高效运作、减少浪费、提高质量的保障。没有信息的流动，供应链系统中的企业就不能按照供应链中其他企业的需求和生产信息安排自己的业务活动，无法协调供应链中企业的生产活动，也就无法实现供应链系统的整体最优，高效运作、减少浪费也就无从谈起。

(2)基本组成要素。供应链系统包括节点企业、物流、信息流和资金流四个基本组成要素，如图1-3所示。

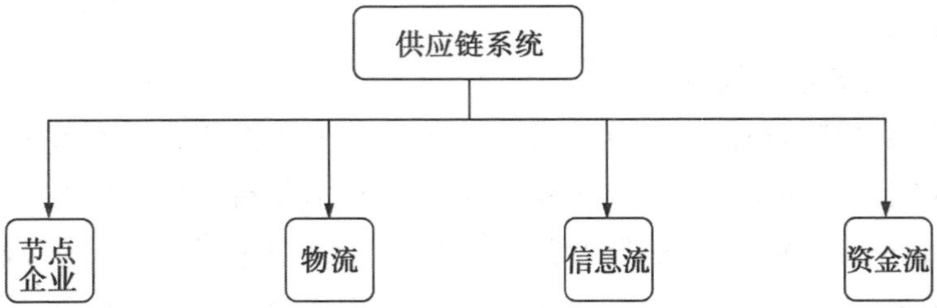

图1-3 供应链系统的基本组成要素

供应链系统中的一个企业即供应链中的一个节点，节点企业与节点企业之间是需求与供应关系。这些节点企业之间依靠供需关系构成一个网状的供应链结构。在节点企业中通常有一个核心企业，供应链系统中的其他企业围绕核心企业布局，核心企业起着调度与协调供应链系统中的信息流、资金流和物流的作用[16]。核心企业可以是零售商，如沃尔玛的供应链中，沃尔玛根据自己“天天低价”的经营战略在全世界各地寻找价格最低的产品供应商，并为了支持“天天低价”的实现，形成了一套独特的配送体系，构建了完善的物流管理系统，以此形成了一条以零售商为核心企业的供应链。供应链的核心企业也可以是制造商，如通用汽车公司的供应链中，通用汽车公司根据自己的生产需要选择合适的零部件供应商，零部件供应商根据通用汽车公司共享的需求信息安排自己的生产并及时向通用汽车公司供货，然后通用汽车公司根据自己的订单和销售需要将产品代理给分销商和零售商，由其将产品交付给消费者。

物流是根据客户的需求以最少的费用将产品从供给地向需求地转移的过程，它主要包括运输、储存、加工、包装、装卸、配送和信息处理等活动[17]。物流被认为是当下时代企业继第一、第二利润源泉之后创造收益的第三利润源泉，著名管理学家彼得·德鲁克将物流经济比作经济增长的“黑色大陆”[18]。日本早稻田大学的西泽修教授将物流成本比作浮在水面上的冰山，认为会计中核算的企业外付的显性成本只是物流成本的一小部分，忽视水面下庞大的隐性成本将会给企业带来危机[18]。这些都说明了物流在降低成本、增长利润方面的巨大潜力。如从库存角度来说，通过对整个供应链系统中的物流进行统一的管理，可以从整体的角度实现供应链系统中的库存水平最低，从而降低系统中的库存成本，减少库存浪费，使供应链中的所有节点受益。通过系统的物流管理，还可以统筹物流运输、配送过程，减少不合理的运输，优化仓库、配送中心等物流节点的布局，实现运输的经济效益。

信息流是指在商品流通中所有信息的流动过程。供应链系统中的所有节点依靠信息相互沟通，信息在各节点之间的流动是双向的。信息的流通将系统中的各节点连接成一个整体，节点之间共享信息。零售商共享自己的需求信息给分销商、制造商、供应商等，可以在极大程度上减轻供应链上的牛鞭效应，减少生产和库存浪费。信息流动也是拉式供应链运作模式、JIT、柔性化生产、看板管理等得以施行的前提条件。

资金流是指在供应链系统中各个节点之间以及节点内部资金的流动过程，包括现金、汇票、信用证等的流动。资金是使供应链充满活力的关键，企业的任何业务活动都离不开资金的交付。资金在供应链系统中的顺利流动是供应链系统能够保持稳定的重要因素。对于企业来说，如果内部的资金流动不通畅，无法及时收回货款，出现资金短缺等情况，那么将会影响企业的生存。对于供应链系统来说也是如此，如果供应链系统中的供应商无法从制造商处及时收回货款，则会影响供应商对制造商的信任，那么供应商和制造商之间的关系就岌岌可危，从而会影响到供应链系统的稳定性。

(3)供应链系统模型。道格拉斯·兰伯特(Douglas M. Lambert)等提出，供应链管理框架由三个主要且紧密相连的要素组成：供应链网络结构、供应链业务流程、供应链管理要素[19,20]，如图1-4所示。供应链网络结构是指供应链成员之间的网络和环节，供应链业务流程是指供应链内企业为客户产生特定价值输出的活动，供应链管理要素是在整个供应链中集成和管理业务流程的管理变量。

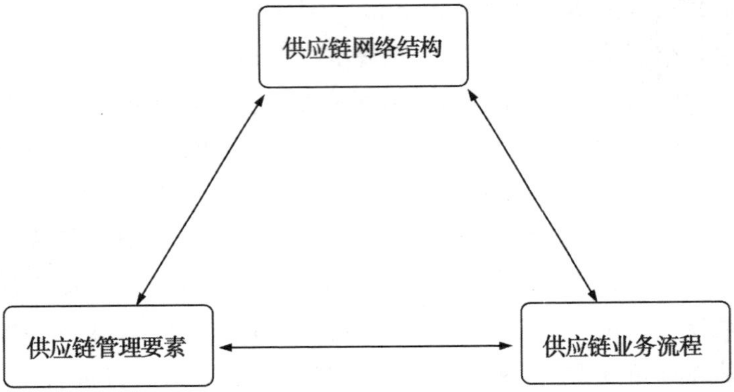

图1-4 供应链系统模型

①供应链网络结构。供应链网络结构主要包括三个方面：供应链上的成员、网络的结构维度以及企业流程连接的类型。

供应链上的成员包括关键成员和非关键成员。确定供应链上的关键成员一般是从战略的角度出发，将供应链上的企业分为基本的成员企业和起辅助与支持作用的企业。例如，对于一个以生产并向最终顾客销售产品为战略目标的供应链来说，基本的成员企业就是供应商、制造商、分销商、零售商，而第三方物流企业、金融机构等就是起辅助和支持作用的企业。但对于一个以最小化库存成本为战略目标的供应链来说，第三方物流企业就不再是起辅助和支持作用的企业，而是基本的成员企业之一。

在描述、分析和管理供应链时，供应链网络的水平结构、垂直结构和核心公司在供应链中的水平位置这三个维度是必不可少的。确定企业在网络结构中与哪些企业进行上下游连接，又与哪些企业位于网络中的同一级，将有助于确定供应链网络结构的起始位置和结束位置，明晰各成员企业在供应链系统中所起的作用。

企业流程连接的类型主要有四种：管理流程连接、监控流程连接、未管理流程连接和非成员流程连接。管理流程连接是指核心企业与一个或多个客户/供应商集成流程的连接。监控流程连接是指被核心企业频繁监控或审计的其他成员企业之间的集成连接。未管理流程连接是指核心企业既没有积极参与也没有经常监控的连接。非成员流程连接是指供应链中的核心企业与非供应链成员之间的流程连接。

②供应链业务流程。供应链业务流程确定供应链系统中哪些核心流程应该连接并集成起来。兰伯特在全球供应链论坛(Global Supply Chain Forum，GSCF)上确定了供应链中7个可以跨全球连接的关键业务流程：客户关系管理、客户服务管理、需求管理、订单执行、制造流程管理、采购、产品开发和商业化。后来又添加了退货管理。

③供应链管理要素。兰伯特提出，成功供应链的管理要素可以分为两个方面的9个要素：第一个方面是物理和技术管理要素，这部分要素是可见、有形、可测量和易于更改的，包括规划和控制方法、工作流程/活动结构、组织结构、沟通和信息流设施结构、产品流程设施结构；第二个方面是管理和管理行为要素，这部分要素往往是无形的，难以进行评估和改变，包括管理方法、权力和领导结构、风险和奖励机制、文化和态度。

1.1.4　供应链系统的特点

1.复杂性

供应链系统的复杂性是指供应链中的节点企业往往来自世界各地且类型多样，在协调和管理上更加复杂[21]。

2.效益背反性

供应链系统一般有多个目标，如成本最低、需求响应速度最快、服务水平最高等。但是，这些目标之间往往是相互冲突的，例如希望提高供应链系统的服务水平，就需要增加对客户服务的投入，但这反过来又会使成本增加，违反成本最低的系统目标，这就是供应链系统的效益背反性。这时就需要管理者在供应链系统的多个目标中进行权衡，以实现整体最优。

3.动态性

供应链系统的动态性是指供应链系统中的联盟企业是处于动态调整中

的[21]。供应链系统处于不断变化的社会环境中，核心企业根据自己的需要和战略目标选择最合适的上下游企业共同组成战略联盟，构成供应链系统。但是，当外界环境变化时，企业原本最优的供应商选择可能会发生改变。为了适应环境的变化，核心企业需要对战略联盟中的企业进行动态调整。

4.交叉性

供应链系统的交叉性是指对于同一个企业，它可能同时存在于多个不同的供应链系统中[21]，如供应商不仅向A企业供货，还向B企业供货，这时这个供应商就同时存在于A、B两个企业所在的供应链系统中，即不同的供应链系统节点存在交叉。

5.面向客户需求[21]

供应链的形成、存在和重构，都是基于一定的市场需求而发生的。企业构建供应链系统最终也是为了满足特定的客户需求进而实现自己的战略目标。消费者需求是拉动供应链系统中产品/服务流、资金流、信息流流动的关键。

1.2 供应链的驱动因素

供应链的驱动因素对供应链具有非常重要的作用，主要包括库存、运输、设施和信息[22]。

1.2.1 库存

1.库存的定义与分类

库存是为了满足未来的需要而暂时闲置的资源，多指处于储存状态的货物，广义的库存还包括处于制造加工状态或流通状态的物品[23]。供应链中的库存是指供应链中的原材料、半成品和产成品。

按照生产过程可以将库存分为原材料库存、在制品库存和产成品库存。其中，原材料库存指企业已经购买但尚未投入使用的库存物品，在制品库存指企业已经投入生产但尚未生产完成、处于中间状态的半加工库存物品，产成品库存指已经制造完成等待运输的库存物品[24]。

按照库存所处状态可以将库存分为在库库存和在途库存。在库库存指位于企业仓库中的库存物品；在途库存指处于运输状态的物品[24]，如在运输途中的由供应企业运输至生产企业的原材料物品。

按照存货目的可以将库存分为经常库存、安全库存、促销库存、投机性库存和季节性库存。经常库存即周转库存，指为了满足相邻两次库存补充之间的生产经营需要或市场平均需求而持有的库存；安全库存指为防止需求波动或订货周期的不确定性而持有的库存；促销库存指为满足在企业促销活动期间预期的产品销售量上升而持有的库存，是为了应对企业促销活动带来的短期需求增加而保有的库存；投机性库存指以投机为目的而持有的库存[24]；季节性库存指为满足特定季节中出现的特定需求而持有的库存[23]。

2.保有库存的原因

企业保有库存，一般是出于以下考虑：

(1)应对突然的消费者需求变化[25]。尽管对于消费者需求的预测有许多办法，但是企业对消费者需求的预测并不总是准确的，尤其是近年来随着产品生命周期缩短，许多产品没有历史数据或者只有很少的数据可以用来预测消费者需求。而且，市场上同质化产品越来越多，消费者可以很轻易地从一个公司的产品转换到另一个公司的产品而事先没有什么迹象可循，同类产品的大量增加也使得企业对消费者的需求更难预测，消费者需求的不确定性增大。再者，对于许多产品的制造商来说，零库存是难以实现的：有些产品的生命周期特别短，如果接到顾客订单后再进行生产，等顾客收到最终产品时，产品可能已经过时了；或者是市场上的同类产品非常多，企业如果在接到顾客订单后再进行生产，顾客很有可能在等待时间内转向购买其他企业的产品；对于消费者经常购买的日用品，这通常是消费者当下需要的，更不允许企业在接到订单后再进行生产。这就要求企业必须提前准备好产品库存，应对消费者的需求及需求变化。

(2)供应商交货有提前期[25]。当企业向供应商采购下单后，产品需要经过一个由供应商仓库运送至企业仓库的过程，而不是在下单的那一瞬间就能交付给企业。有时，供应商没有足够的产品库存可以提供给企业，企业还需要等供应商生产出新的产品后才能进行产品的运输。从产品下单到产品交付给企业存在时间差，这个时间差即供应商交货的提前期。为了避免企业出现因原材料缺乏而导致生产停滞的现象，企业需要留有部分原材料库存来应对供应商交货的提前期。而且，在原材料运输的过程中，还可能会出现因为道路状况不佳等导致实际的运输时间比预期的运输时间长，或者原材料的坏品率比预期高等情况，即当供应商可供应原材料的数量和质量、运输时间等存在较大的不确定性时，企业就需要保有更多的库存来应对可能的原材料缺乏状况。

(3)运输的规模经济效应[25]。有时为了实现较大的规模经济效应，避免运输资源浪费等，运输公司会等运输的产品积累到一定水平时再运输，而不是生产一件就运送一件。出于这个原因，企业也会保有部分库存。实际上，许多运输服务公司会经常为客户提供运输折扣，从而鼓励客户进行大量运输，生产企业为促进销售也会给分销商和零售商提供分级的价格优惠等来激励其购买更多的产品。这些都促进了高库存水平的发生。

3.库存在供应链中的作用

(1)提高顾客响应速度。零售商根据对未来消费者需求的预测提前持有一定量的库存，可以在消费者需要时及时满足其需求。定制化生产企业提前持有原材料库存，可以在顾客刚下订单的时候就将原材料从仓库转入生产车间进行定制化产品生产，这样就缩短了顾客等待生产企业从供应企业采购原材料的时间，提高了顾客响应速度。

(2)减少不确定性带来的冲击。生产企业根据自身的需求预测和生产活动安排，提前采购适量的原材料存于仓库，可以避免由于原材料实际运输时间长于预计时间等运输不确定性带来的原材料缺货风险；零售企业持有一定量的库存，可以避免因市场需求突然增加等造成的缺货风险。同时，企业先于生产经营需要持有定量的原材料、日常用品等库存，还可以避免因原材料、日常用品等价格上涨给企业造成的成本增加[26]。

(3)发挥规模经济效应。出于降低单位固定生产成本、减少生产线转换成本等目的，生产企业有时会生产超出市场当前需求的产品，将多余的产成品储存在仓库中，等待下次市场需求发生时直接将这部分产品售出。对于企业采购，为了获得数量折扣、减少购买频次从而降低采购准备成本等，企业也会在采购时购买多于现在需要的产品数量，将多购买的产品放在仓库留待以后使用，实现经济批量采购[26]。

(4)平滑对生产能力的要求。消费者对某些产品的需求是随着季节变化而变化的，但是产品的生产却不受季节限制。为了平衡生产能力，避免生产活动安排时紧时松，企业经常会将在淡季生产的多余产品储存起来，用以满足销售旺季的市场需求，确保淡旺季产品的生产产能相差不大[26]。

4.库存管理的意义

(1)降低企业成本。在许多企业和供应链中，库存是最主要的成本之一[25]。许多企业的生产成本居高不下，就是因为有过多的库存。库存不仅会占用企业的大量资金，而且要求企业建造专门的设施如仓库来保存，配备专门的仓库管理员对库存进行管理，当库存持有时间过长时还可能由于库存产品价值贬值而造成庞大的无形损失。通过对库存的有效管理，可以帮助企业减少库存相关成本支出，降低企业成本。

(2)平衡企业供应链的反应能力和盈利水平。库存对供应链的反应能力和盈利水平有很大的影响，供应链系统管理者需要在提高库存持有量以提高供应链的市场反应速度和服务水平与减少库存持有量以降低供应链上的总成本之间进行权衡[27]。

1.2.2　运输

1.运输的定义

物流运输指采用设备将物品从一个地点向另一个地点运送，包括集货、分配、搬运、中转、装载、卸下、分散等一系列操作[28]。运输是实现产品空间价值的重要途径。在如今经济一体化与社会专业化分工环境下，很少有产品的生产地和销售地处于同一位置，产品的原材料也是从世界各地采购的。运输在每一条供应链中都起着举足轻重的作用。

2.运输的功能

(1)物品转移。运输能够将物品从一个节点转移至另一个节点，使物品在供应链中转移，包括原材料从供应方向生产方转移、产品从销售方向购买方转移等。这种物品在空间位置上的移动可以创造空间价值[28]。以热带水果为例，通过运输将水果由南方运输至北方进行销售，一方面，热带水果在北方的定价高于南方，水果零售商可以获得更高的销售收入；另一方面，北方消费者不用千里迢迢跑到南方就可以享受南方的水果，北方消费者的效用水平增加。

(2)物品储存。当仓库较为紧张时，运输车辆等也可以作为储存装置对物品进行储存。但在本质上，使用运输车辆对物品进行储存是一种在仓库资源紧缺时的临时、动态的措施，在使用时需要综合考虑装卸成本、储存能力等因素，故而运输的物品储存功能是一种比较特殊的临时功能[29]。

3.运输的选择

(1)运输方式的选择[28]。现代运输方式主要包括公路运输、铁路运输、水路运输、航空运输和管道运输。这些运输方式各有优缺点：公路运输较为灵活，可以实现“门到门”运输，但运输单位小，受天气影响较大；铁路运输批量较大，很少受天气影响，中长距离运输成本较低，但受限于铁路轨道铺设范围，无法实现“门到门”运输，铁路前期建设投入大；水路运输批量大，运输成本低，但运输时间长，受河流、海洋等分布影响大；航空运输速度快，但运输成本高；管道运输不受天气等影响，可持续进行运输活动，但受管道铺设限制，且一般多为液态物品。在实际应用中，企业需要根据实际运输需求，选择其中一种运输方式或多种运输方式的组合进行运输活动，满足企业生产经营需要。

(2)运输路径的选择。一般铁路、水路、航空等长途运输方式的运输路径较为固定，不存在路径的选择问题，运输路径选择一般是针对运输末端的汽车配送问题[30]。运输路径选择的目标是以最小的成本、最快的时间完成运输任务。企业在进行运输路径的选择时需要考虑运输方式、出发点、目的地、交通网络、货物量、可用车辆等因素。合适的运输路径选择有助于实现合理化运输，减少迂回运输和过远运输。

（3）运输批量的选择。运输批量的选择是指企业对物流运输量的选择。当运输量较大时，物流企业可以实现规模经济效应，相应地，物流企业也会采取数量激励等方式鼓励顾客进行大批量运输。但是大批量运输会带来大量的库存等，造成企业成本增加。当运输批量较小时，可以降低企业储存多余产品的库存成本，但单位运输成本高。同时，单位运输成本并不随着运输量的上升而持续降低，还需要考虑运输方式、运输车辆的数量和载重等。运输方式、运输路径和运输批量的选择需要综合进行。

4.运输管理的意义

（1）平衡供应链的反应能力和盈利水平。运输的选择会对供应链的反应能力和盈利水平造成影响。例如在运输方式的选择方面，当企业选择速度较快的运输工具如飞机时，可以有效缩短产品在路途中的运输时间，从而提高供应链的反应速度，提高市场响应能力，但同时意味着较高的运输成本。当企业选择速度较慢的运输工具如轮船时，尽管运输成本较飞机等运输方式更低，但产品的运输时间延长，对市场的响应速度降低，顾客也需要等待更长的时间。又如对于运输批量的选择，当企业选择采用大批量运输时，可以实现运输的规模经济效应，但需要等待运输产品达到一定的规模。当企业选择小批量运输时，虽然在一定程度上减少了每两批次产品之间的运输时间间隔，但单位产品的运输成本增加。企业对于运输路径的选择也会限制对于运输方式的选择。

（2）最大化企业盈利水平和顾客满意度。企业在进行运输方式的选择时需要综合考虑运输时间和运输成本。对于能够为了更短的等待时间而支付较高费用的顾客采用速度较快的运输方式，对于更看重运输成本的顾客采用成本更低的运输方式，从而有助于企业最大化盈利水平和提高顾客满意度。而且，供应商本身也需要在运输速度和运输成本之间进行权衡，选择最优的运输策略，以最低的成本满足生产经营的运输需要。

1.2.3 设施

1.设施的定义

设施指供应链网络中产品制造或装配、库存存放的地方。工厂、仓库、配送中心等是主要的设施类型，供应链网络设计的核心就是供应链设施决策[31]。

2.供应链的设施决策

供应链的设施决策包括设施的功能决策、设施的选址决策、设施的能力配置和设施的需求供给分析四部分，这四部分在设施决策中相互影响、相互作用[31]。

(1)设施的功能决策。设施的功能决策是指确定供应链上网络节点设施的具体用途以及对相应工作职责和流程的安排[31]。传统的设施多为单一功能设施，如仓库设施的具体用途主要是对原材料、半成品、产成品进行储存；生产车间的具体用途主要是按照消费者需求将原材料、半成品加工成产成品。为了增加供应链的灵活性，一些具有综合性功能的设施开始建立，如物流中心一般具备运输、储存、保管、分拣、流通加工等功能，可以实现有效地利用空间、设备、人员和能源，简化作业流程，缩短生产周期的目标[32]。同时，设施的功能范围对供应链的灵活性也有较大影响[31]。

(2)设施的选址决策。设施的选址决策就是决定设施的地理位置，通常是企业出于经济、社会和环境等的协调发展而做出的战略决策。设施选址对企业和供应链具有长期影响，企业在做出设施选址决策时一般需要考虑市场、劳动力、当地基础设施、政府政策、供应商、交通状况、文化等多个因素，从长远战略目标的角度进行决策。一个好的设施选址决策应该能满足未来长期的企业生产经营所需，并能使企业以低成本进行业务活动。一般来说，设施选址有选择一个单一的设施位置和在现有的设施网络中布置新点两类问题[33]。

(3)设施的能力配置[31]。因为不同设施的功能不同，所以对不同设施的能力配置的衡量方法也不同。例如生产性设施主要是通过产品的产出水平和供应能力进行衡量，使得设施的生产供应恰好能满足设施负责范围内的市场需求；储存性设施主要是通过货物的储存能力、货物的保鲜能力、货物的出入吞吐量等进行衡量，确定一定时期的各类货物存储量。由于设施的能力配置多是通过一些精确的数学方法估计得到，且企业需要根据设施能力的配置配备一定数量的设备工具，因此一般来说，设施的能力一旦确定，企业不会轻易进行更改。

(4)设施的需求供给分析。设施作为供应链中的一个节点，在供应链中一般具有比较固定的上游供应点和下游市场需求。例如零售商仓库设施，其上游供应点为产品的生产企业，下游市场需求即最终消费者的产品需求[31]。企业在进行设施决策时，其设施的能力配置决策在很大程度上就是依据设施的需求供给分析结果做出的，确定设施的功能负责范围时也离不开对设施的需求供给分析。了解了设施上游供应点的供应水平，才能确定设施在一段时间内可以生产或服务的产品数量；知道了下游市场需求的变化，才能预测一段时间内的设施生产或服务能够满足多大范围内的下游市场需求，从而决定设施的功能服务范围。

3.设施决策的意义

(1)平衡供应链的反应能力和盈利水平。设施及其相应的能力会对供应链的反应能力和盈利水平产生影响[31]。例如从设施布局的角度考虑，当供应链中所有的产成品仓库都位于同一地区时，这些生产场所可以共用周围的基础设施，就可以减少对基础设施的投资，提高供应链的盈利水平，但由于消费者可能距离产成品仓库过远，这样就增加了市场反应时间，降低了供应链的市场反应能力。当供应链中所有的产成品仓库都随着消费者的分布而分布在各地时，尽管仓库距离消费者更近了，可以快速地将产品交付给消费者，提高了供应链的市场反应能力，但由于仓库散布在世界各地，需要对每一个仓库进行基础设施投资，这样就增加了经营成本，降低了供应链的盈利水平。

(2)确定设施布局战略。供应链管理者需要在设施的集中化建设和分散化建设之间进行权衡。设施在供应链管理中要解决的问题主要是工厂和配送中心的布局、设施生产能力的大小、生产方式的选择、仓储方式的选择以及在市场反应能力和盈利水平之间进行权衡。

1.2.4 信息

1.信息在供应链中的作用

(1)信息连接供应链中的各节点和阶段。信息连接着供应链中不同的节点。例如，供应链中的供应商通过自身的供应信息、生产商对原材料的需求信息等与生产商相连，零售商通过订单需求、产品价格等信息与消费者相连。信息随着供应链中的物流、资金流、商流的流动而在供应链中流动。同时，信息还连接供应链中不同的阶段，例如，消费者的订单需求对生产商现在的生产阶段和未来将产品交付给消费者的交货阶段进行联系、协调，使得企业的生产经营活动是一个连续的过程，并对过程中的各个阶段进行协调，实现供应链利润最大化。

(2)信息是供应链中企业进行生产经营决策的依据。生产企业的生产活动需要依照企业的生产计划安排，零售企业根据购买产品的成本和市场需求决定产品的最终价格，物流企业根据顾客的运输需求安排运输车辆和运输路线。企业在进行设施选址、市场开发等重要战略规划时也离不开对企业长远战略目标、市场环境等信息的利用，信息对供应链中各企业的生产经营决策具有重要影响。

2.信息分享的技术方法

信息分享是供应链成功的关键。决策者想要做出更好的决策,必须事先了解整体供应链的情况[31]。例如,宝洁公司的经理们在研究市场需求时发现,“帮宝适”产品的零售需求相当稳定,但分销企业向上游工厂下达的订单需求的波动程度则要大得多,即牛鞭效应。而随着信息在供应链中共享程度的扩大,供应链中的牛鞭效应能够被进一步削弱。下面是一些企业常用的分享和交换信息的技术方法。

(1)电子数据交换[34]。电子数据交换始于20世纪60年代,是指商业贸易伙伴之间将按标准、协议规范化和格式化的经济信息通过电子数据网络在单位的计算机系统之间进行自动交换和处理。它是电子商业贸易的一种工具,将商业文件按统一的标准编制成计算机能识别和处理的数据格式,在计算机之间进行传输。使用电子数据交换,供应链中的企业可以无纸化传递订单、回执、发货通知、装箱单、发票、信用证等材料,提高企业之间业务处理的速度。

(2)企业资源计划系统[35]。企业资源计划(Enterprise Resource Planning,ERP)系统是支持企业在计划和控制中所做决策的综合软件,该系统将企业的财务、制造、物流、市场与营销、人力资源等纳入一个大软件系统中。企业资源计划系统提供了企业日常管理所需的信息链,促进了企业内部跨职能的集成以及与企业外部供应链中的其他企业的交互,提高了企业和供应链业务处理的效率。

(3)供应链管理软件[35]。有的公司为企业资源计划系统增加了一些更高级的软件,如主生产计划软件、物料需求计划软件等,这些软件不仅可以帮助企业内部和企业之间进行信息的展示和共享,还能帮助企业管理者进行生产活动决策。

3.信息管理的意义

(1)提高供应链的市场反应能力和盈利水平。信息是连接供应链各节点的通道,通过信息的流通,各节点企业得以相互沟通并共享必要的信息,供应链中的企业可以相互协调,最终实现供应链系统最优。而且,供应链中的所有企业也是在信息的指导下进行生产运作的,例如,制造企业需要根据自己制订的生产计划进行生产活动。有效的信息共享有助于提高整个供应链的运作效率,给企业带来机遇。例如,需求信息在供应链中的共享和流动有助于减少牛鞭效应,即减少消费者向供应链上游前进的过程中需求的不确定性增大的现象,从而可以使企业只生产需要生产的产品,避免生产和库存浪费,提高供应链的盈利水平。同时,需求和生产信息的共享也有助于协调供应链中企业的生产过程,上游企业根据下游企业的需求和生产信息安排自己的生产,并及时将原材料运送给下游企业,可以有效地避免下游企业原材料短缺现象的发生,提高供应链的市场反应能力。信息的使用可以使供应链同时提高市场反应能力和盈利水平。

(2)解决供应链管理中的问题。信息在供应链管理中解决的问题主要是:采用推式生产还是拉式生产,如何进行供应链的协调和信息共享,如何提高需求预测的整合计划的准确性,如何选择信息技术工具,如何在供应链的市场反应能力和盈利水平之间进行平衡,如何在激烈的市场竞争环境下保持供应链战略的灵活性,如何保证供应链战略和企业竞争战略相匹配[36]。

1.3 供应链系统规划与设计原理

1.3.1 供应链系统分析原理

供应链是一个系统,是由相互作用、相互联系的供应商、制造商、分销商、零售商、消费者以及他们之间的关系和信息流、资金流、物流构成的具有系统功能的一个整体。供应链是围绕核心企业,通过对信息流、资金流、物流的控制,从采购原材料开始,制成中间产品以及最终产品,最后由销售网络把产品送到消费者手中的,将供应商、制造商、分销商、零售商直到最终用户连成一个整体的功能性网链。供应链系统分析包括如下原理:

1.整体性原理

系统是由若干要素组成的具有一定新功能的有机整体。供应链系统中的要素之间不是简单加总,由供应商、制造商、分销商等各要素组成的供应链系统整体具有单个系统要素不具备的功能。而且,供应链系统中各子系统之间、要素之间的相互作用也不是简单的线性相互作用,各部分无法在不对供应链系统造成影响的前提下从系统中分离出来[37]。供应链系统的整体性分析原理要求将供应链系统作为一个整体去分析,在对供应链系统中某一部分或子系统进行分析时,需要考虑其他部分或子系统相互作用、相互影响的关系,供应链系统中任何措施或目标的制定都应该以系统整体最优为前提。

2.层次性原理

供应链系统是一个具有层次性的系统。位于供应链系统中不同层次的子系统具有不同的结构和功能,这些不同层级的子系统相互联系、相互制约。通常来说，高层级的子系统对低层级的子系统具有支配作用，但低层级的子系统也有相对独立性[37]。在对供应链系统进行分析时，需要考虑供应链系统中子系统的层级关系以及各层级子系统的相互联系和制约作用。

3.开放性原理

供应链系统不是一个孤立存在的系统，它始终处于与外界环境进行物资、信息等交换的状态，如图 1-5 所示。外界环境中的劳动力、市场信息、政策法规、技术进步等因素不断地输入供应链系统中，供应链系统对这些信息进行加工处理后，向外界环境输出诸如消费者需求满足、国民经济增加等因素。同时，供应链系统在与外界环境进行交互的过程中还会受到资源、环境要求、市场需求变化等限制和制约因素的干扰。开放性原理要求我们在对供应链系统进行分析时不能忽略外界环境对供应链系统的影响以及供应链系统可能会对外界环境造成的影响。

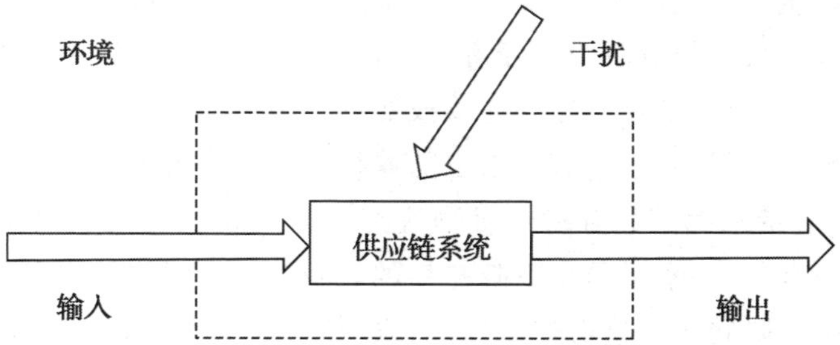

图 1-5　供应链系统与环境

4.目的性原理[37]

目的性原理指的是系统在与环境的相互作用中，在一定的范围内，其发展变化不受或少受条件变化或途径经历的影响，坚持表现出某种趋向于预先确定的状态的特性。任何一个系统都有其自身的目的，无论是供应链系统这个大系统还是其中的子系统，都有自身的组成目的。尽管在后续的发展过程中，系统会受到外界环境的干扰和影响，但不会影响系统向着自身的目的发展变化。故而，一个系统的状态，可以利用其现实的状态、一定发展阶段的状态以及现实状态与发展状态的差距来表现。我们在进行供应链系统分析时，不仅可以从原因分析结果，还可以反过来从结果研究原因，可以以最终希望达成的目标为出发点分析供应链系统的组成与结构。

1.3.2 物流供需平衡原理

1.物流供给与需求

(1)物流供给。物流供给是物流系统性能的综合表示,一般指节点与通道的能力和服务,如运输能力、仓储的库容量、物流中心的处理能力、配送的速度等[38]。简单来说就是物流企业能够提供的物流服务的多少。物流供给能力会随着社会生产力以及相关技术的进步而提高。

(2)物流需求。物流需求是社会经济活动特别是制造与经营活动所派生的一种针对物的移动和储存的服务需求[38]。简单来说就是社会对物流服务需求的大小。物流需求会随着社会生产经营活动等的变化而变化。

2.物流供需平衡原理

物流供需平衡原理是指随着社会生产力以及物流相关技术的进步与发展,物流供给会产生阶段性的进步,如随着物流机械技术的进步,物流供给由人力作业阶段进步为机械作业阶段。随着物流供给阶段性的进步,物流服务水平也产生了阶段性的进步,如在机械作业阶段的物流服务水平要高于处于人力作业阶段的服务水平。但同时,物流需求也随着社会的发展和物流供给能力的提高而不断增加,会带来拥挤和等待或者物流价格上升等[38]。也就是说,随着物流需求的增加,物流服务水平是呈下降趋势的,即在每一个阶段,物流服务水平随着时间变化呈下降趋势。这会造成新一代的物流供需矛盾,迫使物流技术创新发展,从而使物流供给进入下一个阶段,以求物流供需平衡,进而开始下一次循环。物流供给和物流需求就是处于这样既相互制约又相互促进的关系中,在经济发展的过程中,双方不断地经历从不平衡到平衡再到不平衡的循环过程,实现双方的螺旋式增长[38]。

3.物流供需平衡的实现方式

促使物流供给和物流需求由不平衡状态向平衡状态转变,主要有两种方式。第一种是通过增加物流基础设施设备的建设来增强物流供给能力,从而促使物流供需平衡。但是这种方式由于未考虑资源、环境等的限制,往往在物流发展的开始阶段是可行的,但到了物流发展后期,土地、能源等限制严重,这种增加基础设施设备的建设方法就无法实行了。第二种是从供需两方面入手,通过政策和策略等对需求进行引导、控制,同时适当地通过技术等手段增加物流供给,确保物流供需达到平衡。这种方式同时考虑了物流供需平衡和社会、环境的限制,是一种可持续的促使物流供需平衡的手段[38]。

1.3.3　供应链一体化原理

1.供应链一体化的出现

供应链一体化是随着全球经济一体化、跨国集团兴起、企业生产的“纵向一体化”运作模式逐渐不适应市场的竞争环境而被“横向一体化”取代的环境变化形成的[38]。围绕供应链中核心企业的一种或多种产品，形成包含上下游企业的战略联盟，无论这个联盟内的企业分布在世界的哪个地区，所有企业之间的商流、物流、信息流和资金流都像在一个企业体中运作，即形成了供应链一体化。

供应链一体化是一个系统概念，它包括功能一体化、空间一体化和跨期一体化（分级规划）。功能一体化指采购、生产、运输、仓储等生产活动的一体化；空间一体化指在地理上分散的供应商、设施和市场之间的空间位置一体化；跨期一体化指供应链中的规划活动在战略层、战术层、运作层三个规划层次上的一体化。

供应链功能一体化要求尽管这些生产活动隶属于不同的企业，但通过信息沟通共享、有效的协调管理等方式，可以实现与在一个企业中进行这些生产活动同样的效果。如果对供应链中的各项生产活动缺乏适当的调节，采购、生产、运输、仓储等活动无法作为一个整体进行，那么整个供应链的生产活动将是效率低下的。空间一体化要求尽管这些企业、设施、市场散布在世界各地，但可以通过有效的供应链管理使得这些企业在供应链活动中就好像处于同一地区。跨期一体化要求在战略层、战术层、运作层上相互重叠的供应链决策具有一致性，同时要求产品的供应链在整个生命周期内达到最优。

供应链上的企业应该共担风险，将成本转嫁给上下游企业的做法是不可行的，因为这种做法根本无法在产品的整个生命周期内实现整个供应链的总成本最低，只是将一个时期内的某个节点企业的成本转嫁到另一个时期内的某个节点企业身上，实质上并没有对供应链的成本产生影响。例如，将库存由一个企业转移至另一个企业，并不意味着供应链上库存的减少，这部分成本最后还是要反映在最终产品的价格上，而由于产品的竞争力并未提高，最终受损的将是供应链上的所有企业。由此供应链一体化也要求管理者在制定各层级的决策时，都要从整个产品生命周期的角度，而不仅仅是从自身企业生产活动所处时期的角度考虑。

2.供应链运作的特征及一体化运行基础

（1）供应链运作的特征。如前所述，根据供应链的运作模式可以将供应链划分为推式供应链和拉式供应链。在推式供应链中，由于制造商生产产品以及分销商和零售商从制造商处购买产品时并不知道消费者的需求状况，因此为了应对未知的消费者需求变化，企业通常采用提供安全库存的方法。在这种供应链运作方式下，供应链中各企业之间的集成度较低，供应链上的库存水平较高，对需求变动的响应能力较差[38]。在拉式供应链中，由于其中的生产活动安排完全按照订单要求进行，因此供应链系统中的库存水平较低，可以实现定制化生产。

(2)供应链一体化运行基础[38]。供应链一体化运行的实现，首先要求有合适的信息交流和分享工具，保证上下游企业之间的信息能够安全、快速、准确地进行传递和共享；其次是需要建立稳固的供应链伙伴关系，一体化供应链中的企业团体本质上是一个战略联盟，供应链中上下游企业之间是信任、合作、共赢的关系，能够实现风险共担、利润共享；再次是顾客关系管理，企业的一切生产、服务最终都是为了满足顾客的需求，顾客价值是供应链改善的驱动因素，良好的顾客关系管理是企业争取顾客、留住顾客、提高顾客价值的重要举措；最后是物流模式的专业化和现代化，供应链一体化对供应链中的物流服务提出了更高的要求，如对库存持有水平的要求，需要由具有现代化、专业化物流技术和理念的物流服务公司作支撑。

1.3.4 物流成本效益分析原理

物流成本效益分析原理就是运用经济学原理与方法来研究物流的成本和效益，并评判规划的经济合理性。

1.物流成本

物流成本指物流活动中所消耗的物化劳动和活劳动的货币表现，即产品在包装、运输、储存、装卸搬运、流通加工、物流信息、物流管理等过程中所消耗的人力、物力、财力的总和以及与存货有关的资金占用成本、存货风险成本和存货保险成本[39]，可分为宏观层面和微观层面两方面。宏观物流成本是指社会物流成本，微观物流成本包括企业物流成本和物流项目成本[38]。

(1)社会物流成本[38]。社会物流成本指一个国家或地区在一定时期内发生的物流成本的总和。我国在社会物流统计核算中使用社会物流总费用代表社会物流成本，是指报告期内国民经济各方面用于社会物流活动的各项费用支出，具体包括运输费用、管理费用和保管费用。

运输费用指在社会物流活动中，国民经济各方面由于物品运输而支付的全部费用，包括支付给运输承运商的运费，支付给运输中装卸搬运、保管等辅助服务的费用，支付给运输管理与投资部门的过路费、过桥费等运输附加费。

管理费用指在社会物流活动中，物品供需双方的管理部门因组织和管理各项物流活动而发生的费用，主要包括管理人员薪资、办公费用、教育培训费用、车船使用等各种属于管理费用科目的费用。

保管费用指在社会物流活动中，物品从最开始的资源供应商到最终用户的全过程中发生的除运输费用和管理费用以外的其他全部费用，包括物流活动中因资金占用而需支付的利息、仓储保管费用、包装费用、流通加工费用等。

(2)企业物流成本[38]。根据国家标准《企业物流成本构成与计算》(GB/T 20523—2006)，可以按企业物流成本项目构成、企业物流成本范围构成、企业物流成本支付形态构成三种方式对企业物流成本进行划分。

按企业物流成本项目构成，企业物流成本可分为物流功能成本和存货相关成本。物流功能成本包括物流活动发生过程中的运输成本、包装成本、仓储成本、流通加工成本、装卸搬运成本、物流信息成本、物流管理成本等。存货相关成本包括企业在物流活动中发生的与存货相关的如资金占用、物品损耗、保险和税收等成本。

按企业物流成本范围构成，企业物流成本可分为供应物流成本、企业内物流成本、销售物流成本、回收物流成本、废弃物物流成本等。

按企业物流成本支付形态构成，企业物流成本可分为委托物流成本和内部物流成本。委托物流成本指企业将物流活动委托给第三方而由此发生的物流费用。内部物流成本指企业自己进行物流活动产生的相关成本，按照支付形态又可分为材料费、人工费、维护费、一般经费和特别经费等。

(3)物流项目成本[38]。物流项目成本指物流建设项目的建筑工程费、设备与工器具费、安装工程费、工程建设其他费的总和。简单来说，即建设物流设施及购买物流设备时发生的项目费用。其中，建筑工程费为建设永久性和大型临时性建筑物和构筑物所需的费用。设备与工器具费包括设备的购置费、工器具购置费、现场自制非标准设备费、生产用家具购置费和相应的运杂费。安装工程费包括安装的各种设备的工程费及单位试运转和联动无负荷运转的费用。工程建设其他费包括土地使用费、建设单位管理费、监理费、建设期贷款利息、保险费等。

2.物流效益

物流效益可以分为宏观物流效益和微观物流效益。

(1)宏观物流效益[38]。宏观物流效益包括空间效益、时间效益和规模效益。

空间效益是在物品的流动过程中由于物品的空间转换所产生的效益。从供给方的角度来看，这种物品空间转换所产生的效益是指物品在空间位置转换之后给供给方带来的收益差异，比如产品在外地的销售价格高于本地销售价格的销售收入差异，外地的原材料价格低于本地原材料价格的采购成本差异。从需求方的角度来看，这种物品空间转换所产生的效益是指物品经过空间位置转换给需求方带来的效用满足或消费者剩余增加。效用满足比如将A地从前没有的产品运到A地去销售，满足了A地对这个产品有需求的消费者的效用。将低于本地售价的外地同类产品运到本地来销售，消费者以更低的价格购买到了需求的产品，从而使消费者剩余增加。

时间效益即把握物品的流动时机所形成的效益，可分为缩短时间创造的效益、延长时间差创造的效益和错位时间效益。缩短时间创造的效益是指企业通过提高物流活动效率、缩短物流活动时间创造的优势和效益。例如，企业缩短原材料的运输时间，可以相应地减少为应对原材料供应提前期准备的安全库存量，从而减少库存成本，增加企业收益。又如，缩短将产品运到消费者手中的时间可以提高企业的客户服务水平，从而提高企业的竞争优势，使企业获得更大的收益。延长时间差创造的效益主要是针对季节性生产的产品，由于受自然规律等的影响，产品的生产通常是在某一时间段，而产品的销售却是全年或者在另一时间段，产品的供需时间点不匹配，这时就可以在产品的生产时间段内将部分产品储存起来，在产品的非生产期进行销售，从而延长产品的供给时间，创造效益。错位时间效益是指人为地改变市场上的供给水平，使供给始终处于等于或低于需求的状况，从而通过市场"看不见的手"的作用使产品价格一直处于较高水平所创造的效益。例如对于某些产品，在当下时点由于市场供过于求导致产品的市场价格较低，企业通过储存部分产品减少市场供应，在市场"看不见的手"的作用下使产品价格上升，而在市场供给较少、市场价格较高时再将储存的产品以较高的价格卖出，保证企业获得较高的收益。

规模效益分析是指根据规模效应生成的机理具体分析物流企业通过调整可能生成的效益[38]。物流企业在前期需要投入大量的资金建设仓库、分销中心等专用设施设备，从而产生了巨额的"沉没成本"。通过物流企业规模的扩大，可以充分利用建设的设施设备，减少单位产品分担的"沉没成本"，实现规模经济效应。同时，通过对整个物流网络进行分析，统筹安排网络上的所有物流活动，也有助于实现物流的规模效应。例如，通过合理地安排仓库等节点位置、集中库存等，可以减少整个网络中的库存，降低库存成本，实现社会效益。

(2)微观物流效益[38]。微观物流效益指规划建设的物流项目的收益，包括经济效益和社会效益。

对物流项目进行规划建设所带来的经济效益可以分为直接经济效益和间

接的社会经济效益。直接经济效益指由执行物流项目规划方案所产生的并计算在项目范围内的经济效益，包括出售性收益（如出售库房获得的收益）、经营性收益（如从事运输服务获得的收益）和租赁性收益（如将自己的库房出租给其他企业进行仓储活动获得的收益）。间接的社会经济效益指执行物流项目规划方案对社会产生的经济效益，但这部分经济效益物流项目本身并未获得。

对物流项目进行规划建设带来的社会效益主要包括增加就业、节约时间、节约里程、减少库存和提高物流服务以吸引投资。增加就业指对物流项目进行规划建设，可以增加工程建设人员、项目管理人员等人员的就业。节约时间指通过对物流项目的规划建设，可以提高运输、仓储、包装、流通加工等的效率，从而为企业生产经营带来时间效益。节约里程指通过对物流项目的规划建设，减少物流运输里程，从而减少物流运输过程中的碳排放等，创造社会环境效益。减少库存指通过物流项目的规划建设实现科学的库存管理，加快库存周转，减少库存占用和流通资金占用，从而创造效益。提高物流服务以吸引投资指通过物流项目的规划建设、改善当地的物流基础设施条件带来的投资吸引量。

1.4　供应链系统规划与设计的内容、原则及意义

供应链系统规划与设计是指确定供应链系统的发展目标，并在目标的指导下设计可以实现供应链发展目标的工程、措施、解决方案、管理模式、政策保障等的过程。

1.4.1　供应链系统规划与设计内容

战略层面的供应链系统规划与设计主要包括供应链的成员及合作伙伴选择、网络结构设计、供应链运行基本规则等[40]。供应链的成员及合作伙伴选择是指企业选择上游的供应商和供应商的供应商、下游的顾客和顾客的顾客以及为企业和上下游企业生产经营活动提供支撑的服务企业等。网络结构设计指供应链中各企业在链中的位置、各企业之间的连接关系等。供应链运行基本规则是供应链节点企业之间建立和维系信任关系的共同平台，主要内容包括协调机制、资金结算方式、生产物流的计划与控制体系、信息开放与交互方式、库存的总体布局、争议解决机制等[40]。

1.4.2　供应链系统规划与设计原则

供应链系统规划与设计的过程应该遵循一定的原则，以保证供应链的设计

和重建能使供应链管理思想得到实施和贯彻。供应链系统规划与设计的原则主要包括以下几个[41]：

1.自顶向下和自底向上相结合的设计原则

在供应链系统规划与设计中，存在自顶向下和自底向上两种设计方法，在设计一个供应链时，往往是先由高层主管依据市场需求和企业发展规划做出战略规划与决策，然后由下层部门实施决策。因此，供应链系统规划与设计是自顶向下和自底向上相结合的设计方式。

2.简洁性原则

简洁性原则是供应链系统规划与设计的一个重要原则，包括供应链中企业数量的简洁和企业之间关系的简洁。供应链中企业数量的简洁如供应商少而精，企业只与少数的核心供应商企业建立合作伙伴关系，有助于减少企业采购的准备成本和管理供应商的成本；企业之间关系的简洁有助于企业在管理过程中厘清企业之间的连接关系，实现业务流程的快速重组，提高供应链的灵活性。

3.互补性原则

供应链中的各个节点应该遵循强强联合的原则，每个节点企业都只专注于自己最核心的优势部分，就像一个个单独的制造单元，通过供应链把各单元连接起来，形成一个具有所有企业核心优势的“虚拟企业”，实现对外部优势资源的利用。

4.协调性原则

供应链业绩的好坏取决于供应链合作伙伴之间是否和谐，所以建立战略合作伙伴关系的合作企业关系模型是实现供应链最佳效能的保证。但是供应链中的企业实际上都有自己独特的战略和经营目标，这些目标之间很有可能相互冲突，无法全部实现，所以需要协调供应链企业之间的目标，以供应链系统目标为首要目标。

5.不确定性原则

不确定性在供应链中随处可见，如需求的不确定性、生产的不确定性等。这些不确定性是影响供应链水平的重要因素，在供应链系统规划与设计中应该考虑这些不确定性因素，做好相应的预防、纠正准备。

6.创新性原则

创新设计是系统设计的重要原则，因此在供应链系统规划与设计中创新性是一个重要原则。供应链系统本身也是一个创新性的系统，这就需要勇于打破陈规，用新的视野和角度考虑供应链系统规划与设计。但需要注意的是，这种创新必须在企业总体目标和战略的指导下进行，需要从市场需求出发，集思广益，并建立科学的评价体系进行分析和论证。

7.战略性原则

供应链系统的规划与设计应有战略性观点，从供应链战略管理的角度考虑，与企业的战略规划保持一致，体现供应链系统规划与设计的长远性和预见性。

1.4.3　供应链系统规划与设计意义

1.供应链系统规划与设计有利于增强企业的竞争优势

随着全球经济一体化、市场竞争加剧、消费者观念转变等，市场环境要求企业具有快速的市场响应能力和低水平的生产成本。供应链系统规划与设计是企业进行有效的供应链管理的前提，合理规划和设计的供应链系统能够实现企业之间高效的信息沟通与共享。供应链网络上的信息通畅和共享还有助于在市场需求一发生变化的时候就将需求信息传递给供应链上的每一个节点企业，使得企业可以根据市场需求迅速做出反应，提高企业的市场响应能力。同时，企业通过对供应链系统进行规划与设计，可以清楚地认识到自己在供应链中的地位以及与其他企业之间的关系，有助于企业确定自己的核心竞争优势，从而发展核心竞争力，并将与非核心竞争力相关的生产活动外包给供应链上的专业企业，利用其他企业的优势完成自己的生产活动，扩大企业的竞争优势。供应链系统规划与设计还可以使企业从系统的角度管理供应链，促进生产组织优化。

2.供应链系统规划与设计有利于提高对消费者的服务水平

供应链系统本质上是面向需求建立的，如上所述，企业通过供应链系统规划与设计可以提高市场响应能力，从而在消费者需求发生变化时能够迅速满足消费者需求，提高对消费者的服务水平。而且，企业通过供应链系统规划与设计还可以低成本地满足消费者的定制化需求。从前消费者的定制化需求难以满足的一部分原因是，企业需要通过大批量生产来实现生产的规模经济效应从而降低单位产品的生产成本，而供应链末端企业与制造企业之间缺乏信息沟通，制造企业对市场需求预测不准确，为了能够及时抢占市场先机，企业需要先于市场需求进行生产。但是，通过供应链系统，制造企业可以协调上下游企业的业务活动，实现柔性化生产，从而使大规模定制成为可能，可为消费者提供服务水平更高的定制化服务。

3.供应链系统规划与设计有利于增加社会福利

通过对供应链系统进行规划与设计，将供应链上的所有企业看作一个整体进行生产业务活动的安排,有助于根据系统目标对供应链上的企业、工厂、仓库等进行合理布局,优化企业之间产品的运输路径、运输量以及运输方式,减少能源浪费和运输过程中的废弃物排放,增加社会环境福利。同时,供应链系统规划与设计还可以协调企业之间的业务活动,减少供应链上的生产浪费,降低库存水平,提高整个社会的生产效率,从而增加社会福利。

1.5 供应链系统的设计步骤

供应链系统的设计步骤如图 1-6 所示[42]。

1.确定供应链系统设计目标

供应链系统设计目标是供应链系统设计的出发点。企业进行供应链系统设计最终是为了促进企业战略目标实现,提高企业盈利水平,所以在确定供应链系统设计目标时应在企业战略目标的指导下进行,与长远目标保持一致。一般而言,企业进行供应链系统设计的主要目标包括提高产品质量、提高顾客满意度、降低企业成本等。这些目标之间一般是相互冲突的,需要企业在各目标之间进行权衡,实现整个系统的最优。同时,企业还需要结合战略目标对进入新市场或开拓老市场、开发或调整产品、开发分销渠道、改善售后服务水平、建立战略合作伙伴联盟、提高工作效率等具体目标进行分析和平衡[42]。

2.分析市场竞争环境与企业现状

确定供应链系统设计目标后,需要对市场竞争环境和企业现状进行分析,为后续企业设计供应链系统的方法和选择提供依据。其中,分析市场竞争环境是指分析企业的特定产品和服务所在的市场需要什么样的产品和服务,市场中现有的产品和服务,市场中消费者、零售商、分销商、制造商、供应商、各类服务支撑企业以及竞争对手的状况,同时,还需要搜集市场所在地的政府政策、制度要求等宏观信息。分析企业现状是指对企业现有的供应、合作企业、需求管理现状等进行分析和总结[42],力求做到知己知彼。

3.明确供应链系统设计的必要性和方式

根据企业供应链系统设计目标和分析得到的市场竞争环境与企业现状信息,企业需要明确是否进行供应链系统设计。尽管供应链系统设计可以帮助企业管理供应链并提高企业服务水平和盈利能力,但这需要企业投入大量的时间和精力,要求企业必须具备较强的经济实力、较高的决策水平和熟练的供应链运作技巧,企业应该根据自身实际情况做出理性判断并量力而行[15],避免因供应链系统设计而给企业带来过度的负担。企业在确定确需进行供应链系统设计后，还需对供应链系统设计方式进行选择，即是重构原有的供应链，还是在原有供应链的基础上进行设计。

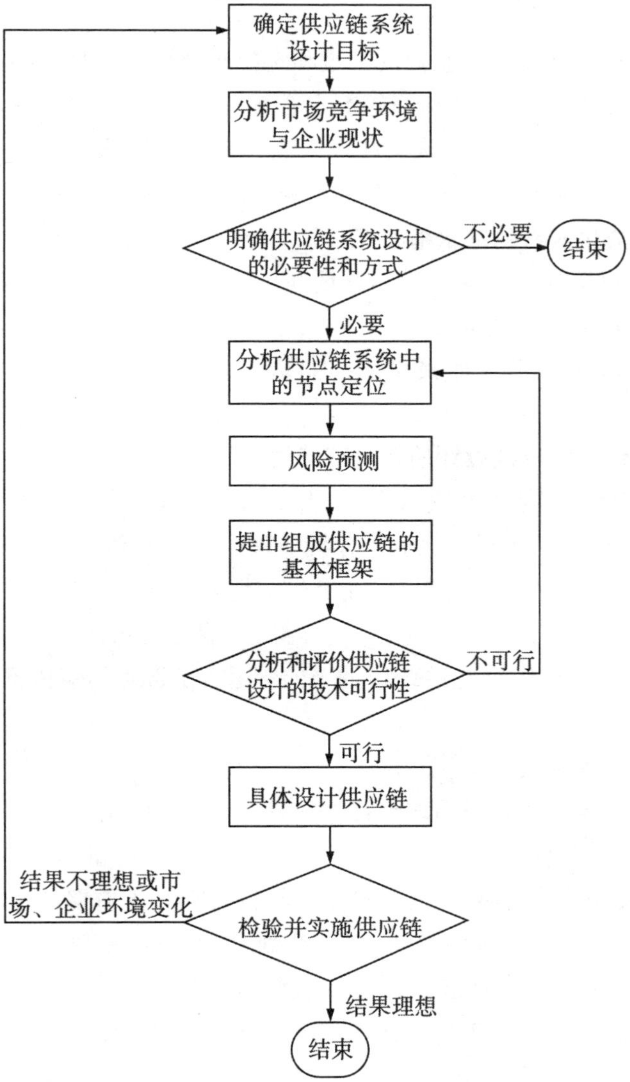

图1-6　供应链系统的设计步骤

4.分析供应链系统中的节点定位

这一步骤需要企业确定供应链系统中各节点企业的数量、节点选择与评价标准。企业需要根据市场竞争环境和企业现状分析结果，确定企业将要生产的产品和提供的服务的种类，并依据市场需求预测等确定企业提供的产品和服务数量。由此，企业决定供应链系统中零售商、分销商、制造商、供应商、服务支撑企业等节点企业的数量和选择、评价标准。

5.风险预测

确定供应链系统中节点企业的数量和选择与评价标准后，需要根据市场竞争环境分析结果对消费者、供应商等节点企业、产品和原材料等物质材料、竞争对手、宏观政策等可能出现的状况和未来变化趋势进行预测，分析可能对供应链系统设计产生影响的主要因素，并提出相应的风险应对方案[42]。

6.提出组成供应链的基本框架[42]

企业需要根据各类节点企业的数量和风险预测结果确定供应链中各节点企业之间的连接方式和业务流程，确定供应链中物流、信息流、资金流、作业流和价值流的基本流向，提出组成供应链的基本框架，并完善节点企业的选择标准和评价指标。

7.分析和评价供应链设计的技术可行性

对供应链基本框架设计完成后，需要对供应链设计的技术可行性、功能可行性、运营可行性和管理可行性进行分析和评价[42]。在清楚地了解企业资金和技术实力的基础上，结合市场环境，确定供应链系统设计方案中与技术、功能、运营和管理相关的各种方法可行、工具可得，并能达到预期效果。如果方案不可行，则需要从"分析供应链系统中的节点定位"开始对供应链系统进行重新设计。

8.具体设计供应链[42]

如果确定当前的供应链系统设计方案可行，下一步则需要企业参照供应链基本框架对供应链进行具体设计。这一步主要包括供应链中具体节点企业的确定，供应方案如供应价格、单次运输量、原材料质量、提前期等的确认，生产能力设计如需求预测、生产运输配送、生产计划、生产作业计划和跟踪控制、库存管理等的设计，销售和分销能力设计如销售/分销网络、运输方式和路径、运输价格、销售方案、顾客服务等的设计，信息化管理系统软、硬件平台的设计，物流通道和管理系统的设计，供应链组织和管理机制与基本运行规则的确定。

9.检验并实施供应链

在供应链系统设计完成后，需要通过适当的方式和手段如仿真技术对设计出来的供应链系统进行运行检验[42]。如果供应链系统运行结果理想，能够实现供应链系统设计目标，则该供应链系统可以正式投入使用；否则，需要对供应链系统进行重新设计。当市场环境或企业现状发生改变时，也需要对供应链系统进行调整或重新设计，使其能够适应新的市场环境或企业发展状况与战略目标。

参考文献

[1]范碧霞,魏秀丽. 物流与供应链管理[M]. 2版. 上海:上海财经大学出版社,2020.

[2]谢家平,梁玲,宋明珍. 供应链管理[M]. 4版. 上海:上海财经大学出版社,2021.

[3]马春莲,郭杰. 供应链管理[M]. 北京:中国书籍出版社,2018.

[4]马士华. 供应链管理[M]. 北京:机械工业出版社,2020.

[5]施先亮. 智慧物流与现代供应链[M]. 北京:机械工业出版社,2020.

[6]张磊,张雪. 物流与供应链管理[M]. 北京:北京理工大学出版社,2021.

[7]田青. 物流与供应链管理研究[M]. 北京:中国原子能出版社,2020.

[8]毛敏,王坤. 供应链管理理论与案例解析[M]. 成都:西南交通大学出版社,2017.

[9]中国标准化研究院,用友软件股份有限公司,北京声迅电子有限公司. 供应链管理:第1部分　综述与基本原理: GB/Z 26337.1—2010[S]. 北京:中华人民共和国国家质量监督检验检疫总局,中国国家标准化管理委员会,2011.

[10]中国物流与采购联合会,北京物资学院,深圳市深中原科技有限公司,等. 物流术语: GB/T 18354—2021[S]. 北京:国家市场监督管理总局,国家标准化管理委员会,2021.

[11]舒秘,孙润霞,邓莉. 供应链管理[M]. 哈尔滨:哈尔滨工程大学出版社,2020.

[12]张勇. 物联网环境下的生鲜电商供应链系统研究[M]. 成都:电子科技大学出版社,2017.

[13]董海. 供应链管理[M]. 北京:冶金工业出版社,2018.

[14]魏波,陈进军. 物流系统规划与设计[M]. 西安:西安交通大学出版社,2018.

[15]高举红,王术峰,齐二石. 物流系统规划与设计[M]. 北京:北京交通大学出版社,清华大学出版社,2015.

[16]李金波. 供应链管理:未来赢在供应链[M]. 北京:中国纺织出版社,2021.

[17]郑少峰,张春英. 现代物流信息管理与技术[M]. 北京:机械工业出版社,2022.

[18]陈文,吴智峰. 物流成本管理[M]. 北京:北京理工大学出版社,2021.

[19]LAMBERT D M,COOPER M C,PAGH J D. Supply chain management: Implementation issues and research opportunities[J]. International Journal of Logistics Management,1998,9(2):1-20.

[20]COOPER M C,LAMBERT D M,PAGH J D. Supply chain management: More than a new name for logistics[J]. International Journal of Logistics Management,1997,8(1):1-14.

[21]何慧,郑丽娟. 供应链管理[M]. 南京:东南大学出版社,2012.

[22]陈明蔚. 供应链管理[M]. 2版. 北京:北京理工大学出版社,2018.

[23]宾厚,王欢芳,邹筱. 现代物流管理[M]. 北京:北京理工大学出版社,2019.

[24]张立群. 供应链管理基础与实务[M]. 长春:吉林人民出版社,2021.

[25]大卫·辛奇-利维,卡明斯基,伊迪斯·辛奇-利维. 供应链设计与管理:概念、战略与案例研究[M]. 3版. 北京:中国人民大学出版社,2010.

[26]张桂兰. 供应链管理[M]. 成都:电子科技大学出版社,2020.

[27]马璐,吕品,郭仪,等. 物流决策与优化[M]. 武汉:华中科技大学出版社,2019.

[28]刘露. 物流运输与包装[M]. 2版. 合肥:合肥工业大学出版社,2021.

[29]梁金萍,齐云英. 运输管理[M]. 3版. 北京:机械工业出版社,2021.

[30]乐美龙. 供应链管理[M]. 上海:上海交通大学出版社,2021.

[31]陈功玉. 供应链管理[M]. 武汉:武汉大学出版社,2011.

[32]舒辉. 物流与供应链管理[M]. 上海:复旦大学出版社,2014.

[33]徐丽群. 运营战略:目标、路径与措施[M]. 上海:上海交通大学出版社,2019.

[34]许国银,桑小娟,蒋淑华. 物流管理新论[M]. 南京:东南大学出版社,2014.

[35]沃尔曼,贝里,怀巴克,等. 制造计划与控制:基于供应链环境[M]. 5版. 韩玉启,陈杰,袁小华,等译. 北京:中国人民大学出版社,2008.

[36]乔普拉. 供应链管理[M]. 7版. 杨依依,译. 北京:中国人民大学出版社,2021.

[37]程永生. 物流系统分析[M]. 北京:清华大学出版社,2015.

[38]张锦. 物流规划原理与方法[M]. 成都:西南交通大学出版社,2009.

[39]程洁. 物流成本管理[M]. 成都:电子科技大学出版社,2020.

[40]王桂朵，于晓胜，齐云英. 供应链管理[M]. 北京：中国财富出版社，2016.

[41]王鹏. 供应链管理[M]. 北京：北京理工大学出版社，2016.

[42]刘建香. 供应链规划与设计[M]. 北京：科学出版社，2022.

第2章　供应链战略规划与设计

2.1　供应链战略与目标

2.1.1　供应链战略概述

1.供应链战略的概念和特点

“战略”一词最早是军事方面的概念，意为指导战争全局的计划和策略，其本质是选择从事活动的方法。战略是对愿景、使命等组织终极目标的定位和达到愿景与使命的方式，核心问题是方向的确定和方式的选择。战略目标的实现时间通常较长。1965年，战略管理的开山鼻祖伊戈尔·安索夫(Igor Ansoff)第一次提出了关于企业战略的相关理论。他认为，战略管理就是企业高层管理者为保证企业的持续生存和发展，通过对企业外部环境与内部条件的分析，对企业全部经营活动所进行的根本性和长远性的规划与指导。自他之后，国内外学者以及企业高管对企业战略展开了全面的研究和实践。

企业战略是战略的一种，经济管理领域引入战略这一概念后，企业战略通常指具有全局性的、长期的、能够起到纲领性作用的方案和对策。企业战略是一种从全局考虑谋划实现全局目标的长远的规划，包括竞争战略、营销战略、发展战略、品牌战略、融资战略、技术开发战略、人才开发战略、资源开发战略等。企业战略是设立远景目标并对实现目标的轨迹进行的总体性、指导性谋划，属于宏观管理范畴，具有指导性、全局性、长远性、竞争性、系统性、风险性六大主要特征。

供应链战略就是企业从战略的高度对供应链进行全局性规划，是企业进行的关于如何构造供应链、如何进行供应链配置、供应链的每个环节执行什么样的流程的一系列决策。供应链战略包括采购、生产、物流、库存以及服务等活动[1]。

供应链战略具有以下四个特点：

(1)供应链战略是支持企业竞争战略的职能战略[2]。供应链战略关注的重点不是企业向顾客提供的产品或服务本身所产生的竞争优势，而是产品或服务在整个供应链中的运动过程所形成的价值链给企业带来的竞争优势。企业的价值链始于新产品开发，企业通过市场营销宣传产品及服务能够满足客户的偏好来引发客户的需求，最后经过产品开发、生产、分销以及服务等基本活动形成一个完整的链条。其中新产品开发战略是通过改良现有的产品或开发新产品来优化现有市场的产品组合，进而扩大市场占有率和增加销售额的战略。市场营销战略是以现代市场营销观念为指导，制定协调一致的产品策略、价格策略、渠道策略和促销策略，通过有计划地组织各项经营活动，为顾客提供满意的产品和服务的过程。而供应链战略关系到企业从原材料到产品生产再到产品配送到顾客的整个“通道”能否将其所选择的新产品开发战略和市场营销战略转变为为顾客创造价值的产品或服务。

企业竞争战略是有关企业如何在一个行业内或市场中进行竞争的决策，是指导企业开展经营活动的基本战略。供应链战略作为一种职能战略，需要与新产品开发战略和市场营销战略相互匹配来支持企业竞争战略。供应链战略强调供应链中各职能的联系，是实施企业竞争战略的必要条件。

(2)供应链战略是实现顾客价值链的整体战略。供应链战略对企业的供应链特性、结构、组织和运作进行全局的策略性规划。它确定了原材料的获取和运输，产品的制造或服务的提供，以及产品配送和售后服务的方式与特点。供应链管理本身就是一种战略思维。在供应链环境下，产品从原材料采购到加工制造再到运输或配送给顾客，这整个业务过程的各个环节分属于不同企业，而不同企业之间的业务活动是否协同、业务过程是否有效衔接则关系到顾客价值链能否为顾客创造更多的价值。因此，供应链战略的核心是将供应链作为一个整体来选择合适的供应链集成模式，实现顾客价值链的无缝衔接[3]。

(3)供应链战略是一种互补性企业之间的联盟战略[4]。互补性企业联盟是由相互之间存在一定的互补关系的企业密切合作而组成的。不同企业之间加强联系与沟通，促使产品质量得到提升，满足客户对产品的需求，强化产品效益，为客户提供高质量服务，围绕核心产品、核心资产或核心企业组成包括供应商、批发商和生产商等的企业联盟，以此来使企业产品在社会市场中占据重要的竞争地位，促使产品占据更多的市场份额[5]。互补性企业联盟的目标是通过建立战略合作伙伴关系来保证不同企业之间业务活动的协同和业务过程的有效衔接,实现为顾客创造更多价值的目的。

(4)供应链战略管理可以增强企业的核心能力。在企业发展过程中,核心能力是企业生存、发展的重点与保障,如果企业依靠自身能力和资源无法实现自身发展目标及应对市场竞争,就必须借助于业务外包或寻找优秀的供应商来帮助它在供应链中革新技术、改进质量、提高效率、降低成本,以改善其价值链上的薄弱环节,强化企业的核心能力,促使企业自身存在的不足能够最大限度地得到弥补。优秀的企业之间相互合作,可以帮助企业在最大程度上避免风险问题的出现,带动企业朝着更好的方向发展,帮助企业创造更多的经济效益与社会效益[2]。

供应链战略的特点如图 2-1 所示。

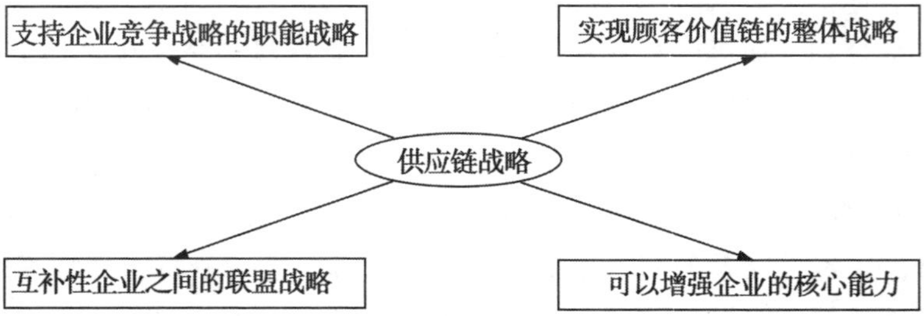

图 2-1　供应链战略的特点

2.供应链战略的基本类型[6]

根据产品的需求模式,马歇尔・费舍尔(Marshall Fisher)将供应链战略划分为有效性供应链战略和反应性供应链战略两类。

(1)有效性供应链战略。有效性供应链战略是指能够以最低的成本进行产品创新与设计,并将原材料转化成零部件、半成品、成品,以及分销给客户和提供服务的供应链战略。

有效性供应链战略蕴含着经典的精益战略思想。精益战略包含价值、价值流程、价值流动、按需准时生产和完美目标五个原则。对于有效性供应链战略而言,即:①指明如何追加客户产品的价值,使客户觉得有价值;②提出对供应链的要求及如何选择流程中的合作伙伴;③做到杜绝浪费,缩短中止、停滞期;④表明如何克服困难来控制物料流动;⑤要求不断寻求改进。

(2)反应性供应链战略。反应性供应链战略是强调快速对需求做出反应的供应链战略,是指能够以最快的需求反应速度进行产品创新与设计,并将原材料转化成零部件、半成品、成品,以及分销给客户和提高服务的供应链战略。

反应性供应链战略蕴含着敏捷的思想。“敏捷”有两层含义：一是反应速度；二是变化速度，即根据不同的客户需求进行量身定做的能力。两者都强调客户的满意度，这与企业的竞争战略要求相一致。对反应性供应链战略而言，其也要快速地对需求做出反应。

(3)有效性供应链战略和反应性供应链战略的区别。按照主要目标、产品设计战略、采购战略、制造战略、库存战略、配送战略、供应商战略和提前期战略，有效性供应链战略和反应性供应链战略的区别如表2-1所示[1]。

表2-1　有效性供应链战略和反应性供应链战略的主要区别

职能战略选择	有效性供应链战略	反应性供应链战略
主要目标	以最低成本满足需求	以最低成本满足需求
产品设计战略	按最低成本原则设计产品	按模块化原则设计产品
采购战略	单源准时采购	多源组合采购
制造战略	用专业化生产设备	用柔性化生产设备
库存战略	最小化库存	维持足够的库存
配送战略	采用低成本配送模式	采用快速配送模式
供应商战略	按成本和质量选择	按交货期、柔性、可靠性和质量选择
提前期战略	缩短，但不以增加成本为代价	大幅缩短，即使以付出较大成本为代价

2.1.2　供应链战略目标与结构设计目标

1.供应链战略目标

供应链战略目标是实现供应链整体价值的最大化，即用最低的成本满足客户需求，以赢得竞争优势，支持战略目标。为了支持战略目标，企业在进行供应链选择与结构设计时应综合考虑产品质量最佳、运营成本最低、交付时间最短以及顾客服务最优的设计目标。

2.供应链结构设计目标

供应链业务流程网络由物流、信息流和资金流组成，并由原材料采购与运输、产品加工与装配、产品配送与服务的方式与特点确定，因此，新产品的开发会涉及从原材料采购到产品的加工与装配再到产品配送至顾客的整个供应链，进入新市场或开发新的分销渠道也会涉及供应链配送网络的调整，此时企业需要对供应链战略进行选择并对供应链结构进行设计。除此之外，还有一些其他涉及供应链的结构调整与资源配置的情况，如提升产品售后服务水平、提高用户对产品的满意程度、降低企业运营成本、提高企业运营效率等，凡是涉及供应链的结构调整与资源配置的，都需要进行供应链战略选择与结构设计。

在供应链战略选择与结构设计阶段，为了能够更有效地为顾客提供产品和服务以获得竞争优势，供应链战略选择应该使供应链结构与顾客需求特性更好地匹配；为了实现运营成本最小化、顾客服务最优化、反应时间最短化和产品质量最佳化的设计目标，对供应链结构进行设计时应以能够使供应链上各成员企业精干主业、提高作业效率、降低库存并与其他企业协同运作为作业目标。这样，供应链战略选择目标、供应链结构设计目标、供应链上各成员企业及其作业目标以及供应链结构设计的备选方案就构成了供应链战略选择与结构设计的目标递阶层次结构模型，如图 2-2 所示[2]。

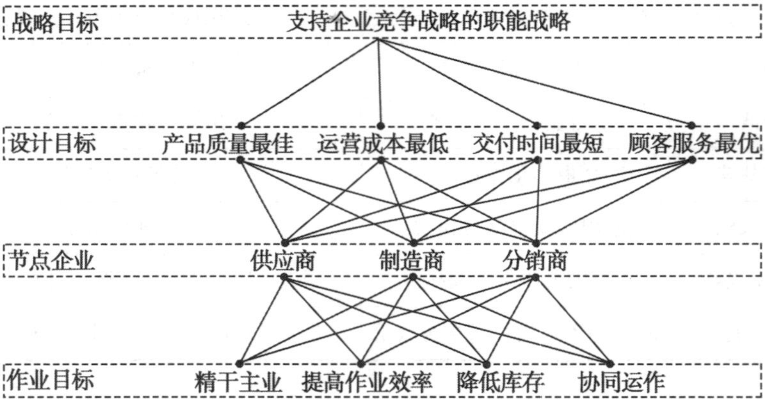

图 2-2 供应链战略选择与结构设计的目标递阶层次结构模型

需要注意的是，供应链战略的设计目标是相互矛盾的，无法同时实现产品质量最佳、运营成本最低、交付时间最短以及顾客服务最优，企业要以供应链的战略目标，即实现供应链整体价值的最大化为原则，在如上所述的设计目标中权衡。

2.1.3 供应链战略选择过程

供应链战略选择过程主要包括供应链战略匹配过程、产品标准化设计策略选择过程以及供应链战略模式规划与选择过程等三个阶段。

在供应链战略匹配阶段，主要是通过供应链战略确定企业向顾客提供产品的供应链应具有什么样的性能才能与目标市场无缝对接；在产品标准化设计策略选择阶段，主要是确定选择什么样的产品设计策略才能使产品适合于具有这样性能的供应链；在供应链战略模式规划与选择阶段，主要是通过运用规划分析方法，对供应链战略模式进行规划与选择，综合考虑产品质量最佳、运营成本最低、交付时间最短、顾客服务最优的设计目标，以实现供应链整体价值的最大化。供应链战略选择的过程如图 2-3 所示。

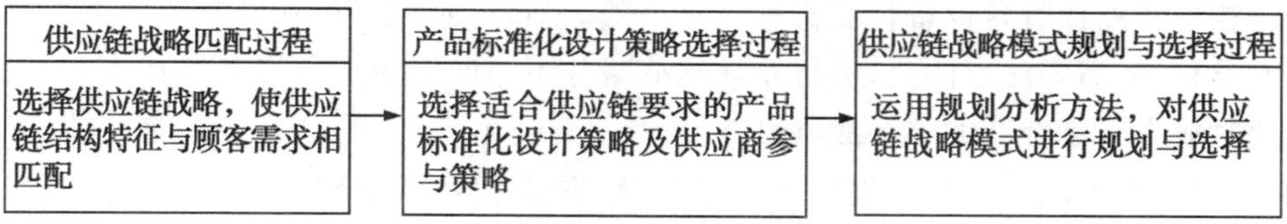

图 2-3　供应链战略选择的过程

2.2　供应链战略匹配

2.2.1　竞争战略与供应链战略

供应链战略是一种互补性企业之间的联盟战略，是支持企业竞争战略的一项职能战略，是实现顾客价值链的整体战略。供应链战略管理可以增强企业的核心能力。在市场中，企业面对的竞争对手不是单个的企业，而是由各个节点企业所组成的供应链。因此，企业在制定供应链战略时，不仅要考虑产品的需求特性，还要将供应链战略与竞争战略匹配起来，否则供应链管理难以取得良好的成效，很容易导致经营失败。企业所处的行业不同，提供的产品和服务也各不相同，在战略匹配上将会面临不同的问题，但对于任何一个企业来说，供应链战略都必须与竞争战略具有相同的目标，相互匹配。

1.竞争战略[7]

竞争战略是有关企业如何在一个行业内或市场中进行竞争的决策，是指导企业开展经营活动的基本战略。美国哈佛商学院著名的战略管理学家迈克尔·波特(Michael Porter)提出了三种基本竞争战略，即总成本领先战略、差异化战略和集中战略。

(1)总成本领先战略。总成本领先战略是指通过有效途径，使企业的全部成本低于竞争对手的成本，以获得同行业平均水平以上的利润。总成本领先战略是企业最为常用的战略手段。在使用总成本领先战略时，企业会反复使用价格战，以总成本领先的势能获取市场领先的势能，以此来超越竞争对手。在总成本领先战略的指导下，企业通过追求规模经济、专利技术、原材料的优惠待遇等实现低成本。

(2)差异化战略。差异化战略是将企业提供的产品或服务差异化,形成一些在全产业范围内具有独特性的东西。实现差异化战略的方式有很多,如梅赛德斯(Mercedes)通过设计品牌形象在汽车行业声誉卓著,科勒曼(Coleman)通过技术特点在野营设备行业实现差异化等。当然,企业可以在多个方面都实现差异化,但需要注意的是,实行差异化战略并不意味着企业可以忽略成本,只是此时成本不是企业的首要战略目标。

(3)集中战略。集中战略即聚焦战略,是指把经营战略的重点放在一个特定的目标市场上,为特定的地区或特定的购买者集团提供特殊的产品或服务,以此来建立竞争优势和市场地位。集中战略的前提思想是企业业务的专一化,即企业能够集中使用资源,以比过去更快的增长速度来增加某种产品的销售额和市场占有率,以更高的效率更好地为某一狭窄的细分市场服务,从而超越在较广阔的范围内竞争的对手们。实行集中战略可以避免出现大而弱的分散投资局面,容易形成企业的核心竞争力。

2.竞争战略与供应链战略的关系

要理解竞争战略与供应链战略的关系,首先要理解典型组织的价值链。

如图 2-4 所示,价值链是"从原材料的选取到最终产品送至消费者手中的一系列价值创造的活动过程"[8]。任何一个企业的运营都由新产品开发、采购、制造、营销、物流、财务等活动构成,这些活动可以用价值链表示出来,其中新产品开发、采购、生产、营销、物流、库存、服务等活动属于基本活动。供应链涵盖了采购、生产、库存、物流以及服务等基本活动。

<table>
<tr><td colspan="2">企业基础设施、人力资源管理、财务、会计、信息技术</td></tr>
<tr><td rowspan="2">新产品
开发</td><td>供应链</td></tr>
<tr><td>采购　生产　库存　物流　服务</td></tr>
</table>

图 2-4　企业的价值链

价值链始于新产品开发,进而形成各种产品的说明书。新产品开发战略拟定企业将要开发的新产品组合,并确定该开发工作是通过企业内部进行还是外包出去。市场营销和销售战略强调如何进行市场细分,产品如何定位、定价和促销。市场营销和销售通过宣传产品及服务能够满足的顾客偏好来制造需求,同时市场营销也将顾客的反馈应用到新产品开发中。

供应链战略则关注原材料的获取、物料的运输、产品制造或所提供服务的运作、产品的分销、后续的服务以及这些流程是由企业自行解决还是外包。供应链战略强调企业内部所有职能之间的密切联系。企业要想获得竞争优势，所有的职能战略必须相互支持并支持竞争战略[1]。

2.2.2　供应链战略与竞争战略匹配的步骤[9]

供应链战略应支持竞争战略的实施，与竞争战略拥有相同的目标，即竞争战略所要满足的顾客需求目标与供应链战略所要建立的供应链能力目标之间应协调一致，以实现供应链整体价值的最大化，用最低的成本满足顾客需求。因此，要实现供应链战略与竞争战略的匹配，企业必须保证其供应链能力支持企业满足目标顾客群的能力。

实现供应链战略与竞争战略的匹配包括三个基本步骤。

1.理解顾客的需求

实现供应链战略与竞争战略匹配的第一步是理解顾客的需求。

(1)顾客群的需求特征。目标市场顾客需求的特点会影响目标市场需求的不确定性，企业为了赢利要向目标市场提供产品或服务，为了其产品或服务能够得到目标市场的认可，企业需要理解市场需求，那么就要理解顾客，明确目标顾客群的需求。不同供应链针对的目标顾客群不同，其顾客群的需求也不同。

顾客群的需求特征受顾客单次购买的产品数量、顾客可以忍受的响应时间、顾客需要的产品品种、顾客所需的服务水平、顾客对产品价格的敏感度以及顾客对产品预期的更新速度等因素的影响。比如，对于紧急订单，顾客需要购买的产品数量往往比较小，可以忍受的响应时间很短，会期望订购的产品有高水平的可获得性。紧急订单的顾客通常对价格的敏感度较低，会为紧急订单支付更高的定金，如果订单里的所有产品企业无法全部立即为顾客提供，顾客往往会另寻卖家。对于非紧急订单，顾客的需求恰恰相反。特定群体的顾客倾向于有相似的需求，而不同群体的顾客需求差别很大。

我们可以根据顾客不同的需求特征将其划分为不同的顾客群，不同顾客群的需求影响着其需求不确定性。需求不确定性反映了顾客对某种产品的需求的不确定性。例如，因产品需求变化导致不同顾客需求数量差异越大，则其市场需求不确定性就越高；因分散产品数量导致顾客需求的产品种类数越多，则其市场需求不确定性就越高；因分散产品需求总量导致顾客获得产品的渠道越多，则其市场需求不确定性就越高。顾客需求特征与需求不确定性的关系如表2-2所示。

表 2-2 顾客需求特征与需求不确定性的关系

顾客需求特征	需求不确定性增加	需求不确定性减少
需求数量波动范围	增加	减小
订单交付时间	缩短	延长
需求产品种类	增加	减少
产品获得渠道	增多	减少
需求服务水平	提高	下降

(2)隐含需求不确定性。划分顾客群并分析其需求特点可以帮助企业在供应链管理中理解顾客需求,除此之外,还要在划分顾客群的基础上关注该类顾客群的隐含需求不确定性。不同于需求不确定性,隐含需求不确定性是指供应链只能满足所服务顾客群的给定需求,不能达到所服务顾客群的整体期望而造成的需求不确定性,它是由供应链的不确定性引起的,是顾客的需求特点与供应链的特点不同造成的需求不确定性。比如,仅提供紧急订单商品的供应链要比提供同种商品但交货期更长的供应链面对的隐含需求不确定性更高,因为后者有机会在更长的交货期内履行订单。

除了受到产品需求不确定性的影响外,隐含需求不确定性还受到供应链试图满足的不同顾客需求的影响。不同的顾客需求对隐含需求不确定性的影响如表 2-3 所示。

表 2-3 顾客需求对隐含需求不确定性的影响

顾客需求	隐含需求不确定性的变化	原因
需求量增长	增大	要求的数量大幅度增加意味着需求变动增大
提前期缩短	增大	对订单反应的时间少了
需求的产品种类增加	增大	对每种产品的需求更加分散
获得产品的渠道增多	增大	顾客总需求分散给更多的供货渠道
要求创新速度加快	增大	新产品的需求会有更大的不确定性
需求的服务水平提高	增大	不得不应付偶然出现的需求高峰

顾客的需求随时变化,而每个顾客的需求都会影响隐含需求不确定性,因此我们可以把隐含需求不确定性作为一个衡量指标来捕捉所有这些属性的变

化，把它当作一种常用的测量尺度来区分不同类型的需求。

隐含需求不确定性不仅与每个顾客的需求相关，还与需求的其他特性相关。比如，隐含需求不确定性越高，产品的边际收益也会越高，这是因为具有不确定需求的产品通常不够成熟并且直接竞争很少；隐含需求不确定性越高，平均预测误差就会越大；隐含需求不确定性越高，供求平衡的难度也会越大，这既可能导致给定产品的缺货，也有可能导致产品积压，因此，隐含需求不确定性的增加有可能导致缺货率或积压率增加。如果经常发生产品积压，那么隐含需求不确定性越高，产品降价的可能性就会越大。

隐含需求不确定性与需求的其他特性的相关性如表 2-4 所示。

表 2-4　隐含需求不确定性与需求的其他特性的相关性

隐含需求不确定性	低隐含需求不确定性	高隐含需求不确定性
产品边际收益	低	高
平均预测误差	低(10%)	高(40%—100%)
平均产品脱销率	低(1%—2%)	高(10%—40%)
平均被迫销毁率	低	高(10%—25%)

对于 5G 手机等全新产品，边际收益高，需求预测非常不准确，产品脱销率高，产品销毁量大，其供应链将面临很高的隐含需求不确定性；而对于汽油等纯粹功能型产品，边际收益较低，需求预测准确，产品脱销率低，事实上不存在销毁情况，则其面临较低的隐含需求不确定性。隐含需求不确定性图谱如图2-5所示。

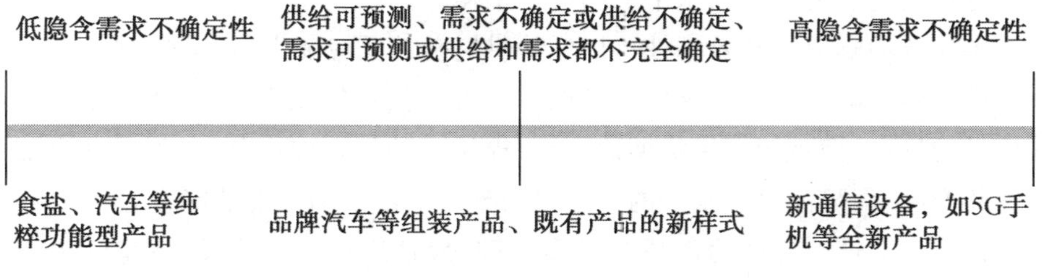

图 2-5　隐含需求不确定性图谱

产品自身的特点也会影响市场需求不确定性，功能型产品因市场需求量大，需求波动幅度较小，其市场需求不确定性较低；创新型产品因市场需求波动幅度较大，市场需求不确定性较高；工程型产品的市场需求不确定性更高。不同类型的产品特征及其市场需求不确定性如表 2-5 所示。

表 2-5 不同类型的产品特征及其市场需求不确定性

产品特征	功能型产品	创新型产品	工程型产品
产品利润率	低	较高	高
平均预测误差	低	高	非常高
产品改型幅度	低	高	非常高
订单交付时间	短	较长	长
需求不确定性	低	较高	高

除此之外，目标市场需求不确定性还受到供需关系的影响，供给不确定性也会影响需求不确定性。如果一个企业频繁停产、产品质量合格率较低、供应能力有限且不灵活，那么，将最终影响到目标市场需求不确定性。

2.理解供应链的能力

实现供应链战略与竞争战略匹配的第二步是要理解供应链的能力。

理解市场需求不确定性后，企业面临的下一个问题是如何在这个不确定的环境中最大限度地满足顾客的需求。

供应链主要有两类功能：物流功能和市场中介功能。物流功能是指供应链能以最低的成本将原材料加工成零部件、半成品、产品并将它们从供应链的一个节点运到另一个节点。市场中介功能则是指供应链能对市场需求迅速做出反应，确保以合适的产品在合适的地点和时间满足顾客的需求。供应链的这两类功能是矛盾的，无法同时达到最优，因此，通常可以将供应链的能力理解为在供应链的反应能力与盈利水平之间进行平衡。

供应链的响应性和效率性可以反映供应链的反应能力与盈利水平。

供应链的响应性是指供应链完成下列各项任务的能力：应对大幅度变动的需求量的反应、满足较短供货期的要求、提供品种繁多的产品、生产具有高度创新性的产品、满足高服务水平的要求以及处理供给不确定性的能力等。

构成供应链响应能力的成分越多，其响应性就越好。相反，效率性供应链通过消除某些响应性来降低成本。供应链的盈利能力主要取决于供应链的销售收入和运营成本。当市场需求相对稳定时，市场竞争的焦点主要是产品质量和价格。供应链要提高盈利能力，就需要通过消除各种形式的浪费、提高生产效率来降低运营成本。这时可用效率性指标来衡量供应链满足市场需求的能力。当市场需求波动较大时，市场竞争的焦点主要是产品性能和品种，这时供应链提高盈利能力的主要途径则是扩大销售收入，因而就需要通过缩短产品的交货期、增加产品的品种数量、提高产品的创新性和提供高水平的服务来灵活应对市场需求的波动，这时可用响应性指标来衡量供应链满足市场需求的能力。

反映供应链结构特征的效率性与响应性呈反方向变化，这是因为响应性的增加要付出成本，而成本增加会降低效率。例如，要对大幅度变化的需求做出响应，必须提高生产能力，增加生产成本；为应对市场需求波动，需要增加产品的品种数量和提高产品的创新性，这将增加供应链运营成本。成本的增加引出了另一个问题：供应链的效率与制造和向顾客交付产品的成本成反比。成本的增加会降低效率，每个旨在提高响应性的战略选择都会产生额外的成本、降低效率。相反，提高供应链的效率就必须降低成本，减少对创新和服务的投入。

成本—响应性效率边界曲线如图2-6所示，其表示在响应性一定时可实现的最低成本。

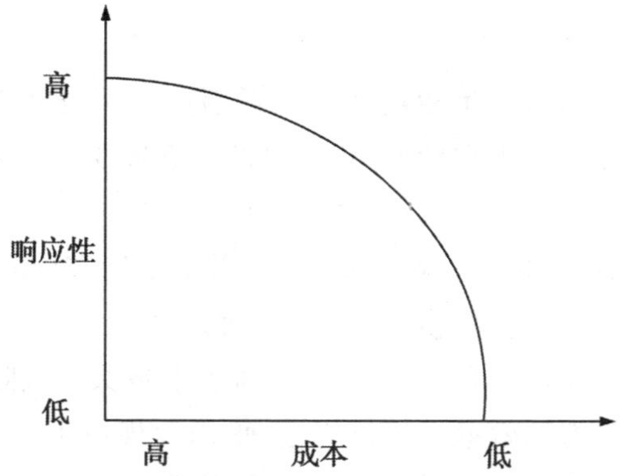

图2-6 成本—响应性效率边界曲线

需要注意的是，最低成本的界定是以现有技术为基础的，并不是所有企业都能在效率边界上经营。效率边界代表的是最理想的供应链的成本—响应性。不在效率边界上的企业可以向效率边界移动，提高响应性和降低运营成本。相反，在效率边界上的企业只能通过增加成本或降低效率来提高响应性。这样的企业必须在效率与响应性之间做出权衡。当然，效率边界上的企业也在不断改善工艺，改造技术，并以此移动自身的效率边界。如果给定了成本与响应性之间的平衡，那么任何一条供应链的关键战略选择都是确定其所要提供的响应性水平。

供应链的效率与响应性图谱如图2-7所示。对于库存型供应链，如一体化的钢铁企业，其通常需要提前数周或数月安排生产计划，产品品种通常较少且生产缺少弹性，但生产效率高，具有较高的盈利水平。对于服装类的效率性较高的大规模定制供应链，其通常为传统的备货式生产，生产提前期为几周，具有一定的盈利水平。对于大部分汽车制造商等订单型供应链，其需要在两三周内交付品种较多的产品，响应性较高，具有一定的反应能力。而对于一些服务集成型供应链，通常其响应性极高，具有高反应能力，比如日本 7-11 便利店，一天之内可以在不同地点改变商品组合；又如戴尔企业，为顾客提供的个性化计算机，可在数日内供货。

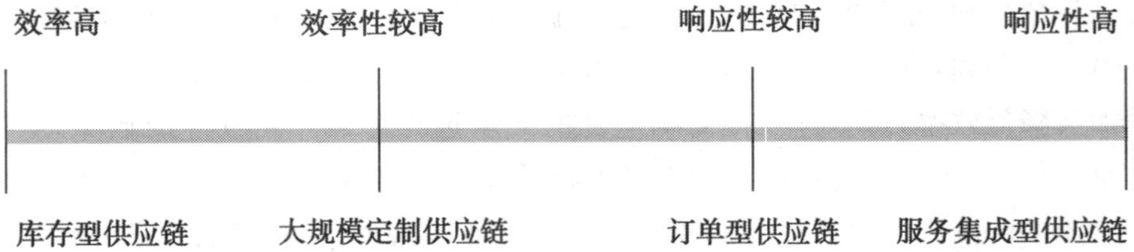

图 2-7　供应链的效率与响应性图谱

3.实现战略匹配

实现供应链战略与竞争战略匹配的最后一步是使供应链响应性与供给和需求带来的隐含需求不确定性相匹配，对高隐含需求不确定性的供应链设定高响应性，对低隐含需求不确定性的供应链设定高效率。

例如，高性能计算机的市场需求量小，需求不确定性较高，其制造商应该选择设计具有高响应性的供应链，采用柔性生产方式、延迟组装和快速配送来满足这部分市场需求。而低价计算机的市场需求量大，需求不确定性低，其制造商应该选择设计具有高效率性的供应链，采用大规模生产方式和低成本配送来满足这部分市场需求。随着供应链响应性的增加，顾客和供应源的隐含需求不确定性也随之提高。这种关系可用供应链结构性能匹配区域来表示，如图 2-8 所示。

要获得高水平绩效，企业应该沿着战略匹配区域调整其竞争战略和供应链战略，以提高隐含需求不确定性和响应性。

供应链根据目标市场需求不确定性确定其效率性或响应性之后，实现战略匹配的下一步是根据供应链的不同环节分配不同的角色，以保证适度的效率性或响应性水平。通过对供应链各个环节分配不同的响应性和效率性水平，可以获得整条供应链所期望的响应性水平。

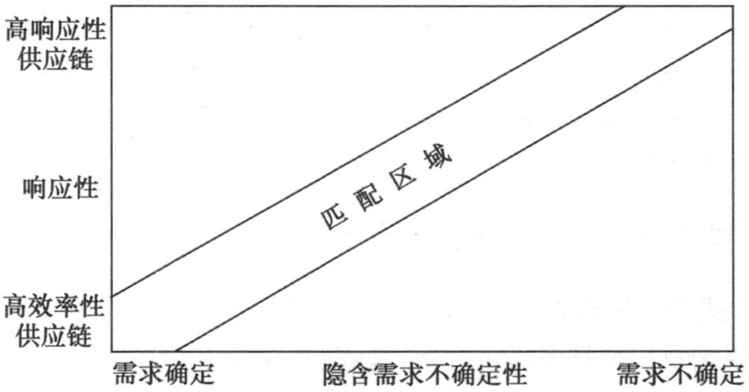

图 2-8　供应链结构性能匹配区域

通过调整各个环节的效用,供应链可以实现一定水平的响应性。提高供应链某一环节的响应性,可以使其他环节更有效率。每一个阶段的效率和灵活性决定了各个效用的最佳组合。图 2-9 展示了通过给供应链不同环节分配不同的不确定性水平,能获得预定水平的响应性。图中给出了两条面临相同的隐含需求不确定性的供应链,但是它们获得的期望响应性来自整条供应链上不确定性和响应性不同的分配方式。第一条供应链的零售商响应性很高,吸收了大部分隐含需求不确定性,使制造商和供应商能保持高效率。而第二条供应链的制造商响应性很高,吸收了大部分隐含需求不确定性,使其他各阶段能专注于提高效率。

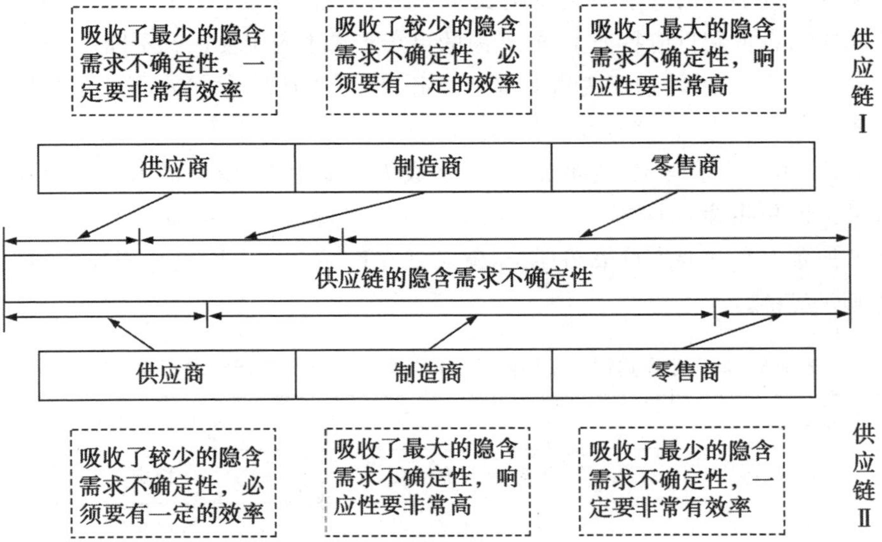

图 2-9　在给定的供应链响应性水平下隐含需求不确定性的不同作用和分配

要想实现战略匹配，为供应链各环节匹配不同的响应性水平，企业就要保证所有职能部门战略决策的一致性，以便支持竞争战略。所有职能战略都要支持竞争战略。所有供应链内的下一级战略，如制造、库存和采购战略，都要与供应链的响应性水平保持一致。

2.2.3 影响战略匹配的其他因素

1.产品种类和顾客群数

供应链根据目标市场需求不确定性匹配响应性时，要考虑生产多种产品和不同的顾客群体对其效率性与响应性的影响。

在产品和顾客群多种多样的情况下，有两种办法创建一条在盈利水平与反应能力之间取得平衡的供应链：其一是单独建立适合每种产品和每个顾客群的供应链，其二则是建成适合所有产品和顾客群的供应链。这时，供应链设计的一个有效策略就是根据企业已有的产品组合、顾客群体组合及供货来源组合设计一个允许某些不同产品和不同顾客群体共享某些环节的效率性与响应性均衡的供应链，这样可以比独立为不同产品和不同顾客群设计不同的供应链更具有规模经济性。

2.产品生命周期

供应链在根据目标市场需求不确定性匹配响应性时，还要考虑产品生命周期对供应链效率性与响应性的影响。随着产品走过其生命周期，产品的需求特点和服务的顾客群的要求也会发生变化。由于产品在其生命周期中不同阶段的市场需求特征和供应特征不同，产品的市场需求不确定性也就不同。

在产品投入阶段，由于需求非常不确定、时间要求高、供给水平要求高以及成本不是主要考虑因素等市场需求特征，此时的隐含需求不确定性较高；而在后续阶段，由于需求确定、竞争加大、价格成为考虑因素，隐含需求不确定性则会较低。产品生命周期中不同阶段的市场需求特征与市场需求不确定性如表 2-6 所示。企业要维持战略匹配，就必须在产品进入不同生命周期阶段时，调整其供应链。

表 2-6 产品生命周期中不同阶段的市场需求特征与市场需求不确定性

市场需求特征	产品投入与成长初期	产品成长后期与成熟期
需求数量	非常不确定	稳定
产品供应	不可预测	可以预测
边际收益	较高	较低

续表

市场需求特征	产品投入与成长初期	产品成长后期与成熟期
赢得顾客的焦点	产品可获得性	产品价格
需求不确定性	高	低

供应链需要对不稳定的需求做出快速反应，与此相适应，新产品开发、营销战略、生产和物流战略都需要围绕提高反应能力来设计。在产品成长后期与成熟期，产品的市场需求相对稳定，企业需要供应链具有高效率性，为此，企业应采用准时化采购的策略，降低供应链总成本；需要不断提高设备的利用率，实现规模生产，降低单件产品的生产成本；需要通过持续地改进，不断降低库存水平，达到降低成本的目的；尽量利用第三方物流等先进的物流技术和方式，降低供应链成本并为顾客增加价值。产品生命周期与供应链效率性和响应性的关系可用图 2-10 来表示。

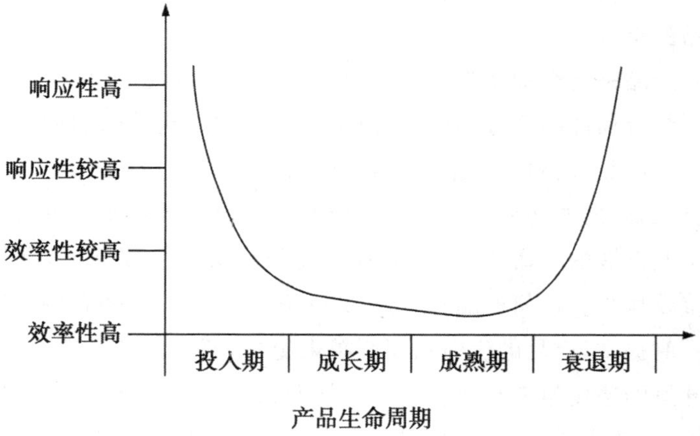

图 2-10　产品生命周期与供应链效率性和响应性的关系

2.3　供应链产品设计策略选择

2.3.1　产品标准化设计策略

1.新产品开发[10]

(1)新产品开发的含义和种类。从广义上讲，新产品通常是指在某个目标市场上首次出现的或者是企业首次向市场提供的能满足某种消费需求的产品。

只要产品整体概念中任何一部分有创新、变革和改变，都可以将其理解为一种新产品。

新产品可以分为全新新产品、换代新产品、改进新产品、仿制新产品四种类型。

全新新产品是指采用新原理、新结构、新技术和新材料研究出来的市场上从未有过的产品，是科学技术的新成果，也称技术新产品、绝对新产品或无可置疑新产品。企业独立开发全新新产品需要耗费较长的时间、巨大的人力和资金，成功率较低，风险很大。

换代新产品是指采用新材料、新元件或新技术，使原有产品的性能有飞跃性提高的产品。开发换代新产品相对容易，不需要花费巨额资金，企业面临的风险不大。

改进新产品是指从不同侧面对原有的产品进行改革创新的产品。改进新产品与换代新产品都是以原有产品为基础研制与开发的，对企业各方面要求不高，风险较小，开发出的新产品容易为市场所接受，是广大企业特别是中小企业开发新产品的重点。

仿制新产品是指企业仿制市场上已有的产品而自己首次生产的产品。企业仿制时可能有局部的改进和创新，但基本原理和结构是仿制的。这类产品对社会来说是老产品，而对企业来说是新产品。

(2)新产品开发的必要性。新产品开发对企业来说是非常有必要的。新产品开发是企业发展的生命线，是企业保持竞争优势的重要条件，是提高企业经济效益的重要途径。任何产品都有“寿终正寝”的那一天，随着科技的发展和人们生活水平的提高，产品的生命周期会越来越短，新产品开发势在必行，而且要求新产品开发的速度越来越快。新产品开发的产品生命周期理论告诉我们，企业要想持续、高效发展，各种产品在其生命周期的各阶段应该平衡发展，而要保持平衡发展，就要有新产品开发。

(3)新产品开发程序。新产品开发是企业在激烈的技术竞争中赖以生存和发展的基础，对企业产品发展方向、产品优势、开拓新市场和提高经济效益等具有决定性的作用。新产品开发必须严格遵循产品开发的科学管理程序，即创意的产生、创意的筛选、产品概念的发展与测试、确定营销战略、商业分析、新产品研制、市场试销和商业化。

创意的产生是指系统化地思考新思想、新方案的过程。创意大多数来源于消费缺憾，而非技术进步。对新产品创意的思考必须系统地进行，确保创意与企业所在的行业对口。

创意的筛选是指获得足够多的创意之后，对这些创意加以评估，研究其可行性，并挑选出可行性较高的创意，以便于将公司有限的资源集中于这些成功机会较大的创意上。筛选创意时要考虑：①产品创意的目标市场和市场规模、竞争情况、市场风险、发展趋势及市场潜力；②产品创意是否与企业目标和企业市场营销目标有关；③开发和研究这一创意必要的资源，如原材料、资金、分销商、开发能力等是否具有可获得性。

产品概念的发展与测试。经过筛选保留下来的产品创意需要进一步发展成产品概念，即已经成型的产品设想，能够用文字、图形或模型予以具体描述，包括目标顾客、产品特色、价格档次、市场定位、竞争定位等。产品概念确定后，需要对它进行测试，让某一顾客群体对其进行评价，以了解顾客的反应。测试通常采用调查问卷方式。

确定营销战略。确定产品概念之后，在新产品投产之前，需要制定初步的市场营销战略，包括渠道选择、价格策略、市场定位、市场占有率目标、促销策略等，或制定相应的营销组合，如产品的定价、确定分销渠道、广告与用户调查等。新产品投产以后还需要继续随环境的变化修正、调整营销战略。

商业分析是指分析新产品的预计销售量、成本和利润，以了解其是否符合企业的目标。

新产品研制是指将通过商业分析的新产品概念送交生产部门并研制出模型或样品，使产品概念转化为产品实体，同时还要进行包装的研制和品牌的设计，对产品进行严格的功能测试和消费者测试。新产品研制是新产品开发程序中最具有实质意义的重要步骤。只有通过新产品研制，才能发现产品概念存在的不足和问题，才能证明产品概念在技术上和商业上的可行性。

市场试销。试制品经过测试合格后，就可以将产品连同市场营销方案投入市场环境中试销。新产品试销既能帮助企业了解市场的销售情况，又能检测产品包装、价格、数量、广告的效果，还能发现产品性能的不足之处，为产品正式投入市场奠定基础，为企业是否大批量生产该产品提供决策依据。

新产品经试销获得成功后，便可批量生产，正式推向市场，实现新产品的商业化。

2.产品设计标准化策略

在常规的产品开发程序中，产品开发与工艺流程往往结合在一起进行，产品的生产研制要遵循产品设计，当产品设计有变化时，生产部门需要重新设计工艺流程，而当产品需求较大时，往往会造成较大的成本浪费。在市场需求迅速变化的大规模定制生产方式下，如果对每个顾客定制的产品都要重新设计，那么，企业不仅需要支出高额的产品开发费用，而且要因为对现有的工艺流程进行重大改进而付出高额费用，同时，还要受到时间和人力的限制。因此，这就需要将原来的产品开发与工艺流程相结合的思路转变为产品开发与工艺流程相分离的设计思路。按照这种新的设计思路，工艺流程应该设计得标准化和通用化，可以在系列化产品中使用，甚至跨越产品族使用；而产品开发应该基于产品结构模块化和零部件通用化实现产品系列化和平台化。

产品开发与工艺流程相分离，可以使独立于产品的工艺流程重复使用，延长其使用寿命，减少其开发费用；而围绕工艺流程的产品系列化开发，不仅可以提高产品开发效率和生产效率，还可以提高工艺设备使用效率。

根据产品是否可由一系列具有一定功能的模块化部件组装而成以及产品工艺流程是否可由一系列离散化的具体操作组成，将产品设计标准化策略分为部件标准化、流程标准化、产品标准化和生产标准化，如图 2-11 所示[2]。

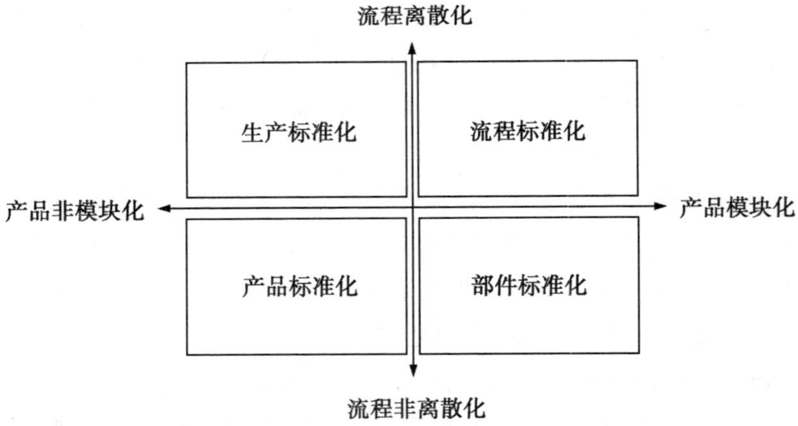

图 2-11　产品设计标准化策略

当产品是模块化的、工艺流程是非离散化的时候，可以采用部件标准化策略。部件标准化是指在系列化产品中尽可能地使用标准化的通用部件。比如系列型号的个人计算机都是由处理器、内存、硬盘、显示卡等通用部件组合而成的。在多种产品中使用通用部件可以减少部件种类，增加部件生产规模，进而降低部件的安全库存量和部件成本，同时也有利于提高产品市场需求预测的准确性。当然，过分采用标准化通用部件，一方面会降低产品差异化程度，降低产品通过个性化功能获得的竞争优势，如个人计算机市场竞争激烈主要就是因为个人计算机差异化程度低；另一方面，当部件设计不成熟就被标准化时，就会因某种强制因素使设计难以修改，比如某种部件存在设计缺陷，但加工该部件的昂贵的专用设备已经到位，这时更改设计就意味着昂贵设备的报废。

当产品是模块化的、工艺流程是离散化的时候，可以采用流程标准化策略。流程标准化是指在系列化产品中尽可能地使用标准化的工艺流程。这样，通过改变生产流程顺序使产品差异化流程尽可能地向后延迟，就可以有效应对市场需求的波动。例如，羊毛衫的生产过程包括采购毛纱、印染毛纱、毛纱线加工、毛衣分片加工和整衣加工。在这些工艺中，印染工艺用来满足不同顾客对毛衣颜色的需求，因此，将印染工艺推迟到订单和预测信息明确之后，就可以有效地提高羊毛衫生产过程的灵活性，更好地应对市场需求的变化。

当产品是非模块化的、工艺流程是非离散化的时候，可以采用产品标准化策略。产品标准化是指产品的性能指标标准化或产品外形尺寸标准化。产品性能指标标准化有利于在低性能产品短缺时由高性能产品替代来满足市场需求。例如，当低分辨率显示屏缺货时，就可以用高分辨率显示屏来替代销售。有时，还可以对产品进行重新设计，使其便于调整性能指标，来满足不同顾客的需求。例如，两个不同型号的产品性能相似，不同的是电源系统，这时，可在标准化产品上设置可以切换的电源系统，而不必生产两个型号的产品。产品外形尺寸标准化应考虑与集装箱、运输车辆和物料器具的尺寸相匹配，这样有利于运输车辆的配载，提高车辆的装载利用率，从而降低物流成本。

当产品是非模块化的、工艺流程是离散化的时候，可以采用生产标准化策略。生产标准化是指在产品本身不是标准化的情况下，将生产设备和工艺流程进行标准化。这种策略一般适用于生产设备相当昂贵的情形，如在光盘刻录时，虽然每次刻录的内容不同，但是，对光盘进行刻录的设备是相同的。因此，需要对这样的生产设备进行独立于最终需求的管理，以便降低设备损耗。

在产品模块化和工艺流程标准化的情况下，可以将顺序执行的工艺流程修改为并行和平行工艺流程，使一些工艺流程在不同地点执行，以充分利用现有的设备。如汽车变速箱由许多规格不同的齿轮组成，这些齿轮可以在不同设备上同时加工，这样安排生产，其生产周期明显要比将这些齿轮安排在同一设备上顺序加工短。因此，并行和平行工艺流程将有利于缩短产品生产周期，进而通过提升需求预测水平减少安全库存量，降低库存成本。

2.3.2　基于成本的产品标准化设计

产品系列化和零部件标准化、通用化是国家一项重要的技术经济政策，对减轻设计工作量、缩短设计周期、方便使用和维修等起着重要的作用。所以,在产品设计的各个阶段,必须认真贯彻“三化”原则,严格执行国家标准和部门标准[11]。在系列化产品中尽可能地使用标准化的通用部件,对产品生命周期各阶段的成本均有重要的影响,进而对供应链总成本产生重要影响。

1.产品开发阶段

在同一种产品内部或在系列化产品中采用标准化、通用化零部件,可以使原来多种零部件的设计任务减少到一种通用零部件的设计,尽管通用零部件可能因为要满足所有被替代零部件的功能要求而使其开发成本高于任何一种被替代零部件的开发成本,但是,通用零部件的开发成本肯定会低于所有被替代的零部件开发成本之和。而且,在产品升级过程中,采用通用零部件更能降低开发成本,并有利于新一代产品的快速开发。

2.产品制造阶段

产品制造阶段的成本主要包括材料成本、设备成本和生产成本。采用通用零部件不仅会减少原材料采购品种,增加采购批量,从而享受数量价格折扣,降低采购成本,还会增加零部件生产批量,进而提高原材料加工利用率,缩短工艺设备的调整准备时间,降低生产成本。

另外,采用通用零部件能减少系列化产品所用零部件的品种数目,从而减少零部件周转库存和安全库存。零部件标准化要求原材料标准化,这会降低运输成本和物料管理成本。零部件标准化还会减少机器设备、工艺装备、库存空间、搬运设备,从而降低设备成本。

3.产品分销阶段

产品分销阶段的成本主要包括库存成本、运输成本和损坏成本。采用通用零部件的模块化产品不仅可以在接到订单后进行差异化制作和订单交付,从而降低产品库存成本,还可以将产品运输转变为零部件运输,从而降低运输成本。同时,由于标准化的零部件具有较好的互换性,在运输途中损坏的零部件可以被通用零部件快速替换,从而减少损坏成本。

4.产品使用阶段

产品使用阶段的成本主要是维持成本、备件成本和故障成本。产品维持成本主要取决于产品使用阶段的维修时间、维修效率和维修工具成本。产品维修时间越短,维修效率越高,维修工具成本越低,那么产品维持成本也就越低。当产品采用通用零部件时,就会因为减少产品维修的复杂性、零部件的差异化和维修工具的差异化而缩短产品维修时间,降低维修工具成本。同样,采用通用零部件能减少零部件的差异化，进而减少备件成本。故障成本主要取决于备件可获得性。当一个产品由多个通用零部件构成时，在总备件数量相同的情况下，其备件的可获得性要高于产品采用非通用零部件时，即产品采用通用零部件会提高备件的可获得性，进而降低相关的故障成本。

2.3.3 供应商参与新产品开发策略

为提高新产品的市场竞争能力，有时制造商在新产品开发阶段需要供应商来参与新产品的零部件设计和开发，这将有利于制造商将主要精力集中于核心业务，并利用供应商的设计能力优势减少新产品开发成本，缩短新产品研发周期，实现新产品设计质量与设计成本最小化的平衡。这是因为在新产品开发初期对产品设计进行更改相对比较容易，所产生的更改设计费用也很低，而在新产品开发后期，尤其是在开发出产品原型之后，再想对产品设计进行更改就相当困难了，所产生的更改设计费用也会很高。这样，供应商早期参与产品设计，能充分利用其知识和能力减少产品开发后期更改设计的机会。供应商早期参与对产品设计更改所产生的成本影响如图 2-12 所示[2]。同时，供应商参与新产品的零部件设计和开发，会降低相应的原材料采购成本，提高原材料采购质量，有利于提升新产品的技术水平。

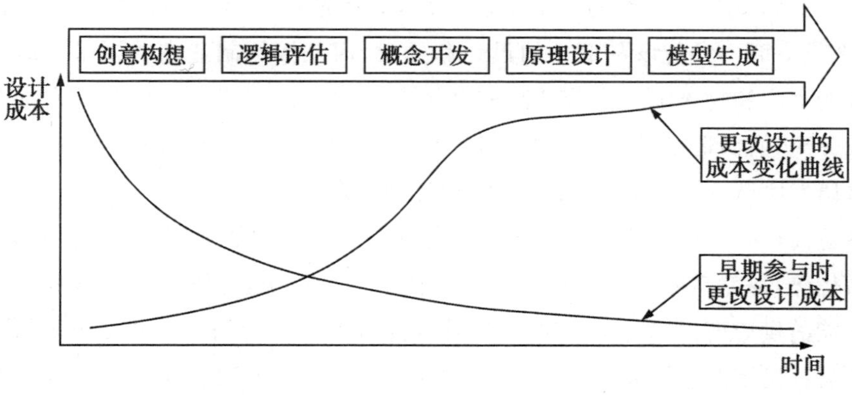

图 2-12 新产品开发不同阶段更改设计的成本变化曲线

供应商参与新产品的零部件设计和开发有多种形式，对不同参与形式的选择主要取决于新产品开发中某个零部件的设计与开发是否可以与新产品开发的其他阶段分离，以及制造商是否有能力开发这种零部件，其选择矩阵如图 2-13所示。

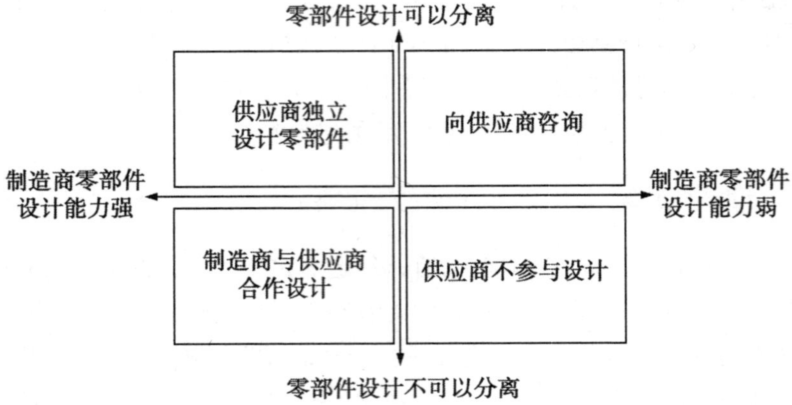

图 2-13 供应商参与新产品开发策略

若产品的某个零部件开发可以和新产品开发的其他阶段分离，而制造商又有能力开发这个零部件，那么制造商在开发这个零部件时就可以向供应商咨询，但不需要正式合作。若产品的某个零部件开发可以和新产品开发的其他阶段分离，而制造商没有能力开发这个零部件，那么制造商需要向供应商提供对该零部件的设计要求，由供应商独立设计和开发该零部件。若产品的某个零部件开发不能和新产品开发的其他阶段分离，而制造商又有能力开发这个零部件，那么供应商不参与该零部件的设计和开发，而是按照制造商的要求组织该零部件的生产和物流配送。若产品的某个零部件开发不能和新产品开发的其他阶段分离，而制造商没有能力开发这个零部件，那么可由制造商和供应商合作成立研发团队，共同对该零部件进行设计和开发。

制造商如果希望在新产品开发阶段让供应商参与新产品开发并利用其设计能力优势，那就需要时刻了解相应的新技术开发情况，并跟踪拥有这些新技术和技能的供应商。当时机成熟时，制造商通过把供应商的技术开发团队与自己的产品开发团队结合起来，就可以实现快速地在新产品开发中引入这些新技术的目标。这样，对于供应商来说，其可以通过与制造商合作获得有关新技术的使用经验，不必承担为获得这些经验而马上使用新技术所带来的风险；对于制造商来说，其利用这种方法获得有关的新技术，可以减少由于引入新技术不及时而造成的损失。

2.4　供应链战略模式规划与选择

2.4.1　供应链宏观环境分析

供应链宏观环境分析是指对供应链管理过程中的政治(Politics)、经济(Economy)、社会文化(Society)与技术(Technology)等方面进行的分析,简称PEST分析[12],如图2-14所示。对供应链管理的宏观环境进行分析,可以使企业更好地认识并适应环境,制定与环境相适应的战略与策略。

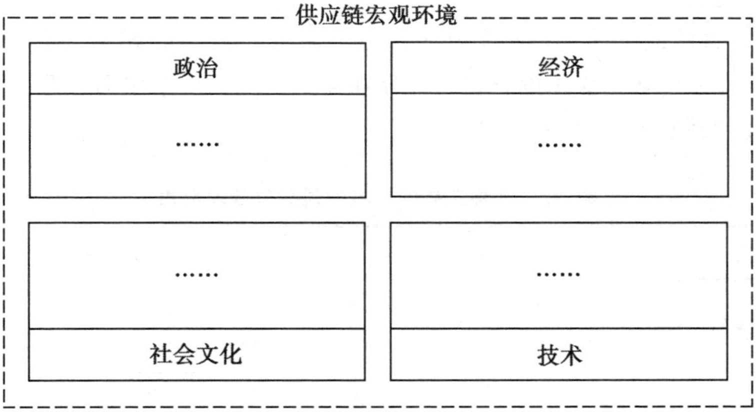

图2-14　宏观环境的PEST分析

宏观环境分析的程序可以分为环境的扫描(Scanning)、环境的监察(Monitoring)、环境的预测(Forecasting)和环境的评估(Assessment)四个步骤。

1.环境的扫描

环境的扫描是指对企业环境的整体进行一般性的监视,即通过研究和解释社会、政治、经济、生态及技术等事件的变化,从而确定将要成为未来环境驱动因素的萌芽趋势。进行环境的扫描主要是为了鉴定环境改变的早期信号以及观察环境变化。

环境的扫描没有特定的步骤与规范,因此需要由企业的环境分析人员加以阐释。环境的扫描有助于管理者延长规划的时间跨度,将未来机会或威胁的模糊信号转换成清晰的战略问题，有利于企业从战略的角度思考周围环境中的未来变化趋势。环境的扫描犹如一个预警系统，其目的在于及早确定出现的问题，以便有时间采取合适的措施，防患于未然。

2.环境的监察

环境的监察主要是指追踪企业环境的变化趋势以及系列事项的演变过程。它追踪的是“环境的扫描”阶段企业所得到的信息。通过监察可以收集足够的资料，以便确定某些趋势是否正在出现，有关分析人员必须对监察阶段的资料进行细致的解释和判断。

3.环境的预测

在环境的预测阶段，分析人员需要对环境变化的方向、范围、速度以及强度等做出可能的预测，并指出预期环境变化的途径。预测所要求的资料必须具体，采用的方法既可以是系统性的方法，也可以是结构性的方法，其预测的结果必须是对众多的数据做出的合理的解释和判断。实际中采用的预测方法很多，常用的几种预测方法如表 2-7 所示。

表 2-7 几种主要的环境的预测方法及应用

分类	方法	应用
直观预测	头脑风暴法、德尔菲法、关联树法、先行指数法	未来预测、科技预测、产品开发预测
时间序列预测	单纯外推法、移动平均法、指数移动平均法、周期变动分析法	长、中、短期需求预测和科技预测等
计量模型预测	回归分析法	中、短期需求预测和模型模拟预测等

4.环境的评估

环境的评估是整个环境分析程序中最重要的一步，这一步需要鉴定和评估目前或预测的环境变化会如何影响企业的战略并给出原因。通过环境的评估可以解决以下问题：环境中的主要问题是什么？环境变化对企业的战略有什么样的影响？环境的评估所要求的资料同样必须非常具体，在给出评估结果的同时需要将应对环境变化的具体行动方案制定出来。

宏观环境分析的四个步骤之间的关系如图 2-15 所示。

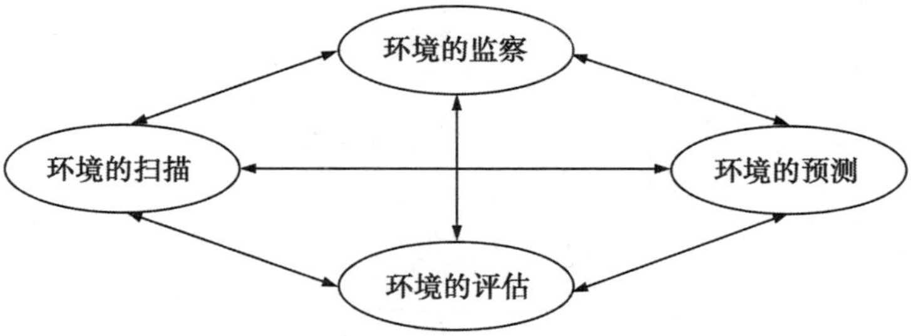

图 2-15　宏观环境分析的四个步骤之间的关系

2.4.2　供应链中观环境分析

供应链中观环境分析就是对供应链行业环境的分析。不同供应链涉及的行业环境有很大的不同,要想了解供应链的行业环境,可以从行业竞争结构、行业生命周期、行业规模结构以及行业技术状况等几个方面进行分析。

1.行业竞争结构分析

行业竞争结构是决定行业竞争规则和激烈程度的根本因素,对企业的竞争行为和行业的获利性都有很大影响。行业竞争结构分析对企业制定战略至关重要。通过对行业竞争结构的分析,企业可以明确影响企业竞争行为和获利性的行业结构的主要特点,分析行业结构的竞争态势和获利水平之间的关系;根据投资回收能力等评价一个行业的吸引力;根据行业结构的变化趋势预测其未来获利能力的变化;寻找和利用影响行业结构的机会,以缓解企业之间的激烈竞争,进而改善行业的获利性;深入分析行业的竞争态势和顾客需求的特点,以便明确一个行业的关键成功因素并创造和维持竞争优势。

迈克尔·波特在 20 世纪 80 年代提出的分析行业竞争结构的五因素模型,被人们广泛关注和引用,成为竞争分析的主要工具[13]。波特五因素模型如图 2-16所示。

波特认为,影响行业竞争结构及其强度的环境因素主要有产业内的现有竞争者、潜在竞争者、替代者、供应商以及顾客五种,它们都影响着企业新市场的开拓。企业管理者应仔细分析这些因素,采取适当的措施,避免企业受其影响,为企业找到能够获得利润并能够在市场中立足的位置。

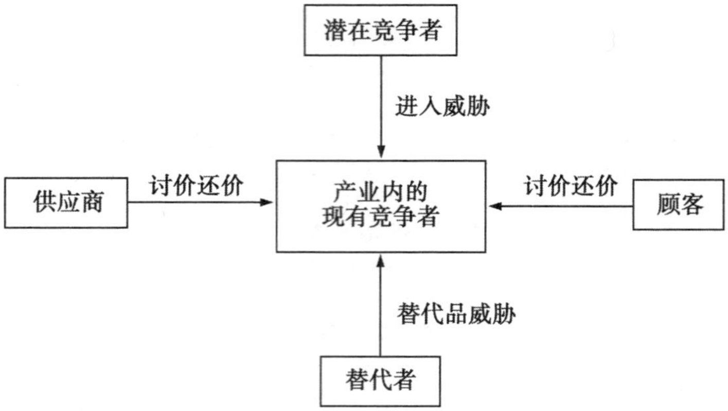

图 2-16 波特五因素模型

2.行业生命周期分析

行业生命周期是指从行业出现到行业完全退出社会经济活动所经历的时间,包括幼稚期、成长期、成熟期和衰退期四个发展阶段。行业生命周期曲线反映了社会对该行业需求的状况。

识别行业生命周期各阶段的主要标志有市场销售增长率、市场需求增长率、产品品种、竞争者数量、进入和退出壁垒、技术变革、顾客购买行为等。其中,市场销售增长率、市场需求增长率、产品品种和竞争者数量是最重要的标志。

分析行业所处的生命周期阶段,可以帮助企业了解行业的现状及发展前景,为企业进入某一行业选择一个较好的时期。在一般情况下,当企业在行业幼稚期进入时,一旦成功,企业就可以成为该行业的领导者,能在较长时期内获取高额利润。但是,在幼稚期进入的成本较高,风险较大。当企业在成长期进入时,如果企业能在最短的时间内用最快的速度进入行业前几名,那么企业一定可以成功。但需要注意的是,这个时期往往是竞争者进入最多的时期,一旦行业里的竞争者过多,就会加剧行业竞争,导致全行业利润率下降,甚至会出现全行业亏损的情况。而当企业在成熟期进入一个行业时,其获得成功的可能性会很小,因为进入壁垒高且风险大。

3.行业规模结构分析

对行业规模结构进行分析,有助于企业弄清行业的发展与社会需求之间的关系,帮助企业确定经营范围和规模。在进行行业规模结构分析时,需要重点对产品或服务的需求总量、行业生产能力与行业需求总量、行业集中度、企业与行业规模发展趋势、行业与企业产品类型结构、企业规模结构等六个方面进行分析。通过这些分析，企业可以知道社会对本行业的产品或服务的需求总量及其变化趋势，了解本行业目前总的生产能力、设计能力和实际能力，行业内产品类型的结构是否合理，与社会对本行业产品或服务的需求相比本行业的生产能力如何，行业集中度是高还是低，本企业规模的发展趋势与行业规模的发展变化趋势是否相一致，以此来判断企业目前的规模是否适当，如果不适当，是应当扩大还是应当缩小规模。

4.行业技术状况分析

行业技术状况对行业发展的影响毋庸置疑，了解行业技术状况，有利于企业对行业前景进行分析。在分析行业技术状况时，企业需要关注行业技术所处的技术生命周期的阶段，行业的技术水平如何，属于技术先进行业还是技术落后行业，行业技术变化节奏是快还是慢，行业技术的发展方向以及行业目前的技术水平在所有行业中处于何种位置[14]。

2.4.3 供应链微观环境分析

供应链微观环境分析即供应链内部环境分析，主要是对构成供应链的主体进行分析，包括对供应商、分销商、顾客以及企业内部供应链的分析。

1.供应商

供应商是影响企业经营的微观环境的重要因素之一。供应商是指向企业及其竞争者提供生产产品和服务所需资源的企业或个人，其所提供的资源主要包括原材料、设备、能源、劳务、资金等。

供应商对供应链的影响主要表现在供货的稳定性与及时性、供货的价格变动以及供货的质量水平三个方面。

(1)供货的稳定性与及时性。原材料、零部件、能源及机器设备等货源的保证，对企业能够顺利进行生产经营活动有着至关重要的作用。如果货源不稳定，供应短缺，企业的生产任务将会受到影响，可能导致企业无法按期完成交货任务。

(2)供货的价格变动。如果供应商提高原材料价格，生产企业也将被迫提高其产品价格，而供货的价格将直接影响企业的成本，最终企业的销售量和利润也会受到影响。

(3)供货的质量水平。供应货物的质量直接影响到企业产品的质量，企业在寻找和选择供应商时，必须充分考虑供应商的资信状况，与主要的供应商建立长期稳定的合作关系，并且要使自己的供应商多样化，避免过于依赖单一的供应商，以免与供应商的关系发生变化时陷入困境。

2.分销商

在供应链中，分销商是连接制造商和客户的纽带，是实现商品从制造商到客户流动的经济实体。分销商利用其拥有的供求信息，通过提供采购、存货、运输、促销、融资、风险承担等服务，加速产品、资金和信息在制造商和客户之间的流动，是商品流通过程中的润滑剂。选择好的分销商有助于节约制造商的交易费用，规避交易风险与投资风险，提高库存管理的效率，为客户提供更好的服务；而缺乏信用基础、不尊重制造商企业文化、不遵守市场规范的分销商将不会给企业带来任何价值。因此，企业在制定发展战略时应当重视对分销商的选择，并重点关注分销商的销售能力和合作意愿。

分销商的销售能力主要包括地理区位优势和市场范围、经营实力、财务状况及管理水平、道德水准和信誉能力以及经销某种产品的历史和成功经验。

分销商的合作意愿主要包括预期合作程度、共同愿望和共同抱负原则。

3.顾客

企业与供应商和中间商保持密切关系的最终目的是有效地向目标市场提供产品与劳务。企业的目标市场可以是表 2-8 中五种顾客市场中的一种或几种。

表 2-8　五种常见的顾客市场

顾客市场	内容
消费者市场	个人和家庭购买产品与劳务以供个人消费
工业市场	组织机构购买产品与劳务，供生产其他产品及劳务使用
中间商市场	组织机构购买产品与劳务用以转售，从中盈利
政府市场	政府机构购买产品与劳务以提供公共服务或把这些产品与劳务转让给其他需要的人
国际市场	买主是外国消费者、生产厂商、转售商及政府

4.企业内部供应链

供应链管理起源于企业资源计划。企业资源计划是基于企业内部范围的管理，它将企业内部经营的所有业务单元纳入一条供应链内进行统筹管理。企业内部供应链结构如图 2-17 所示。

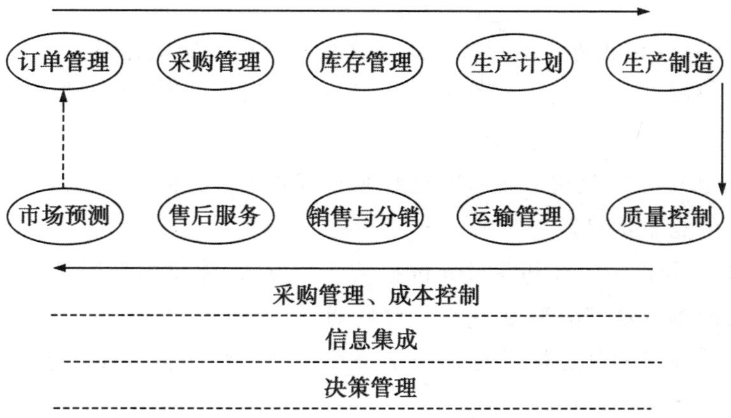

图 2-17 企业内部供应链结构

以前企业重视的是物流和内部资源管理,即如何更快、更好地生产出产品并将其推向市场。这是一种推式供应链管理。推式供应链的运作以产品为中心,管理的出发点是从原材料推到产成品市场,并一直推至客户端。随着市场竞争的加剧,企业生产出的产品必须转化成利润,这样企业才能得以生存和发展。为了赢得客户、赢得市场,企业管理进入以客户及客户满意度为中心的管理模式,因而企业的供应链运营规则随即由推式供应链管理转变为以客户需求为原动力的拉式供应链管理。这种企业内部供应链结构将企业各个业务环节的信息连接在一起,使得各种业务和信息能够实现集成与共享。推式供应链与拉式供应链如图2-18所示。

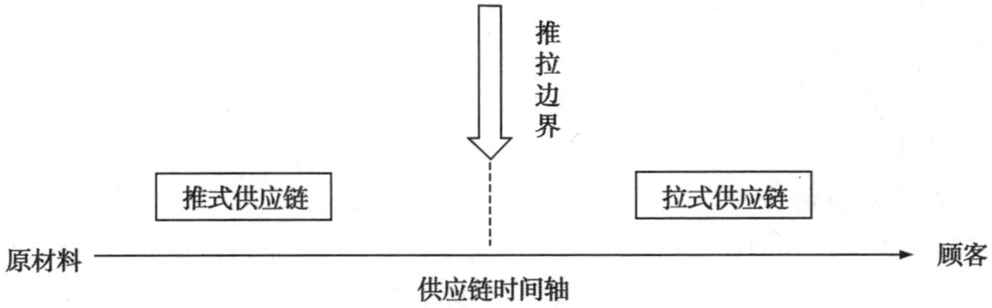

图 2-18 推式供应链与拉式供应链

2.4.4 供应链管理环境的SWOT综合分析法

SWOT是优势(Strengths)、劣势(Weaknesses)、机会(Opportunities)和威胁(Threats)的英文首字母的缩写,这种经营战略环境分析的方法目前在国内外被普遍使用。优势和劣势分析主要着眼于企业自身的实力及其与竞争对手的比较,而机会和威胁分析则将注意力放在外部环境的变化及其对企业的可能影响上。SWOT 分析的主要思想是:抓住机会,强化优势,避免威胁,克服劣势。使用这个方法的前提是企业对一个或几个业务已经有了初步的选择意向。SWOT 分析的目的是进一步考察这些业务领域是否适合企业的经营,是否能够建立持久的竞争优势。

SWOT 分析是定性和定量分析相结合的方法,能将内外因素有效地结合,增强分析的系统性和战略制定的针对性,且较为简便,易掌握,便于推广,可以为企业经营战略的制定提供有力的支持和帮助。这些特点使该方法经常被用于企业经营环境的分析。

1.优势和劣势分析

企业的优势指的是一个企业比竞争对手有更强的综合优势。对于企业的优势的评判并没有一定的标准,可以认为它取决于消费者的眼光,也可以认为它是指在消费者眼中一个企业或它的产品有别于其竞争对手的任何更优越的东西,比如产品线的长度、产品的风格、包装、大小、质量、可靠性、适用性等。

由于竞争优势来源广泛,确认企业的竞争优势比较困难,因此在进行优势和劣势分析时必须从整个价值链的每个环节将企业与竞争对手做详细的对比。比如,产品设计是否新颖、制造工艺是否复杂、销售渠道是否畅通,以及价格是否具有竞争力等。如果一个企业在某一方面或几个方面的优势正是该行业企业应具备的关键成功要素,那么该企业的综合竞争优势就强一些。

企业的劣势指的是相较于其他企业,企业自身缺少或做得不好的地方,或是某种会使企业处于劣势的条件。一项劣势究竟会不会使一家企业在竞争中受到伤害,取决于这项劣势在市场上重要程度的高低及这项劣势会不会被企业所拥有的优势减弱或抵消。

2.机会和威胁分析

市场机会是影响企业战略的重大因素,一般来说,企业的管理者如果不首先确认企业面临的每个机会,评价每一个机会的成长和利润前景,采取那些最能抓住企业面临的最有前途的机会的策略,那么企业的管理者所制定的战略就不可能很好地适应企业所面临的形势。

企业的机会指对企业有吸引力的领域。企业面临的机会往往取决于企业所处的行业环境,在评价企业面临的市场机会并对这些市场机会进行排序时,企业的管理者必须防止将每一个行业机会都看作企业的机会,因为并不是每个企业都有足够的资源来追逐行业中存在的每一个机会,对于某些具体的机会,有些企业的资源可能更充足些,而有些企业则可能在利用某些机会之前就被无情地淘汰了。战略管理者需要对这些情况非常警觉和敏锐,也许企业的资源优势和劣势使企业更适合追逐某些具体的机会,也许出现的机会同企业现有的资源并不是很相称。但是如果企业采取积极的措施,可以设法获得企业现在没有的资源,这些机会就仍然有着吸引人的成长潜力。同企业最贴切、最相关的市场机会通常能够为企业创造重要的利润和成长之路。在这种机会下,企业获得竞争优势的潜力最大,能够同企业已经拥有或可以设法获得的财务和组织资源能力相匹配。

企业的威胁指的是环境中不利的发展趋势所带来的挑战,如果企业不采取果断的战略行为,这种不利趋势将导致企业的竞争地位被削弱。一般来说,企业的外部环境中总存在着某些对企业的盈利能力和市场地位构成威胁的因素。例如,出现了价格更便宜的技术、竞争对手推出了新产品或更好的产品、成本更低的外资竞争厂商进入企业的市场根据地、受到利率上升的冲击等。

一方面,所有的企业在业务经营过程中都面临着威胁,因此外部威胁产生的负面效应可能不大;另一方面,有些时候外部威胁也可能非常显著、非常重要,会使企业的形势和状况变得非常糟糕。企业管理层的任务就是,确认危及企业未来利益的威胁并做出评价,确定采取什么样的战略行动可以抵消或减轻它们产生的影响。成功的战略管理者心目中的目标是:抓住最好的增长机会,建立对那些危及企业竞争地位和未来业绩的外部威胁的防御。将企业的战略与其面临的形势匹配起来要求企业做到:追逐那些能够同企业的资源能力很好地适应的市场机会,建立相关的资源能力,防御那些危及企业业务的外部威胁。

2.4.5 用SWOT分析方法制定供应链战略

1.四种战略类型

SWOT分析可以作为企业制定战略的一种方法,它为企业提供了四种可以选择的战略类型:SO战略、WO战略、ST战略和WT战略。

SO战略就是利用企业内部的优势去抓住外部机会的战略。一般来说,企业在使用SO战略之前可能先使用WO、ST、WT战略,从而为成功实施SO战略创造条件。当企业有一个致命劣势时,应该努力克服并将其变成优势;当企业面对重大威胁时,应努力避免它,以便把精力放在利用机会上。

WO战略是企业利用外部机会来改正内部弱点的战略。有时企业外部有机会,但内部的某一弱点使得企业无法利用这个机会。一个可能的WO战略就是企业通过引进设备和先进的设计来提高产品质量及开发新品种,当然也可以通过聘用和培训工人及其他方法来实现这一目标。

ST 战略就是企业利用优势减轻或避免外在威胁的打击。

WT 战略是企业直接克服内部劣势和避免外部威胁的战略，目的是将劣势和威胁弱化。WT 战略是防御性战略，如果企业面对许多外部威胁和内部劣势，那么它可能真的处在危险境地，此时企业不得不寻找一个合并或收缩的战略，或者在宣布破产和被迫清盘之间做出选择。

2.制定供应链战略

从战略制定的角度来看，企业的资源优势有着非常重要的意义，因为它们往往会成为企业战略的奠基石，成为企业建立竞争优势的基础。如果企业没有充足的资源和竞争能力来制定战略，那么企业的管理者就必须采取补救措施以提高企业现有的组织能力并增加其他资源；同时管理者还必须纠正企业的竞争劣势，因为它们会使企业在竞争中受到伤害，使企业的利润水平降低，或者使得企业不具备追逐某种有吸引力的新机会的条件。这样，战略制定的原则就十分简单了：企业的战略必须适合它的资源能力，既要考虑企业的优势，又要考虑企业的劣势。一般来说，企业的管理者应该将其战略建立在充分挖掘和利用企业的能力——最具有价值的资源之上。如果企业拥有某种核心能力或全部具有出色竞争价值的资源，那么企业应该明智地意识到，这种能力和资源的价值会随着时间的推移而发生变化。

SWOT 分析战略选择如图 2-19 所示。

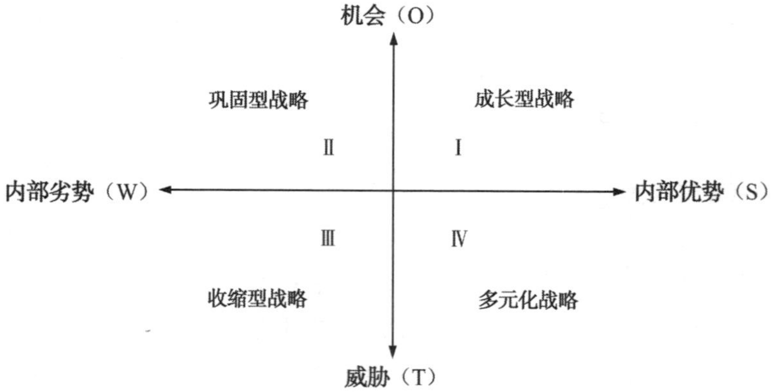

图 2-19　SWOT 分析战略选择

企业在评估其内部优势、劣势以及外部机会和威胁后，应结合自身的长期和短期目标，确定在供应链中的关键领域，并基于目前的情况、资源和能力，结合巩固型战略(WO)、成长型战略(SO)、收缩型战略(WT)和多元化战略(ST)

的特点，选择最适合自己的战略组合。

当企业内部有一些劣势或问题需要解决，同时外部环境存在机会时，企业可选择巩固型战略，利用现有的优势，克服内部劣势，抓住外部机会，并加强自身竞争力；当企业内部拥有一定的优势和能力，同时外部市场存在机会时，企业可选择成长型战略，通过进一步发展自身核心业务、扩大市场份额、开拓新客户群体等方式实现增长目标；当企业面临内部劣势和外部威胁时，可以选择收缩型战略，通过收缩规模、削减成本、调整业务结构等方式应对内外部的不利因素；当企业内部拥有优势、外部存在威胁时，可以选择多元化战略，通过丰富供应链的多样性，提供相关的产品或服务，降低风险，并减少对单一领域的依赖。

需要注意的是，每个企业的情况各不相同，战略选择应基于企业的具体情况和需求。

2.5　研究案例应用

接下来我们以格兰仕公司为例，分析其供应链战略匹配问题。

2.5.1　格兰仕公司供应链战略匹配现状

格兰仕公司是一家世界级品牌家电制造企业，目前主要以微波炉生产为核心发展产业。微波炉属于功能型产品。功能型产品的特点是产品改型幅度、平均预测误差与需求不确定性都较低，且产品生命周期较长，在产品成长后期与成熟期，市场需求都较为稳定，可以预测。基于微波炉市场需求量较大、需求不确定性低的特点，格兰仕选择设计具有高效率性的供应链，支持其采用大规模生产方式和低成本运营的竞争战略。

1.集中战略

在确定竞争战略和了解供应链的基础上，格兰仕建立了一套集中的竞争战略与效率性供应链。集中的竞争战略对供应链的反应能力要求较低，能够使企业在市场竞争中迅速占领市场。格兰仕集中资源和力量，将重心投入到微波炉的生产上，通过专业化、集中化的生产为客户提供优质的产品，这种集中的竞争战略让它在市场中迅速站稳了脚跟。

格兰仕集中利用资源，实现企业业务的专一化，把经营战略的重点放在一个特定的目标市场上，以此来建立竞争优势和市场地位。

2.总成本领先战略

格兰仕在激烈的市场竞争中有成本优势，具备打价格战的有利条件。在争夺供应商的价格战环节中，因为企业的成本较低，相对于其他在采购成本上拥有较强实力的竞争对手，可以在较大的边际效益范围内应对由不稳定的经济因素所造成的压力。与此同时，企业在成本低的情况下对供应商有着强烈的合作需求，从而为企业获得较低价格的采购创下了条件，并有利于开展与供应商之间的合作关系。

总成本领先战略是企业进入市场中最为常用的战略手段。格兰仕反复使用价格战，在总成本领先战略的指导下，通过追求原材料的优惠待遇等实现低成本，以获得同行业平均水平以上的利润。

2.5.2 格兰仕公司供应链战略匹配存在的问题

1.对客户需求和供应链不确定性把握得不够准确

首先，顾客需求随时变化，隐含需求不确定性受其影响也会不断发生变化。在只具有简单功能的低端微波炉市场中，顾客目前已有的微波炉功能过于简单，然而，如今家电智能化趋势明显，消费者对微波炉的操作和功能也提出了更多的要求，微波炉市场的产品档次渐渐向中高端演变。当前的产品已满足不了顾客的多种需求。其次，顾客需求的产品种类增加，要求创新速度加快。顾客需求的特点发生改变，对每种产品的需求更加分散，且对新产品的需求会有更大的不确定性，因此隐含需求不确定性也增大。格兰仕缺少对顾客需求不确定性的了解，产品和功能创新能力不足，在同行竞争中市场占有率不高。

理解市场需求不确定性后，企业面临的下一个问题是如何在这个不确定的环境中最大限度地满足顾客的需求，即在供应链的反应能力与盈利水平之间进行权衡。为应对市场需求的波动，为顾客提供品种繁多的产品、生产具有高度创新性的产品、满足高服务水平的要求，供应链的运营成本将会增加，然而成本的增加将会降低供应链的效率性，这与格兰仕目前的效率性供应链相矛盾。格兰仕在对客户需求和供应链不确定性的把握上仍需提升。

2.忽略了产品生命周期的影响

供应链战略与竞争战略的匹配除了受顾客的需求特征、隐含需求不确定性等因素的影响外，还受到产品生命周期的影响。产品处在不同的生命周期阶段会呈现出不同的特点，根据这些特点，可将产品生命周期分为投入期、成长期、成熟期和衰退期。

格兰仕在产品投入期成功地将竞争战略定位为低成本的竞争战略，利用规模优势，迅速在市场中赢得竞争优势。然而，其长期的、固化的总成本领先战略并不适用于公司发展的所有阶段，相反，其在一定程度上造成的负面影响制约了公司的发展。低成本战略带来的最明显的一个问题就是没有考虑到供应链的整体利益，导致供应链关系紧张。格兰仕的总成本领先战略迫使其压低供应商和代理商的利润，分销网络和营销终端对外部力量的依赖性过强，市场控制力度相对薄弱，对品牌形象的建立以及企业的长期发展都有不利影响。

2.5.3 格兰仕公司供应链战略匹配问题解决方案

1.正确理解顾客需求和供应链不确定性

目标市场顾客需求的特点会影响目标市场需求不确定性，正确理解顾客需求可以帮助企业确定预算和服务需求。需求不确定性能够反映出顾客对某个产品的需求不确定性。当前顾客需求的产品种类增加，要求创新速度加快，缩短等待时间。顾客需求影响着隐含需求不确定性。供应链的竞争战略定位应对企业所选的客户群体的隐含需求不确定性做出判断，并采取相应的竞争战略。

格兰仕面对企业发展现状要采取差异化竞争战略，增强供应链的响应能力，提供具有创新性的产品，提高竞争优势。

2.根据产品生命周期不同阶段的需求特点适时调整供应链

在创业初期，格兰仕为了提高市场增长率，开辟新用户，采取总成本领先战略和集中战略(目标市场为微波炉细分市场)，而随着产品市场日益成熟，微波炉行业的发展速度也逐渐降低，销售趋于饱和，格兰仕的微波炉产业也处于成熟期，这时候需要的是开发新产品以及产品的新用途来吸引消费者。

一方面，格兰仕在微波炉产业上将原本的集中竞争战略转变为差异化竞争战略，将企业提供的产品差异化，形成一些在全产业范围内具有独特性的东西，继续扩大格兰仕的市场占有率。需要注意的是，此时成本依然很重要，只是不是企业的首要战略目标。另一方面，格兰仕开辟小家电市场，此时处于产品投入期，小家电领域依旧可以采取总成本领先战略，其追求的低成本目标与有效性供应链战略目标是相匹配的。

2.5.4 结语

格兰仕在供应链战略匹配上还存在一定的不足，忽视了产品生命周期等因素对供应链战略匹配的影响，对客户需求和供应链不确定性把握得也不够准确，还需要优化整个供应链流程，根据产品生命周期适当地调整供应链，提供优质的客户服务[15]。

供应链战略强调企业内部所有职能之间的密切联系，是支持企业竞争战略的一项职能战略。在进行供应链战略与竞争战略的匹配时，企业应先理解顾客需求的不确定性，再理解供应链的能力，最后使供应链响应性与需求不确定性相匹配，对高隐含需求不确定性的供应链设定高响应性，对低隐含需求不确定性的供应链设定高效率。在进行战略匹配时，除了考虑顾客需求与供应链能力的影响外，企业还需考虑产品种类和顾客群数以及产品生命周期等因素的影响。

参考文献

[1]施先亮.供应链管理[M].北京：高等教育出版社，2018.

[2]张相斌，林萍，张冲.供应链管理：设计、运作与改进[M].2版.北京：人民邮电出版社，2021.

[3]乔普拉，迈因德尔.供应链管理[M].陈荣秋，等译.6版.北京：中国人民大学出版社，2017.

[4]王泽民，等.煤炭精益供应链实践探索[M].徐州：中国矿业大学出版社，2015.

[5]邹勇彬.基于供应链的企业管理战略研究[J].商展经济，2021(16)：106-108.

[6]王常华.供应链管理[M].北京：中国传媒大学出版社，2017.

[7]郑俊生.企业战略管理[M].2版.北京：北京理工大学出版社，2020.

[8]陈明蔚.供应链管理[M].2版.北京：北京理工大学出版社，2018.

[9]毛敏，王坤.供应链管理理论与案例解析[M].成都：西南交通大学出版社，2017.

[10]吴明琴，李然，陈思.市场营销学与物流经济[M].长春：吉林人民出版社，2020.

[11]张才明.运营管理[M].北京：企业管理出版社，2018.

[12]吴志华.现代供应链管理：战略、策略与实施[M].北京：企业管理出版

社,2022.

[13]罗芳,龙春彦.企业管理指导手册:技巧＋风险＋福利＋范例[M].北京:中国铁道出版社,2020.

[14]何荣宣.现代企业管理[M].北京:北京理工大学出版社,2016.

[15]李佛赏.格兰仕公司的供应链战略匹配问题研究[J].经贸实践,2015(8):258-259.

第3章 供应链系统预测

供应链系统预测具体是指一定时期内社会经济活动对生产、流通、消费领域的原材料、成品和半成品、商品，以及废旧物品等的配置作用而产生的对物资在空间、时间、效率方面的要求，涉及运输、库存、包装、装卸搬运、流通加工、配送以及与之相关的信息等供应链各节点活动。

3.1 新型灰色季节性预测模型

3.1.1 研究模型提出的背景

传统上，可将系统预测的方法分为定性预测方法与定量预测方法。近年来，由于机器学习、大数据等技术日趋成熟，定量研究方法在解决社会经济各领域的预测问题中扮演了相当重要的角色。

灰色系统理论是由我国著名学者邓聚龙教授于1982年提出的一种本土化的科学方法，用于解决现实世界的不确定性问题。灰色预测系统是灰色系统理论最重要的领域之一，灰色预测技术在众多定量预测方法中独树一帜，展现出了优异的预测绩效，备受全球学者推崇[1]。灰色预测模型适用于许多领域的预测问题，其显著优点是预测准确，且不受收集数据量的大小和统计特性的影响。一阶单变量灰色动态模型GM(1,1)是灰色预测的核心模型，它有四种类型：均值灰色模型(EGM)、原始差分灰色模型(ODGM)、均值差分灰色模型(EDGM)和离散灰色模型(DGM)。GM(1,1)模型简单、灵活、易于实现。大多数灰色模型是基于GM(1,1)模型构建的，如FGM(1,1)模型、SGM(1,1)模型、非等间隔

(Non-Equigap) GM(1,1)模型以及 NBGM(1,1)模型。本章基于 Hu 等[2]的最新研究成果,提出了一种被称为 FNDGSM(1,1)的新型灰色季节性预测模型,该模型也是 GM(1,1)模型的扩展。

常规的灰色预测模型不适用于具有明显季节性变化数据的预测,该类数据需要用灰色季节性预测模型来解决。目前,灰色季节性预测模型主要可分为三种类型:①分组预测;②梳理季节性因素,对数据进行预处理;③通过使用季节性虚拟变量改进模型结构。由于前两类模型不能根据自身结构来解释原始数据的季节性特征,因此需要特定的数据量来确定数据的季节性因子。基于此,本章提出了一个带季节虚拟变量的循环豪斯多夫(Hausdorff)分数阶非齐次离散灰色模型[FNDGSM(1,1)],其中 F 表示循环 Hausdorff 分数阶累积生成,N 表示非齐次,DGSM(1,1)表示一阶单变量离散灰色季节性模型。

FNDGSM(1,1)模型具有以下优点:①FNDGSM(1,1)模型可以模拟一个近似的非齐次指数增长序列,这更符合实际情况;②FNDGSM(1,1)模型通过引入虚拟变量来模拟数据序列的季节性特性,虚拟变量可以通过模型本身的灰色动量对季节性做出响应,该方法对序列的季节性波动的动态适应性更强;③Hausdorff分数阶累积为 FNDGSM(1,1)模型中不同时间点的数据赋予不同的权重。此外,FNDGSM(1,1)模型将同一周期内的数据视为一个整体,并假设同一周期内的数据具有相同的权重,不同周期内的数据具有不同的权重。因此,我们改进了传统的 Hausdorff 分数阶累积方法,使同一周期内的数据具有相同的分数阶,而不同周期内的数据具有不同的分数阶。

3.1.2 研究模型

1.DGM(1,1)

DGM(1,1)模型是由谢乃明教授和刘思峰教授提出的一个基本灰色模型,可以有效地解决 GM(1,1)模型采用的建模机制所带来的误差问题。这个模型的细节描述如下:

设 $X^{(0)}=(x_1^{(0)},x_2^{(0)},\cdots,x_n^{(0)})$ 是具有 n 个样本的原始数据序列,并且 $X^{(1)}=(x_1^{(1)},x_2^{(1)},\cdots,x_n^{(1)})$ 通过一阶累积生成(1-AGO)得出,为

$$X_k^{(1)}=\sum_{i=1}^{k}x_i^{(0)},\quad k=1,2,\cdots,n \tag{3-1}$$

那么，一阶单变量离散灰色模型为

$$x_{k+1}^{(1)}=\beta_1 x_k^{(1)}+\beta_2 \tag{3-2}$$

其中，β_1 是发展系数，β_2 是灰色常数。参数 β_1 和 β_2 可以用 OLS（普通最小二乘法）方法估计为

$$[\beta_1,\beta_2]^{\mathrm{T}}=(\boldsymbol{B}^{\mathrm{T}}\boldsymbol{B})^{-1}\boldsymbol{B}^{\mathrm{T}}\boldsymbol{Y} \tag{3-3}$$

其中，

$$\boldsymbol{Y}=\begin{bmatrix} x_2^{(1)} \\ x_3^{(1)} \\ \vdots \\ x_n^{(1)} \end{bmatrix},\quad \boldsymbol{B}=\begin{bmatrix} x_1^{(1)} & 1 \\ x_2^{(1)} & 1 \\ \vdots & \vdots \\ x_n^{(1)} & 1 \end{bmatrix} \tag{3-4}$$

取 $x_1^{(1)}=x_1^{(0)}$，则递推函数为

$$\hat{x}_{k+1}^{(1)}=\beta_1^k\left[x_1^{(1)}-\frac{\beta_2}{1-\beta_1}\right]+\frac{\beta_2}{1-\beta_1} \tag{3-5}$$

通过使用反转的 1-AGO，可以得到还原值为

$$\hat{x}_{k+1}^{(0)}=\hat{x}_{k+1}^{(1)}-\hat{x}_k^{(1)}=(\beta_1-1)\left[x^{(0)}(1)-\frac{\beta_2}{1-\beta_1}\right]\beta_1^k \tag{3-6}$$

上述模型已被应用于多个领域，但它只适用于线性趋势预测，不能预测时间序列数据的季节性趋势。

2.FNDGSM(1,1)

设 $X^{(0)}=(x_1^{(0)},x_2^{(0)},\cdots,x_n^{(0)})$ 是具有 n 个数据样本的原始数据序列，并且 $X^{(r)}=(x_1^{(r)},x_2^{(r)},\cdots,x_n^{(r)})$ 由 Hausdorff 分数阶 r 阶累积生成（r-AGO），可得出

$$X_k^{(r)}=\sum_{i}^{k}[\lceil i\rceil^r-(\lceil i\rceil-1)^r]x_i,\quad k=1,2,\cdots,n \tag{3-7}$$

本书将同一周期内的数据视为一个整体，并假定同一季节周期内的数据具有相同的权重，而不同季节周期内的数据具有不同的权重。因此，对传统的 Hausdorff 分数阶累积法做了如下修改：

$$X_k^{(r)}=\sum_{i}^{k}\left[\left\lceil\frac{i}{s}\right\rceil^r-\left(\left\lceil\frac{i}{s}\right\rceil-1\right)^r\right]x_i,\quad k=1,2,\cdots,n \tag{3-8}$$

该方法被称为 s 循环分数阶 Hausdorff 累积，它可以对同一周期内的数据赋予相同的分数阶，对不同周期内的数据赋予不同的分数阶。然后，给出

FNDGSM(1,1)的基本形式为

$$X_{k+1}^{(r)}=\alpha_1 X_k^{(r)}+\alpha_2 k+\beta_{M(k,s)},\quad k=1,2,\cdots,n \tag{3-9}$$

其中，$\beta_{M(k,s)}$ 是季节性灰色常数，且

$$M(k,s)=\begin{cases} s, & k \bmod s=0 \\ k \bmod s, & k \bmod s \neq 0 \end{cases} \tag{3-10}$$

参数 $\alpha_1,\alpha_2,\beta_{M(k,s)}$ 可以用 OLS 法估计为

$$[\alpha_1,\alpha_2,\beta_{M(k,s)}]^{\mathrm{T}}=(\boldsymbol{B}^{\mathrm{T}}\boldsymbol{B})^{-1}\boldsymbol{B}^{\mathrm{T}}\boldsymbol{Y} \tag{3-11}$$

其中，

$$\boldsymbol{Y}=\begin{bmatrix} x_2^{(r)} \\ x_3^{(r)} \\ \vdots \\ x_n^{(r)} \end{bmatrix},\quad \boldsymbol{B}=\begin{bmatrix} x_1^{(r)} & 1 & 0 & 1 & 0 & \cdots & 0 & \cdots & 0 \\ x_2^{(r)} & 2 & 0 & 0 & 1 & \vdots & 0 & \vdots & 0 \\ \vdots & \vdots & \vdots & \vdots & \vdots & \vdots & \vdots & \vdots & \vdots \\ x_{s-1}^{(r)} & s-1 & 0 & 0 & 0 & \vdots & 0 & \cdots & 1 \\ x_s^{(r)} & s & 1 & 0 & 0 & \vdots & 0 & \vdots & 0 \\ \vdots & \vdots & \vdots & \vdots & \vdots & \vdots & \vdots & \vdots & \vdots \\ x_{n-1}^{(r)} & n-1 & 0 & 0 & 0 & \cdots & 1 & \cdots & 0 \end{bmatrix} \tag{3-12}$$

时间响应函数为

$$\hat{x}_{k+1}^{(r)}=\alpha_1^k x_1^{(0)}+\alpha_2\sum_{i=1}^{k} i\alpha_1^{k-i}+\alpha_1^{k-1}\beta_2+\sum_{j=3}^{k+1}\alpha_1^{k+1-j}\beta_{M(j,s)} \tag{3-13}$$

通过逆向的 r 循环分数阶 Hausdorff AGO 得到还原值如下：

$$\hat{x}_k^{(0)}=\frac{\hat{x}_k^{(r)}-\hat{x}_{k-1}^{(r)}}{\left\lceil \frac{k}{s}\right\rceil^r-\left(\left\lceil \frac{k}{s}\right\rceil-1\right)^r} \tag{3-14}$$

图 3-1 显示了 FNDGSM(1,1)模型的构造流程。

3.参数优化

FNDGSM(1,1)模型的预测性能取决于参数 r，因此采用粒子群优化(PSO)算法对其进行估计以达到最佳的 FNDGSM(1,1)。PSO 是一种元启发式算法，被广泛应用于灰色预测模型的参数估计。PSO 算法的基本思想是通过群体中个体之间的协作和信息共享来寻找最优解。PSO 算法具有实施简单、精度高、有利的全局优化特性和快速收敛等优点。

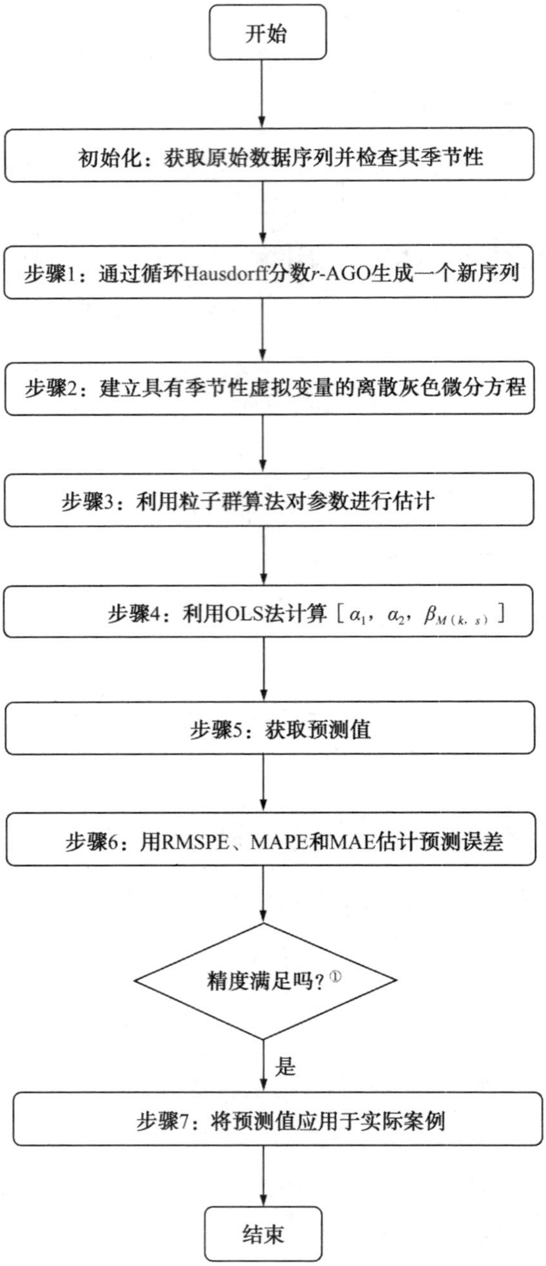

图 3-1 FNDGSM(1,1)模型的构造流程

① 如果精度不满足，就无法使用该模型进行预测。

(1)问题的提出。本章旨在开发一个具有卓越预测性能的优化预测模型，因此，我们建立了一个优化问题，通过优化 r 的估计值，使 FNDGSM(1,1)模型的模拟误差最小。该优化问题可以通过最小化均方根百分比误差(RMSPE)来表述，即

$$\min \text{RMSPE}=100\%\times\sqrt{\frac{1}{n}\sum_{i=1}^{n}\left(\frac{x_k-\hat{x}_k}{x_k}\right)^2} \tag{3-15}$$

$$\text{s.t.}\begin{cases}X_k^{(r)}=\sum_{i}^{k}\left[\left\lceil\frac{i}{s}\right\rceil^r-\left(\left\lceil\frac{i}{s}\right\rceil-1\right)^r\right]x_i, \quad k=1,2,\cdots,n\\ M(k,s)=\begin{cases}s, & k \bmod s=0\\ k \bmod s, & k \bmod s\neq 0\end{cases}\\ [\alpha,\beta_{M(k,s)}]^{\mathrm{T}}=(\boldsymbol{B}^{\mathrm{T}}\boldsymbol{B})^{-1}\boldsymbol{B}^{\mathrm{T}}\boldsymbol{Y}\\ \hat{x}_{k+1}^{(r)}=\alpha_1^k x_1^{(0)}+\alpha_2\sum_{i=1}^{k}i\alpha_1^{k-i}+\alpha_1^{k-1}\beta_2+\sum_{j=3}^{k+1}\alpha_1^{k+1-j}\beta_{M(j,s)}\\ \hat{x}_k^{(0)}=\dfrac{\hat{x}_k^{(r)}-\hat{x}_{k-1}^{(r)}}{\left\lceil\frac{k}{s}\right\rceil^r-\left(\left\lceil\frac{k}{s}\right\rceil-1\right)^r}\end{cases}$$

(2)算法设计。为了实现 PSO 算法，本章采用了 Faris 等人提出的、用 Python 编写的 EvoloPy 框架[3]。构建最优 FNDGSM(1,1)模型的算法伪代码如下：

输入：原始序列 $X^{(0)}$

输出：r 的最佳参数

1：设置迭代步数 T，种群规模 S，下限 LB，上限 UB。

2：初始化粒子 i 的速度 $V(i)$ 和 $X(i)$。

3：初始化 Pbest 和 Gbest 代理。

4：首先设置 t 的值为 1，当 t 值小于迭代步数 T 时，循环进行以下步骤，每进行一次，t 的值加 1，直到 t 值大于等于迭代步数 T 时循环停止：

　当 sub_agent 在 agent 中时

　　更新粒子 i 的速度和位置

　　评估粒子 i 的适应值 $F(X(i))$

　　更新 agent 中 sub-agent 的 Pbest 和 Gbest 值

　　计算式(3-14)中的参数 r，得到 $\hat{X}_k^{(0)}$

　　将 $\hat{X}_k^{(0)}$ 代入式(3-15)，得到适应值

　更新 agent 的 Pbest 和 Gbest 值

循环结束后最终输出 r 的最佳参数值

(3)FNDGSM(1,1)模型的验证。本章采用RMSPE、平均绝对误差(MAE)和平均绝对百分比误差(MAPE)来衡量模型的预测性能。RMSPE、MAE和MAPE的计算公式分别为

$$\mathrm{RMSPE}=100\%\times\sqrt{\frac{1}{n}\sum_{i=1}^{n}\left(\frac{x_k-\hat{x}_k}{x_k}\right)^2} \tag{3-16}$$

$$\mathrm{MAE}=\frac{1}{n}\sum_{k=1}^{n}\left|x_k-\hat{x}_k\right| \tag{3-17}$$

$$\mathrm{MAPE}=100\%\times\frac{1}{n}\sum_{k=1}^{n}\frac{\left|x_k-\hat{x}_k\right|}{x_k} \tag{3-18}$$

其中，x_k是实际值，$\hat{x}_k$是预测值。表3-1列出了RMSPE和MAPE的预测精度标准。

表3-1 RMSPE和MAPE的预测精度标准

RMSPE和MAPE	0—10%	10%—20%	20%—50%	>50%
预测精度	高	好	合理	不准确

3.2 方法举例

3.2.1 背景介绍

集装箱化被认为是经济全球化和国际贸易的重要推动力，在全球经济发展和增长中发挥着重要作用。然而，集装箱运输的大量需求虽然促进了各港口的快速发展，但也带来了一些挑战。最大的挑战之一是要提供足够的空间，以满足航运公司对大型船舶快速港口作业的需求。因此，集装箱港口需要扩建或新建，以提供足够的作业空间。但是，如果盲目进行港口建设，会出现产能过剩、资源浪费和成本增加等问题。而如果不能提供足够的工作空间，将限制物流的发展，降低港口的竞争力，并导致巨大的经济损失。因此，准确的港口集装箱吞吐量预测对于港口管理决策者规划未来发展至关重要，并在全球供应链和国际航运的发展中发挥着重要作用。然而，集装箱吞吐量数据具有高度复杂性和季节性，这使得它们难以被准确预测。

长久以来，集装箱吞吐量预测都是一个经典且重要的问题，许多预测模型都已经被应用于解决实务问题。基于文献研究，大致可以将传统的集装箱吞吐

量预测模型分为三大类:统计模型、人工智能模型和灰色系统预测模型。

统计模型是解决预测问题的最重要的工具,被广泛应用于经济、能源、旅游和运输等领域。解决集装箱吞吐量预测问题最常用的模型包括 ARIMA(自回归整合移动平均模型)、SARIMA(季节性整合自回归移动平均模型)以及 ARIMAX(带有外生变量的自回归整合移动平均模型)。然而,统计模型需要符合某些统计假设的大量数据,当数据不符合模型的要求时,其预测精度很低。

近年来,由于机器学习的兴起,人工智能模型已发展成为先进的预测模型,且在用于复杂系统和短期预测时具有优势,如随机森林模型、多层感知器模型(MLP)、最小二乘支持向量回归模型等。此外,训练样本和模型参数的校准会显著影响人工智能模型的预测精度。

在以往的研究中,虽然灰色预测模型已被应用于集装箱吞吐量预测,但这些模型大多是基础性的灰色模型,如 GM(1,1)、Verhulst GM(1,1)、残差 GM(1,1)以及分数阶 GM(1,1)。此外,在一些研究中,这些基本的灰色预测模型只是作为比较模型来应用。灰色预测模型在能源、经济、交通、环境科学等领域有着广泛的有效应用,但在集装箱吞吐量预测领域的应用尚处于初步阶段。

综上所述,集装箱吞吐量预测越来越受到学术界的重视。统计模型和人工智能模型是该领域使用最广泛的两个模型,但这两个模型在收集的数据的规模和统计性质方面都有很大的限制。灰色预测模型的优点是避免了这些限制,但在集装箱吞吐量预测领域的应用处于初步阶段。因此,在本书中,我们提出了一种用于季节性集装箱吞吐量预测的新型灰色模型,并与其他灰色季节性预测模型和非灰色预测模型(包括统计模型和人工智能模型)进行比较,证明了该模型具有更好的预测性能。

3.2.2　方法应用

1.数据描述

本案例中使用的数据集包括上海港和宁波—舟山港的季度集装箱吞吐量数据。集装箱吞吐量数据以 20 英尺[①]当量单位(TEU)为单位。数据的时间范围是从 2005 年第一季度到 2021 年第四季度(即从 2005 Q1 到 2021 Q4)。使用 80%的数据(从 2005 Q1 到 2018 Q4)进行模型拟合,20%的数据(从 2019 Q1 到 2021 Q4)进行事后测试。[②]

① 1英尺=0.3048米。

② 该数据集源自中华人民共和国交通运输部网站(https://www.mot.gov.cn/)。

图 3-2 显示了本书使用的数据集，由图可以明显看出，上海港和宁波—舟山港的集装箱吞吐量具有显著的季节性特点。

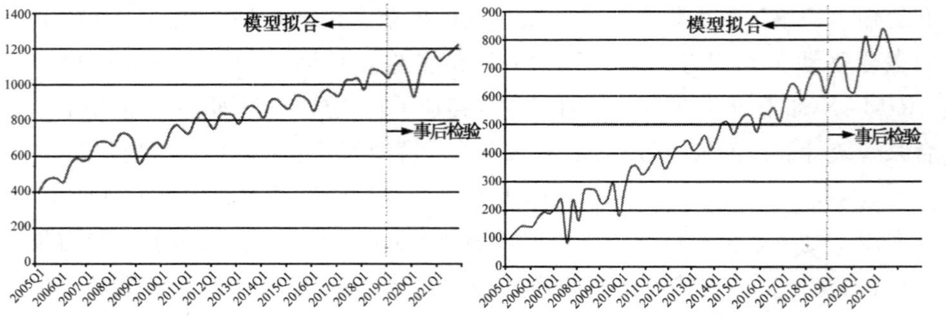

（a）上海港　　（b）宁波—舟山港

图 3-2　上海港和宁波—舟山港的季度集装箱吞吐量

2.比较预测模型

为证明模型的优越性，我们对 FNDGSM(1,1)模型与其他预测模型进行了比较，包括 SGM（1，1）、GGM（1，1）、DGSM（1，N）、SFNDGM（1，N）、SARIMA、SVR 和 MLP。SARIMA 模型是用 R 语言中“forecast”包中的“auto.arima”函数建立的。SVR 和 MLP 模型是用 Python 的 scikit-learn 套件实现的。SVR 的最佳参数是通过使用网格搜索方法自动获得的，参数设置如下：以 RBF(径向基函数)作为内核，c 和 gamma 设置为 $2n$，其中 n 从−10 到 10 不等。MLP 的参数设置如下：隐藏层节点数为 10，滞后 4，激活函数为“logistic sigmoid”，权重优化的求解器为“lbfgs”，其他所有参数设置为默认值。

3.上海港的结果

利用上述参数，本章对 FNDGSM(1,1)模型和其他 7 个模型进行比较，预测了上海港的集装箱吞吐量。表 3-2 总结了 2019 Q1 至 2021 Q4 上海港的预测结果。为了清楚地比较模型的准确性，图 3-3 和图 3-4 分别显示了模型拟合和事后检验的三个预测精度标准的结果。

表 3-2　上海港的预测结果　　单位：万 TEU

季度	实际情况	SARIMA	MLP	SVR	SGM	GGM	DGSM	SFNDGM	FNDGSM
2019Q1	1041.20	1010.72	995.01	1000.96	1005.18	1039.03	1053.33	973.29	1004.25
2019Q2	1112.40	1100.01	1048.65	1028.13	1127.06	1128.10	1126.99	1089.36	1091.23
2019Q3	1132.00	1118.78	1079.08	1054.23	1173.25	1132.90	1153.48	1132.07	1119.41

续表

季度	实际情况	SARIMA	MLP	SVR	SGM	GGM	DGSM	SFNDGM	FNDGSM
2019Q4	1044.70	1104.04	1047.11	1042.52	1164.31	1115.76	1141.51	1121.64	1103.81
2020Q1	933.60	1064.42	1056.16	1050.48	1056.57	1093.19	1109.81	1016.30	1047.02
2020Q2	1072.60	1153.66	1125.03	1094.51	1184.69	1183.63	1184.18	1137.92	1135.08
2020Q3	1159.60	1165.48	1132.43	1108.78	1233.24	1184.44	1211.39	1182.99	1163.87
2020Q4	1184.40	1158.38	1129.73	1114.00	1223.84	1167.55	1200.15	1172.54	1148.53
2021Q1	1134.00	1107.29	1108.77	1103.19	1110.60	1150.19	1169.19	1062.86	1091.42
2021Q2	1159.90	1201.88	1178.17	1142.70	1245.26	1241.90	1244.31	1190.55	1180.54
2021Q3	1185.70	1213.60	1198.32	1165.07	1296.30	1238.32	1272.28	1238.25	1209.96
2021Q4	1223.60	1200.07	1162.98	1148.95	1286.42	1221.76	1261.81	1227.88	1194.91
fitting RMSPE		**3.59**	4.62	5.00	7.32	5.13	7.16	4.92	4.70
testing RMSPE		5.24	5.25	5.66	7.44	6.62	7.66	4.90	**4.72**
fitting MAPE		**2.26**	3.50	3.90	5.26	3.43	4.93	3.54	3.11
testing MAPE		3.78	4.16	4.62	6.42	4.38	5.79	3.97	**3.63**
fitting MAE		**16.78**	176.03	178.36	35.53	23.71	32.50	25.51	21.91
testing MAE		39.94	44.90	50.65	70.16	46.23	62.06	42.49	**38.50**

注：预测精度最好的标准加粗标出。

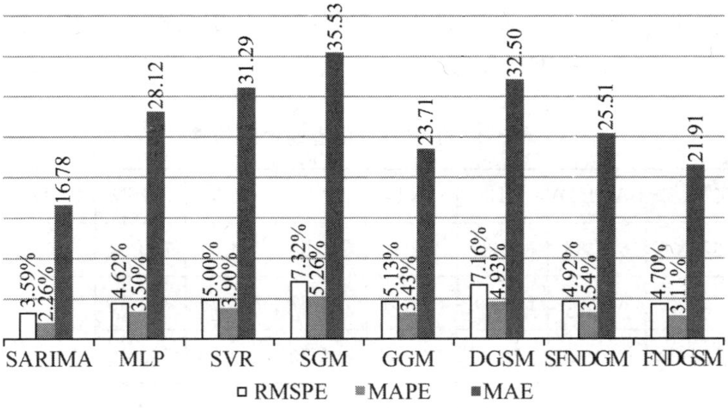

图3-3 上海港的模型拟合得到的RMSPE、MAPE和MAE值

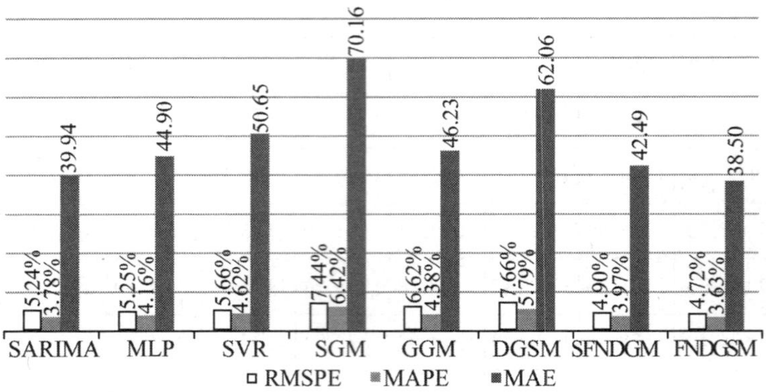

图 3-4 上海港的事后检验获得的 RMSPE、MAPE 和 MAE 值

模型拟合和事后检验的 RMSPE(<10%)和 MAPE(<10%)均具有较高的预测精度。在模型拟合方面,SARIMA 模型的 RMSPE(3.59%)、MAPE(2.26%)和 MAE(16.78)的拟合效果最好,FNDGSM(1,1)模型的拟合效果次之。在事后检验方面,FNDGSM(1,1)模型的 RMSPE(4.72%)、MAPE(3.63%)和 MAE(38.50)优于其他预测模型。事后检验是检验预测模型的预测能力的主要标准,因此,尽管 FNDGSM(1,1)模型在模型拟合方面表现不佳,但其性能实际上优于其他模型。因此得出结论:FNDGSM(1,1)模型更适合于上海港的集装箱吞吐量季度预测。

4.宁波—舟山港的结果

本章将 FNDGSM(1,1)模型和其他 7 个模型用于预测宁波—舟山港的集装箱吞吐量。表 3-3 总结了 2019 Q1 至 2021 Q4 宁波—舟山港的预测结果。为了清楚地比较模型的准确性,图 3-5 和图 3-6 分别显示了模型拟合和事后检验的三个预测准确性标准的结果。

表 3-3 宁波—舟山港的预测结果 单位:万 TEU

季度	实际情况	SARIMA	MLP	SVR	SGM	GGM	DGSM	SFNDGM	FNDGSM
2019Q1	670.00	677.86	649.67	652.16	690.68	764.01	733.04	630.82	665.98
2019Q2	722.00	695.67	658.98	654.27	785.67	776.24	776.55	710.93	705.66
2019Q3	735.00	700.35	650.06	661.18	809.30	793.50	788.09	725.38	708.38
2019Q4	627.00	664.87	658.85	669.91	777.61	697.34	773.08	690.24	684.32
2020Q1	615.00	706.30	674.79	682.65	764.32	854.03	812.12	671.75	710.09

续表

季度	实际情况	SARIMA	MLP	SVR	SGM	GGM	DGSM	SFNDGM	FNDGSM
2020Q2	710.00	734.65	711.03	710.38	869.43	855.84	857.67	756.46	749.90
2020Q3	811.00	736.17	705.10	728.13	895.59	876.33	871.29	771.25	752.76
2020Q4	737.00	697.02	712.62	744.78	860.51	763.41	858.43	733.33	728.85
2021Q1	769.00	740.81	737.96	759.72	845.81	954.66	899.67	713.17	754.76
2021Q2	838.00	766.00	756.71	772.64	962.13	943.60	947.48	802.53	794.70
2021Q3	790.00	767.95	747.93	783.15	991.08	967.80	963.41	817.65	797.70
2021Q4	711.00	731.13	745.39	788.18	952.26	835.74	952.92	776.93	773.94
fitting RMSPE		25.11	**13.53**	14.37	28.53	26.93	28.70	22.94	23.18
testing RMSPE		6.60	7.54	7.36	19.08	18.28	19.63	**6.20**	6.68
fitting MAPE		11.35	**8.04**	8.71	13.15	10.15	12.87	9.48	9.46
testing MAPE		5.54	**6.54**	6.00	17.01	15.71	17.52	5.35	5.15
fitting MAE		28.67	**29.91**	32.42	32.08	24.09	29.51	24.07	21.89
testing MAE		39.99	**48.34**	43.30	122.45	112.29	124.90	37.89	36.16

注：每个预测准确率标准中最好的加粗标出。

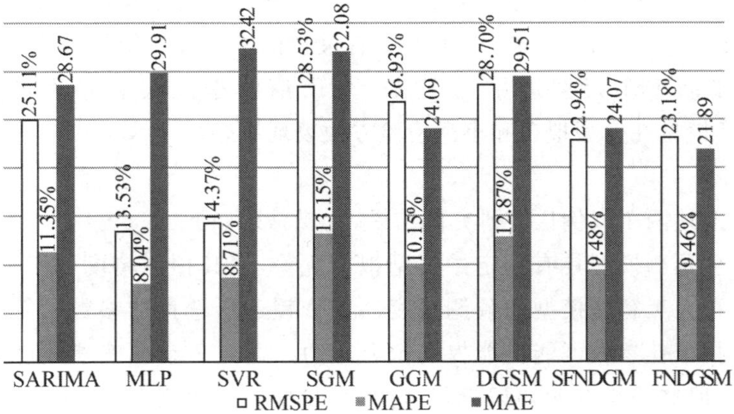

图3-5 宁波—舟山港的模型拟合得到的RMSPE、MAPE和MAE值

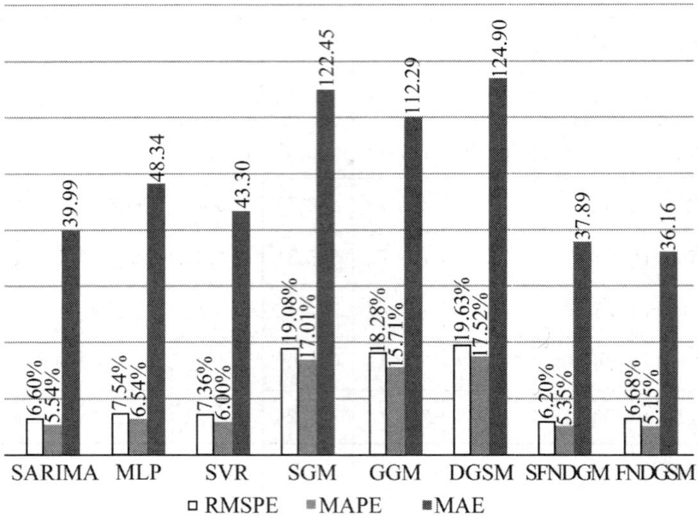

图 3-6 宁波—舟山港的事后检验获得的 RMSPE、MAPE 和 MAE 值

在模型拟合方面，所有模型的 RMSPE 都没有达到很高的精度，但 MLP、SVR、SFNDGM 和 FNDGSM 模型在 MAPE 方面达到了很高的精度。MLP 模型的 RMSPE(13.53%)和 MAPE(8.04%)最小，FNDGSM 模型的 MAE(21.89)最小。在事后检验中，SARMIA、MLP、SVR、SFNDGM、FNDGSM 模型在 RMSPE 和 MAPE 方面取得了较高的准确性。SFNDGM 模型在 RMSPE 方面表现最好(6.20%)，其次是 SARIMA 和 FNDGSM 模型。FNDGSM 模型在 MAPE(5.15%)和 MAE(36.16)方面具有最佳的准确性。结果表明，SFNDGM 模型和 FNDGSM 模型适用于宁波—舟山港的季度集装箱吞吐量预测，FNDGSM 模型在模型拟合和事后检验方面表现更好。

5.讨论

基于上述两个案例比较研究的结果，主要总结如下：

非灰色预测模型具有一定的模型拟合优势，但其预测精度低于 FNDGSM 模型。两种人工智能模型的预测精度高度依赖于所选择的参数。使用网格搜索方法寻找最佳参数可能更能提高拟合能力。通过手动调整参数可能获得更好的结果，但这需要专业知识，而且过程很复杂。相比之下，FNDGSM 模型及其最佳参数设置简单、易于实现，从而能获得较好的预测性能。SARIMA 统计模型的预测效果不如 FNDGSM 模型，但其预测精度令人满意，优于其他模型。因此，除了本书提出的模型外，SARIMA 模型也可以用于季度集装箱吞吐量预测。而灰色预测模型的优点是模型结构灵活多变，可以提出许多新的灰色模型来适应各种数据的预测，这也是本章的研究目的。

与其他灰色模型相比，FNDGSM 模型在模型拟合和事后检验方面都表现得更好。时间项使得 FNDGSM 模型可以模拟近似的非齐次指数增长序列，更适合于真实数据；季节虚拟变量可以提高模型对季节性波动的拟合能力。因此 FNDGSM 模型的拟合效果明显优于 SGM 模型和 GGM 模型。Hausdorff 分数阶累积可以对拟合数据赋予不同的权重，进一步提高预测精度，因此 FNDGSM 模型比同样采用季节虚拟变量的 DGSM 模型的预测效果更好。此外，循环 Hausdorff 分数阶累积通过给同一周期内的数据分配相同的权重，防止了 FNDGSM 模型的过度拟合。所以，FNDGSM 模型优于与其比较的其他灰色模型。

所有结果均表明，FNDGSM 模型在模型拟合和事后检验方面都表现优异，适合于季节性集装箱吞吐量预测。

3.2.3 结论

准确的港口集装箱吞吐量预测对港口规划和运营管理决策来说至关重要。然而，集装箱吞吐量数据具有高度的复杂性和季节性，这使其难以准确预测。因此，我们提出了一种新的具有较强预测能力的灰色季节性预测模型，并通过与其他灰色季节性预测模型和包含统计模型、人工智能模型在内的非灰色预测模型的比较，证明了该模型具有较好的预测性能。上海港和宁波—舟山港是中国乃至世界上两个最具活力的集装箱港口，因此使用上海港和宁波—舟山港两个港口的真实集装箱吞吐量数据来评估 FNDGSM(1,1)模型的预测能力。FNDGSM(1,1)模型的预测能力通过在灰色季节性预测模型中加入三个显著特征得到增强，这三个特征包括时间项、周期性分数阶 Hausdorff 累积和季节虚拟变量。结果表明，FNDGSM(1,1)模型在预测方面优于 SARIMA、MLP 和 SVR 等非灰色预测模型，在模型拟合和预测方面优于其他灰色季节性预测模型。采用时间项、季节虚拟变量和循环分数阶 Hausdorff 累积生成的方法，提高了灰色季节性预测模型的预测精度。因此，FNDGSM(1,1)模型有可能被应用于港口季度集装箱吞吐量的预测。考虑到集装箱吞吐量也会出现随机波动，我们希望在未来的研究中通过拟合这些随机波动进一步提高模型的预测能力。

参考文献

[1]DENG J L. Control problems of grey systems [J]. Systems & Control Letters, 1982, 1(5): 288-294.

[2]Hu Y C, Wu G, Tsao S J. A novel grey seasonal prediction model for container throughput forecasting[J]. Journal of Grey System, 2022, 34(3): 135-147.

[3]FARIS H, ALJARAH I, MIRJALILI S, et al. EvoloPy: An open-source nature-inspired optimization framework in Python [C]. Porto, Portugal: The 8th International Conference on Evolutionary Computation Theory and Applications, 2016.

第4章 供应链设施选址规划与设计

4.1 设施选址问题概述

选址问题是运筹学中非常经典的问题，它是指在确定选址对象、选址目标区、成本函数以及存在何种约束条件的前提下，以总物流成本最低、总服务最优或社会效益最大化为总目标，确定物流系统中物流节点的数量、位置，从而合理规划物流网络结构。

供应链背景下的设施选址问题实质上是设施成本和服务水平均衡的问题。现有的研究从不同角度对设施选址问题进行建模，例如对设施方面的约束进行建模（如设施成本、设施数量等），对客户服务进行建模（如运输成本、服务效率等）。从不同的角度出发，考虑到设施类型、设施容量、服务类型等因素，设施选址问题也有多种多样的类型。常见的设施选址问题包括无能力约束的设施选址问题、有能力约束的设施选址问题、考虑竞争的设施选址问题、不确定环境下的设施选址问题等。这些问题将在 4.2 节中一一进行介绍和描述。

随着经济的发展、生活节奏的改变以及冷链技术的不断成熟，国内生鲜电商的订单量呈爆发式增长，不断地改变和重塑人们的生鲜消费习惯。生鲜电商作为一种新型的电商零售形式，存在多种形式的物流网络布局及营运模式。归纳起来主要有前置仓、店仓一体化和“当日下单，次日自提”的社区团购三类运营布局模式[1]。由于前置仓模式能够解决消费者“最后三公里”的问题，并能保证生鲜商品的新鲜度和及时交付率，目前已成为生鲜电商的主要运营模式之一。前置仓模式具体是指：生鲜电商从产地直接采购新鲜的生鲜商品并运送至在各个省、市设立的具有较好的冷链仓储及加工设施的区域仓中，由区域仓对其进行加工和包装，随后，生鲜商品将被运输至在消费者集中的社区附近设置的多个小型仓库(即前置仓),再通过骑手从这些前置仓为顾客提供即时生鲜配送服务,具体如图 4-1 所示。目前采用前置仓模式的有叮咚买菜、每日优鲜等电商公司。尽管前置仓模式能够最大限度地保证生鲜商品的新鲜度,并具有较高的用户渗透率,但相较于其他两种运营模式,前置仓模式本质上属于重资产模式,因而,前置仓的履约费用(包括仓库租金、库存成本及履约配送成本等)居高不下,成为制约前置仓模式生鲜电商发展的主要瓶颈之一。叮咚买菜招股书数据显示[2,3]:叮咚买菜 2020 年前置仓履约费用率高达 35.7%,约占公司总费用的 80%。对前置仓模式下的生鲜电商选址问题的研究具有重要的应用价值。

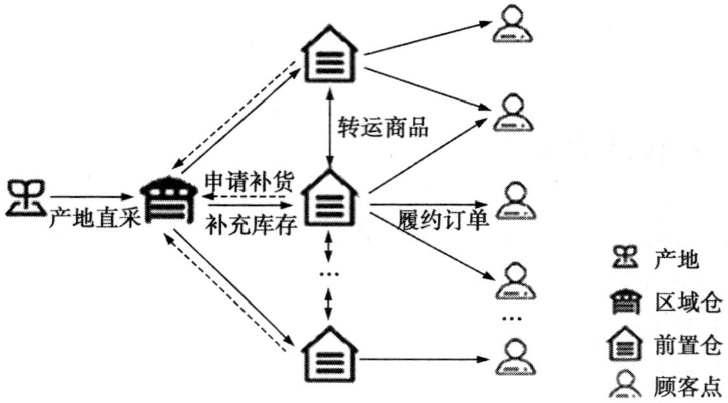

图 4-1 前置仓模式下生鲜电商运营网络

除了制造业和物流业等常见的供应链设施选址外,设施选址模型还被广泛应用于公共部门设施,例如安全应急部门的消防站、公共交通部门的公交枢纽、通信部门的电信枢纽、卫星轨道等。

随着通信技术的发展,5G 时代来临。实现 5G 技术的普及,5G 移动通信基站建设必不可少。5G 技术下移动通信基站通信如图 4-2 所示。移动通信基站选址是经典的网络优化问题,选址时需要考虑基站的覆盖目标、建站效益、地理环境、传输距离等多种因素。移动通信基站选址通常要遵循以下原则:首先,利用带有地物和地势信息的地图进行综合分析,从话务均衡、抗干扰等角度筛选,考虑网络的整体结构和区域划分,满足合理的分布结构要求。其次,注意基站载波数与用户网络的对应关系,对于高密度的用户需求网络要配置较多的载波数,满足用户需求和网络覆盖率指标。最后,为减少建站成本,同时避免基站之间干扰上升,相邻扇区天线的交叉覆盖深度不要太深,根据各个基站周围区域的话务分布及整个网络的角度来设计方位角。

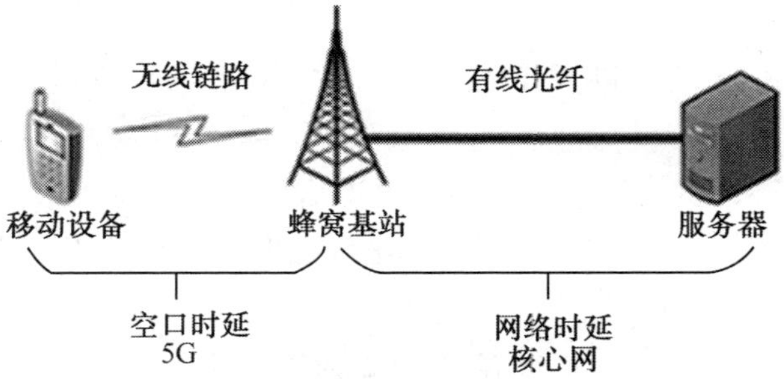

图 4-2　5G 技术下移动通信基站通信示意图

设施选址问题是典型的 NP-hard 问题，通常易于陈述，但是难以求解。该问题是运筹学领域，尤其是供应链管理理论和实际应用中的一个重要课题。

4.2　主要问题及模型

在本节中，我们将在第 4.2.1 节介绍一个经典的设施选址问题，即无能力约束的设施选址问题（Uncapacitated Facility Location Problem, UFLP）。UFLP 模型及其子模型是在供应链管理中应用最为广泛的一类选址模型。在 4.2.2、4.2.3和 4.2.4 节中，我们将分别介绍有能力约束的设施选址问题、考虑竞争的设施选址问题和不确定环境下的设施选址问题。

4.2.1　无能力约束的设施选址问题及模型

1.问题描述

UFLP 主要是指待选设施没有容量限制，通过选择设施位置达到建造设施和将货物从设施运输到客户的总成本最小化的目的[4]。根据以上定义，该选址问题的总成本分为两部分。首先，每一个待选的设施点都有一个固定成本，代表设施的建造或者租赁费用。其次，从设施点运输至每个客户的产品会产生动态的运输成本。UFLP 中的关键就是固定成本和运输成本之间的权衡。如果降低设施成本，意味着建造的设施更少、地理位置更差，那么为了达到一定的服务水平，响应客户需求所产生的运输成本就会很大。反之，如果降低运输成本，就意味着要建造更多的设施以尽可能地覆盖客户所在区域，在单位运输成本一定的情况下，通过缩短运输距离来降低运输成本，然而这会导致固定成本大幅增加。UFLP 模型就是基于以上权衡，试图通过运筹学的方式找到满意解或最优解，达到总成本最低的目的。

2.模型建立

根据问题描述,定义以下符号:

集合:

$$I = \text{客户集合}$$

$$J = \text{待选设施位置集合}$$

参数:

$$h_i = \text{客户 } i \in I \text{ 的年需求}$$

c_{ij} = 从设施 j 运输一单位需求到客户 $i \in I$ 的成本(本书假设运输成本是已知参数)

$$f_j = \text{开设设施 } j \in J \text{ 的年固定成本}$$

决策变量:

$$x_j = \begin{cases} 1, & \text{开设设施 } j \in J \\ 0, & \text{不开设设施 } j \in J \end{cases}$$

$$y_{ij} = \begin{cases} 1, & \text{设施 } j \text{ 为客户 } i \text{ 提供服务} \\ 0, & \text{其他} \end{cases}$$

UFLP 模型的公式如下:

$$\min \sum_{j \in J} f_j x_j + \sum_{i \in I} \sum_{j \in J} h_i c_{ij} y_{ij} \tag{4-1}$$

$$\text{s.t.} \quad \sum_{j \in J} y_{ij} = 1, \quad \forall i \in I \tag{4-2}$$

$$y_{ij} \leqslant x_j, \quad \forall i \in I, \forall j \in J \tag{4-3}$$

$$x_j \in \{0,1\}, \quad \forall j \in J \tag{4-4}$$

$$y_{ij} \in \{0,1\}, \quad \forall i \in I, \forall j \in J \tag{4-5}$$

其中,式(4-1)表示目标函数,即最小化设施建造费与运输成本之和。在接下来的讨论中,我们将用 z^* 表示 UFLP 的最优目标值。式(4-2)要求将每个客户的全部需求分配给一个或多个设施,通常称为分配约束。式(4-3)要求设施位置模型禁止将客户分配到尚未开放的设施,通常称为链接约束。

UFLP 是典型的 NP-hard 问题。在过去的几十年里,学者们提出了大量的求解方法,包括精确算法和启发式算法。一些较早的精确算法涉及使用分支定界法来简单求解。目前可以使用 CPLEX、Gurobi 进行求解。当前版本的 CPLEX 或 Gurobi 可以在几分钟内解决具有数千个潜在设施站点的 UFLP 实例。接下来将分别讨论拉格朗日松弛算法和 CPLEX 两种求解方法。

3.拉格朗日松弛算法(LR)求解

拉格朗日松弛算法是一种用于整数规划的标准方法,是解决 UFLP 和其他选址问题最有效的方法之一。拉格朗日松弛算法的基本思想是移除一组约束，并在目标函数中添加一个惩罚项，将造成问题难的约束吸收到目标函数中，并使目标函数保持线性，创建一个比原问题更容易解决的问题。拉格朗日松弛算法可以给出 UFLP 最优目标值的下界，再使用其他方法找到可行解，提供最优目标值的上界。当上界和下界接近（例如，在 1% 以内）时，则可行解接近最优解。

若对式(4-1)使用拉格朗日松弛算法，首先，选择松弛约束(4-2)，将其从问题中移除，并在目标函数中添加如下惩罚项：

$$\sum_{i \in I} \lambda_i \left(1 - \sum_{j \in J} y_{ij}\right)$$

其中，λ_i 称为拉格朗日乘子，每个松弛约束都有一个。加入拉格朗日乘子的目的是确保约束中的松弛行为受到适当的惩罚。用 λ 来表示分量为 λ_i 的向量，由此得到的新模型，称为拉格朗日子问题：

(UFLP-LR$_\lambda$)

$$\begin{aligned} \min \ & \sum_{j \in J} f_j x_j + \sum_{i \in I} \sum_{j \in J} h_i c_{ij} y_{ij} + \sum_{i \in I} \lambda_i \left(1 - \sum_{j \in J} y_{ij}\right) \\ = & \sum_{j \in J} f_j x_j + \sum_{i \in I} \sum_{j \in J} (h_i c_{ij} - \lambda_i) y_{ij} + \sum_{i \in I} \lambda_i \end{aligned} \tag{4-6}$$

$$y_{ij} \leqslant x_j, \forall i \in I, \forall j \in J \tag{4-7}$$

$$\text{s.t.} \ x_j \in \{0,1\}, \forall j \in J \tag{4-8}$$

$$y_{ij} \geqslant 0, \forall i \in I, \forall j \in J \tag{4-9}$$

由于 λ_i 都是常数，因此在优化过程中可以忽略式(4-6)的最后一项。

假设对于给定的设施 j，令 $x_j=1$。通过约束(4-7)可得，若 $x_j=1$，则对于任意 $i \in I$，$y_{ij}=1$ 或 $y_{ij}=0$。在问题的最优解中，如何求解令 $y_{ij}=1$ 的 i 呢？也就是当确定开放设施 j 后，如何为该设施分配客户？由于这是一个最小化问题，当$x_j=1$时，令 $y_{ij}=1$，使其满足 $h_i c_{ij} - \lambda_i < 0$，因此，若 $x_j=1$，则对目标函数的贡献将为

$$\beta_j = \sum_{i \in I} \min\{0, h_i c_{ij} - \lambda_i\} \tag{4-10}$$

最终求解的问题是哪个 x_j 应该设为 1，当且仅当 $\beta_j + f_j < 0$，也就是当开设该设施可以使目标函数值更快速地减少时，$x_j=1$ 是最佳的。由此得到以下定理：

定理 4-1　令

$$\begin{cases} \bar{x}_j = \begin{cases} 1, & \beta_j + f_j < 0 \\ 0, & \text{其他} \end{cases} \\ \bar{y}_{ij} = \begin{cases} 1, & \bar{x}_j = 1 \text{ 且 } h_i c_{ij} - \lambda_i < 0 \\ 0, & \text{其他} \end{cases} \end{cases} \tag{4-11}$$

$(\bar{x}_j, \bar{y}_{ij})$是拉格朗日子问题的最优解,其目标值为

$$z_{LR}(\lambda)=\sum_{j\in J}\min\{0,\beta_j+f_j\}+\sum_{i\in I}\lambda_i \tag{4-12}$$

现在我们已经求解了给定 λ_i 的拉格朗日子问题。对于任意 λ,拉格朗日子问题的最优目标值是原问题最优目标值的下界,令 z^* 为原问题的最优值,则

$$z_{\mathrm{LR}}(\lambda)\leqslant z^* \tag{4-13}$$

拉格朗日松弛算法的关键不是生成可行解,因为拉格朗日子问题的解对于原问题通常不可行,而是生成一个好的下界,以证明我们用其他方式找到的可行解是好的。例如,如果我们用其他方法找到了目标值为 101 的 UFLP 的可行解,并且找到了一个 λ,使得 $z_{\mathrm{LR}}(\lambda)=100$,那么我们的解偏离最优解不超过 $(101-100)/100=1\%$。

如果随机选取 λ,则得到的解有可能质量很差,偏离原函数的最优目标值较远。因此,我们必须巧妙地选择 λ,使 $z_{\mathrm{LR}}(\lambda)$尽可能地接近z^*。也就是说,可以将 UFLP 写成如下形式:

(LR)

$$\max_{\lambda}\begin{cases}\min\limits_{x,y}\sum\limits_{j\in J}f_jx_j+\sum\limits_{i\in I}\sum\limits_{j\in J}(h_ic_{ij}-\lambda_i)y_{ij}+\sum\limits_{i\in I}\lambda_i\\ \qquad y_{ij}\leqslant x_j, \quad \forall i\in I,\forall j\in J\\ \text{s.t.}\ \ x_j\in\{0,1\}, \quad \forall j\in J\\ \qquad y_{ij}\geqslant 0, \quad \forall i\in I,\forall j\in J\end{cases} \tag{4-14}$$

假设我们知道最优λ^*且最优目标值是 $z_{\mathrm{LR}}\equiv z_{\mathrm{LR}}(\lambda^*)$。$z_{\mathrm{LR}}$的最大值与问题的线性规划(LP)松弛(拉格朗日松弛)有关。由于

$$z_{\mathrm{LP}}\leqslant z_{\mathrm{LR}} \tag{4-15}$$

其中,z_{LP}是原问题拉格朗日松弛的最优目标值,z_{LR}是拉格朗日子问题的最优目标值。结合式(4-13)和式(4-15),可得

$$z_{\mathrm{LP}}\leqslant z_{\mathrm{LR}}\leqslant z^* \tag{4-16}$$

其中,z_{LR}是通过拉格朗日松弛实现的最佳可能下界,而 $z_{\mathrm{LR}}(\lambda)$是在给定的迭代过程中实现的下界。在任何给定的迭代中,有

$$z_{\mathrm{LR}}(\lambda)\leqslant z_{\mathrm{LR}}=z_{\mathrm{LP}}\leqslant z^*\leqslant z(x,y) \tag{4-17}$$

其中,$z_{\mathrm{LR}}(\lambda)$是当前迭代中特定 λ 的拉格朗日子问题的目标值,$z(x,y)$是在当前迭代中找到的特定可行解(x,y)的目标值。

现在我们已经使用(UFLP-LR_λ)获得了 UFLP 的最优目标的下界,我们需要找到一个上界。上界来自 UFLP 的可行解。为 UFLP 生成可行解只需将(UFLP-LR_λ)解中的开放设施打开,然后将每个客户分配到距离其最近的开放

设施。所得解可行，并给出 UFLP 最优目标值的上界。拉格朗日松弛算法过程涉及多次迭代，每次迭代使用不同的 λ 值，每个 λ 给出一个下界和一个上界，以期收紧边界。

那么如何选择一个合适的 λ 值呢？最常见的调整 λ 的方法是次梯度优化算法。对于 UFLP，迭代 t 时的步长（表示为 Δt）由下式给出：

$$\Delta t = \frac{\alpha^t [\mathrm{UB} - z_{\mathrm{LR}}(\lambda^t)]}{\sum_{i \in I} \left(1 - \sum_{j \in J} y_{ij}\right)^2} \tag{4-18}$$

其中，$z_{\mathrm{LR}}(\lambda^t)$ 是在迭代 t 时发现的下界；UB 是找到的最佳上界（即迄今为止找到的最佳可行解的目标值）；α^t 是常数，通常在迭代 1 时被设为 2，并且在经过了给定数量的连续迭代之后被 2 除。迭代 i 的步长方向简单地由下式给出：

$$1 - \sum_{j \in J} y_{ij}$$

设

$$\lambda_i^{t+1} = \lambda_i^t + \Delta t \left(1 - \sum_{j \in J} y_{ij}\right) \tag{4-19}$$

最终可以通过代码求解出 $(\bar{x}, \bar{y})$ 是（UFLP-LR$_\lambda$）的最优解，(x, y) 代表 UFLP 的可行解，$(x^{\mathrm{UB}}, y^{\mathrm{UB}})$ 表示 UFLP 的当前最佳解。

4.CPLEX 求解

CPLEX 是 IBM 公司开发的一款商业版的优化求解器，为线性规划、混合整数规划、二次规划和二次约束规划问题提供了灵活的高性能数学规划求解方法。它可以通过软件 IBM ILOG CPLEX Optimization Studio 使用，也可以与众多优化软件及语言兼容（与 C++、Java、Excel、MATLAB 等都有接口）。使用 CPLEX 求解器可以找到规划和资源分配问题的最佳解决方案，从而做出更理想的决策。

对于无能力约束的设施选址问题，我们给出一个例子：假设一家公司正在考虑建立若干仓库以供应其现有的店铺，每个可能的仓库都有一个固定的维护成本。此外，每个商店只能由一个仓库供应，商店的供应成本因所选仓库而异。每个商店的年度需求不同。该问题要求决定要建造的仓库以及这些仓库应供应哪些商店，以最小化总成本，即固定成本和运输成本之和。此处考虑有 5 个仓库和 10 个商店，仓库的固定成本都为 30 单位。表 4-1 描述了各个商店到各个仓库的运输成本。

表 4-1　各个商店到各个仓库的运输成本

	仓库 A	仓库 B	仓库 C	仓库 D	仓库 E
商店 1	20	24	11	25	30
商店 2	28	27	82	83	74
商店 3	74	97	71	96	70
商店 4	2	55	73	69	61
商店 5	46	96	59	83	4
商店 6	42	22	29	67	59
商店 7	1	5	73	59	56
商店 8	10	73	13	43	96
商店 9	93	35	63	85	46
商店 10	47	65	55	71	95

将仓库选址问题表示为整数规划的关键思想是：对于每个仓库、商店的匹配对，使用 0-1 变量来表示仓库是否服务商店。此外，将变量与每个仓库相关联，以表示是否选择了该仓库。以下是对变量的声明，其中 dvar 行表示决策变量。

```
int Fixed = ...;
{string} Warehouses = ...;
int NbStores = ...;
range Stores = 0..NbStores-1;
int Andemand[Stores] = ...;
int SupplyCost[Stores][Warehouses] = ...;
dvar boolean Open[Warehouses];
dvar boolean Supply[Stores][Warehouses];
```

声明了这些变量后，接着就可以对目标函数和约束条件进行表示，约束条件是每个商店必须由一个仓库服务，每个商店只能由开放的仓库来提供服务。

```
minimize
  sum(w in Warehouses)
      Fixed * Open[w] +
    sum( w in Warehouses, s in Stores )
      Andemand[s] * SupplyCost[s][w] * Supply[s][w];

subject to{
  forall(s in Stores)
    ctEachStoreHasOneWarehouse:
      sum(w in Warehouses)
        Supply[s][w] == 1;
  forall(w in Warehouses, s in Stores)
    ctUseOpenWarehouses:
      Supply[s][w] <= Open[w];
}
```

在最后，输出开放的仓库和这些仓库分别为哪些商店提供服务。

```
{int} Storesof[w in Warehouses] = { s | s in Stores: Supply[s][w] == 1 };
execute DISPLAY_RESULTS{
  writeln("Open=",Open);
  writeln("Storesof=",Storesof);
}
```

以上是模型文件的全部内容，还需要通过数据文件给变量赋值。

```
Fixed = 30;
Warehouses = {A,B,C,D,E};
NbStores = 10;
Andemand = [1,2,3,4,5,6,7,8,9,10];
SupplyCost = [
        [ 20, 24, 11, 25, 30 ],
        [ 28, 27, 82, 83, 74 ],
        [ 74, 97, 71, 96, 70 ],
        [  2, 55, 73, 69, 61 ],
        [ 46, 96, 59, 83,  4 ],
        [ 42, 22, 29, 67, 59 ],
        [  1, 5, 73, 59, 56 ],
        [ 10, 73, 13, 43, 96 ],
        [ 93, 35, 63, 85, 46 ],
        [ 47, 65, 55, 71, 95 ] ];
```

求解结果如下：

目标值：1406，这表示建设仓库和运输货物给对应商店的最小总成本为1406单位。

仓库开放情况：[1 1 0 0 1]，这说明开放的仓库是A、B、E。

仓库服务商店情况：[{3 6 7 9}{1 5 8}{}{}{2 4}]，这说明仓库A服务第3、6、7、9个商店，仓库B服务第1、5、8个商店，仓库E服务第2、4个商店。

4.2.2 有能力约束的设施选址问题及模型

1.问题描述

在UFLP中，我们假设设施容量没有限制，显然该假设在很多实际情况中并不成立。例如，配送中心往往有存储量上限，也有固定的工作时间，这样提供的服务也有上限。同样地，如果是对某片区域的消防站网络进行选址规划，消防站的消防车、消防员数量以及灾情的紧急程度也限制了其服务能力。我们只需在UFLP的基础上修改，以考虑容量限制约束，由此产生的新问题被称为有能力约束的固定成本设施选址问题（Capacitated Fixed-charge Location Problem，CFLP）。

2. 模型建立

假设 v_j 是设施 j 每年能满足的最大需求，则CFLP公式化如下：

$$\min \sum_{j\in J} f_j x_j + \sum_{i\in I}\sum_{j\in J} h_i c_{ij} y_{ij} \tag{4-20}$$

$$\sum_{j\in J} y_{ij} = 1, \quad \forall i \in I \tag{4-21}$$

$$y_{ij} \leqslant x_j, \quad \forall i \in I, \forall j \in J \tag{4-22}$$

$$\text{s.t.} \quad \sum_{i\in I} h_i y_{ij} \leqslant v_j, \quad \forall j \in J \tag{4-23}$$

$$x_j \in \{0,1\}, \quad \forall j \in J \tag{4-24}$$

$$y_{ij} \in \{0,1\}, \quad \forall i \in I, \forall j \in J \tag{4-25}$$

除了新的容量约束（4-23）以外，这个整数规划问题与UFLP是相同的。有时会增加以下约束，即开放设施的总容量可以满足总需求：

$$\sum_{j\in J} v_j x_j \geqslant \sum_{i\in I} h_i \tag{4-26}$$

这一约束在整数规划中是多余的，但收紧了一些松弛。

3.拉格朗日松弛算法求解

用拉格朗日松弛算法求解有能力约束的设施选址问题与求解无能力约束的设施选址问题非常相似。放宽赋值约束（4-21），得到以下拉格朗日子问题[4]：

（CFLP-LR$_\lambda$）

$$\min \sum_{j\in J} f_j x_j + \sum_{i\in I}\sum_{j\in J} h_i c_{ij} y_{ij} + \sum_{i\in I} \lambda_i \left(1 - \sum_{j\in J} y_{ij}\right)$$

$$= \sum_{j\in J} f_j x_j + \sum_{i\in I}\sum_{j\in J} (h_i c_{ij} - \lambda_i) y_{ij} + \sum_{i\in I} \lambda_i \tag{4-27}$$

$$y_{ij} \leqslant x_j, \quad \forall i \in I, \forall j \in J \tag{4-28}$$

$$\text{s.t.} \quad \sum_{i\in I} h_i y_{ij} \leqslant v_j, \quad \forall j \in J \tag{4-29}$$

$$x_j \in \{0,1\}, \quad \forall j \in J \tag{4-30}$$

$$y_{ij} \in \{0,1\}, \quad \forall i \in I, \forall j \in J \tag{4-31}$$

与UFLP一样，根据设施 j 来分解这一问题，但由于当前存在容量限制，因此对收益 β_j 的计算有些复杂。特别地，对于每一个 $j \in J$，都需要求解一个形式如下的问题：

（P_j）

$$\min \beta_j = \sum_{i\in I} a_i z_i \tag{4-32}$$

$$\text{s.t.} \quad \sum_{i\in I} h_i z_i \leqslant v \tag{4-33}$$

$$0 \leqslant z_i \leqslant 1, \quad \forall i \in I \tag{4-34}$$

其中，$a_i = h_i c_{ij} - \lambda_i$，$z_i = y_{ij}$，$v = v_j$。这是一个连续型背包问题，可以按照如下对 i 排序的方式来高效求解：

$$\frac{a_1}{h_1} \leqslant \frac{a_2}{h_2} \leqslant \cdots \leqslant \frac{a_{|I|}}{h_{|I|}}$$

这一排序有利于选择 a_i 的绝对值大的负值和 h_i 的小正值。对于 $i=1$，$2,\cdots,r$，令 $z_i=1$，其中 r 是使得 $a_r<0$ 并且满足下式的最大值：

$$\sum_{i \in I}^{r} h_i \leqslant v_j$$

如果 $r<|I|$，我们令 $z_{r+1} = \left(v_j - \sum_{i \in I}^{r} h_i\right) / h_{r+1}$。虽然确定上界的过程必须考虑容量限制，但是拉格朗日松弛的其他方面（如次梯度优化法、分支定界法）与 4.2.1 节中讨论的算法类似。

一般来说，与 UFLP 一样，CFLP 的最优解中不包含 $y_{ij} \in \{0,1\}$，这意味着一些顾客会从不止一个配送中心获得产品。有时通过要求 $y_{ij} \in \{0,1\}$ 来避免这种情况的发生是很重要的，这被称为单一资源约束。具有单一资源约束的 CFLP 更难求解，因为 P_j 变为一个 NP-hard 的整数背包问题。另外，已存在求解背包问题的有效算法，且由于背包问题不具有整数性质，从而拉格朗日边界会比线性规划边界更紧，这说明在拉格朗日边界的优劣和子问题求解的难易程度之间进行权衡是很重要的。

4.CPLEX 求解

在 4.2.1 节描述问题的基础上，为每个仓库增加容量限制，且不同仓库能够提供服务的商店数上限不同。容量限制如表 4-2 所示。

表 4-2　容量限制

	仓库 A	仓库 B	仓库 C	仓库 D	仓库 E
容量	1	4	2	1	3

在无容量限制问题的基础上，模型增加容量数据，并增加每个仓库提供服务的商店数不超过其容量的约束条件。

有容量限制问题示例的整体模型文件为：

```
int Fixed = ...;
{string} Warehouses = ...;
int NbStores = ...;
range Stores = 0..NbStores-1;
int Capacity[Warehouses] = ...;
int Andemand[Stores] = ...;
int SupplyCost[Stores][Warehouses] = ...;
dvar boolean Open[Warehouses];
dvar boolean Supply[Stores][Warehouses];

minimize
  sum(w in Warehouses)
    Fixed * Open[w] +
  sum(w in Warehouses, s in Stores)
    Andemand[s] * SupplyCost[s][w] * Supply[s][w];

subject to{
  forall(s in Stores)
    ctEachStoreHasOneWarehouse:
      sum(w in Warehouses)
        Supply[s][w] == 1;
  forall(w in Warehouses, s in Stores)
    ctUseOpenWarehouses:
      Supply[s][w] <= Open[w];
  forall(w in Warehouses)
    ctMaxUseOfWarehouse:
      sum(s in Stores)
        Supply[s][w] <= Capacity[w];
}
{int} Storesof[w in Warehouses] = { s | s in Stores : Supply[s][w] == 1 };
execute DISPLAY_RESULTS{
  writeln("Open=",Open);
  writeln("Storesof=",Storesof);
}
```

数据文件为：

```
Fixed = 30;
Warehouses = {A,B,C,D,E};
NbStores = 10;
Capacity = [1,4,2,1,3];
Andemand = [1,2,3,4,5,6,7,8,9,10];
SupplyCost = [
        [ 20, 24, 11, 25, 30 ],
        [ 28, 27, 82, 83, 74 ],
        [ 74, 97, 71, 96, 70 ],
        [  2, 55, 73, 69, 61 ],
        [ 46, 96, 59, 83,  4 ],
        [ 42, 22, 29, 67, 59 ],
        [  1,  5, 73, 59, 56 ],
        [ 10, 73, 13, 43, 96 ],
        [ 93, 35, 63, 85, 46 ],
        [ 47, 65, 55, 71, 95 ] ];
```

求解结果如下：

目标值：1578，这表示建设仓库和运输货物给对应商店的最小总成本为1578单位。

仓库开放情况：[1 1 1 0 1]，这说明开放的仓库有A、B、C、E。

仓库服务商店情况：[{3}{ 1 5 6 8}{7 9}{}{2 4}]，这说明仓库A服务商店3，仓库B服务商店1、5、6、8，仓库C服务商店7、9，仓库E服务商店2、4。

4.2.3 考虑竞争的设施选址问题及模型

1.问题描述

前面介绍的考虑容量限制的设施选址问题是基于企业空间垄断的假设，即在将要建立服务设施的区域内，该企业负责范围内的全部产品和服务，独占市场。但在实际问题中，这种理想情况少之又少。考虑竞争的设施选址问题指的是市场上存在2个或2个以上的同类产品和服务的提供者，企业通过空间选址和设施设计达到最大化市场份额或最大化利润的目标。

竞争选址问题明确地考虑到竞争对手已经（或将要）进入目标市场，而新建设施将与其竞争既有的市场份额。在为客户服务的过程中，竞争双方争夺客户需求，增加自身的市场占有率，且任何一方的决策都将对竞争双方产生作用。

2.模型建立

假设先进入市场选址的竞争者为领导者，而后跟随进入市场的竞争者为跟随者。假设领导者在选址时已经知道跟随者将会在自己行动之后新建 r 个设施，领导者需要确定自己的 p 个设施的选址，从而使自己的市场份额最大。此类问题被称作 $(r \mid X_p)$ − Centered Problem（RPCP）问题。RPCP 通常建模为一个二元双层线性规划问题[5]。令 I 和 J 分别表示客户和候选设施集合，每个客户的需求（或购买力）μ_i 已知，d_{ij} 表示客户 $i \in I$ 到设施 $j \in J$ 的距离。引入下面的二元决策变量：

$x_j = 1$，如果领导者开放设施 j；

$y_j = 1$，如果跟随者开放设施 j；

z_i 表示客户 i 的需求被领导者的设施捕获比例，$0 \leqslant z_i \leqslant 1$。

当领导者的决策为 x 时，跟随者仍能捕获客户 i 的需求的设施集合为

$$J_i(x) = \{j \in J \mid d_{ij} < \min_{l \in J} d_{il} \mid x_l = 1\} \tag{4-35}$$

于是，RPCP 可以建模为如下的二元双层线性规划模型：

$$\max \sum_{i \in I} \mu_i z_i \tag{4-36}$$

$$\text{s.t.} \quad \sum_{j \in J} x_j = p \tag{4-37}$$

$$x_j \in \{0,1\}, \quad j \in J \tag{4-38}$$

其中，z 是跟随者优化问题的最优解：

$$\max \sum_{i \in I} \mu_i (1 - z_i) \tag{4-39}$$

$$\sum_{j \in J} y_j = r \tag{4-40}$$

$$\text{s.t.} \quad 1 - z_i \leqslant \sum_{j \in J_i(x)} y_j, \quad \forall i \in I \tag{4-41}$$

$$y_j \in \{0,1\}, 0 \leqslant z_i \leqslant 1, \quad \forall i \in I, j \in J \tag{4-42}$$

目标函数（4-36）和（4-39）分别为最大化领导者和跟随者的市场份额。由于假设总市场份额一定，因此式（4-39）等价于 $\min \sum_{i \in I} \mu_i z_i$，即最小化领导者的市场份额。约束条件（4-37）和（4-40）分别限制领导者和跟随者开放 p 和 r 个设施。约束条件（4-38）和（4-42）分别设置了变量的取值范围。约束条件（4-41）确定了服务每个客户 i 的设施。

4.2.4 不确定环境下的设施选址问题及模型

1.问题描述

在本章中,到目前为止,我们讨论的设施选址模型都是确定的,都假设模型中的所有参数是已知的,并且设施一直按照期望运行。然而,一个典型的工厂、仓库或其他设施的寿命是以年或几十年来衡量的,在这个漫长的时间范围内,设施运行环境的许多方面可能会发生变化。在设计设施网络时,对这些可能性应进行尽量准确的预测,这样即使面临不确定性,设施也能正常运行。

在本节中,我们将讨论当模型参数为随机参数时优化设施选址决策的方法。随机参数使用场景建模,每个场景指定一个可能的未来状态的所有参数。在我们知道哪个场景会发生之前,就必须选择设施位置,但是在知道发生的场景之后,可能才会将客户重新分配到设施。也就是说,工厂选址是第一阶段决策,而客户分配是第二阶段决策。

在一些模型中,我们知道场景的概率分布(即每个场景发生的概率),而在另一些模型中我们不知道。概率分布已知的模型属于随机优化的范畴,而概率分布未知的模型属于鲁棒优化的范畴。本节我们将讨论随机设施选址模型的决策方法。目前已经提出了多种建模和解决随机选址问题的方法,我们只讨论其中的一小部分。

假设某设施使用期限为 20 年,有两种方法来定义在这段时间内发生的场景:一种方法是假设今天建造设施,明天发生某一种场景,并且该场景持续 20 年;另一种方法是假设每年或者每个月都有新的场景发生,场景与场景之间是独立同分布的。本节内容兼用于场景的两种定义。

选择要包含在模型中的场景是一项困难的工作,在这个过程中专家意见具有重要作用。场景选择的数量在模型的计算性能中也起着关键作用:当场景数量增加时,通常要花费更长的时间来求解该问题。假设场景发生的概率已知,目标是最小化设施选址和为顾客服务的总期望成本,此问题称为随机固定成本的选址问题(Stochastic Fixed-charge Location Problem,SFLP)。

2.模型建立

在本节中使用的新符号有:

集合:

$$S = \text{场景的集合}$$

参数：

h_{is} =场景 s 中顾客 i 的年需求，其中 $s\in S, i\in I$

c_{ijs} =场景 s 中从设施 j 运送给顾客 i 的单位产品成本，其中 $i\in I, j\in J, s\in S$

q_s =场景 s 发生的概率

决策变量：

y_{ijs} =场景 s 中，由设施 j 提供给顾客 i 的需求占顾客总需求的比例，其中 $i\in I, j\in J, s\in S$

此外，其他符号和 UFLP 中的符号一样。

在随机优化模型中，目标通常是在各种情况下最小化预期成本。SFLP 是随机优化（在不确定性下考虑优化）的一个例子，也是确定性等价问题的一个例子。通常的目标是优化在所有场景下目标函数的期望值。

SFLP 建模如下：

$$\min \sum_{s\in S} q_s \left(\sum_{j\in J} f_j x_j + \sum_{i\in I} \sum_{j\in J} h_{is} c_{ijs} y_{ijs} \right) \tag{4-43}$$

$$\sum_{j\in J} y_{ijs} = 1, \quad \forall i \in I, \forall s \in S \tag{4-44}$$

$$\text{s.t.} \quad y_{ijs} \leqslant x_j, \quad \forall i\in I, \forall j\in J, \forall s\in S \tag{4-45}$$

$$x_j \in \{0,1\}, \quad \forall j\in J \tag{4-46}$$

$$y_{ijs} \in \{0,1\}, \quad \forall i\in I, \forall j\in J, \forall s\in S \tag{4-47}$$

目标函数(4-43)计算的是场景概率下的总期望成本（固定成本加上运输成本），因为场景之间的固定成本和选址决策相互独立，又因为 q_s 的总和等于 1，所以目标函数还可以表示为

$$\min \sum_{j\in J} f_j x_j + \sum_{s\in S} \sum_{i\in I} \sum_{j\in J} q_s h_{is} c_{ijs} y_{ijs} \tag{4-48}$$

约束(4-44)和约束(4-45)分别是多场景下的分配约束和链接约束，约束(4-46)要求选址变量是 0-1 变量，约束(4-47)要求分配变量是非负的。

SFLP 实际上可以表示为用 $I\times S$ 替换客户集 I 而得到的确定性 UFLP 的一个特例。也就是说，考虑创建每个顾客、每个场景的多实例，并使用其作为客户集。从这个角度来看，SFLP 的建模及算法与 UFLP 相同。这意味着一个有 100 个节点和 10 个场景的 SFLP 实例和一个有 1000 个节点的 UFLP 实例是等价的，同样可以快速求解。

SFLP 也可以通过另一种方式解释：假设多种产品的确定性问题，每种产品

都有其对应的需求集和运输成本，只要将 S 解释为产品集而不是场景的集合，那么 SFLP 模型就可以准确地刻画这种情形。

3.拉格朗日松弛算法求解

SFLP 可以通过使用直接修正 UFLP 的拉格朗日松弛算法来求解。我们松弛约束(4-2)，可得到如下拉格朗日子问题：

(SFLP-LR_λ)

$$\min\sum_{j\in J}f_jx_j+\sum_{s\in S}\sum_{i\in I}\sum_{j\in J}q_sh_{is}c_{ijs}y_{ijs}+\sum_{i\in I}\sum_{s\in S}\lambda_{is}\left(1-\sum_{j\in J}y_{ijs}\right)$$

$$=\sum_{j\in J}f_jx_j+\sum_{s\in S}\sum_{i\in I}\sum_{j\in J}(q_sh_{is}c_{ijs}-\lambda_{is})y_{ijs}+\sum_{i\in I}\sum_{s\in S}\lambda_{is} \tag{4-49}$$

$$y_{ijs}\leqslant x_j,\quad \forall i\in I,\forall j\in J,\forall s\in S \tag{4-50}$$

$$\text{s.t.}\quad x_j\in\{0,1\},\quad \forall j\in J \tag{4-51}$$

$$y_{ijs}\geqslant 0,\quad \forall i\in I,\forall j\in J,\forall s\in S \tag{4-52}$$

正如 UFLP，该问题可以通过检查来轻松解决。开放设施 j 的收益是

$$\beta_j=\sum_{i\in I}\sum_{j\in J}\min\{0,(h_{is}c_{ijs}-\lambda_{is})\}$$

对于(SFLP-LR_λ)问题，最优解可以通过下式得到：

$$x_j=\begin{cases}1, & \beta_j+f_j<0\\0, & \text{其他}\end{cases}$$

$$y_{ijs}=\begin{cases}1, & x_j=1\text{ 且 }h_{is}c_{ijs}-\lambda_{is}<0\\0, & \text{其他}\end{cases}$$

其目标函数值为

$$\sum_{j\in J}\min\{0,(h_{is}c_{ijs}-\lambda_{is})\}+\sum_{i\in I}\sum_{s\in S}\lambda_{is}$$

此问题的上界可以通过在拉格朗日子问题中开放 $x_j=1$ 的设施，并在每个场景中将每个客户分配给距离其最近的开放设施，从而构建可行解来获得。由于运输成本可能因场景而异，因此最优化的分配也可能不同。拉格朗日松弛算法的其余部分类似于 UFLP。

4.CPLEX 求解

基于 4.2.1 节的实例，SFLP 要在 UFLP 的基础上增加场景变量，同时商店的年需求变为二维数组，供应成本变为三维数组，决策变量是商店、仓库、场景所匹配的 0-1 变量。最后输出开放的仓库，以及在不同场景下不同商店对仓库的选择情况。整体模型文件为：

```
int Fixed = ...;
{string} Warehouses = ...;
int NbStores = ...;
range Stores = 0..NbStores-1;
int NbScences = ...;
range Scences = 0..NbScences-1;
int Andemand[Stores][Scences] = ...;
int SupplyCost[Stores][Warehouses][Scences] = ...;
float Possiblity[Scences]= ...;
dvar boolean Open[Warehouses];
dvar boolean Supply[Stores][Warehouses][Scences];

minimize
  sum(w in Warehouses, c in Scences)
    Possiblity[c] * Fixed * Open[w] +
  sum(w in Warehouses, s in Stores, c in Scences)
    Possiblity[c] * Andemand[s][c] * SupplyCost[s][w][c] * Supply
[s][w][c];

subject to{
  forall(s in Stores, c in Scences)
    ctEachStoreHasOneWarehouse:
      sum(w in Warehouses)
        Supply[s][w][c] == 1;
  forall(w in Warehouses, s in Stores, c in Scences)
    ctUseOpenWarehouses:
      Supply[s][w][c] <= Open[w];
}

{string} Storesof[s in Stores, c in Scences] = { w | w in Warehouses:
Supply[s][w][c] == 1 };
execute DISPLAY_RESULTS{
  writeln("Open=",Open);
  writeln("Storesof=",Storesof);
}
```

数据文件为：

```
Fixed = 30;
Warehouses = {A,B,C,D,E};
NbStores = 10;
NbScences = 3;
Possiblity =[0.8,0.1,0.1];
Andemand = [
          [ 1, 2, 1],
          [ 2, 2, 1],
          [ 3, 2, 4],
          [ 4, 5, 2],
          [ 5, 6, 7],
          [ 6, 6, 5],
          [ 7, 5, 8],
          [ 8, 5, 7],
          [ 9, 9,10],
          [10, 7, 8]];
SupplyCost = [
        [[20,21,22],
          [24,23,24],
          [11,14,15],
          [25,25,26],
          [30,26,27]],
        [[28,29,30],
          [27,30,24],
          [82,84,75],
          [83,85,76],
          [74,76,77]],
        [[74,72,73],
          [97,93,94],
          [71,74,75],
          [96,95,96],
          [70,76,77]],
```

```
[[ 2, 2, 3],
  [55,53,54],
  [73,74,75],
  [69,65,66],
  [61,66,67]],
[[46,44,47],
  [96,97,99],
  [59,55,58],
  [83,80,75],
  [ 4, 3, 5]],
[[42,40,39],
  [22,20,20],
  [29,30,33],
  [67,60,68],
  [59,65,63]]
[[ 1, 2, 3],
  [ 5, 6, 5,],
  [73,77,74],
  [59,60,55],
  [56,53,55]],
[[10,12,11],
  [73,70,66],
  [13,15,10],
  [43,44,46],
  [96,99,90]],
[[93,90,95],
  [35,36,30],
  [63,66,60],
  [85,88,80],
  [46,50,48]],
[[47,44,45],
  [65,66,60],
  [55,50,56],
  [71,73,74],
  [95,92,94]]];
```

求解结果如下：

目标值：1376.2，这表示建设仓库和运输货物给对应商店的最小总成本为1376.2 单位。

仓库开放情况：[1 1 0 0 1]，这说明开放的仓库有 A、B、E。

服务情况：[[{"A"}{"A"}{"A"}]
[{"B"}{"A"}{"B"}]
[{"E"}{"A"}{"A"}]
[{"A"}{"A"}{"A"}]
[{"E"}{"E"}{"E"}]
[{"B"}{"B"}{"B"}]
[{"A"}{"A"}{"A"}]
[{"A"}{"A"}{"A"}]
[{"B"}{"B"}{"B"}]
[{"A"}{"A"}{"A"}]]

这是 10 个商店在 3 个场景下的指定服务仓库，如第二行表示，商店 2 在第一种场景下由仓库 B 服务，在第二种场景下由仓库 A 服务，在第三种场景下由仓库 B 服务。

4.3 研究案例应用

某前置仓模式下的生鲜电商企业的运营模式主要由产地、区域仓、前置仓和顾客点组成。首先，电商企业从产地直接采购新鲜的生鲜品并运送至区域仓中，产品经过加工和包装，随后被运输至前置仓，以便进行顾客订单的履约。当接收到顾客订单时，前置仓将进行订单的履约工作，有以下几种情况：如果前置仓中的库存足够，则在收到顾客订单后的短时间内将生鲜品送货上门，以保证生鲜品配送的时效性；如果前置仓中商品的库存不足，前置仓既可以向区域仓申请补货，也可以通过转运的方式平衡各前置仓中的商品库存。此外，当其中一个前置仓因缺货无法履约顾客订单时，可以由邻近的其他前置仓履约[6]。

假设顾客需求已知(可根据历史数据计算每个社区的日需求平均值)，那么该生鲜电商企业面临的决策问题是：需要根据顾客点、顾客需求和候选前置仓的位置分布，对前置仓的选址进行决策。此外，为简化计算，假设顾客订单都是单商品订单。

当前置仓库存充足，或者可以由区域仓源源不断地补货时，该选址问题是无能力约束的设施选址问题，模型及求解方法见 4.2.1 节。

其中符号的定义改为：

集合：

$$I = \text{客户点集合}$$
$$J = \text{待选前置仓集合}$$

参数：

$$h_i = \text{客户点 } i \in I \text{ 的日需求}$$
$$c_{ij} = \text{从前置仓 } j \text{ 运输一单位需求到客户点 } i \in I \text{ 的成本}$$
$$f_j = \text{开设设施 } j \in J \text{ 的日租金、维护费用等固定成本}$$

决策变量：

$$x_j = \begin{cases} 1, & \text{开设前置仓 } j \in J \\ 0, & \text{不开设前置仓 } j \in J \end{cases}$$

$$y_{ij} = \begin{cases} 1, & \text{前置仓 } j \text{ 为客户点 } i \text{ 提供服务} \\ 0, & \text{其他} \end{cases}$$

当前置仓的库存水平受到限制，也可以理解为增加的区域仓补货成本高于其他前置仓直接供货的成本时，问题转化为有能力约束的固定成本设施选址问题，在参数中增加 v_j 表示前置仓 $j \in J$ 的日库存量，模型及解决方法见 4.2.2 节。

然而，当开拓新的市场或社区流动性较大时，顾客点的需求往往不能很好地预测，即顾客点的需求是不确定的，那么该优化问题转化为一个不确定的优化问题。为了处理因需求不确定性而产生的不同的随机场景，引入场景表示顾客需求的一种取值集合(即需求在其概率分布内取一组特定的值)，其概率为 q_s，S 表示所有场景的集合，在场景 s 中顾客 i 的日需求为 h_{is}，运输成本为 c_{ijs}，y_{ijs}表示场景 s 中由设施 j 提供给顾客 i 的需求占顾客总需求的比例，其中 $i \in I, j \in J, s \in S$。此外，其他符号和需求确定问题中的符号一样。

针对上述问题特征，采用随机规划方法，以最小化选址成本和运输成本期望值为目标，建立随机有容量限制的设施选址模型。

建模如下：

$$\min \sum_{s \in S} q_s \left[\sum_{j \in J} f_j x_j + \sum_{i \in I} \sum_{j \in J} h_{is} c_{ijs} y_{ijs} \right] \tag{4-53}$$

$$\sum_{j \in J} y_{ijs} = 1, \quad \forall i \in I, \forall s \in S \tag{4-54}$$

$$y_{ijs} \leqslant x_j, \quad \forall i \in I, \forall j \in J, \forall s \in S \tag{4-55}$$

$$\text{s.t.} \quad \sum_{i \in I} h_i y_{ijs} \leqslant v_j, \quad \forall j \in J, \forall s \in S \tag{4-56}$$

$$x_j \in \{0,1\}, \quad \forall j \in J \tag{4-57}$$

$$y_{ijs} \geqslant 0, \quad \forall i \in I, \forall j \in J, \forall s \in S \tag{4-58}$$

公式的含义可类比 CFLP 与 SFLP 中给出的内容。

参考文献

[1]艾瑞咨询.2021 年中国生鲜电商行业研究报告[EB/OL].(2021-05-15)[2022-03-03].https://www.iresearch.com.cn/Detail/report? id=3776&isfree=0.

[2] LIMITED D C. 叮咚买菜(DDL. US)招股书[EB/OL].(2021). https://www. sec. gov/Archives/edgar/data/1854545/000119312521185539/d121652df1.htm.

[3]吴劲草,阳靖. 生鲜电商行业深度分析——生鲜电商战事升级,路向何方 叮咚买菜 VS 每日优鲜 VS 社区团购[EB/OL].(2021-06-25)[2022-04-01]. http://data. eastmoney. com/report/zw _ industry. jshtml? infocode=AP202106251499932743.

[4]SNYDER L V,SHEN Z J. Fundamentals of supply chain theory[M]. 2nd ed. Hoboken: John Wiley & Sons, Inc., 2019.

[5] 程春,张莹,薛召杰,等.竞争选址问题的单层混合整数规划模型[J].工业工程,2017,20(5):21-27.

[6] 庄峻,杨东.面向生鲜电商的前置仓选址及订单履约决策优化研究[J/OL]. 中国管理科学: 1-15 [2022-10-08]. https://doi. org/10. 16381/j. cnki. issn1003-207x.2021.2177.

第 5 章　供应商管理规划与设计

在激烈的市场竞争环境下，供应商已经成为企业竞争力的延伸。当企业想要通过供应商构建供应链竞争力时，就必须像对组织成员进行绩效管理一样，为供应商设定科学、合理的管理和评估机制，将自己的需求传递给供应商，并引导供应商成长改进，让其成为企业发展的重要助力，从而在供应链竞争中实现共赢。

5.1　供应商管理概述

供应商是指那些向买方提供产品或服务并收取报酬的企业，以及为企业提供原材料、设备等资源的企业。

5.1.1　供应商管理的目标

供应商管理是对供应商的调查、选择、开发、使用和控制等综合性管理工作的总称。供应商管理就是为企业建立一支稳定可靠的供应商队伍，为企业生产和经营提供可靠的物资供应。供应商管理规划与设计的主要内容包括供应商关系管理与供应商评估[1]。

在现代市场条件下，供应商管理在战略方面要考虑的问题是：①设计一种能够最大限度地降低风险的合理的供应结构；②与供应商建立一种能够促进其不断降低成本、提高质量的长期合作关系；③采用能使采购总成本最小的采购方法。

根据这三点要求，供应商管理具体包括以下目标：获得符合企业质量和数量要求的产品或服务；以最低的成本获得产品或服务；确保供应商能够提供最优质的服务和及时送货；发展和维持与供应商的良好关系；开发潜在的供应商；

在供应链环境下，达到整体供应链的优化。

5.1.2 供应商分类

供应商管理的核心就是把供应商纳入企业资源管理的范畴，而供应商管理的基础就是对供应商进行分类。供应商分类管理的主要目的是合理地分配管理资源，将重点领域、重点物资的订单交给重要供应商，使供应商管理效率最大化[2]。

采购的目标是以最低的总成本按时下单并收到产品[3]。采购量大小与采购的物资对企业生产的重要程度是决定供应商与企业关系的重要因素。根据物品的采购量和采购的物资对企业的重要程度，可将采购物品分为常规物资、一般物资、关键物资、瓶颈物资四类，提供这四类物资的供应商分别归为Ⅰ类、Ⅱ类、Ⅲ类和Ⅳ类供应商，如图 5-1 所示。

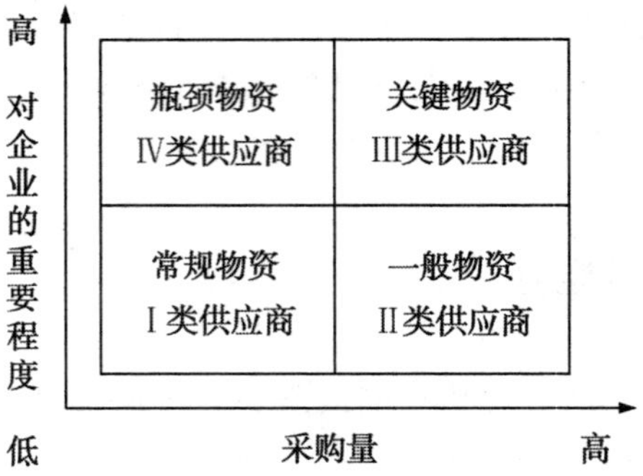

图 5-1 企业采购物资及其对应供应商的分类[4]

1.常规物资

这类物品的特点是具有较低的采购额，对企业的重要程度也比较低。例如企业为办公所采购的电脑、打印机、纸张等，虽然品种多、需求频繁，但是每次需求量不大，单项产品占用的资金额也不大。这类物品基本上都是标准类产品，其质量和服务都有保证，市场上的供货渠道也比较多，企业可以随时从市场中得到满足。

2.一般物资

这类物品如一些辅助原材料、燃料等，虽然企业对其需求量大，占用的资金也比较多，但这类物品对企业生产的重要性较低，其质量对企业最终产品的影响不大。与常规物资一样，该类物品也都是标准类产品，有许多供应商能够供货。与常规物资不同的是，一般物资的采购额较大，对供应商的吸引力比较大，因此降低价格和总成本成了采购此类物品的主要目的，与供应商的关系和评价标准也主要从这两方面入手。

3.关键物资

这类物品的需求量大、占用资金也多，对供应商的吸引力很大，会有很多供应商参与竞争；同时，其质量好坏对企业的最终产品影响也很大，一旦供应出现问题，不仅直接给企业带来巨大的经济损失，甚至关系到企业的成败。关键物资通常会对企业产品的个性化起决定作用或可以帮助企业取得成本优势，因此对企业的利润起着关键作用。此类物品采购的主要目的是在保证供应连续性和质量可靠性的同时降低采购成本。

4.瓶颈物资

这类物品的需求量不大，其很低的采购额对供应商没有太大的吸引力，但其质量高低对企业的生产有重大影响，一旦供应出现问题，不仅会给企业造成巨大的经济损失，甚至会给企业带来灭顶之灾。这类物品可能是非标准类产品，并且由于个别原因不容易获得，在采购中企业没有太大的讨价还价的余地，采购目的主要是降低供应风险。

5.1.3　供应商关系管理

对于不同类别供应商的管理要采用不同的策略，具体思路如图 5-2 所示。

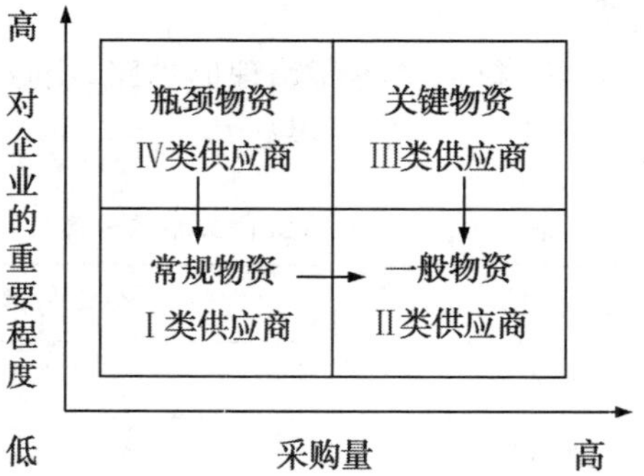

图 5-2　供应商管理思路[4]

1.供应商管理的思路

对供应物品进行分类的目的是针对不同物品的供应特点对相应的供应商采取不同的管理策略。因此，供应商管理的思路主要从供应风险的控制和成本支出的降低或收益所得的增加方面进行。

供应风险（Supply Risk）主要是指供应市场的复杂性、技术创新及原材料更替的步伐、市场进入的门槛、物流成本及复杂性以及供给垄断或短缺给市场带来的风险。具体从以下几方面分析：

(1)技术型风险。它是由新材料、新技术的运用所导致的风险。针对此类风险，应从产品设计开始，尽量使用通用件、标准件或替代性强的材料，以降低风险出现的概率或风险产生的影响。

(2)采购多样化和分散性风险。此类风险是指由采购的物品种类繁多、供应商多所引发的风险。因此，应通过实施标准化来减少采购物品的种类，提升同供应商的合作关系等级来降低风险。

(3)独家供应风险。这是由单一供应源所造成的风险。应积极寻找供应商、替代品来缓解风险的影响。

(4)供应进度造成的风险。这是由运输等因素造成的供应延误所引起的风险。可以通过实施供应商本地化，提高预测的准确性，制定合理的安全库存等保证供应的稳定性。

采购成本的降低可以表现为采购项目在产品增值、原材料总成本及产品收益等方面的积极作用。因此，一方面，可以通过集中采购(合并采购项目，提供给少数供应商)或同其他同类型企业构建采购联盟等方式提升议价能力，降低单位采购成本；另一方面，可以通过科学的设计提高供应物资在产品价值形成中的增值率。

2.供应商管理策略

针对四类物资的特性，根据供应商管理的思路，企业可与相应的供应商建立不同的关系，如表 5-1 所示。

表 5-1 企业与供应商关系的分类

供应商提供物资的种类	企业与供应商的关系
Ⅰ类供应商：常规物资	寻找集成供应商
Ⅱ类供应商：一般物资	建立一般的伙伴关系
Ⅲ类供应商：关键物资	建立关键性的伙伴关系
Ⅳ类供应商：瓶颈物资	寻找替代供应商

(1)Ⅰ类供应商管理策略。企业采购常规物资的主要目的是降低管理成本，对于这类物品尤其是非持续需求的物品，没有必要与供应商建立特殊的关系，只需到市场进行现货采购即可。而对于需持续供应的物品，企业也没有必要花费太多的人力和物力来进行供应商管理，对供应商的选择和评价主要着眼

于其如何帮助企业减少管理成本。采购策略一般是能保证长期稳定的供应,供应商数量不用太多,选择一个即可,从而避免产生过多的不必要的成本。供应商宜稳定可靠,能保证连续不间断地供货,适合签订长期合同。

(2)Ⅱ类供应商管理策略。企业采购一般物资主要考虑供应商的转换成本和不同供应商提供的价格。对于供应商转换成本较高的,企业宜与其建立较长时间的稳定关系和签订较长期的合同;对于转换成本较低的,宜采用现货购买,无须与供应商建立长期的合作关系。

(3)Ⅲ类供应商管理策略。关键物资通常会对企业产品的个性化起决定作用或可以帮助企业取得成本优势,因此对公司的利润起着关键作用。Ⅲ类供应商管理的主要目的是,在保证供应商供应的连续性和质量的可靠性的同时降低采购成本。针对关键物资,企业应只选择一个供应商,并与其维持伙伴关系,双方签订长期伙伴关系的合同。该供应商应符合以下特点:能够为企业长期提供低成本产品和在技术上有领先优势;所采购的物资必须是该供应商的核心类产品;供应商的经营策略必须与企业的经营策略相匹配;供应商的财务状况要良好,且其市场地位有优势并可持续;供应商与企业的竞争对手不能有利益上的业务关系;供应商不应对企业进行盘剥。

(4)Ⅳ类供应商管理策略。此类供应商为企业提供瓶颈物资,企业应选择一个或两个供应商,并且尽量让供应商认为采购方是一个好的顾客,乐意与采购方建立良好的关系;供应商要在该类物品市场上具有较强的竞争力,不会对采购方过分盘剥,愿意与采购方建立长期合作关系;合同类型宜为较长期合同。当然,企业应该尽量寻找替代供应商,以降低独家供应所带来的采购风险,减少对单一供应商的依赖。

5.2　供应商评价选择方法

5.2.1　定性方法

定性方法是在早期企业经营管理中决策者在挑选供应商时常用的方式,其依赖于决策者的经验和见识,决策者通过观察和分析被评价对象的表现,直接对被评价对象即供应商做出定性的价值判断,如评分、划分等级、排出优劣顺序等[5]。定性评价的优势在于能够发挥决策者的主观能动性,并且简便快速,不需要过多的信息便可制定出相对来说较合理的评价选择决策。但是定性评价强调观察、归纳与描述,是经验型的、带有较强的主观性的评价方法。这种方法的弊端也十分明显，即过分依赖主观判断，不太适合复杂环境的供应商选择[6]。决策者如果判断正确、能力出众，那么使用定性评价方法可以在节约人力、时间等成本的基础上依旧有不错的效果；然而，当决策者的评价能力不足时，该方法往往会产生较差的结果。正因为定性评价方法的不稳定性，现代管理往往通过定量方法或者定量与定性相结合的方法进行供应商的评价选择，从而克服这种不稳定性带来的效益损失。

适用于供应商评价选择的定性方法有直观判断法、招标法、协商选择法、德尔菲法等。

1.直观判断法

正如其直观明了的名称，直观判断法相当简略和直接，是简单地根据收集调查得到的资料并结合决策者的主观判断，对待选合作伙伴进行分析、评价的一种方法，又被称为“经验判断法”。在进行供应商评价与选择时，决策者参考专业人员的意见，或者直接借助经验和感觉做出评判[7]。

直观判断法的主要特点是简便易行，无须投入太多成本，但是其强烈的主观性导致该方法的质量高低几乎完全取决于相关专业人员及决策者的经验是否足够丰富、分析判断能力是否足够强，极易受人为因素的影响，评价质量具有很大的随机性，因此可靠性很差，往往用于选择对企业来说不重要的供应商。

2.招标法

招标法是企业在报刊、网络或其他媒体上刊登招标公告，公布招标条件，公开寻找供应商，然后各供应商竞标，由企业组织招标专家小组从中标供应商中择优选择，做出决策后与提出最有利条件的供应商达成协议的一种操作性比较强的供应商选择方法[8]。

这种方法的优点是通过供应商之间的不断竞争压低供应商的报价，降低企业成本，并且使企业获取更多有关竞争供应商的信息，有助于企业在供应链中取得优势地位。此外，该方法能够吸引更多的供应商，使得企业可选供应商的范围更广，从而有更大的机会获得便宜且适用的供应资源。该方法明显的缺点是程序繁多、手续烦琐，招标耗费的时间太长，不够灵活。因此这种方法在订购数量较大并且供应商竞争激烈时可以取得不错的效果，但是难以适应紧急订购等需要快速选择供应商的情况。此外，利用该方法与供应商建立的关系往往是通过合同制约的，加之企业有时只能得知产品或服务的价格，对供应商不够了解，双方无法充分进行协商，不利于产品或服务的稳定和准时供应，难以建立长期稳定、互相信赖的供应链合作伙伴关系[9]。

3.协商选择法

顾名思义，协商选择法是由企业从众多供应商中先筛选出几个供应条件相对来说更有利的供应商，然后分别与这些供应商进行协商和沟通，在经过比较和判断后确定适宜的供应商的一种方法。当供应商过多，企业难以抉择时，可先从符合资格的多个供应商中选择若干供应商，就供应产品或服务的多个方面分别进行商议，如价格、种类、数量以及质量等，在此基础之上选定最合适的供应商。

协商选择法相较于招标法的优势在于，企业能够与供应商进行充分的沟通，产品或服务的质量、交付价格等之外的情况也有保证，当供应链的物资供应所需时间紧迫、投标供应商较少、竞争性不强时，招标法的优先级不如协商选择法。但是，该方法的缺点在于供应商的选择范围有限，且选中的供应商并不一定是整个供应商市场中最适合、供应条件最有利的供应商[9]。此外，由于涉及人与人之间的协商沟通、主观判断，因此，人为因素的干预较大，可靠性难以保证。

4.德尔菲法

德尔菲(Delphi)法又名“专家评分法”，是一种主观定性的评价方法。该方法的思想是通过与专家进行多次交互，由专家匿名发表意见，不同专家的不同意见逐渐形成一个协调一致的结果。德尔菲法是在各个领域广受欢迎的评价方法，在供应商选择中也被广泛应用。

在应用该方法时，需要根据实际情况，邀请多位专家匿名发表意见，他们彼此之间不交流、不沟通，不发生横向联系，调查者向专家征求意见，就供应商评价指标体系构成、各指标的重要性等问题展开多轮次调查，根据科学、灵敏、实用、独立等原则确定评判内容，经过不断咨询、归纳、修改的循环过程，最终得出基本一致的看法，然后专家对确定的评判内容进行综合评估打分，得出最终评分，以此作为评价结果。决策者可根据各供应商评分的高低，选择分数最高的供应商作为供应链合作伙伴。

德尔菲法比上述三种定性评价方法更具科学性和实用性，并且由于多位专家匿名发表意见，无横向联系，可以独立思考，互不干扰，有效地避免了畏惧权威、盲目跟风、随声附和等弊端，群策群力，集思广益，汇总了多人的智慧，因此具有广泛的代表性，可靠性较高，是一种比较有效的群体决策方法[10]。正是由于德尔菲法具有很多的优点，才使得其在众多定性评价方法中脱颖而出。

但是该方法在实际操作中可能存在一些问题，比如邀请专家的范围如何确定，如何组成合适的专家小组。此外，由于最终结果是通过多次背靠背修改产生的，耗费的时间较长，并且虽然结果是由群体决策产生的，但其本质上依旧是主观思考的产物。

5.2.2 定量方法

定量评价方法以被评价对象的观测数据为基础，按照一定的客观标准对被评价对象进行全面、科学的测定，并以量化的形式得出评价结果，具有标准化、量化、客观、精确等显著特征。现代管理模式产生了大量、多元、异构的数据，这些数据的产生为定量评价方法提供了适宜的应用环境。决策者通过多种途径搜集各个供应商的信息，根据事先制定好的评价标准，对各指标数据进行处理，与评价结果最好的供应商建立供应链合作关系，对于自身利益的提高及供应链整体利润的最大化有重要意义。

适用于供应商评价选择的定量方法主要包括成本比较法、数据包络分析、TOPSIS法、主成分分析法等。

1.成本比较法

这类方法将成本最小化视为供应商选择的主要出发点，侧重于考虑各供应商提供的产品和服务的价格。基于成本的供应商选择方法有很多种，在此介绍常用的两种方法：采购成本法和作业成本法。

采购成本法的基本思想是对待选供应商的采购成本进行比较，对于满足质量和交货期等要求的供应商，计算其销售价格、运输费用等各项成本的总和，费用越低的供应商越应当被视为优质供应商。采购成本法的思想以及具体操作都比较简单，便于企业实施，耗费的时间较短，成本也相对较低，但是其明显的缺点在于仅考虑了经济成本，忽视了其他诸如质量、交付速度和经营状况等重要因素。因此该方法适合比较价格之外的各方面差距较小的供应商，适用于评判环境不太复杂的情况[6]。

作业成本法又称“ABC成本法”，即基于活动的成本分析法(Activity Based Costing，ABC)。其核心思想是通过计算各供应商的总成本，包括直接成本和间接费用，并以此为依据对供应商进行比较和排序，因此比采购成本法考虑得更加全面。作业成本法通过对企业现有流程、各项业务进行描述和分析，区分出各项基本活动，并对这些活动的成本，比如人工、资源等进行计算[11]。随着企业的发展壮大，直接成本在总成本中所占的比例有较大的下降，相反，间接费用成为不可忽视的部分，其成本动因也各不相同[6]。在这种情况下，如果继续使用传统的成本法，就会扭曲成本信息，作业成本法相对来说是一种更加全面的评价方法。该方法的步骤如下：

$$S_i^B = p_i q + \sum_j c_j^B \cdot D_{ij}^B \tag{5-1}$$

其中，S_i^B 为企业 B 选择第 i 个供应商的成本值，p_i 为第 i 个供应商的单位销售价格，q 为采购量，c_j^B 为企业 B 的成本因子 j 的单位成本，D_{ij}^B 为因合作伙伴 i 导致的采购企业 B 内部的成本因子 j 的数量。

作业成本法可以量化出由于供应商而产生的内部产品问题，从而能够客观地评价非财务指标。但是该方法需要搜集供应商详细的成本数据，相对来说较为复杂，信息量较大，因此，对于没有供应商详细信息的情况，该方法并不适用。此外，正如前文所言，成本并非选择供应商的唯一标准，但该方法依旧只是单纯地考虑成本，将对评价结果的全面性造成影响。

2.数据包络分析

在供应商众多可量化的绩效指标中，效率无疑是评价和选择供应商的重要依据。决策者通过量化与不同供应商建立合作关系所需的投入以及得到的产出，对各选择方案的效率进行评价，从多个供应商中选择效率最高的供应商作为合作伙伴。效率测算的方法可以分为参数方法和非参数方法两大类，随机前沿方法(Stochastic Frontier Approach，SFA)是常用的参数方法，而非参数方法中最具代表性的是数据包络分析(Data Envelopment Analysis，DEA)。SFA 与 DEA 皆为前沿效率评价方法，以距离函数为基础，借由构造出的生产前沿面来计算效率。考虑到 SFA 需要构造生产函数并设定生产前沿的具体形式，处理起来较为复杂，且不便处理存在多产出的情况，因此 DEA 成为更受业界及学界青睐的评价方法。

DEA 方法由运筹学家亚伯拉罕·查恩斯(Abraham Charnes)和威廉·韦格·库珀(William Wager Cooper)等人在 1978 年提出，该方法通过对各决策单元(Decision Making Unit，DMU)的输出与输入变量之比进行计算和分析，运用线性规划的方法对各决策单元进行评价，得到各决策单元的效率值。DEA 适用于任何需要比较效率的地方，而这正是决策者在面临多个供应商评估/管理活动(例如资格预审、细分、供应商开发等)的情况下所需要的[12]。在利用 DEA 对供应商进行评价与选择时，首先要将搜集到的数据划分为投入变量和产出变量，一般来说成本型指标可作为投入变量，效益型指标则作为产出变量。然后建模并计算，从而得出各个供应商的相对效率，以效率值的高低作为评判依据，对各个供应商进行优劣排序。

以基本的 DEA 模型——CCR 模型为例，该模型假设共有 n 个 DMU，它们满足同质性的假设，即能够以同样的指标评价各个供应商，将其标记为DMU_j $(j=1,2,\cdots,n)$；每个 DMU 均有 m 类投入，其投入向量标记为 $\boldsymbol{x}_{ij}=(x_{1j},x_{2j},x_{3j},\cdots,x_{mj})^{\mathrm{T}}\geqslant 0,j=1,2,\cdots,n$。每个 DMU 均有相同的 q 类产出，其产出向量标记为：$\boldsymbol{y}_{rj}=(y_{1j},y_{2j},y_{3j},\cdots,y_{qj})^{\mathrm{T}}\geqslant 0,j=1,2,\cdots,n$。

上述各变量中，x_{ij}代表第i种资源在第j个DMU的投入量，y_{rj}的含义为第r种资源在第j个DMU的产出量。针对多投入、多产出的综合效率评价，需要分别对每个投入指标和产出指标进行加权来得到权重向量。其中，投入变量的权重向量为$\boldsymbol{v}_i=(v_1,v_2,v_3,\cdots,v_m)^{\mathrm{T}}$，产出变量的权重向量为$\boldsymbol{u}_r=(u_1,u_2,u_3,\cdots,u_q)^{\mathrm{T}}$。

将当前测量的DMU记为DMU_k，其投入产出比可表示为

$$h_k=\frac{u_1y_{1k}+u_2y_{2k}+\cdots+u_qy_{qk}}{v_1x_{1k}+v_2x_{2k}+\cdots+v_mx_{mk}}\quad(v\geqslant 0,\ u\geqslant 0)\tag{5-2}$$

根据式(5-2)可以得出当前测量的DMU_k的相对效率评价模型为

$$\max h_k=\frac{\sum_{r=1}^{q}u_ry_{rk}}{\sum_{i=1}^{m}v_ix_{ik}}$$

$$\text{s.t.}\begin{cases}\dfrac{\sum_{r=1}^{q}u_ry_{rj}}{\sum_{i=1}^{m}v_ix_{ij}}\leqslant 1\\ v_i\geqslant 0\\ u_r\geqslant 0\\ i=1,2,\cdots,m\\ r=1,2,\cdots,q\\ j=1,2,\cdots n\end{cases}\tag{5-3}$$

通过Charnes-Cooper变换，可以将非线性模型转化为与其等价的线性规划模型，并对其对偶问题添加松弛变量，得到最终的CCR-DEA模型：

$$\min v=\theta$$

$$\text{s.t.}\begin{cases}\sum_{j=1}^{n}\lambda_jx_{ij}+s_i^-=\theta x_{ik}\\ \sum_{j=1}^{n}\lambda_jy_{rj}-s_r^+=y_{rk}\\ \lambda_j\geqslant 0\\ i=1,2,\cdots,m\\ r=1,2,\cdots,q\\ j=1,2,\cdots,n\\ \theta\ \text{无约束},s_r^+\geqslant 0,s_i^-\geqslant 0\end{cases}\tag{5-4}$$

其中，s_i^- 和 s_r^+ 分别为投入指标和产出指标的松弛变量；θ 为决策单元的效率值，取值范围为[0,1]，当 θ 等于 1 时便称该决策单元达到了相对有效，否则称为相对无效。

DEA 模型作为备受青睐的效率评价模型，许多学者对其进行了改进，使其不断地拓展。CCR 模型基于规模报酬不变的假设，但是在现实生活中许多行业的规模报酬是可变的。Banker 等为了解决该问题，在 CCR 模型的基础之上建立了 BCC 模型，允许规模报酬可变。BCC-DEA 模型和 CCR-DEA 模型基本相同，不同之处是前者在 CCR-DEA 的对偶模型上添加了一个约束条件：$\sum_{j=1}^{n}\lambda_j = 1(\lambda \geqslant 0)$ 。

考虑到传统的 DEA 模型有一个限制，即最大的效率值只能是 1，因此如果多个决策单元都达到相对有效，则难以将它们进行区分。为了克服这一限制，佩尔・安德森(Per Andersen)和尼尔斯・克里斯蒂安・彼得森(Niels Christian Petersen)建立了超效率的 DEA 模型，不再将最大效率值限制为 1。具体做法为：增加了 $j \neq k$ 这一约束条件，这代表被评价的 DMU_k 不再被纳入参考集中。也就是说，被评价的决策单元的效率是通过参考其他决策单元所构成的生产前沿面得到的，因此使用该模型得出的有效 DMU 的效率值可以大于 1，进而可以区分它们的大小。

CCR 模型和 BCC 模型的共同点在于，两个模型皆为径向 DEA 模型，即模型假设所有投入或产出是按照等比例变化的，这是为进行简化操作而脱离现实的假设，因此后续学者在此方面也进行了改进。薰・托恩(Kaoru Tone)提出了 SBM 模型，该模型是非径向、非导向的模型，能够解决投入产出松弛性问题。该模型如下：

$$\min \theta = \frac{1 - \frac{1}{m}\sum_{i=1}^{m}\frac{s_i^-}{x_{ik}}}{1 + \frac{1}{q}\sum_{r=1}^{q}\frac{s_r^+}{y_{rk}}}$$

$$\text{s.t.} \begin{cases} \sum_{j=1}^{n} \lambda_j x_{ij} + s_i^- = x_{ik} \\ \sum_{j=1}^{n} \lambda_j y_{rj} - s_r^+ = y_{rk} \\ \lambda_j \geqslant 0, s_r^+ \geqslant 0, s_i^- \geqslant 0 \\ i = 1,2,\cdots,m \\ r = 1,2,\cdots,q \\ j = 1,2,\cdots,n \end{cases} \tag{5-5}$$

该模型将无效DMU与强有效DMU的目标值之间差距的松弛改进部分包含进来，这一点与以往径向DEA模型中无效率测度仅包含投入、产出等比例改进部分不同。此外，由于该模型同时从投入和产出两个导向来测度无效率状况，因此也被称为“非导向模型”。

上述模型解决了传统模型存在的众多问题，但是还存在一个关键性的问题——如何包含逆向指标，即在生产运营过程中企业不希望产生的产出，这些负面的指标难以被纳入DEA模型中。为解决该问题，包含非期望产出的SBM模型应运而生。该模型的设定如下：

$$\min \theta = \frac{1 - \frac{1}{m}\sum_{i=1}^{m}\frac{s_i^-}{x_{ik}}}{1 + \frac{1}{q_1 + q_2}\left(\sum_{r=1}^{q_1}\frac{s_r^+}{y_{rk}} + \sum_{r=1}^{q_2}\frac{s_t^b}{b_{tk}}\right)}$$

$$\text{s.t.} \begin{cases} \sum_{j=1}^{n} \lambda_j x_{ij} + s_i^- = x_{ik} \\ \sum_{j=1}^{n} \lambda_j y_{rj} - s_r^+ = y_{rk} \\ \sum_{j=1}^{n} \lambda_j b_{tj} + s_t^b = b_{tk} \\ \lambda_j \geqslant 0, s_i^- \geqslant 0, s_r^+ \geqslant 0, s_t^b \geqslant 0 \\ i = 1,2,\cdots,m \\ r = 1,2,\cdots,q_1 \\ t = 1,2,\cdots,q_2 \\ j = 1,2,\cdots,n \end{cases} \tag{5-6}$$

其中，q_1 为期望产出，q_2 为非期望产出，s_i^-、s_r^+、s_t^b 分别为投入、期望产出、非期望产出的松弛变量，b_{tk} 为第 k 个决策单元第 t 个指标的非期望产出值。在此基础之上，将超效率的观点引入模型之中，便形成了超效率 SBM 模型以及包含非期望产出的超效率 SBM 模型。

此外，为了应对多种情况，DEA 模型还与其他多种方法相结合，比如结合曼奎斯特(Malmquist)指数的 DEA 模型可以对多年的效率进行动态评估和分解，更清晰地反映供应商在多年间效率的变化，从而展示其发展前景，对效率的分解则可以表明企业在何种方面(技术或者规模)存在效率不足，为企业未来的发展指明了方向。此外，还可以借助 DEA 模型和数学规划相结合的方法来协调选择供应商，从而使得以 DEA 模型为基础的供应商评价与选择方法更加客观和有效。方法是灵活多变的，决策者可以根据实际情况，按需采用合适的 DEA 模型辅助进行评估和决策。

3.TOPSIS 法

TOPSIS(Technique for Order Preference by Similarity to an Ideal Solution)法，又称“优劣解距离法”“逼近理想解法”，其核心思想是测算某被评价对象到由所有被评价对象构成的理想解的相对接近度。具体来说，是将所有被评价对象即供应商构成一个方案集，然后构建一个实际不存在的最优方案和一个实际不存在的最差方案。最优方案中的每个元素都是所有方案中对应指标的最优值，称之为正理想解；最差方案中的每个元素都是所有方案中对应指标的最差值，称之为负理想解。其中，效益型指标的最优值是最大值，最差值是最小值，成本型指标则相反。通过欧式距离公式分别测算每个备选方案到正理想解和负理想解的距离，以该距离为决策出发点，与正理想解的几何距离更近、与负理想解的几何距离更远的供应商是更优选择[13]，更适合选择其作为合作伙伴；反之，距离正理想解更远而距离负理想解更近的供应商则是较差的选择方案，因为从整体来看，该供应商的经营状况较差，与其缔结供应链合作关系效益低、风险大。

运用 TOPSIS 法计算各参评供应商与最优解之间的距离，从而决定排序的具体方法和步骤如下：

(1)假设现有 m 个供应商，n 个评价指标，以 x_{ij} 表示第 i 个供应商的第 j 个指标的评价值，则供应商的指标评价值矩阵为

$$\boldsymbol{X}=\begin{bmatrix} x_{11} & x_{12} & \cdots & x_{1n} \\ x_{21} & x_{22} & \cdots & x_{2n} \\ \vdots & \vdots & & \vdots \\ x_{m1} & x_{m2} & \cdots & x_{mn} \end{bmatrix} \tag{5-7}$$

(2)由于各个评价指标值的量纲不同，为了便于比较，需要对各指标进行无

量纲化处理。可以使用的无量纲化处理方法有均值化、极差标准化、Z-score 标准化等多种方式。

(3)从所有方案中确定正理想解和负理想解。正理想解是虚构的最优方案，由每列效益型指标中的最大值以及成本型指标中的最小值构成：

$$V^+=\{v_1^+,v_2^+,\cdots,v_n^+\}=\{(\max v_{ij}\mid j\in J_1),(\min v_{ij}\mid j\in J_2)\mid i=1,2,\cdots,m\} \tag{5-8}$$

其中，V^+ 为正理想解的元素集合，v_j^+ 为该集合中的第 j 个元素，v_{ij} 为第 i 个供应商的第 j 个指标值，J_1 为效益型指标的集合，J_2 为成本型指标的集合。

负理想解是虚构的最差方案，由每列效益型指标中的最小值以及成本型指标中的最大值构成：

$$V^-=\{v_1^-,v_2^-,\cdots,v_n^-\}=\{(\min v_{ij}\mid j\in J_1),(\max v_{ij}\mid j\in J_2)\mid i=1,2,\cdots,m\} \tag{5-9}$$

其中，V^- 为负理想解的元素集合，v_j^- 为该集合中的第 j 个元素，其他符号的含义同上。

(4)计算各参评供应商到最优、最差方案的距离。可利用 n 维欧几里得公式进行计算：

$$d_i^+=\sqrt{\sum_{j=1}^{n}(v_{ij}-v_j^+)^2} \tag{5-10}$$

$$d_i^-=\sqrt{\sum_{j=1}^{n}(v_{ij}-v_j^-)^2} \tag{5-11}$$

其中，d_i^+ 为第 i 个参评供应商到正理想解的距离，d_i^- 为第 i 个参评供应商到负理想解的距离。

(5)计算参评供应商到正理想解的相对接近度，公式如下：

$$C_i=\frac{d_i^-}{d_i^++d_i^-} \tag{5-12}$$

C_i 便是最终要求的第 i 个供应商的 TOPSIS 评价值，该指标值越大，代表该供应商选择的方案越接近最优方案，同时越远离最差方案。因此，根据 TOPSIS 评价值大小可以对供应商进行排序选优。

但需要注意的是，传统的 TOPSIS 法未对不同指标的权重进行更多的处理，简单地认为各个指标的重要程度相同，但是不同企业对供应商不同方面的绩效表现要求是不同的，因此将赋权方法运用到 TOPSIS 法中，对于提升该评价方法的精度有很大的帮助。主观赋权法包括专家赋权法、层次分析法等，而客观赋权法则包括变异系数法、主成分分析法、熵值法等。其中熵权 TOPSIS

法是受到学界和业界广泛关注的一种加权 TOPSIS 法，我们将在 5.3 节对该方法进行详细介绍。

4.主成分分析法

若要对供应商进行全面、系统的评价，需要权衡多方面因素，建立一套完整、科学、全面的评价指标体系。但是全面的评价指标体系往往意味着繁多的指标，因此寻找合适的方法对这些指标包含的信息进行提炼和浓缩是关键，而主成分分析恰恰是这样一种适合在评价指标较多时使用的方法。

主成分分析法是进行客观评价的重要方法，其核心思想是“降维”。主成分分析法就是一种数学变换法，其在考虑各原有变量之间存在的相关关系的基础上，通过对原有变量相关矩阵内部结构的研究，利用线性变换将原有数据转化成几个两两线性无关的变量。这些变量被称为主成分。各主成分中包含了原有数据的大部分信息并且总方差未变，主成分的权重利用各自的方差贡献率计算得出，加权求和后便可得到最终的综合得分。

若企业评价供应商时考虑得比较全面，需要综合考量多方面指标，则可使用主成分分析法，将较多的评价指标以较少的综合因子反映。主成分分析法的主要步骤如下：

(1)数据标准化。假设评价指标个数为 n，共有 m 个待评价的供应商，这些指标数据构成一个 m 行 n 列的矩阵$\boldsymbol{X}_{ij}$：

$$\boldsymbol{X}_{ij}=\begin{bmatrix} x_{11} & x_{12} & \cdots & x_{1n} \\ x_{21} & x_{22} & \cdots & x_{2n} \\ \vdots & \vdots & & \vdots \\ x_{m1} & x_{m2} & \cdots & x_{mn} \end{bmatrix} \tag{5-13}$$

若评价的指标体系中包含负面指标，则需要对数据进行正向化处理，常用的方法为取倒数处理，处理方法为：

$$\boldsymbol{X}'_{ij}=1/\boldsymbol{X}_{ij} \tag{5-14}$$

考虑到评价供应商的各指标的单位不同，难以比较不同类别的变量，因此为了保证指标之间的可比性，第二步将进行无量纲化处理。如前所述，无量纲化处理的操作方法有很多且各有特点，评价人员可根据实际进行选取。

(2)有效性检验。虽说主成分分析法是常用的一种降维处理方法，但这并不意味着所有数据都可以采用该方法进行处理，在此之前需要对数据的相关性进行检验，通过测算各数据的 KMO 值以及利用巴特利特(Bartlett)球形检验来判定是否适用主成分分析法。若 KMO 值>0.5，则证明数据进行主成分分析是可行的；若 Bartlett 球形检验结果拒绝了原假设，即 $P<0.1$，则说明变量之间存

在一定的相关性，可进行主成分分析。

(3)确定主成分以及计算方差贡献率。根据标准化后的数据得出相关系数矩阵 $\boldsymbol{R}=(r_{ij})_{n\times n}$，通过求解相关系数矩阵的特征方程来求得特征值 λ_j 以及对应的特征向量 $\boldsymbol{A}_j=(a_{1j},a_{2j},\cdots,a_{nj})(j=1,2,\cdots,n)$，接下来计算方差贡献率，具体方法为求出特征值占所有特征值的总和的比重。主成分个数的选取依据特征值大于 1 或者累计方差贡献率大于 85%的原则。

(4)计算综合得分。求出各个主成分的得分，利用特征向量 $\boldsymbol{A}_j$ 作为主成分系数，与标准化后的数据进行加权求和可得

$$F_j=a_{1j}X_1+a_{2j}X_2+a_{3j}X_3+\cdots+a_{nj}X_n(j=1,2,\cdots,n) \tag{5-15}$$

(5)计算综合指标得分。综合指标由各主成分的线性组合求得，其中各主成分的权重为各成分的方差贡献率占累计方差贡献率的比重，记为 q，加权求和后可得综合指标得分的列向量为

$$\boldsymbol{Z}=q_1F_1+q_2F_2+\cdots \tag{5-16}$$

需要注意的是，主成分分析法一般适用于截面数据，即仅对供应商某一年的经营状况进行评价而不考虑时间维度。若要对多年的指标进行评价，可以使用拓展后的全局主成分分析法。若分别对每一年的变量进行主成分分析，由于变量处在不同的主超平面，存在的主要问题是系统分析的统一性和可比性难以保证，无法对整个系统进行评估和比较[14]。全局主成分分析法解决了传统主成分分析法存在的这一问题，与传统主成分分析法的主要区别在于其在原有数据的基础上引入了时间序列，将各指标数据按年份排列构建了时序立体数据表，通过对时序立体数据表使用主成分分析，得出各个地区在历年的主成分，从而得到最终得分。

假设要分析的供应商有 m 个，每个地区选取的指标数据为 n 个，则可以得到一张平面数据表：$X^t=(X_{ij})_{m\times n}$，这就是某年的截面数据。接下来考虑研究 T 个年份的数据，引入时间序列后，将每年的数据表横轴按照指标排列，纵轴按照供应商编号排列，然后将总计 T 个数据表按照时间组合到一张表中，就得到了时序立体数据表：$X=(X^1,X^2,X^3,\cdots,X^t)^T_{Tm\times n}=(X_{ij})_{Tm\times n}$。其他步骤同主成分分析法，不再赘述。

5.2.3 定量和定性相结合的方法

定量评价方法的优点在于客观，缺点在于需要的数据量较大，评估较为复杂；定性评价方法的优点在于不需要搜集大量数据信息，评估简单明了，缺点在于主观性太强。因此将定量方法和定性方法相结合，取二者之优点的方法受到

了广泛的关注。本节将介绍三种比较常见的评价方法：模糊综合评价法、灰色关联度分析法以及层次分析法。

1.模糊综合评价法

模糊综合评价法是以模糊数学为基础，利用模糊变换对事物进行综合评价的方法。该方法将评价对象在多个指标上的表现划分为多个等级进行评价，组成模糊评价集，然后计算各指标对各个评价等级的隶属度，确定模糊综合评价矩阵（即隶属度矩阵），随后确定各个指标的权重，利用矩阵的模糊复合运算得到结果集，以最终的评价得分高低作为排序依据。主要步骤为：

（1）确定因素集U和评价集V。其中U是评价对象各种因素/指标的集合，$U=(u_1,u_2,\cdots,u_n)$。V是评价人员对评价对象的各种评价结果的集合，$V=(v_1,v_2,\cdots,v_m)$。集合V的取值方法有很多种，如{很不好，较不好，一般，较好，很好}。

（2）进行单因素模糊评价。组织专业的评价人员按照一定的评价标准，给出各个评价对象各因素的模糊评价值，然后建立评判矩阵。其中第k个评价对象的评判矩阵为$\boldsymbol{R}_k=(r_{ij}^k)_{n\times m}$。其中$r_{ij}^k$为第$k$个评价对象的第$i$个指标对于第$j$个评价值的隶属度，其取值可通过下式求得：

$$r_{ij}^k=\frac{d_{ij}^k}{d} \tag{5-17}$$

其中，d为评价人员总数，d_{ij}^k是对第k个评价对象的第i个指标给出第j个评价值的评价人员人数。

（3）计算第k个供应商的模糊综合评价向量$\boldsymbol{S}_k$。对于每个评价指标，采取一定的赋权方法给予权重，构建权重向量$\boldsymbol{W}=(w_1,w_2,\cdots,w_n)$。评判矩阵$\boldsymbol{R}_k$与权重向量$\boldsymbol{W}$经过模糊矩阵的合成运算后可得模糊综合评价向量$\boldsymbol{S}_k$，方法如下：

$$\boldsymbol{S}_k=\boldsymbol{W}\bigcirc\boldsymbol{R}_k=(s_1^k,s_2^k,\cdots,s_n^k) \tag{5-18}$$

其中，$\bigcirc$为综合评价合成算子，一般可取为矩阵乘法运算。

（4）综合评价。模糊综合评价向量$\boldsymbol{S}_k$反映了某评价对象k对于各个评价值的隶属度。在进行综合评价时，可对$\boldsymbol{S}_k$进行归一化处理，然后得到$\boldsymbol{S}_k'=(s_1^{k\prime},s_2^{k\prime},\cdots,s_n^{k\prime})$，可按照最大隶属度的原则，以$\boldsymbol{S}_k'$中的最大值作为供应商的评价等级。此外，可以通过模糊综合评价向量$\boldsymbol{S}_k$与评价集V的矩阵运算，求出$\boldsymbol{N}_k=\boldsymbol{S}_k\cdot V$作为供应商$k$的模糊评价综合得分，以此对各个供应商进行排序。

模糊综合评价能够将一些在其他精确数学方法中不易定量、难以确定的因素考虑进去，比如不完整的信息、定性指标和不精确的参数选择等，因此，其在供应商信息数据不全、需要同时考虑定量指标和定性指标等情况下具有明显的优越性，适用于解决在模棱两可的情况下相互依赖的决策问题[15]。在设定权重时，为避免主观影响，可以结合其他赋权方法，使评价结果更加客观、稳定。

2.灰色关联度分析法

灰色关联度分析法的理论基础是灰色系统理论。灰色是指研究的系统中既包含已知信息，又包含未知信息的部分，而只包含已知信息的部分是白色，只包含未知信息的部分为黑色。该理论于20世纪80年代被提出，通过对系统灰色部分的分析，提取其中有价值的信息，在研究数据较少、信息缺乏、不完全确知的小样本等情况下有很好的效果。

灰色关联度分析法是通过对各评价单元的系统态势进行量化比较分析，比较评价对象曲线与理想曲线的几何形状的接近程度的一种评价方法。评价对象曲线由评价对象的若干指标数据构成，理想曲线则由理想对象的各指标数据构成，两者的几何形状越接近，说明关联度越大。关联度衡量了评价对象接近理想对象的程度，也就是说，关联度越大，评价结果越佳。灰色关联度分析法作为灰色系统理论的应用，其显著优点是不必要求太高的数据量，作为非统计方法，其在供应商数据匮乏的情况下更具实用性。

使用灰色关联度分析法进行供应商评价和选择的主要步骤为：假设有 m 个供应商，n 个评价指标，建立供应商的评价指标体系，确定指标数据矩阵 $\boldsymbol{R}$。

$$\boldsymbol{R}=\begin{bmatrix} r_{11} & r_{12} & \cdots & r_{1n} \\ r_{21} & r_{22} & \cdots & r_{2n} \\ \vdots & \vdots & & \vdots \\ r_{m1} & r_{m2} & \cdots & r_{mn} \end{bmatrix} \tag{5-19}$$

(1)确定理想对象$\boldsymbol{R}_0$，记$\boldsymbol{R}_0=(r_{01},r_{02},\cdots,r_{0n})$，作为参考列，而各评价对象的各项指标作为比较列。对于理想对象的选取，没有明确规定，可以选择所有供应商各指标的最优值：

$$r_{0j}=\begin{cases} \max\limits_{i} r_{ij}, & \text{第 } j \text{ 个指标为效益型指标} \\ \min\limits_{i} r_{ij}, & \text{第 } j \text{ 个指标为成本型指标} \end{cases} \quad (i=1,2,\cdots,m) \tag{5-20}$$

(2)对矩阵进行无量纲化处理，并与理想对象的数据进行组合，形成新的矩阵 $\boldsymbol{S}$。记$\boldsymbol{S}_i=(s_{i1},s_{i2},\cdots,s_{in})$，$i=0,1,2,\cdots,m$，其中$\boldsymbol{S}_0$ 为参考列。

(3)计算 $\boldsymbol{S}_i$ 的第 j 个指标与 $\boldsymbol{S}_0$ 的第 j 个指标的关联系数 $\beta_i(j)(i=1,2,\cdots,m;j=1,2,\cdots,n)$：

$$\beta_i(j)=\frac{\min\limits_{i}\min\limits_{j}|s_{0j}-s_{ij}|+\rho\max\limits_{i}\max\limits_{j}|s_{0j}-s_{ij}|}{|s_{0j}-s_{ij}|+\rho\max\limits_{i}\max\limits_{j}|s_{0j}-s_{ij}|} \tag{5-21}$$

其中，$\rho\in[0,1]$，该参数为分辨系数，用以控制$\max\limits_i\max\limits_j|s_{0j}-s_{ij}|$对总体关联度的影响，使得纵向水平上不同因素之间关联度的分辨率尽可能大，从而方便对不同的影响因素进行定性比较[16]，该参数是人为决定的。由上述计算可得关联系数矩阵 $\boldsymbol{\beta}$：

$$\boldsymbol{\beta}=\begin{bmatrix}\beta_1(1) & \beta_1(2) & \cdots & \beta_1(n)\\ \beta_2(1) & \beta_2(2) & \cdots & \beta_2(n)\\ \vdots & \vdots & & \vdots\\ \beta_m(1) & \beta_m(2) & \cdots & \beta_m(n)\end{bmatrix} \tag{5-22}$$

(4)计算第 i 个评价对象与理想对象的关联度 x_i。关联系数足以反映评价对象与理想对象的接近程度，但是由于其包含的信息太分散，因此通常需要对其求均值进行集中化处理。

$$x_i=\frac{1}{n}\sum_{j=1}^{n}\beta_i(j) \tag{5-23}$$

以此值作为评价对象优劣和排序的依据，x_i 越大，说明第 i 个评价对象与理想对象的关联度越大，也就说明该评价对象从评价指标整体表现来看最优。

灰色关联度分析法是一种定性分析和定量分析相结合的客观评价法，适用于供应商数据缺乏、信息不完全的灰色系统。在这种确定各因子之间精确的数量关系困难的情况下，借助灰色关联度分析，可以对不完全已知信息的系统各评价单元进行排序。

3.层次分析法

层次分析法(Analytic Hierarchy Process，AHP)是定量分析与定性分析相结合的评价方法。该方法的基本思想是将复杂的问题经全方面分析后划分为有序的层次，然后利用较少的定量信息，把人的思维和语言表述系统化、数字化、模型化。层次分析法将待评价的问题视为一个系统，根据涉及的因素将其划分为不同的层次，一般来说可分为目标层、准则层以及指标层。随后将各影响因子进行两两比较加以量化后构造判断矩阵，计算判断矩阵的最大特征值及其对应的特征向量，将其作为系数确定同一层次中不同指标相对于上层指标的权重，然后逐层合成指标权重，最终综合给出各方案的权重，以此判断各个评价对象的优劣。具体步骤如下：

(1)构造递阶层次结构模型。将研究的问题分成不同因素指标，根据各指标间的相互影响、因果关系以及隶属关系进行层次划分，一般分为最高层、中间层以及最低层。最高层又称“目标层”，是研究问题的目标，通常只包含一个因素；中间层为“准则层”，最低层又称“指标层”，每一层次指标对下一层指标起到支配作用，同时又受到上层指标的支配。

(2)构建判断矩阵。对每一层指标进行两两比较分析，确定其相对于上层支配指标的权重。假设上层指标 Z 对 n 个下层指标 X 起到支配作用，$X=(x_1,x_2,\cdots,x_n)$。

对于任意两个指标 x_i 和 x_j，记二者相比的重要程度为 a_{ij}，由 a_{ij} 组成的矩阵 $\boldsymbol{A}=(a_{ij})_{n\times n}$ 即上层指标 Z 对下层指标 X 的判断矩阵。其中 a_{ij} 的分值是由专家按照1—9标度法打分评价得到的，如表5-2所示。若 x_i 与 x_j 的重要性之比为 a_{ij}，则 x_j 与 x_i 的重要性之比为 $1/a_{ij}$。

表 5-2 1—9 标度及其含义

a_{ij} 值	重要性等级
1	x_i 和 x_j 同等重要
3	x_i 比 x_j 稍微重要
5	x_i 比 x_j 明显重要
7	x_i 比 x_j 强烈重要
9	x_i 比 x_j 极端重要
2,4,6,8	x_i 与 x_j 的重要性等级处于上述对应的两等级之间

(3)层次单排序与一致性检验。求解上述构造的判断矩阵的最大特征值，得到 $\lambda_{\max}$，然后求出对应的特征向量 $\boldsymbol{W}'$，对其进行归一化处理后得到 $\boldsymbol{W}=(w_1,w_2,\cdots,w_n)$，以此作为 $x_1,x_2,\cdots,x_n$ 相对于上层指标 Z 的权重值，此过程即层次单排序。

由于判断矩阵是由专家评判产生的，专家对于每一个判断都具有完全一致性的可能性很小，判断矩阵不完全满足 $a_{ij}\cdot a_{jk}=a_{ik}$。因此需要对判断矩阵的一致性做出检验，满足给定标准的判断矩阵才适用，具体做法为：

对于矩阵 $\boldsymbol{A}$，首先计算其一致性指标(Consistency Index, CI)，方法如下：

$$\mathrm{CI}=\frac{\lambda_{\max}-n}{n-1} \tag{5-24}$$

该指标值越小，判断矩阵的一致性程度越高；反之，不一致程度越高。而当矩阵阶数太大时，该指标衡量一致性程度的适用性会变差，因此可以引入随机一致性指标(Random Index, RI)进行调整。RI的衡量方法为：随机构造多个正互反矩阵，得到足够多的样本后，计算CI的样本均值，作为RI的值。

然后计算一致性比例(Consistency Ratio，CR)：

$$CR=\frac{CI}{RI} \tag{5-25}$$

当 CR 的值小于 0.1 时，我们认为矩阵的一致性可以得到保障，否则需要重新构造判断矩阵。

(4)层次总排序。层次总排序是计算最低层各个指标相对于最高层指标的权重，即在得到本层各指标相对于上层支配指标的权重后层层递推，不断计算下层指标相对于上层指标的权重，直到最高层，然后逐层加权，最终得到最低层的所有指标相对于最高层即目标层的权重，以此作为对评价对象进行综合评价的依据。

层次分析法简单实用、便于计算，发展得比较完善，可靠性高，误差较小，并且能够充分发挥人的主观能动性，比较适合于具有分层交错评价指标的目标系统且目标值难以进行定量描述的决策问题，在各个领域被广泛应用[9]。

5.2.4 供应商评价与选择方法的进展

以上从定性方法、定量方法以及定量、定性相结合的方法出发，介绍了每类方法中比较常见的评价方法，这些方法在解决供应商评价与选择的问题上受到了学界及业界的广泛关注，并得到了广泛应用。

进入信息化时代后，电子企业、线上销售等新的业态产生，与此同时，全球化的推广、市场竞争日益加剧等问题使得选择供应商的难度加大，传统的方法虽然在一般的供应商评价与选择的情形中依旧行之有效，但是在复杂的环境以及未来市场中逐渐力不从心。所幸随着时代的进步、数据处理方法的发展以及信息技术的逐渐推广，各种现代方法应运而生。

人工神经网络是一门迅速发展的新兴学科，是一套抽象的、简化的、模拟大脑功能的复杂非线性系统动力学模型[17]，具有自主学习、自主适应和非线性动态处理等特征。当应用于供应商评价与选择时，人工神经网络可以建立接近人脑思维的定量和定性相结合的评价指标体系，通过学习给定的样本模式，获取供应商评价相关人员、专家的经验以及知识，并在进行供应商评估时再现专家的思维和评判倾向，从而有效地保证了供应商评价结果的客观性[8]。

此外，遗传算法也可以运用于供应商评价与选择中。遗传算法以自然选择和自然遗传学的机理为基础，是一种仿生优化算法。采用遗传算法时，按照“优胜劣汰”的原则，模仿生物的基因重组、基因突变以及自然选择的过程，进行最优解的搜索。遗传算法是一种全局优化方法，具有自组织、自适应和良好的全局搜索能力等优点。供应商选择是一个非常复杂的决策过程,而随着企业规模扩大、所处的环境愈加复杂,问题规模的扩大导致决策难度越来越大[18],传统的评价方法难以适应过于复杂的决策问题。遗传算法强大的计算能力使其成为解决供应商评价与选择问题的更为高效的方法。

除了上述方法外,越来越多新兴的人工智能方法也随着学界与业界的不断研究和实践,逐渐成为新一代解决供应商评价与选择问题的得力工具。Vahdani 等[19]提出了一种基于人工智能的预测模型——局部线性神经模糊模型,用于化妆品公司的供应商选择,并发现该模型具备良好的性能。Özkan[20]采用自适应神经模糊推理系统进行供应商评价与选择问题的多准则决策,发现该方法比神经网络方法有更好的表现。Fallahpour 等[21]采用基因表达式编程改善供应链中供应商的选择过程,以纺织制造业的一个案例研究展示了该方法的适用性。

在方法的深度不断向纵深推进的同时,供应商评价与选择方法还在广度方面不断拓展,一些联合方法层出不穷,比如层次分析法(AHP)与其他方法的结合,包括 AHP+遗传算法、AHP+模糊集理论、AHP+DEA 等。这表明为解决供应商评价与选择问题,学者们仍在进行不断的探索,力争为实践提供更加优秀的理论指导,同时,业界的持续实践也在不断地推动着理论创新。

5.3 研究案例应用

5.3.1 案例描述

我们在前面两节讨论了供应商选择的重要性、流程,并为供应商评价与选择列举了许多可用的模型和方法,然而,之前的阐述仅仅停留在理论层面。本节将从实际出发,以某公司进行的供应商选择为例,从实践的角度展示如何将供应商评价与选择的方法和模型具体应用到现实中。

本节将以一家生产农业和建筑设备的公司作为案例进行分析[22]。该公司拥有一条混合型装配线,用于生产和组装六种型号的农业设备和四种型号的建筑设备。除了在内部购买用于制造主要框架部件的材料外,该公司在装配线上使用的大量零件都是从国内外供应商处购买的。目前公司共有约 400 家供应商,供应 8000 多个零件。

公司希望在保持高质量零件的同时减少供应商总数量,过多的供应商不仅带来了管理费用的增加,而且提供的产品或服务的质量以及统一性难以保障。通过减少供应商数量，公司将能够与供应商建立更好的合作伙伴关系，而且有助于降低订单处理成本和零件价格，提高零件质量。因此，该公司面临供应商选择问题，即如何从众多供应商中选择表现较好的供应商，裁减表现较差的供应商。

在进行分析之前，我们需要对公司在供应商选择中面临的两类问题进行分析：一是公司在进行供应商选择时，考虑的评估标准不周，只关注与供应商的交易关系，不关注供应商的经营状况和环境评估水平，一旦供应商的经营状况不稳定，有破产风险，将极大地影响公司的生产计划与研发进度；二是公司的供应商评估方法不够科学，对供应商的评价和选择停留在主观评价与经验判断的阶段，按照主观心理确定比例、分配权重，由各部门对供应商进行打分，难以获得足够的供应商信息。为避免以上问题，需要从评价指标和评价方法两方面进行考虑和选择。

该农机公司将采购的所有零件分为 18 个商品组，包括液压阀、紧固件、焊件、冲压件、机加工件和制造组等。在每个商品组内，供应商通常可以被视为相似的评价单元，每个商品组中的供应商也具有潜在的互换性。因此，可以将焦点放在该公司的某一商品组，以该商品组的待选供应商的数据作为案例。本节以液压阀组中的 18 家供应商为例，从五个方面进行考虑，包括供应品种、质量、交货、距离和价格。

(1)供应品种。供应商供应的零件品种数越多，越能为企业提供全面的产品和服务，也越有利于企业缩减供应商总数，企业依靠较少的供应商便能满足生产经营所需的多种供应资源。因此，企业希望供应商的供应品种越多越好。由企业列出各个供应商供应的所有零件，统计其种类数，以获得指标数据。

(2)质量。供应商提供的零件的质量也是一项重要的评估指标。供应商提供的产品或服务的质量关乎下游企业的绩效表现，采购商对供应质量提出了较高的要求，供应链的高质量运转也需要高质量产品和服务的不断生产与供应。供应商的综合质量由供应商提供的无缺陷零件占零件总数的百分比表示，其中各个零件的数量为全年数量。

(3)交货。该指标代表供应商能为公司提供的物流质量。在现代生产管理模式中，物流交付能力对企业运营起到了非常关键的作用，因此我们期许供应商拥有更高的物流服务能力与更快的产品和服务交付速度。该指标以供应商的准时交货率来度量，即供应商在交付期限内交付的采购订单占总采购订单的百分比。

(4)距离。该指标是指供应商到企业的路途长短，反映了当选择该供应商时企业需要付出的运输成本大小，距离越远说明运输成本投入水平越高。对于距离指标,测量该公司到各个供应商的实际距离。

(5)价格。该指标衡量了供应商在提供产品或服务时所要求的价格,是采购商在与供应商建立合作关系时所需的成本投入。该指标越大,说明公司的直接成本越高,获益空间将被压缩,利润将受到影响。过高的供应商价格也会影响供应链的运营绩效,导致各企业无法建立和谐的合作关系。因此,在保证产品或服务质量的前提下,公司会寻求更低廉的价格和成本。该指标以与市场平均价格相比较的价格指数来表示。对于价格指数,公司根据平均市场价格进行评估,为了防止大量收集数据,公司材料部门根据经验,将价格指数确定为120%、100%和80%三个估计价格水平之一。

表5-3列出了该企业18个供应商的相关数据[22]。

表5-3 供应商各指标数据

供应商	距离/千米	价格/%	交货/%	供应品种/个	质量/%
S1	401	100	90	2	100
S2	1035	100	80	13	99.79
S3	1149	100	90	3	100
S4	2911	100	90	3	100
S5	383	100	90	24	99.83
S6	388	100	90	28	96.59
S7	2260	100	85	1	100
S8	1584	100	97	24	100
S9	1032	100	90	11	99.91
S10	840	100	100	53	97.54
S11	388	100	95	10	99.95
S12	912	100	98	7	99.85
S13	912	100	90	19	99.97
S14	1556	100	90	12	91.89
S15	1022	80	95	33	99.99
S16	1279	100	95	2	100

续表

供应商	距离/千米	价格/%	交货/%	供应品种/个	质量/%
S17	1109	80	95	34	99.99
S18	1469	100	85	9	99.36

5.3.2　方法运用

首先使用的评价与选择方法是 DEA。DEA 是一种非参数的评价方法，根据选择各个供应商所需的投入水平以及得到的产出水平，确定选择方案的效率，评价结果具有科学性、客观性、全面性和可靠性。此外，该方法不需要太多的指标便可做出相对客观、公正的评判，对于数据的需求量并不高。

以上 5 项指标中，距离、价格是成本型指标，可以作为 DEA 模型的投入，交付、供应品种、质量是效益型指标，可以作为 DEA 模型的产出，即以供应商到企业的距离、供应商提供产品的价格作为供应商选择方案的运输成本投入以及直接成本投入，以供应商提供产品的品种、质量以及物流交付能力作为供应商选择方案在产品多样性、产品质量和服务质量三个方面的产出。评价所得效率值反映了公司对不同供应商付出一定的运输成本及采购成本后能得到的产品及服务。效率值越高，表明公司选择该供应商作为供应链合作伙伴带来的效益越高，因此可将这 18 家供应商的效率值作为供应商评价与选择的依据。可选的 DEA 模型有很多，本节以 SBM-DEA 模型为例，在考虑松弛变量的情况下运用非径向、非导向的模型进行测算，考虑规模报酬可变，结果相较于普通 CCR 模型更加精确、更加贴合现实情况。考虑到产出指标中无负面指标，因此使用的模型不含非期望产出。相关软件的发展与应用使得我们不必仅依靠手工计算，可使用如 MAX DEA、DEA Solver、MATLAB 等软件快速地对 DEA 问题进行求解。SBM-DEA 模型测算结果如表 5-4 所示。

表 5-4　SBM-DEA 模型效率测度结果

供应商	效率值	排序
S1	0.9717	9
S2	0.5157	11
S3	0.3714	13
S4	0.2202	17

续表

供应商	效率值	排序
S5	1	1
S6	1	1
S7	0.0927	18
S8	0.9992	7
S9	0.5133	12
S10	1	1
S11	1	1
S12	0.9983	8
S13	0.7509	10
S14	0.3661	14
S15	1	1
S16	0.2447	16
S17	1	1
S18	0.3611	15

从表5-4中可以发现，供应商S5、S6、S10、S11、S15、S17的效率值都为1，因此这6个决策单元都达到了相对有效，其他12个供应商的效率值未达到相对有效，因此可以初步判断，公司与这6个供应商建立供应链合作关系都比较适合。当然，若要从这6个供应商中进行选择，可以利用超效率SBM模型。如前所述，该模型将当前评价单元从效率值前沿面的构成中去除，从而使得效率值可以超过1，分析这6个供应商的超效率值，并以数值大小顺序为依据进行排名。利用超效率SBM模型测算的结果如表5-5所示。

表5-5 超效率SBM模型效率测度结果

供应商	效率值	排序
S1	1.000165	9
S2	0.515782	11

续表

供应商	效率值	排序
S3	0.407868	13
S4	0.229805	17
S5	1.014749	5
S6	1.046748	2
S7	0.097596	18
S8	1.001318	8
S9	0.513447	12
S10	1.174299	1
S11	1.018006	3
S12	1.003848	7
S13	0.751983	10
S14	0.366065	14
S15	1.017769	4
S16	0.268492	16
S17	1.006661	6
S18	0.361105	15

可以看到，与 SBM-DEA 模型的测算结果相比，超效率 SBM 模型的测算结果有所不同，这是因为超效率 SBM 模型在构建生产效率前沿面时与 SBM-DEA 模型不同，但是各供应商的效率值排名并不会发生改变，这也正是我们真正需要求解的结果。依照超效率值大小，我们可以对上述 6 个未能区分的供应商进行排序，其中供应商 S10 的效率值最高，为 1.174299，其次分别为供应商 S6、S11、S15、S5 以及 S17。当然，由于这些供应商的评价结果都很好，彼此之间的效率值差距并非太大，此外，考虑到不同评价方法有其各自的特点和侧重，因此可以将这 6 个供应商都作为备选方案，结合其他评价方法进行综合考量，以达到寻找更加全面、客观的评价与选择方案的目的。

其他适合进行供应商评价与选择的方法仍有很多，其中加权 TOPSIS 法是在供应商选择中特别常见的客观评价方法。接下来本节以该方法对这 18 个供应商进行评价排序。加权 TOPSIS 法前文已有介绍，确定其权重的方法也有很多，常见的有层次分析法和熵权法。本节以熵权法这一客观赋权方法为例，使用熵权 TOPSIS 法进行供应商评价与选择。

熵的概念源自物理学，用以度量系统内部的无序程度。该概念受到了信息论、社会经济、工程技术等各个领域的广泛关注，其中信息熵就是被信息论引入并成功推广应用的概念，该指标反映了信息的不确定性。信息熵越小，权重越大[23]。熵权法以信息熵为出发点，根据各指标反馈的信息熵的差异赋予相应的权重，从而克服了确定权重系数的过程中易受人为因素干扰的问题，能够较为客观地反映各评价指标在综合评价中的作用和重要性，是一个被各个学科都广泛应用的客观赋权方法。将该方法与 TOPSIS 法相结合，主要步骤如下：

(1)首先对指标矩阵进行预处理。假设供应商的个数为 m，指标个数为 n，将供应商各指标数据以矩阵形式表示如下：

$$\boldsymbol{R}=\begin{bmatrix} r_{11} & r_{12} & \cdots & r_{1n} \\ r_{21} & r_{22} & \cdots & r_{2n} \\ \vdots & \vdots & & \vdots \\ r_{m1} & r_{m2} & \cdots & r_{mn} \end{bmatrix} \tag{5-26}$$

该矩阵元素的量纲不同，为了各指标之间可以进行比较，首先需要进行无量纲化处理，方法如下：

首先计算各指标的最优值，记 $\boldsymbol{R}$ 中每列的最优值为：

$$r_j^*=\begin{cases} \max\limits_i r_{ij}, & \text{第 } j \text{ 个指标为效益型指标} \\ \min\limits_i r_{ij}, & \text{第 } j \text{ 个指标为成本型指标} \end{cases} \quad (i=1,2,\cdots,m;j=1,2,\cdots,n) \tag{5-27}$$

然后由最优值与原始数据进行无量纲化处理，得到矩阵 $\boldsymbol{S}=(s_{ij})_{m\times n}$：

$$s_{ij}=\begin{cases} \dfrac{r_{ij}}{r_j^*}, & \text{第 } j \text{ 个指标为效益型指标} \\ \dfrac{r_j^*}{r_{ij}}, & \text{第 } j \text{ 个指标为成本型指标} \end{cases} \tag{5-28}$$

接下来对 $\boldsymbol{S}$ 进行归一化处理，记为$\boldsymbol{S}'=(s'_{ij})_{m\times n}$：

$$s'_{ij}=\frac{s_{ij}}{\sum\limits_j \sum\limits_i s_{ij}} \tag{5-29}$$

这样得到的$\boldsymbol{S}'$处于区间[0,1]，并且不破坏数据间的比例关系。完成上述操作后便得到了最终的规范化矩阵$\boldsymbol{S}'$。

(2)利用熵权法确定各指标的权重。根据信息熵的公式计算第 j 个指标的熵值：

$$e_j = -k\sum_{i=1}^{m} p_{ij}\ln p_{ij} \tag{5-30}$$

其中，p_{ij} 为规范化处理后的指标矩阵各元素所占的比重，即 $p_{ij}=\dfrac{s'_{ij}}{\sum_{i=1}^{m} s'_{ij}}$。$k$ 为：

$$k=\frac{1}{\ln m}>0 \tag{5-31}$$

定义第 j 个指标的差异系数为

$$g_j = 1-e_j,\quad 0<e_j<1 \tag{5-32}$$

定义第 j 个指标的熵权为

$$w_j=\frac{g_j}{\sum_{j=1}^{n} g_j} \tag{5-33}$$

以计算所得的熵权值作为各指标的权重，当各个供应商在指标 j 上的值变异程度较大时，这意味着该指标提供的信息量更大，信息熵值更小，需要赋予更大的权重[24]；反之，指标的信息熵越大，权重越小。

(3)构建加权规范化矩阵。将权重与规范化矩阵相乘，得到加权规范化矩阵。构造的加权规范化矩阵考虑了各评价指标的重要性，这将使得对各供应商的评价更具有科学性，更加客观。

(4)计算各供应商到正理想解和负理想解的距离。首先确定正理想解 V^+ 和负理想解 V^-。其中正理想解的各元素为加权规范化矩阵中每个指标的最优值，即正向指标中的最大值和负向指标中的最小值；负理想解的各元素与正理想解相反，为各指标的最劣值。考虑到已对矩阵进行同趋势化处理，因此正理想解为加权规范化矩阵的各指标的最大值，负理想解为加权规范化矩阵的各指标的最小值。

然后利用式(5-10)与式(5-11)求出各供应商到正理想解的距离 d_i^+ 和到负理想解的距离 d_i^-。

(5)确定各供应商与理想解的相对接近度。根据求出的各供应商到正理想解和负理想解的距离，利用式(5-12)求出相对接近度。该值为供应商的评价指标距离虚构出的理想解的接近程度，值越大，代表该供应商与理想供应商越相似，是更优质的供应商。求出最终结果，如表 5-6 所示。

表 5-6　熵权 TOPSIS 法评价结果

供应商	相对接近度	排序
S1	0.292546	9
S2	0.237909	10
S3	0.094799	15
S4	0.035271	17
S5	0.524327	5
S6	0.581595	2
S7	0.016981	18
S8	0.399162	6
S9	0.206856	11
S10	0.775180	1
S11	0.354935	7
S12	0.164287	13
S13	0.343966	8
S14	0.200809	12
S15	0.560114	4
S16	0.075350	16
S17	0.569187	3
S18	0.153058	14

以相对接近度为评价依据，我们可以看到，供应商 S10 距离理想解最近，为最优选择方案，而供应商 S7 评价结果最差，是最不适合选择的供应商。

为保证评价结果的稳健性，对熵权 TOPSIS 法和超效率 SBM 模型的评价结果进行比较，如表 5-7 所示。

表 5-7　熵权 TOPSIS 法与超效率 SBM 模型评价结果比较

供应商	排序	
	熵权 TOPSIS 法	超效率 SBM 模型
S1	9	9
S2	10	11
S3	15	13
S4	17	17
S5	5	5
S6	2	2
S7	18	18
S8	6	8
S9	11	12
S10	1	1
S11	7	3
S12	13	7
S13	8	10
S14	12	14
S15	4	4
S16	16	16
S17	3	6
S18	14	15

5.3.3　结果分析

本节对某生产农业和建筑设备的公司进行供应商评价与选择的案例进行实证分析，通过对两项成本型指标和三项效益型指标的界定以及数据搜集，建立起供应商评价指标体系，并选择 DEA 模型以及熵权 TOPSIS 法两种客观评价方法对问题进行分析。DEA 模型将成本型指标作为投入，将效益型指标作为产出，进行了效率值测算。熵权 TOPSIS 法将最小的成本型指标、最大的效益型指标构成最优的选择方案，即正理想解；将最大的成本型指标、最小的效益型指标构成最劣的选择方案，即负理想解。同时，对供应商到理想解的相对接近度进行了测算。

实证结果表明，供应商 S10 在两种方法的评价结果中都表现最优，这表明从五种指标综合来看，该供应商是最适宜的供应链合作伙伴，它将给决策者企业的生产经营及优质供应链的建立和发展带来最大的帮助。两种方法的评价结果表明，供应商 S7 的表现最差，这意味着该供应商是最不宜选择的供应链合作伙伴，它为决策者企业的生产经营及优质供应链的建立和发展带来的帮助最有限。

通过观察最优供应商 S10 的原始数据指标可以发现，该供应商虽然在质量方面表现平庸，但是在物流交付能力方面的表现卓越，拥有 100%的准时交付率，在物流交付方面非常值得信赖。该供应商能为下游企业提供按时抵达的原材料，保障下游企业生产计划的正常运行，对于下游企业减少库存成本、实现整个供应链的低成本运营也有着重要意义。此外，该供应商生产的零件种类多达 53 种，远远超过其他供应商，这表明该供应商的生产能力及生产多样性表现优异。当下游企业需要多种供应资源时，该供应商可以凭一己之力承担供应任务，保障了供应渠道的可靠性。此外，若供应商能同批次供应多种货物，这将为企业改善物流运输及库存战略提供帮助。更重要的是，考虑到该农机公司在制定供应商选择方案时的背景，供应商丰富的生产多样性及强大的物流交付能力将为农机公司减少供应商数量的战略提供强大的支撑。从物流运输成本及供应资源的价格来看，S10 的投入成本并非过高，因此该供应商的投入—产出转化效果显著。综合来看，S10 是最优质的供应商。

供应商 S7 的效率值最低，该供应商与农机公司的距离过远，这就意味着决策者在物流运输方面的投入庞大。运输成本在现代企业经营中是一项必须被严格控制的费用，其严重制约企业利润的提升，而且过远的距离意味着该供应商的交货灵活性较差，难以快速调整运输战略。此外，供应链合作伙伴之间的沟通交流也不便利，制约了供应链效率的提升。由于距离因素以及其他各方面的影响，该供应商在物流交付方面的表现很差，交付准时率仅有 85%，这就意味着供应资源不能按时到达的现象会时有发生，这将会严重影响决策者的生产经营，也会对公司品牌声誉产生不良影响。在供应品种方面，该供应商表现最差，仅提供唯一的一种零件，这与农机公司减少供应商数量的目的不符，而且若该供应商的生产经营出现问题，也就意味着农机公司无法利用该供应商其他品种的零件，风险较大，因此，该供应商不适合被选为供应链合作伙伴。

本节利用超效率 SBM 模型和熵权 TOPSIS 法两种方法对农机公司的供应商选择问题进行评判，并在所得结果的基础之上进行比较。可以发现，这两种方法对个别供应商的评价及排序结果确实有所出入，但总体来看评判结果保持一致，因此，上述结果具有一定的稳健性。

参考文献

[1]孔继利. 企业物流管理[M]. 北京：北京大学出版社，2012.

[2]柳荣，沙静. 供应商管理与运营实战[M]. 北京：人民邮电出版社，2021.

[3]乔普拉，迈因德尔. 供应链管理：战略、计划和运作[M]. 5 版. 刘曙光，吴秀云，等译. 北京：清华大学出版社，2014.

[4]曹翠珍. 供应链管理[M]. 2 版. 北京：北京大学出版社，2016.

[5]彭张林，张强，杨善林. 综合评价理论与方法研究综述[J]. 中国管理科学，2015，23(S1)：245-256.

[6]黄逸珺. 供应链管理：在服务运营管理领域的理论与实践[M]. 北京：人民邮电出版社，2015.

[7]马士华，林勇. 供应链管理[M]. 6 版. 北京：机械工业出版社，2020.

[8]王常华，张晓波，翁启伟，等. 供应链管理[M]. 北京：中国传媒大学出版社，2017.

[9]李喜梅. 供应链管理[M]. 西安：西安交通大学出版社，2016.

[10]李晓龙，鲁平，李存斌. 基于 Delphi 和 DEMATEL 法影响国网的颠覆性创新技术影响因素综合排序分析[J]. 科技管理研究，2017，37(6)：127-133.

[11]NIÑEROLA A，HERNÁNDEZ-LARA A B，SÁNCHEZ-REBULL M V. Improving healthcare performance through activity-based costing and time-driven activity-based costing[J]. The International Journal of Health Planning and Management，2021，36(6)：2079-2093.

[12]VÖRÖSMARTY G，DOBOS I. A literature review of sustainable supplier evaluation with data envelopment analysis[J]. Journal of Cleaner Production，2020，264：121672.

[13]JAIN V，SANGAIAH A K，SAKHUJA S，et al. Supplier selection using fuzzy AHP and TOPSIS：A case study in the Indian automotive industry

[J]. Neural Computing and Applications，2018，29(7)：555-564.

[14]韩永辉，韦东明. 中国省域高质量发展评价研究[J]. 财贸研究，2021，32(1)：26-37.

[15]GAO S，LIM M K，QIAO R，et al. Identifying critical failure factors of green supply chain management in China's SMEs with a hierarchical cause-effect model[J]. Environment，Development and Sustainability，2022，24(4)：5641-5666.

[16]钱隼驰，仇蕾. 灰色关联分析中分辨系数取值的定量研究[J]. 统计与决策，2019，35(10)：10-14.

[17]俞立平. 基于神经网络的非线性学术评价方法选择研究[J]. 情报理论与实践，2021，44(1)：63-70，56.

[18]LUAN J，YAO Z，ZHAO F，et al. A novel method to solve supplier selection problem：Hybrid algorithm of genetic algorithm and ant colony optimization[J]. Mathematics and Computers in Simulation，2019，156：294-309.

[19]VAHDANI B，IRANMANESH S H，MOUSAVI S M，et al. A locally linear neuro-fuzzy model for supplier selection in cosmetics industry[J]. Applied Mathematical Modelling，2012，36(10)：4714-4727.

[20]ÖZKAN G，İNAL M. Comparison of neural network application for fuzzy and ANFIS approaches for multi-criteria decision making problems[J]. Applied Soft Computing，2014，24：232-238.

[21]FALLAHPOUR A，WONG K Y，OLUGU E U，et al. A predictive integrated genetic-based model for supplier evaluation and selection[J]. International Journal of Fuzzy Systems，2017，19(4)：1041-1057.

[22]陈志宗，尤建新. 基于超效率 Context-Dependent DEA 模型的供应商评价[J]. 工业工程与管理，2013，18(5)：6-12.

[23]DOS SANTOS B M，GODOY L P，CAMPOS L M S. Performance evaluation of green suppliers using entropy-TOPSIS-F[J]. Journal of Cleaner Production，2019，207：498-509.

[24]刘飞，龚婷. 基于熵权 Topsis 模型的湖北省高质量发展综合评价[J]. 统计与决策，2021，37(11)：85-88.

第6章 供应链运输系统规划与设计

交通运输是国民经济和社会发展的重要基础设施和基础产业。运输是供应链系统的重要环节，运输成本在整个供应链成本中占据很大的比重，合理的供应链运输系统规划与设计对于提高供应链系统的运作效率和整体效益具有重要意义。

运输是社会人所参与的基本活动中的一种，是一项覆盖范围较广而且对人类起着至关重要的作用的经济活动，被马克思称为采掘业、农业和加工业之外的"第四物质生产部门"。运输与人类的日常活动、生产及流通领域和科学研究密切相关。利用运输可以把物资运送到空间效应最高的地区，从而得到最大的利益。同时，运输也可发挥资源配置的作用，实现资源的优化配置[1]。

6.1 供应链运输系统概述

运输是指用设备和工具将物品从某一地点运送至另一地点的物流活动，包括集货、分配、搬运、中转、装卸、分散等一系列操作[2]。运输系统是指由与运输活动相关的各种因素，如运输方式及其组合组成的一个整体。它包括生产领域的运输系统和流通领域的运输系统。生产领域的运输系统一般是在生产企业内部发挥作用，因而称为厂内运输。它作为生产过程的一个组成部分，是直接为物质产品的生产服务的，其内容包括原材料、在制品、半成品和成品的运输，这种厂内运输又称为"物料搬运"。流通领域的运输系统则作为流通领域的一个环节，是生产过程在流通领域的继续，其主要内容是对物质产品的运输，是完成物品从生产领域向消费领域在空间位置上的物理性转移过程。它既包括物品从生产所在地直接向消费所在地的移动，又包括物品从配送中心向中间商的移动[1]。

6.1.1 供应链运输系统的特点[3]

1.供应链运输系统是一个连续性的过程系统

运输生产是在流通过程中完成的，它的连续性表现为运输生产过程的连续性和运输生产时间的连续性。货物运输生产过程包括集、装、运、卸、散等诸环节。在完整的运输系统中，任何一个单元出现故障，都直接影响系统功能的实现。为了保证过程系统的正常运转，要不断地协调各个过程单元和单元之间所形成的“接合部”。供应链运输系统是一个过程系统，作业过程中的诸多环节形成“接合部”，对其进行管理就具有特别重要的意义。

2.供应链运输系统具有多个环节、多种功能[3]

结构复杂的供应链运输系统，其运输生产过程表现为多个环节的联合作业，如货物装载、运输、卸载等，各个环节之间要协调适应。

供应链运输系统具有多种功能，如运输功能、生产功能、服务功能、工业功能、城市功能及国防功能等，完成供应链运输系统的功能也就意味着要实现供应链运输系统的多种功能。另外，运输服务可以通过多种运输方式进行，不同的运输方式与其技术特征相适应，决定了具有不同的运输服务质量，而完整的运输过程往往需要联合运用多种运输方式，实行联合运输。

3.供应链运输系统具有网络特性

良好的供应链运输系统要有合理的布局和结构，要建设成与内部、外部协调的交通运输网。在科学、合理的交通运输网中，通过科学的运输组织才能满足运输需求，加快货物和车船的周转速度，压缩旅客和货物的在途时间，加速国民经济的发展。

运输网络是一个赋权的连通图，由节点和弧组成。节点是各种运输方式的车站、枢纽或多种运输方式的接合部，如城市、地区中心、街道交叉口等；弧是车站之间、枢纽之间或各种运输方式接合部之间的区间线路，如公路线、铁路线、航空线、水运航线及运输管道等。供应链运输系统的建设和发展，首先要从加强、扩展、完善交通运输网络着手，不断提高交通运输网的数量与质量。

4.供应链运输系统是一个动态系统

运输不产生新的实物形态产品，不改变劳动对象的属性和形态，只改变其位置。运输生产创造的价值附加在劳动对象上。劳动对象（货物）的位置转移是一个动态过程，供应链运输系统中的人员、物品、运载工具等本身就经常处于流动的状态。另外，运输生产活动通常处在复杂多变的外部环境中，使运输活动的组织和管理具有动态性。

6.1.2 供应链运输系统规划的内容

供应链运输系统规划是指为了完成确定的目标，在一定的区域范围内对运输系统进行总体战略部署，即根据社会经济发展的要求，从当地具体的自然条件和经济条件出发，通过综合考量和多方案比较，确定交通运输发展方向和地域空间分布等[3]。

供应链运输系统规划作为供应链系统的重要组成部分，主要包括以下几个方面[3]：

(1)运输业务模式的选择。企业对运输费用、服务质量、风险等因素进行分析，确定采用自营运输模式还是外包运输模式。

(2)运输方式的选择。根据各种运输方式的特点和优势，选择公路、铁路、水路、航空及管道五种基本运输方式中的一种或几种联合运输方式。

(3)运输批量和运输时间的确定。运输批量和运输时间对运输质量和运输费用会产生重大影响。大批量运输成本低，且与运输方式有关。另外，必须保证交货时间，不同运输方式需要的时间和成本均不同。

(4)运输线路的选择和规划。企业在选择运输线路时，必须结合自己的经营特点和要求、产品性能、市场需求等，综合考虑各种运输方式之后做出合理的选择。运输线路的选择和规划一般分为点点之间运输问题、多点之间运输问题及回路运输问题等。

(5)车辆的配载和调度。在对运输车辆的配载与调度进行分析时，需要考虑各种货物装卸的先后顺序、货物品种的相容性、如何能够尽可能地利用运输车辆的最大运力等。

本章主要关注运输线路的选择与规划。

6.1.3 供应链运输系统规划的原则

供应链运输系统规划一般遵循以下原则[3]：

1.经济发展原则

供应链运输系统的发展和布局必须服从于社会经济发展的总体战略、总目标，服从于生产力布局的大格局。供应链运输系统建设目标必须与所在区域的社会经济发展的各个阶段目标相一致，要为当地的社会经济发展服务。

2.协调发展原则

供应链运输系统规划必须综合考虑所在区域的铁路、公路、水路、航空和管道五大运输方式的特点，组建优势互补、协调发展的综合运输网络。

3.局部服从整体原则

某一层次的供应链运输系统规划必须服从上一层次交通运输系统总体布局，如省级规划必须以国家规划为前提，市级规划必须以国家和省级规划为前提。

4.近期与远期相结合的原则

合理的供应链运输系统规划应包括远期发展战略规划、中期建设规划、近期项目建设规划三个层次，并满足“近期宜细、中期有准、远期有设想”的要求。

5.需要与可能相结合的原则

供应链运输系统规划既要考虑社会经济发展对运输的要求，建设与社会经济发展相协调的综合运输系统，以促进社会经济的发展，又要充分考虑人力、物力、财力等建设条件的可能性，实事求是地进行供应链运输系统的规划和实施。

6.理论与实践相结合的原则

供应链运输系统是一个复杂的系统工程，必须利用系统工程的理论与方法，理论与实践相结合，才能获得总体效益最佳的供应链运输系统规划方案。

6.2 供应链运输系统线路规划模型

供应链运输系统线路规划是指从供应链系统的总体目标出发，按照货物流通规律，运用系统理论和系统工程原理与方法，选择合理的运输路线和运输工具，以最短的路径、最少的环节、最快的速度和最少的劳动消耗，组织好货物的运输与配送，以获取最大的经济效益。

6.2.1 点点间运输问题

1.最短路径法

对于分离的、单个起点和终点的点点间运输线路选择问题，最简单和最直观的方法是最短路径法。最短路径问题是线路优化模型理论中最基础的问题之一，也是解决其他一些线路优化问题的有效工具。最短路径问题即求两个顶点间长度最短的路径。其中，路径长度不是指路径上边数的总和，而是指路径上各边的权值总和。路径长度的具体含义取决于边上权值所代表的意义，如费用、时间、距离等都可以。对最短路径问题的描述如下：假设有一个 n 个节点和 m 条弧的连通图 $G(V_n,E_m)$，图中每条弧 (i,j) 的长度为 l_{ij}，则最短路径问题为在连通图 $G(V_n,E_m)$ 中找到一条从节点 1 到节点 n 距离最短（费用最低）的路径[4]。

在考虑使用最短路径法求解时，为了得到合理、正确的解，问题模型一般需要满足一定的假设条件：

（1）两点之间的弧线距离为整数。

（2）在连通图中，从任何一个端点 v_i 到其他所有端点都有直接的路径，如果存在不直接相连的端点对，则可以在它们之间加上一个极大的距离，如无穷大。

（3）连通图的所有距离都是非负的。

（4）连通图是有方向性的。

对工程实际的研究和抽象在最短路径问题中有四种基本原型：在连通图 $G(V_n, E_m)$ 中，第一，从指定起始点到指定目标点之间的最短路径；第二，从指定起始点到所有节点之间的最短路径；第三，所有任意两点之间的最短路径；第四，经过 K 个节点的最短路径。

2.Dijkstra 算法

求此类最短路径问题主要用 Dijkstra 算法（迪克斯特拉算法）、逐次逼近算法、Floyd 算法（弗洛伊德算法）等，这里主要介绍 Dijkstra 算法。艾兹格・韦伯・迪克斯特拉（Edsger Wybe Dijkstra）在 1959 年提出了按照路径长度的递增次序逐步产生最短路径的 Dijkstra 算法。该算法的基本思路是：在一个连通图 $G(V_n, E_m)$ 中，求解从 v_0 到 v_n 的最短路径，首先求出从 v_0 出发的一条最短路径，再参照它求出一条次短路径，以此类推，直到求出从顶点 v_0 到顶点 v_n 的最短路径。

Dijkstra 算法采用标号法求解，标号是用来标记各个节点属性的一套符号。一般来说，根据标记确定节点的标号属性和标记过程的不同，有两种不同的 Dijkstra算法：一种是标号设定算法，另一种是标号修正算法（即逐步修正标号）。这两种算法都是迭代算法，它们都是在每一次迭代中用试探性标号标记所有的试探点，通过一系列的试探寻找该步中的最短路径。标号设定算法和标号修正算法的不同点在于：标号设定算法是在每一次迭代中将得到的满意试探性标号设置为永久标号；而标号修正算法则是在每一次迭代中将满意的试探性标号设置为临时标号，直到最后一次迭代完成之后，才将所有的临时标号转变为永久标号。这两种算法的适用范围也不完全相同：标号设定算法只适用于求解非负网络中的最短路径问题；而标号修正算法则可以解决一部分含有负路径的一般网络问题，但是，它同样不能解决路径总和为负值的问题。

此处介绍标号设定算法，在该算法中，可用两种符号：T 标号和 P 标号。T 标号为试探性标号，P 标号为永久性标号。给 v_i 点一个 P 标号时，表示从 v_0 到 v_i 点的最短路径，v_i 点的标号不再改变；给 v_i 点一个 T 标号时，表示从 v_0 到

v_i 点的估计最短路径的上界，是一种临时标号，凡是没有得到 P 标号的点都有 T 标号。算法的每一步都会把某一点的 T 标号改为 P 标号，当终点得到 P 标号时，全部计算结束。对于有 n 个顶点的图，最多走 $n-1$ 步就可以得到从始点到终点的最短路径。具体步骤如下：

(1)给 v_0 点一个 P 标号，$P(v_0)=0$，其余各点均给予 T 标号，$T(v_0)=\infty$。

(2)若 v_i 点为刚得到 P 标号的点，考虑下面的点 v_j：(v_i,v_j)属于 E_m，且 v_j 为 T 标号。对 v_j 的 T 标号进行如下修改：$T(v_j)=\min\{T(v_j),P(v_i)+l_{ij}\}$。

(3)比较所有具有 T 标号的点的值，把最小者改为 P 标号。当存在两个以上的最小者时，可同时改为 P 标号。若全部点均为 P 标号，则停止；否则，用 v_j 替代 v_i，转回(2)。

6.2.2 多点间运输问题

1.产销平衡运输问题

多点间运输问题是指起始点或目的点不唯一的运输调配问题，最为常见的就是产销平衡运输问题。在这类问题中，总供应能力和总需求是一样的，但是利用不同的路径进行配送，会导致最终的总运输费用不同。此类问题的目标就是如何根据已有的交通网制定调运方案，将货物运到各需求地，而使总运费最小。这类问题可用如下数学语言描述：已知有 m 个产地(生产地点)$A_i(i=1,2,\cdots,m)$，其可供应某种物资，供应量分别为 $a_i(i=1,2,\cdots,m)$；有 n 个销地(需求地)$B_j(j=1,2,\cdots,n)$，其需求量分别为 $b_j(j=1,2,\cdots,n)$；从 A_i 到 B_j 运输单位物资的运价为 C_{ij}。这些数据可汇总于产销平衡表和单位运价表中，分别如表 6-1 和表 6-2 所示。

表 6-1 产销平衡表

产地	销地				产量
	1	2	…	n	
1					a_1
2					a_2
…					…
m					a_m
销量	b_1	b_2	…	b_n	

表 6-2 单位运价表

产地	销地			
	1	2	…	n
1	C_{11}	C_{12}	…	C_1n
2	C_{21}	C_{22}	…	C_2n
…	…	…	…	…
m	C_m1	C_m2	…	C_{mn}

为了制定使总运费最小的调运方案，我们可以建立数学模型。如果用 x_{ij} 表示由产地 A_i 供应给销地 B_j 的运量，那么产销平衡运输问题的线性规划模型可表示为

$$\min z = \sum_{i=1}^{m}\sum_{j=1}^{n} c_{ij}x_{ij} \tag{6-1}$$

$$\sum_{j=1}^{n} x_{ij} = a_i \quad (i=1,2,\cdots,m) \tag{6-2}$$

$$\text{s.t.} \quad \sum_{i=1}^{m} x_{ij} = b_j \quad (j=1,2,\cdots,n) \tag{6-3}$$

$$\sum_{i=1}^{m} a_i = \sum_{j=1}^{n} b_j \tag{6-4}$$

$$x_{ij} \geqslant 0 \quad (i=1,2,\cdots,m;j=1,2,\cdots,n) \tag{6-5}$$

在模型中，式(6-1)表示运输总费用最小，式(6-2)表示从某一产地运往各个销地的物品数量之和等于该产地的产量，式(6-3)表示由各产地运往某一销地的物品数量之和等于该销地的销量，式(6-4)表示总产量和总销量平衡，式(6-5)为决策变量非负条件。

产销平衡运输问题有如下特点：

(1)约束条件系数矩阵的元素等于0或1。

(2)约束条件系数矩阵的每一列有两个非零元素，这对应于每一个变量在前 m 个约束方程中出现一次，在后 n 个约束方程中也出现一次。

(3)所有结构约束条件都是等式约束。

(4)各产地产量之和等于各销地销量之和。

2.表上作业法

多点间的运输问题，目前主要有两大类求解方法，其中相对比较精确的求法是单纯形法，但是由于运输问题数学模型具有特殊的结构，应用单纯形法有

许多冗余的计算；另外一种方法叫作表上作业法，即将运输问题用表格的形式来描述，并通过在表格上面的操作来完成求解。表上作业法适合于比较简单的问题求解，过程直观，计算量不大，可以手工完成。表上作业法的步骤为：①列出运输物资平衡表及运价表；②在表上制定初始方案；③检查初始方案是否为最优方案；④调整初始方案，得到最优方案。一般来说，每调整一次应该得到一个新的方案，而这个新方案的运费比前一个方案要少一些，如此经过几次调整，最后可以得到最优方案。

6.2.3 单回路运输问题

单回路运输问题是指在优化运输线路时，在一个节点集合中，选择一条合适的路径遍历所有节点，并且要求线路闭合。单回路运输模型在运输决策中主要用于单一车辆的路径安排，目标是在该车辆遍历所有用户的同时，达到行驶距离最短。这类问题的两个显著特点是：①单一性，只有一个回路；②遍历性，经过所有用户，不可遗漏。

旅行商问题（Travelling Salesman Problem，TSP）是单回路运输问题中最为典型的一个问题，它指的是：一个旅行商从某一城市出发，到 n 个城市售货，要求他访问每个城市各一次且仅一次，然后回到原城市，问这个旅行商应该走怎样的路线才能使走过的总里程最短（或旅行费用最低）。到目前为止，还没有对 TSP 提出多项式算法，它是一个典型的 NP-hard 问题，对于较大规模的问题（如 $n>40$），常常通过启发式算法获得近似最优解。

TSP 模型可以描述为：在一个有 n 个顶点的连通图中（有向或无向），寻求一条包括所有 i 个顶点的具有最小总权（可以是距离、费用、时间等）的回路。

TSP 模型的数学表达式为

$$\min z = \sum_{i=1}^{n}\sum_{j=1}^{n} c_{ij}x_{ij} \tag{6-6}$$

$$\text{s.t.}\begin{cases}\sum_{j=1}^{n} x_{ij}=1 \quad (i=1,2,\cdots,n) & (6\text{-}7)\\ \sum_{i=1}^{n} x_{ij}=1 \quad (j=1,2,\cdots,n) & (6\text{-}8)\\ \{(i,j): i,j=2,\cdots,n; x_{ij}=1\}\text{不包括子回路} & (6\text{-}9)\\ x_{ij}\in\{0,1\} \quad (i=1,2,\cdots,n; j=1,2,\cdots,n) & (6\text{-}10)\end{cases}$$

其中，决策变量 $x_{ij}=0$，表示不连接 i 到 j 的边；$x_{ij}\neq 0$，表示连接 i 到 j 的边。c_{ij} 是 i 到 j 边上的权数。式(6-7)表示每个顶点只有一条边出去，式(6-8)表示每个顶点只有一条边进入。如果只有式(6-7)和式(6-8)这两个约束条件,可能出现子回路现象,即出现多条回路,因此需要加上式(6-9)这一约束条件,即除了起点边与终点边以外,其他选中的边不构成回路。这个模型是 0-1 整数规划问题,对于此模型的小规模问题,可采用分支定界法求解,选用一些现成的优化软件;对于大规模问题,可采用模拟退火算法、禁忌搜索算法、遗传算法、蚁群优化算法等启发式算法。下面介绍两种较简单的启发式算法。

1.最邻近点法

最邻近点法十分简单,但是得到的解并不十分理想,有很大的改善空间。由于该算法计算快捷但精度低,因而可以作为进一步优化的初始解。最邻近点法可以通过以下四步完成:

(1)从零点开始,将其作为整个回路的起点。

(2)找到离刚刚加入回路的上一顶点最近的一个顶点,并将其加入回路中。

(3)重复步骤(2),直到所有顶点都加入回路中。

(4)将最后一个加入的顶点和起点连接起来。

2.最近插入法

最近插入法比最邻近点法复杂,但是可以得到相对比较满意的解,其求解步骤如下:

(1)找到距离 c_{lk} 最小的节点,形成一个子回路(v_1, v_k)。

(2)在剩下的节点中,寻找距离子回路中某一节点最近的节点。

(3)在子回路中找到一条弧(i,j),使得 $c_{ik}+c_{kj}-c_{ij}$ 最小,然后将节点 v_k 加入子回路中,插入节点 v_i 和 v_j 之间;用两条新弧(i,k)和(k,j)代替原来的弧(i,j)。

(4)重复步骤(2)和(3),直到所有的节点都加入子回路中。

用优化软件求解 TSP 的前提条件是要写出消除子回路的约束条件,即写出式(6-9)的等式或不等式。在消除子回路的方法中,最有名的是乔治·伯纳德·丹齐格(George Bernard Dantzig)等在 1954 年提出的不等式集:

$$\sum_{i\in S}\sum_{j\in S}x_{ij} \leqslant |S|-1, \quad \forall S \subseteq \{2,3,\cdots,n\} \quad \text{and} \quad |S| \geqslant 2$$

其中,S 表示顶点集的子集,$|S|$表示顶点子集中的顶点数。

但这些约束条件比较难表达,马丁·德斯罗彻(Martin Desrochers)等在 1991 年提出了一个比较好的消除子回路的方法。对 n 个顶点采用连续标号的方法来处理,从 0 编到 $n-1$,设 $L(i)$为节点 i 的标号。当从节点 i 连接到节点 j 时,即 $x_{ij}=1$,则有 $L(j)=L(i)+1$;当从节点 j 连接到节点 i 时,即 $x_{ji}=1$,有 $L(j)=L(i)-1$;当节点 i 与节点 j 不连通时,即 $x_{ij}=0$,$x_{ji}=0$,

$L(j)-L(i)\geqslant 2-n$。综合上述讨论，则有 $L(j)\geqslant L(i)+x_{ij}-(n-2)\times(1-x_{ij})+(n-3)\times x_{ji}$，$j>1, j\neq i$ 可作为消除子回路的约束条件。同时，对于从起点出发的第一个顶点 i，则 $x_{1i}=1, L(i)=1$；对于回到起点的最后一个顶点 i，则 $x_{1i}=1, L(i)=n-1$；对于其他顶点 i，有 $1<L(i)<n-1$。综合这些讨论，则有 $L(i)\leqslant n-1-(n-2)x_{1i}$，$L(i)\geqslant 1+(n-2)x_{i1}$。因此，整个 TSP 模型的描述如下：

$$\min z=\sum_{i=1}^{n}\sum_{j=1}^{n}c_{ij}x_{ij} \tag{6-11}$$

$$\sum_{j=1}^{n}x_{ij}=1 \quad (i=1,2,\cdots,n) \tag{6-12}$$

$$\sum_{i=1}^{n}x_{ij}=1 \quad (j=1,2,\cdots,n) \tag{6-13}$$

$$\text{s.t.}\quad L(j)\geqslant L(i)+x_{ij}-(n-2)\times(1-x_{ij})+(n-3)\times x_{ji},\quad j>1, j\neq i \tag{6-14}$$

$$L(i)\leqslant n-1-(n-2)x_{1i},\quad i>1 \tag{6-15}$$

$$L(i)\geqslant 1+(n-2)x_{i1},\quad i>1 \tag{6-16}$$

$$x_{ij}\in\{0,1\} \quad (i=1,2,\cdots,n; j=1,2,\cdots,n; i\neq j) \tag{6-17}$$

6.2.4 多回路运输问题

1.VRP 模型

车辆调度问题（Vehicle Routing Problem，VRP）在现实中普遍存在，特别是对于有大量服务对象的实体来说，例如拥有上千个客户的公司，当用车辆运输时，由于条件的限制，不能用一条回路完成运输任务，而需要多条回路。解决此类调配问题时，核心问题是如何对车辆进行调度。

车辆调度一般是指对一系列发货点和收货点，组织调用一定的车辆，安排适当的行车路线，使车辆有序地通过，在满足指定的约束条件下（货物的需求量与发货量、交货与发货时间、车辆可载量限制、行驶里程限制、行驶时间限制等），力争实现一定的目标，如车辆空驶总里程最短、运输总费用最低、车辆按照一定的时间到达、使用的车辆数量最少等。

车辆调度问题的分类法很多，例如，可根据车辆是否满载分为满载问题与非满载问题，根据任务特征分为纯装、纯卸和装卸混合问题，根据使用的车场数目分为单车场问题与多车场问题，根据可用车辆的车型数分为单车型问题与多车型问题等。

在运用 VRP 模型对实际问题进行研究时，需要考虑以下几个方面的问题：①仓库，即仓库级数，每级仓库的数量、地点与规模；②车辆，即车辆型号与数量，容积与运作费用，出发时间和返回时间，司机休息时间，最大行驶里程和时间限制；③时间窗，各处的工作时间不同，需要各地协调；④顾客，包括顾客需求、软硬时间窗、装载或卸载、所处位置、优先级；⑤道路信息，即车辆密度、道路交通费用、距离或时间属性；⑥货物信息，即货物种类、兼容性和保鲜要求；⑦运输规章，即工人每天工作时间规定，车辆的周期维护。

典型的 VRP 模型的基本条件是 M 辆车为 L 个客户配送货物。模型的目标是确定所需要的车辆数目，并完成回路的安排与调度，使总运输费用最小。其决策模型可表示为：

$$\min z = \sum_{m=1}^{M} \sum_{l=1}^{L} d_{lm} x_{lm} \tag{6-18}$$

$$\sum_{l=1}^{L} w_l x_{lm} \leqslant b_m \quad (m = 1, 2, \cdots, M) \tag{6-19}$$

$$\text{s.t.} \quad \sum_{m=1}^{M} x_{lm} = L \quad (l = 1, 2, \cdots, L) \tag{6-20}$$

$$x_{lm} \in \{0, 1\} \quad (l = 1, 2, \cdots, L; m = 1, 2, \cdots, M) \tag{6-21}$$

其中，b_m 为第 m 辆车的运力，L 为客户总数，M 为车辆总数，w_l 为第 l 个客户的需求量，d_{lm} 为第 m 辆车给第 l 个客户送货的运费。

如果第 m 辆车给第 l 个客户送货，则 $x_{lm} = 1$；否则，$x_{lm} = 0$。通过式(6-18)，可以确定每个回路中的运量；根据式(6-19)，通过一次运输，可以保证所有客户的需求得到满足。

如果情况不同，车辆调度问题的模型及构造就有很大差别。为简化车辆优化调度问题的求解，常应用一些技术将问题分解或转化为一个或几个已经研究过的基本问题，再用比较成熟的基本理论和方法，得到原问题的最优解或满意解。常用的基本问题有旅行商问题、分派问题、运输问题、背包问题、最短路径问题、最小费用流问题和中国邮递员问题。

2.扫描算法

扫描算法分为以下四个步骤完成：

(1)以起始点作为极坐标系的原点，并将连通图中的任意一顾客点和原点的连线定义为角度零，建立极坐标系。然后对所有顾客所在的位置进行坐标系的变换，全部转换为极坐标系。

(2)分组。从最小角度的顾客开始，建立一个组，按逆时针方向，将顾客逐个加入组中，直到顾客的需求总量超出负载限制。然后建立一个新的组，继续按照逆时针方向,将所有顾客所在的位置全部转换为极坐标系。

(3)重复(2)的过程,直到所有的顾客都被分类。

(4)路径优化。各个分组内的顾客点,就是一个个单独的 TSP 模型的路线优化问题,可以用前面介绍的 TSP 模型对结果进行优化,选择合理的路线。

3.节约算法

节约算法是克拉克(G. Clarke)和莱特(J. W. Wright)在 1964 年提出的,又称为"C-W 节约算法"。其核心思想是:将运输问题中存在的两个回路$(0,\cdots,i,0)$和$(0,j,\cdots,0)$合并为一个回路$(0,\cdots,i,j,\cdots,0)$。在合并操作中,运输的总距离将会发生变化,如果总运输距离减小了,则节约了运输距离。此节约距离为节约值 s_{ij},其计算公式为 $\Delta c_{ij}=c_{i0}+c_{0j}-c_{ij}=s_{ij}$。

求解步骤如下:

(1)计算各点到原点 0 的距离,以及各点间的距离;连接后的节约值是 s_{ij}。节约算法的初始解是将各送货点与原点相连,构成一条仅含一个送货点的送货线路。

(2)当 s_{ij} 的值均为 0 或空时,则终止;否则,在 s_{ij} 中求出值最大的那一项,进入(3)。

(3)考察对应的 s_{ij},若满足下述条件之一,则转(5),否则转(6):

①点 i 和点 j 均不在线路上;

②点 i 不在线路上,点 j 为线路的起点或终点;

③点 i 为一条线路的终点,而点 j 为另一条线路的起点。

(4)判断点 i 和点 j 是否交换过,若没有,交换后转(3),否则转(7)。

(5)约束条件计算。计算连接点 i 和点 j 后线路的总货运量 Q,若 $Q\leqslant q$ 并满足其他约束条件,则转(6),否则转(7)。

(6)连接点 i 和点 j,将该 s_{ij} 的值赋为 0 或空,并将已成为回路中间的点所涉及 s_{ij} 的值也赋为 0 或空,转(2)。

(7)将该 s_{ij} 的值赋为 0 或空,转(2)。

6.3 研究案例应用

6.3.1 利用表上作业法求解产销平衡问题

某公司有三个储存某种物资的仓库 A_1、A_2、A_3,供应四个工地(B_1、B_2、B_3、B_4)。三个仓库的供应量和四个工地的需求量以及从各仓库到各工地调运单位物资的运价如表 6-3 所示，试求运输费用最少的运输方案。

表 6-3　供需情况和单位运价表

仓库	工地				供应量/吨
	B_1	B_2	B_3	B_4	
A_1	3	11	3	10	700
A_2	1	9	2	8	400
A_3	7	4	10	5	900
需求量/吨	300	600	500	600	2000

注：运价的单位为元/吨。

求解步骤如下：

(1)列出调运物资平衡表(见表 6-4)和单位运价表(见表 6-5)。

表 6-4　物资平衡表　　单位：吨

仓库	工地				供应量
	B_1	B_2	B_3	B_4	
A_1					700
A_2					400
A_3					900
需求量	300	600	500	600	2000

表 6-5　单位运价表　　单位：元/吨

仓库	工地				
	B_1	B_2	B_3	B_4	
A_1	3	11	3	10	
A_2	1	9	2	8	②
A_3	7	4	10	5	

①

物资平衡表和单位运价表是表上作业法的基本资料和运算的依据。表上作业法的实质就是利用单位运价表在物资平衡表上进行求解[5]。

为了叙述和考虑问题更方便，通常把上述物资平衡表看作矩阵，并把表中的方格记为如下形式：(2,3)表示第二行第三列的方格，(1,4)表示第一行第四列的方格等。此外，在求解过程中，如果物资平衡表的(2,1)方格中写的是 300，即表示从仓库 A_2 调运 300 吨物资到工地 B_1。

(2)编制初始调运方案。一般最优方案是由初始方案经过反复调整得到的。因此，编制出较好的初始调运方案非常重要。确定初始方案通常有两种方法：一是西北角法，二是最小元素法。

第一，西北角法。从物资平衡表的西北角第一格开始，按集中供应的原则，依次安排调运量。因为集中供应，所以未填数值的方格的 x_{ij} 均为 0，从而得到一个可行方案。按西北角法，本例的初始方案如表 6-6 所示。

表 6-6 初始方案 单位：吨

仓库	工地				供应量
	B_1	B_2	B_3	B_4	
A_1	300	400			700
A_2		200	200		400
A_3			300	600	900
需求量	300	600	500	600	2000

$A_1 \rightarrow B_1$ 300 余 400；$A_1 \rightarrow B_2$ 400 缺 200；$A_2 \rightarrow B_2$ 200 余 200；$A_2 \rightarrow B_3$ 200 缺 300；$A_3 \rightarrow B_3$ 300 余 600；$A_3 \rightarrow B_4$ 600 余 0。此时运输总成本为

$$S=300\times3+400\times11+200\times9+200\times2+300\times10+600\times5=13500(\text{元})$$

第二，最小元素法。最小元素法就是按单位运价表依次挑选运费少的供需点，尽量优先安排供应的运输方法。首先针对运输成本最低的路径，并且最大限度地予以满足；其次按“最低运输成本优先集中供应”的原则，依次安排其他路径的运输量。仍以该公司为例，具体做法是在表 6-5 中找出最小的数值(当此数值不止一个时，可任意选择一个)，方格(2,1)的数值是 1，最小。这样，仓库 A_2 尽可能地满足工地 B_1 的需求，于是在空格(2,1)中填入数字 300。此时由于工地 B_1 的需求已经全部得到满足，不再需要仓库 A_1 和 A_3 的供应单位，单位运价表的第一列数字已不起作用，因此将表 6-5 的第一列划去，并标注①(见表 6-5)。

然后，在表 6-5 未划去的行和列中，再选取一个最小的数值，即(2,3)=2，仓库 A_2 尽量满足工地 B_3 的需求。仓库 A_2 的 400 吨已供应给工地 B_1 300 吨，

所以最多只能供应工地 B_3 100 吨。于是在平衡表的(2,3)格填入 100。相应地，仓库 A_2 所储物资已全部供应完毕，因此，在单位运价表中与 A_2 同行的运价也已不再起作用，也将它们划去，并标注②。仿照这样的方法，一直做下去，得表 6-7。

表 6-7 供需量的分配

单位：吨

仓库	工地				供应量
	B_1	B_2	B_3	B_4	
A_1			400		700
A_2	300		100		400
A_3		600		300	900
需求量	300	600	500	600	2000

最后，在单位运价表中只有方格(1,4)处的运价没有划掉，而 B_4 尚有 300 吨的需求未得到满足。为了满足供需平衡，在平衡表上应有(1,4)=300，这样就得到如表 6-8 所示的初始调运方案。

表 6-8 初始调运方案

仓库	工地				供应量/吨
	B_1	B_2	B_3	B_4	
A_1			400 [3]	300 [10]	700
A_2	300 [1]		100 [2]		400
A_3		600 [4]		300 [5]	900
需求量/吨	300	600	500	600	2000

表 6-8 中填有数字的方格右上角是与其相对应的运价(元/吨)。根据得到的初始调运方案，可以计算运输费用：

$S=1\times300+4\times600+3\times400+2\times100+10\times300+5\times300=8600$(元)

对于应用最小元素法编制初始方案,有以下几点说明:

①应用最小元素法编制初始调运方案,这里的"最小"是相对于局部而言的,而整体考虑的运费不一定是最小的。

②特别需要指出的是,并不是任意一个调运方案都可以作为表上作业法的初始方案,需满足填有数字的方格数恰好是行数(m)+列数(n)−1。在本例中为 $3+4-1=6$,因此,可以作为初始调运方案提出。但是,在制定初始方案时有时会碰到按最小元素法确定的方格中,相应的供应点再无物资可供应或需求点已全部得到满足的情况,此时平衡表中填有数字的方格数小于 $m+n-1$。我们规定,在未填有数字的方格中必须填上一个,并将它和其他发生供需关系的方格同样看待,目的是保证填有数字的方格数为 $m+n-1$。

下面用一个例子来说明上述情况的处理过程。

表 6-9 和表 6-10 分别给出了一个物资调运问题的供需平衡表和单位运价表,运用最小元素法经过三次运算后,可得到表 6-11、表 6-12 和表 6-13。

表 6-9 供需平衡表 单位:吨

仓库	工地			供应量
	B_1	B_2	B_3	
A_1				10
A_2				20
A_3				40
需求量	10	20	40	70

表 6-10 单位运价表 单位:元/吨

仓库	工地		
	B_1	B_2	B_3
A_1	1	2	2
A_2	3	1	3
A_3	2	3	1

表 6-11　单位运价表　　单位:元/吨

仓库	工地		
	B_1	B_2	B_3
A_1	1	2	2
A_2	3	1	3
A_3	2	3	1

表 6-12　供需平衡表　　单位:吨

仓库	工地			供应量
	B_1	B_2	B_3	
A_1	10			10
A_2		20		20
A_3			40	40
需求量	10	20	40	70

表 6-13　初始调运方案　　单位:吨

仓库	工地			供应量
	B_1	B_2	B_3	
A_1	10		0	10
A_2		20	0	20
A_3			40	40
需求量	10	20	40	70

表 6-13 虽然构成了一个调运方案,但在单位运价表中,(1,3)及(2,3)方格尚未被划去,所以在平衡表 6-12 中,在方格(1,3)及(2,3)处各填上一个“0”后得到表 6-13。表 6-13 中填有数字(包括 0)的方格数恰好是 3+3−1=5,如此才可以构成初始的调运方案。

(3)检验初始方案。在制定初始调运方案之后,需要对它进行检验。如果该方案不是最优方案,则需要对其进行调整,直到获得最优调运方案。判断调运方案是否为最优解，有两种方法：一种叫作闭合回路法，另一种是位势法。

第一，闭合回路法。从初始调运方案的一个空格出发，存在一条且仅有一条以某空格（用 x_{ij} 表示）为起点，以其他填有数字的点为另外的顶点的闭合回路，简称“闭回路”。这个闭回路具有以下性质：①每个顶点都是转角点；②闭回路是一条封闭折线，每一条边都是水平的或垂直的；③每一行（列）若有闭回路的顶点，则必有两个。

只有从空格出发，其余各转角点对应的方格内均填有数字时，构成的闭合回路才是我们所说的闭回路。另外，过任一空格的闭回路不仅是存在的，而且是唯一的。

下面以表 6-8 给定的初始调运方案为例，说明闭回路的性质。表 6-14 给出了空格，(1,1)和(3,1)形成的闭回路为：

(1,1)—(1,3)—(2,3)—(2,1)—(1,1)

(3,1)—(2,1)—(2,3)—(1,3)—(1,4)—(3,4)—(3,1)

表 6-14　初始调运方案　　单位：吨

仓库	工地				供应量
	B_1	B_2	B_3	B_4	
A_1			400	300	700
A_2	300		100		400
A_3		600		300	900
需求量	300	600	500	600	2000

其他空格的闭回路与此同理。

在调运方案的每个空格所形成的闭回路上做单位物资的运量调整，可以计算出相应的运费是增加了还是减少了。我们把计算出来的每条闭回路上因调整单位运量而使运输费用产生的增减值称为检验数。检验数的求法为：在闭回路上，从空格出发，沿闭回路，将各顶点的运输成本依次设置“+”“−”，交替设置正负符号，然后求其代数和。这个代数和即检验数，用 λ_{ij} 表示。例如，上述表格上的检验数 $\lambda_{11}=3-11+9-1=0$。用同样的方法可以求出其他空格的检验数，如表 6-15 所示。如果检验数小于 0，表示在该空格的闭回路上调整运量使总费用减少；如果检验数大于 0，则会使运费增加。因此，调运方案是不是最优方案的判定标准就是：如果它所有的检验数都是非负的，那么这个调运方案一定是最优的；否则，这个调运方案不一定是最优的。

表 6-15　检验数计算

仓库	工地				供应量/吨
	B_1	B_2	B_3	B_4	
A_1	0　[3]	+2　[11]	400　[3]	300　[10]	700
A_2	300　[1]	+1　[9]	100　[2]	−1　[8]	400
A_3	+10　[7]	600　[4]	+5　[10]	300　[5]	900
需求量/吨	300	600	500	600	2000

第二，位势法。用该调运问题的相对运价减去准检验数，对初始调运方案中每个填有运量数值的方格来说，都会满足

$$C_{ij}=u_i+V_j \tag{6-22}$$

而对每个空格来说，检验数为

$$\lambda_{ij}=C_{ij}-u_i-V_j \tag{6-23}$$

式(6-23)就是用位势法求检验数的公式。在本例中，设 C_{ij} $(i=1,\ 2,\ 3;\ j=1,\ 2,\ 3,\ 4)$表示变量相应的运价，将初始调运方案中填有数字的方格的 C_{ij} 分解成两部分：u_i 和 V_j 分别称为该方格对应的 i 行和 j 列的位势量。因为 i 有 $m=3$ 行，j 有 $n=4$ 列，故位势量的个数为 $m+n=3+4=7$。但填有运量数的方格只有 $m+n-1=6$ 个，这样，6 个 C_{ij} 的方程要解出 7 个未知的位势量，u_i 和 V_j 可以有很多解。所以，可以先任意给定一个未知数的位势量，如表 6-16 所示。

表 6-16　位势计算表

供点	需点				u_i
	Ⅰ	Ⅱ	Ⅲ	Ⅳ	
A			3	10	$u_1=2$
B	1		2		$u_2=1$
C		4		5	$u_3=-3$
V_j	$V_1=0$	$V_2=7$	$V_3=1$	$V_4=8$	

$V_1=0$，则由 $C_{21}=u_2+V_1=1$，可以得到 $u_2=1$；由 $C_{23}=2$，得到 $V_3=1$；由 $C_{13}=3$，可得到 $u_1=2$。同理可以得到 $V_4=8, u_3=-3, V_2=7$。

行位势量 u_i 与列位势量 V_j 对应相加，可得到准检验数，如表 6-17 所示。表中带有[]者为初始调运方案表里的空格。按照位势法计算本例初始调运方案的检验数，结果如表 6-18 所示。在本例中，由于检验数出现负值，依照最优方案判定准则可知，该初始调运方案不一定是最优的，需要进行调整。

表 6-17 准检验数计算

供点	需点				u_i
	Ⅰ	Ⅱ	Ⅲ	Ⅳ	
A	[2]	[9]	3	10	$u_1=2$
B	1	[8]	2	[9]	$u_2=1$
C	[−3]	4	[−2]	5	$u_3=-3$
V_j	$V_1=0$	$V_2=7$	$V_3=1$	$V_4=8$	

表 6-18 检验数表

供点	需点			
	Ⅰ	Ⅱ	Ⅲ	Ⅳ
A	1	2		
B		1		−1
C	10		12	

(4)调整初始调运方案。当判定一个初始调运方案不是最优方案时，就要对检验数出现负值的空格进行调整。如果检验数是负值的空格不止一个，那么一般选择负检验数绝对值大的空格作为具体调整对象。具体调整的方法仍用前例加以说明。

根据表 6-18，方格 x_{24} 的检验数是负数，因此对其进行调整，具体过程如表 6-19所示。

表 6-19　初始调运方案调整

x_{13}		x_{14}
400＋100＝500	←	300－100＝200
x_{23}		x_{24}
100－100＝0	←	0＋100＝100

从方格 x_{24} 开始，沿闭回路在各奇数次转角点中挑选运量的最小值作为调整量。本例是将方格 x_{23} 的 100 作为调整量，将这个数值填入空格 x_{24} 内，同时调整该闭回路中其他转角点上的运量，使各行、各列保持供需平衡，这样便得到一个新的调整方案，如表 6-20 所示。

按新方案计算调运物资的运输费用为

$$S=3\times500+10\times200+8\times100+1\times300+4\times600+5\times300=8500(元)$$

表 6-20　调整后的方案

仓库	工地				供应量/吨
	B_1	B_2	B_3	B_4	
A_1	3	11	500　3	200　10	700
A_2	300　1	9	2	100　8	400
A_3	7	600　4	10	300　5	900
需求量/吨	300	600	500	600	2000

新方案是不是最优方案，还要对它再进行检验。经计算，该新方案的所有检验数都是非负的，说明这个方案是最优调运方案。

综上所述，采用表上作业法求解平衡运输问题的物资调运最优方案的步骤如图 6-1 所示。

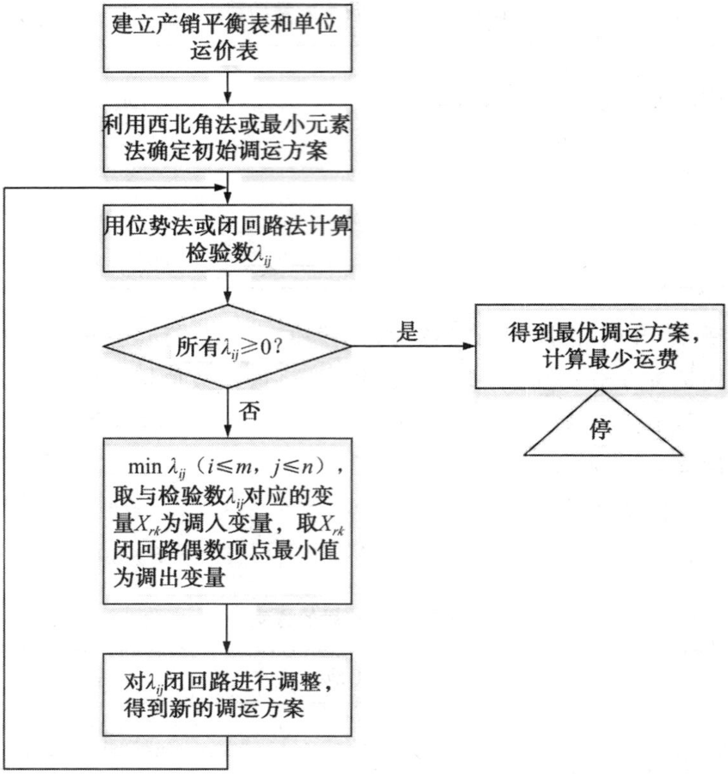

图 6-1　物资调运问题表上作业法计算程序[5]

6.3.2　利用节约算法求解车辆调度问题

现有一个仓库，需要为 8 个顾客提供货物，它们的需求量及极坐标的角坐标值如表 6-21 所示，它们的距离矩阵如表 6-22 所示，位置关系如图 6-2 所示。设每个车辆的运输能力是 14 个单位的货物，现有足够多的车辆，请安排配送路线。

表 6-21　顾客的需求量及极坐标的角坐标值

顾客	1	2	3	4	5	6	7	8
需求量/单位	6	4	5	3	6	2	3	4
角坐标/度	130	50	90	280	210	250	330	310

表 6-22　距离矩阵

c_{ij}	v_0	v_1	v_2	v_3	v_4	v_5	v_6	v_7	v_8
v_0	0	11	10	10	7	12	13	11	13
v_1		0	15	8	16	14	15	16	15
v_2			0	6	15	16	18	8	12
v_3				0	12	13	13	12	11
v_4					0	7	5	4	8
v_5						0	2	10	9
v_6							0	11	10
v_7								0	4
v_8									0

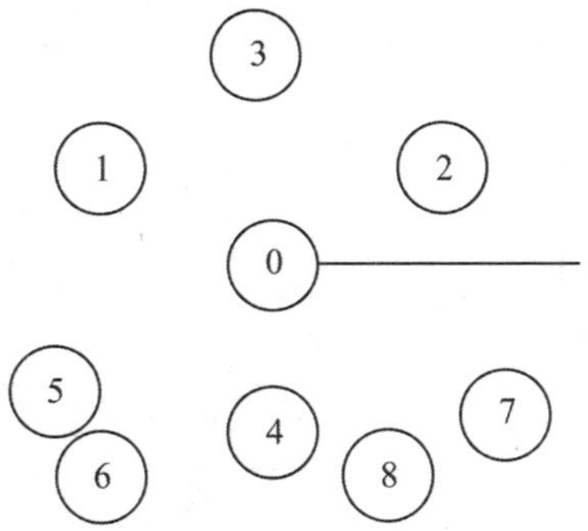

图 6-2　顾客和仓库的位置

(1)根据表 6-22 得出各点间的节约值矩阵,如表 6-23 所示。

表 6-23　节约值矩阵

s_{ij}	v_1	v_2	v_3	v_4	v_5	v_6	v_7	最大值
v_1	0							
v_2	6	0						
v_3	13	14	0					
v_4	2	2	5	0				

续表

s_{ij}	v_1	v_2	v_3	v_4	v_5	v_6	v_7	最大值
v_5	9	6	9	12	0			
v_6	9	5	10	15	23	0		
v_7	6	13	9	14	13	13	0	
v_8	9	11	12	12	16	16	20	
最大值	13	14	12	15	23	16	20	23

(2)从表 6-23 中选出节约值中的最大值 23,其对应的两个顶点为 5、6。5、6的需求量之和为 8,未超过一辆车的运输能力 14,因此,连接 5、6 成回路,即 0—5—6—0,再将顶点 5 与 6 的节约值赋为 0。结果如表 6-24 所示。

表 6-24 最大节约值为 23 的结果

s_{ij}	v_1	v_2	v_3	v_4	v_5	v_6	v_7	最大值
v_1	0							
v_2	6	0						
v_3	13	14	0					
v_4	2	2	5	0				
v_5	9	6	9	12	0			
v_6	9	5	10	15	0	0		
v_7	6	13	9	14	13	13	0	
v_8	9	11	12	12	16	16	20	
最大值	13	14	12	15	16	16	20	20

(3)从表 6-24 中选出节约值中的最大值 20,其对应的两个顶点为 7、8。7、8的需求量之和为 7,未超过一辆车的运输能力 14,因此,连接 7、8 成回路,即 0—7—8—0,再将顶点 7 与 8 的节约值赋为 0。结果如表 6-25 所示。

表 6-25　最大节约值为 20 的结果

s_{ij}	v_1	v_2	v_3	v_4	v_5	v_6	v_7	最大值
v_1	0							
v_2	6	0						
v_3	13	14	0					
v_4	2	2	5	0				
v_5	9	6	9	12	0			
v_6	9	5	10	15	0	0		
v_7	6	13	9	14	13	13	0	
v_8	9	11	12	12	16	16	0	
最大值	13	14	12	15	16	16	0	16

(4)从表 6-25 中选出节约值最大值 16,其对应的两个顶点为 5、8 或 6、8。如果连接 5 与 8,则上述两条回路合并,其总需求量为 15,超过一辆车的运输能力 14,因此,5 与 8 不能连接。同样,6 和 8 也不能连接。那么将顶点 5、8 和 6、8 的节约值赋为 0。结果如表 6-26 所示。

表 6-26　最大节约值为 16 的结果

s_{ij}	v_1	v_2	v_3	v_4	v_5	v_6	v_7	最大值
v_1	0							
v_2	6	0						
v_3	13	14	0					
v_4	2	2	5	0				
v_5	9	6	9	12	0			
v_6	9	5	10	15	0	0		
v_7	6	13	9	14	13	13	0	
v_8	9	11	12	12	0	0	0	
最大值	13	14	12	15	0	0	0	15

(5)从表 6-26 中选出节约值最大值 15,其对应的两个顶点为 4、6。如果连接 4 与 6,则形成 0—5—6—4—0 回路,其总需求量为 11,未超过一辆车的运输能力 14,因此,连接 4、6 成新回路。再将顶点 4 与 6 的节约值赋为 0。同时,由于顶点 6 成为回路的中间点,则将与顶点 6 相关的节约值赋为 0,表示顶点 6 不可能再与其他点相连,结果如表 6-27 所示。

表 6-27 最大节约值为 15 的结果

s_{ij}	v_1	v_2	v_3	v_4	v_5	v_6	v_7	最大值
v_1	0							
v_2	6	0						
v_3	13	14	0					
v_4	2	2	5	0				
v_5	9	6	9	12	0			
v_6	0	0	0	0	0	0		
v_7	6	13	9	14	13	13	0	
v_8	9	11	12	12	0	0	0	
最大值	13	14	12	0	0	0	0	14

(6)按算法步骤迭代计算,直到节约值矩阵表中的值均为 0,迭代结束。最终的结果为 0—2—3—0、0—5—6—4—0、0—7—8—1—0 这三条线路,其运输量分别为 9、11、13,总里程数为 93。

一般来说,利用此算法可以得到比较好的结果,但它是一种贪婪启发式算法,上述问题的全局最优解是:选择 0—1—3—0、0—2—7—8—0、0—5—6—4—0 这三条线路,其运输量分别是 11、11、11,总里程数为 90。

参考文献

[1] 戴恩勇,阳晓湖,袁超. 物流系统规划与设计[M]. 北京:清华大学出版社,2019.

[2] 王术峰. 物流系统规划与设计:理论与方法[M]. 北京:机械工业出版社,2018.

[3] 杨扬，郭东军，等. 物流系统规划与设计[M]. 2版. 北京：中国工信出版集团，电子工业出版社，2020.

[4] 高举红，王术峰. 物流系统规划与设计[M]. 2版. 北京：北京交通大学出版社，清华大学出版社，2015.

[5] 王效俐，沈四林. 物流运输与配送管理[M]. 北京：清华大学出版社，2012.

第7章 供应链网络规划与设计

7.1 概 述

7.1.1 供应链网络结构

1.概念

供应链是围绕核心企业，通过对信息流、物流或/和服务流、资金流的控制，从采购原材料开始，制成中间产品以及最终产品，最后由销售网络把产品送到消费者手中的由供应商、制造商、分销商、零售商、最终用户构成的网链结构组织(见图7-1)。供应链是由自主程度不同的企业实体组成的，这些企业实体在供应链中所处的位置与承担的业务活动各不相同，它们通过业务活动以及与上下游企业之间的沟通协调构成网络。当供应链网络结构中只有一个核心企业，而其他企业围绕核心企业展开业务时，这种通常被称为狭义上的供应链网络。当一个供应链网络结构中有多个核心企业时，其就可以动态地演化成一种网状结构，这种通常被称为广义上的供应链网络。供应链网络中的核心企业所在的层次及其与上下游企业之间的供需关系会发生变化，原因是核心企业所在层次中的同类型企业会产生竞争，导致所有向前以及向后的供需关系随之发生相应的变化。

2.结构特性

供应链网络的结构特性如下[1]：

(1)层次性。从组织边界的角度看，虽然每个企业实体都是供应链网络的成员，但是它们可以通过不同的组织边界体现出来。例如，由于一些企业集团规模非常大，与其他节点企业联系的只是其中一个部门或者一个子公司，且内部结构也非常复杂，企业集团内部就存在着产品供求关系，当用很多小节点来表示内部供求关系结构时，此企业集团就成为整个供应链网络的一个子网。

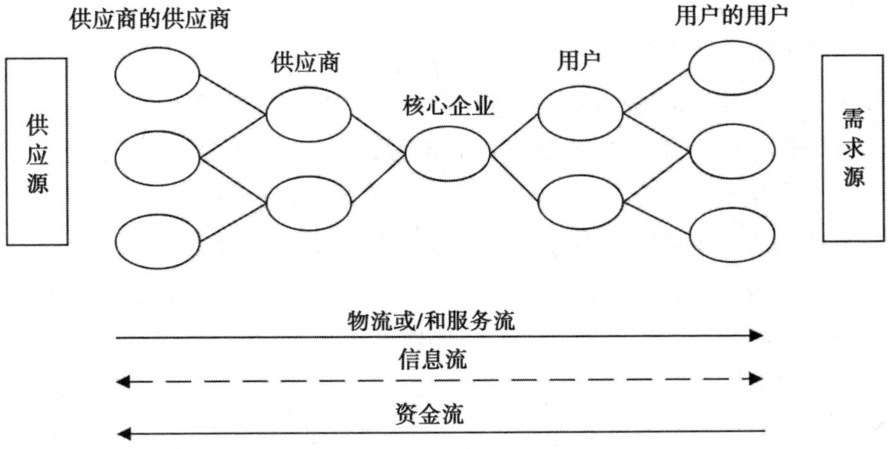

图 7-1　供应链网络

(2)交叉性。供应链网络中的供应链不是独立存在的，它还包括与其他供应链相连接的部分。从供应链的水平结构来看，供应链网络结构反映了从原材料供应商到制造商、分销商及顾客的物流、信息流和资金流的过程；从供应链的垂直结构来看，除核心企业所在层级外，其他层级基本相似，每一层级有多个成员企业既相互竞争又相互合作。

(3)多级性。随着供应、生产和销售关系的复杂化，供应链网络中的成员越来越多。如果把供应链网络中相邻两个企业实体的关系看作“供应—购买”关系，那么这种关系是多级的，涉及的供应商和购买商也有多个。供应链网络的多级结构使供应链管理更困难，但有利于供应链的优化与组合。

(4)动态性。供应链网络中的成员通过物流、信息流和资金流连接起来，它们之间的关系是不确定的，其中某一个成员在业务方面稍微进行调整都会引起供应链网络结构的变动。而且，供应链成员之间、供应链之间的关系也由于顾客需求的变化而经常进行适应性的调整。

(5)跨地域性。随着互联网、电子商务等信息技术的发展以及交通运输条件的改善，供应链网络中的企业实体超越了空间的限制，在业务上紧密合作，共同加快物流、信息流和资金流的流动，创造了更多的供应链收益。最终，世界各地的供应商、制造商和分销商连接成一体，形成全球供应链网络。这种地理上的分散增加了供应链网络管理的难度以及企业间的运输成本，也使企业更多地受到外部因素的影响。

3.分类

按照不同的分类标准，供应链网络的结构可分为以下几种类型：

按照供应链的交叉程度，可以将供应链网络分为：①平行的供应链网络。虽然几条供应链没有交叉，但它们都与银行、广告商等支撑企业有关，而且需要第三方物流企业的服务，也需要行业协会、政府部门的管理、控制等，所以这些看似无关的供应链并不是孤立地存在着，而是有联系之处。②完全交叉的供应链网络。这种供应链网络的前一级的各个节点企业和后一级的各个节点企业之间都有供求关系。这是一种理想状态下的供应链网络结构，实际中并不常见，在对供应链网络进行定量、定性研究时一般采用这种结构。③部分交叉的供应链网络。在实际中，这种类型最为常见。这三种结构类型如图 7-2 所示。

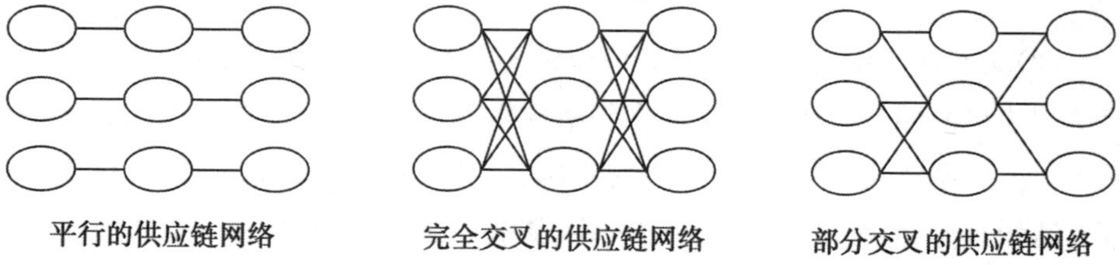

图 7-2 供应链网络的三种结构类型

按照供应链网络中各级之间的供求关系，可以将供应链网络分为：①只有相邻级之间存在供求关系的供应链网络。在供应链网络中，涉及很多级之间的供求关系，但这种供应链网络只考虑相邻级之间的供求关系，而不考虑除此之外的供求关系。此种结构类型就是一般的供应链网络。②非相邻级之间也存在供求关系的供应链网络。实际中的供应链网络，除了相邻级之间存在供求关系外，非相邻级之间也存在供求关系。随着互联网、电子商务等的发展，传统的物理交易转向电子交易，从而使某些顾客直接从制造商那里订货、购买产品，这样就形成了非相邻级之间的供求关系。此种结构类型如图 7-3 所示。

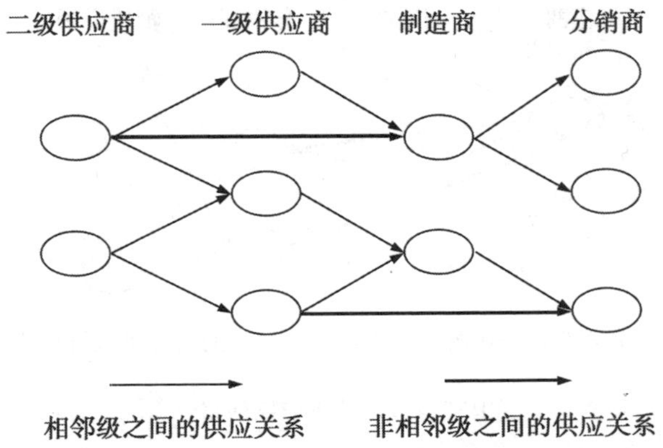

图 7-3　非相邻级之间也存在供求关系的供应链网络

按照供应链交叉后是否在网内形成闭环，可将供应链网络分为：①闭环供应链网络。在供应链网络中形成闭环有两种情况。第一，随着人们环境意识的不断增强和资源的枯竭，人们开始注重对废旧产品和材料的回收与再制造，产生了从消费市场经回收中心处理到制造商甚至到原材料供应商的逆向物流，由此在供应链网络中形成了闭环，如图 7-4(a)所示。第二，在供应链网络中，节点企业可能既是供应链网络中的原材料供应商或制造商，同时又是供应链网络消费市场中的顾客，这样便在供应链网络中形成了闭环。对于以上扮演两个角色的节点企业来说，为简化网络结构，可以将一个节点变为两个节点甚至多个节点，如图 7-4(b)所示，企业 A_1 和 A_2 为同一个企业。②无环供应链网络。在此种供应链网络中，物流从供应商流向制造商，再流向分销商，直至最终消费市场，所有前后的供求关系没有涉及闭环的供应链网络都属于无环供应链网络。本书提到的一般供应链网络指的就是无环供应链网络。

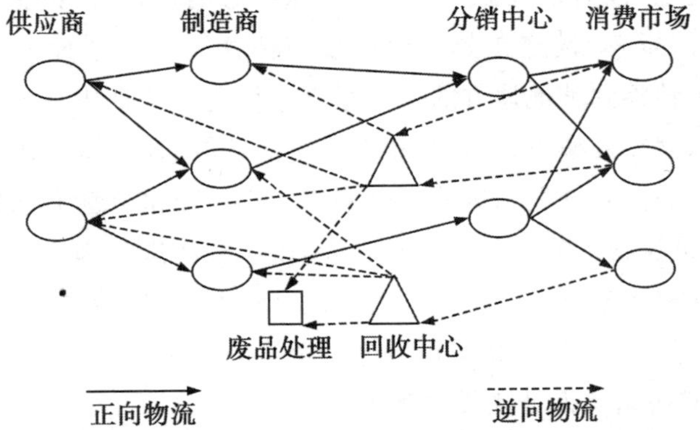

(a)存在逆向物流的闭环供应链网络

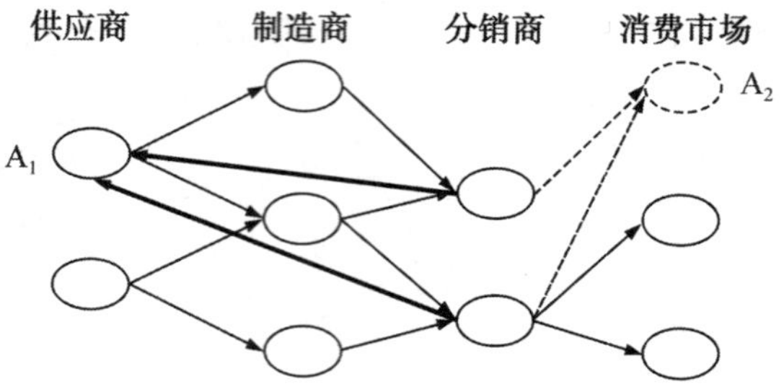

(b)部分节点企业既是供应商又是顾客的闭环供应链网络

图 7-4　闭环供应链网络

7.1.2　供应链网络设计

1.供应链网络设计决策

供应链网络设计决策(Network Design Decisions)包括企业应拥有的制造工厂生产线、配送中心和越库设施的数量,设施的选址,每个设施应分配的产能,每个设施应生产或管理哪些产品、服务哪些市场。基于供应链战略做出供应链网络设计决策非常重要,因为供应链网络设计决策决定了供应链的配置,并且设置了其他供应链驱动因素,可以用来降低供应链成本或提高响应性。例如,工厂离原材料供应商较近时,相应的运输成本将大大降低;而配送中心或分销中心的选址不仅会影响运输成本,还会影响客户满意度[2]。

供应链网络设计具体包括以下决策:

(1)确定设施发挥的作用及合适的设施数量。每个设施发挥的作用及设施数量的供应链网络设计决策是非常重要的,因为这些决策决定了供应链在改变其满足需求的方式上所具有的柔性。

(2)设施选址(包括制造工厂和分销配送中心的选址)。设施选址决策对供应链有着长期的影响,设施尤其是生产设施往往会在一个地方十年或更长时间,因为将设施转移到其他地方的成本很高。优化的选址决策有利于降低供应链的流通成本,缩短运输路径,提高整个系统的反应速度,即提高响应性。

(3)确定供需流量分配和运输配送策略。供需流量分配和运输配送策略对供应链也有着重要的影响,因为它们会影响供应链在满足客户需求时所产生的总的生产、库存和运输成本。这种决策应该是动态的,以便当生产和运输成本、市场条件或工厂产能发生变化时可以进行适当的调整。

2.影响供应链网络设计决策的因素

(1)战略因素。企业的竞争战略对供应链网络设计决策有重要影响(见

表 7-1)。基于成本战略的公司考虑的是尽量降低公司运营成本,所以设施选址首要考虑的因素是地价和劳动力,并使其达到最低。基于客户战略的公司,它们一般认为使客户享受最满意的服务、在最短时间内响应客户需求才是公司战略的根本,于是这类公司会把设施选在最方便触及客户的地方,即便这意味着较高的地租[3]。基于混合型战略的跨国供应链网络可能在某些地区以成本战略为指导,而在另外一些地区则采用客户战略,通过在不同国家和地区布局不同的职能设施,更好地支持其战略目标的实现。

表 7-1　企业的竞争战略对供应链网络设计决策的影响

竞争战略	不同战略的供应链网络设计决策
强调生产成本	在成本最低的区位布局生产设施,即使会使生产工厂远离市场
强调反应能力	在市场附近布局生产设施,有时不惜以高成本为代价
全球化的供应链网络	通过在不同的国家和地区布局不同职能的设施,支持不同战略目标的实现

(2)生产技术因素。产品技术特征对供应链网络设计有显著影响。如果生产技术能带来显著的规模经济效益,布局少数大容量的设施是最有效的。相反,如果设施建设的固定成本较低,就应该建立数量众多的地方性生产设施,这样做有助于降低运输成本。

生产技术的灵活性会影响供应链网络进行联合生产的集中程度。如果生产技术很稳定,而且不同国家对产品的要求不同,就必然在每一个国家建立地方性基地,从而为该国的市场服务。相反,如果生产技术富有灵活性,那么在较少的几个大基地进行集中生产就变得简单易行。

不同技术水平的产品,其相应的供应链网络设计的侧重点也不同。比如高科技精密制造产业存在巨大的规模效应,这是因为产品创新的成本很高,只有大规模生产的生产线才可以取得较低的平均成本;同时,由于技术要求高,开设新厂的投资代价非常高。这类产业供应链的生产设施具有地域高度集中的特征。与之形成对比的是技术含量相对较低的产业,它们的生产设施遍布全球。

(3)宏观经济因素[4]。宏观经济因素包括如下几点:

第一,关税。关税是指一国海关对进出境的产品或设备必须征收的税务。关税对供应链网络设计决策有很大影响。如果一个国家的关税高,企业要么放弃这个国家的市场,要么就在该国建设生产工厂以规避关税。高关税导致供应链网络在更多的地方进行生产,配置在每个地方的工厂的生产能力都较小。对全球企业来说，关税降低导致了生产基地的减少和每一个基地生产能力的扩大。

第二，税收减让。税收减让是指国家或地区的关税或税收的削减，以鼓励企业布局于某一特定区域。许多国家不同地区之间的税收减让不同，以鼓励企业在发展水平较低的地区投资。对许多工厂来说，税收减让往往是做出布局决策的最重要的因素。

第三，汇率。汇率波动经常发生，这对服务世界市场的供应链的利润有显著影响。设计良好的供应链网络，提供了利用汇率波动增加利润的机会。一个有效的方法是，在供应链网络中多规划一部分生产能力，以使生产能力更具有灵活性，从而满足不同市场的需求。这种灵活性使企业可以在供应链中改变产品的流向，并在当前汇率下在成本较低的基地生产更多的产品。

第四，需求风险。供应链网络设计还必须考虑由经济波动而导致的需求波动。

(4)竞争对手因素。企业在设计供应链网络时必须考虑竞争对手的战略、规模和设施布局。

当多个企业的搭配对它们有利时，就会产生正外部性。正外部性是指多家企业邻近选址令其均获得收益的情形，它使竞争对手在选址时彼此靠近。例如，相互竞争的零售店集中在一个购物中心，可使顾客更加便利，顾客只需要驾车到一个地方就能买到所有需要的东西。这会增加来购物中心的顾客数量，从而增加设在那里的所有零售店的需求。当不存在正外部性时，企业选址是为了得到所能获得的最大份额。豪泰林价格竞争模型解释了这种决策的机理[5]。

当企业不能控制价格而只能基于距离顾客的远近来进行竞争时，它们可以通过彼此邻近选址和分割市场来使市场份额最大化。考虑以下情形：假设顾客均匀地分布在一个区间为[0,1]的线段上，两个企业基于它们与顾客之间的距离进行竞争(见图 7-5)。顾客会去距离较近的那个企业，而与两个企业距离相等的顾客则在两个企业间平均分配需求。

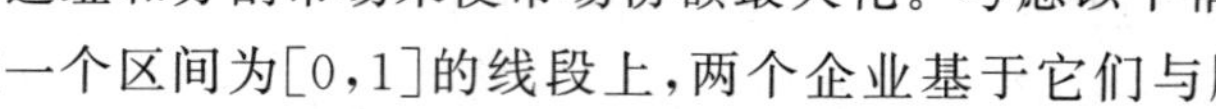

图 7-5 两个企业在线上的选址

如果总需求是 1，企业 1 选址在点 a，企业 2 选址在点 $1-b$，那么两个企业的需求 d_1 和 d_2 分别为

$$d_1=a+\frac{1-b-a}{2}=\frac{1-b+a}{2}$$

$$d_2=\frac{1+b-a}{2}$$

如果两个企业彼此靠近并选址在 $a=b=1/2$ 上，那么双方的市场份额都最大化。如果两个企业都选址在 $a=b=1/2$ 上，顾客走的平均距离为1/4，现在假设企业1选址在 $a=1/4$ 位置，企业2选址在 $1-b=3/4$ 位置，那么顾客走的平均距离降到了1/8。从顾客角度而言，调整后的企业位置对他们更有利。但从企业角度而言，这组选址不是一个均衡状态，因为它会驱使两个企业试图通过将选址移到中间(接近1/2)来增加市场份额。竞争的结果是：两个企业的位置靠近，即使这样会增加顾客走的平均距离。

如果企业在价格上展开竞争而且运输成本由顾客承担，那么对于两个企业来说，最佳的做法是选址时尽可能地远离对方，即企业1选址在0处，企业2选址在1处。远离对方可以使价格竞争最小化，从而有利于企业分割市场并使利润最大化。

(5)客户因素。市场的客户特点也是供应链网络设计的决定因素之一。同样是在亚洲，丰田对不同发展水平的国家的供应链构建战略就存在区别。印度居民收入水平相对较低，汽车的配套装备、设施，如汽油品质、道路铺设水平都相对较低，丰田针对这个市场的生产分厂以低价位和耐磨损的产品为主打。韩国市场的消费水平较高，客户更看重汽车的外形、时尚性等，丰田针对这个市场的生产分厂以相对高档、造型豪华的产品为主打。

(6)政治因素。政治因素对企业布局起着重要作用。企业倾向于在政局稳定的国家布局，这些国家的经济贸易规则较为完善。拥有独立和明确的法制的国家使企业觉得，一旦它们需要，就能在法律上获得帮助，这使得企业更愿意在这些国家投资建厂。政治稳定很难量化，所以企业在设计供应链时只能进行主观的评价。

(7)基础设施因素。良好的基础设施是在特定区域布局的先决条件，不合格的基础设施会增加在所选择的区域内从事商业活动的成本。关键的基础设施因素包括场地的供给、劳动力的供给、靠近运输枢纽、铁路服务、靠近机场和码头、高速公路入口、交通密集和地方性公用事业等。

(8)对客户需求的响应时间。在设计供应链网络时，企业必须考虑到客户需求的响应时间。企业的目标客户若能容忍较长的响应时间，那么企业就能集中力量扩大每一个设施的生产能力。相反，如果企业的目标客户认为较短的反应时间很重要，那么它就必须布局在离客户较近的地方。这类企业就应当设立许多生产基地，且每个基地的生产能力较小，以此来缩短对客户需求的反应时间，增加供应。

(9)总物流成本。总物流成本是供应链网络内库存成本、运输成本和设施成本的总和。

库存成本包括产品储存成本、资本成本和陈旧性损耗成本。当供应链中的设施数量增加时，库存及由此引起的库存成本就会增加。为减少库存成本，企业会尽量合并设施以减少设施数量。

运输成本包括进货运输成本和送货运输成本。进货运输成本是指向设施运进原材料时发生的成本。送货运输成本是指从设施运出货物时发生的成本。单位送货成本一般比单位进货成本高，因为进货量一般较大。因此，增加设施数量就能减少运输费用，但如果设施数量增加到一定的数目，导致批量进货规模很小，那么设施数量的增加也会使运输费用增多。

设施成本包括固定设施成本和可变设施成本。固定设施成本与设施的利用状况无关，具有一次性投入、数额巨大、长期返本的特点，如购买土地、厂房、机器等的成本。可变设施成本则是伴随产品的每一个流动周期产生的生产、加工、包装、售后服务等成本，与设施处理的产品数量成比例，具有反复性投入、数额较小、短期返本的特点。

供应链网络设计的目标是降低总物流成本，同时确保适当的顾客响应水平。供应链网络中的设施数量至少应等于使总物流成本最小所需的设施数量。在此基础上，企业可以增加设施数量，以提高顾客响应性水平。如果提高响应性水平带来的收入增加大于增加设施所产生的成本，那么增加设施的决策就是合理的。

3.供应链网络设计原则

在供应链网络设计过程中，应遵循一些基本原则[6]。

(1)整体最优化原则。供应链网络设计应该统筹全局，从整个网络的角度出发对影响供应链网络设计的各个因素进行综合权衡，以达到整体最优化。仅仅对供应链的一个环节进行优化未必能提高整体网络的效率，反而可能导致其他环节的表现不佳。设计一个实用、高效的供应链网络，不应只优化个别成员或个别环节，而必须以整体最优化为原则，统筹考虑，否则可能会导致整个供应链网络效率低下。

(2)一致性原则。企业只有拥有一致性的供应链网络，才能取得竞争优势。如果上下游企业之间存在间隙，供应链网络就缺乏一致性，整体的竞争能力就会降低。因此，供应链网络设计应当在保持整体最优化的前提下，利用各成员企业自身的资源优势，建立协调一致的合作伙伴关系，从而满足上下游客户的需求，保证企业物流、商流、信息流、资金流的协调一致，使供应链网络发挥出最佳效用。

(3)综合成本最低兼顾服务原则。供应链在供应产品、满足客户需求的过程中，产生的成本有生产成本、加工成本、运输成本、储存成本等。供应链网络设计不同，导致供应链网络中的节点数量、结构布局和设施的生产能力不同，相关成本也不同。供应链网络设计要全面考虑决策方案对各种成本的综合影响，保证综合成本最低。若要供应链网络中的物流综合成本最低，必然会与企业提供的服务发生冲突。若要物流综合成本最低，则企业只能拥有较少的设施数量；但要缩短客户响应时间，则必须增加设施的数量，从而可能导致超过最小物流成本对设施数量的要求。设施数量不断增加会导致物流总成本先减少后增加，而客户响应时间则随着设施数量的增加不断缩短。服务是供应链网络的重要功能，也是竞争的重要因素。因此，在构建供应链网络时必须遵循兼顾服务的原则，不能因为一味地追求综合成本最低而忽略服务；相反，也不能因为一味地追求对客户的高服务而忽略成本。两者都要满足供应链网络的要求，从而达到成本与效益的双赢。

(4)动态性原则。供应链网络中的需求、价格、成本和其他经济因素等都是动态变化的，不确定性随处可见。不确定性的存在致使供应链网络在运作中存在风险。因此，进行供应链网络设计时要以发展、变化的眼光来预见各种不确定性因素的影响，应使网络具有一定的弹性机制，不能仅仅以决策时的特定环境或以在特定环境下对未来的预测为基础进行评价。供应链网络的设计过程应该是动态的、反复的，以提高供应链网络对环境变化的适应能力。需要定期对供应链网络进行评价甚至重新设计，因为随着环境的不断变化，供应链网络原有的某些环节可能已经不利于整个网络效率的发挥。

7.2 主要问题及模型

7.2.1 供应链网络设计框架

管理者在两种情况下需要使用网络设计模型：首先，这些模型可用于设施选址和产能分配，管理者必须考虑选址和产能决策影响的时间范围(通常以年为单位)，在这段时间内选址和产能不会发生改变；其次，这些模型还可用于将当前的需求分配给可利用的设施，并确定产品运输的路径。随着需求、价格、汇率和关税的变化，管理者至少每年必须重新进行一次决策。在这两种情况下，决策的目标都是在满足顾客需求的同时实现利润最大化。

网络设计分为三个阶段,下面将对每个阶段进行详细介绍。

1.明确供应链战略/设计

网络设计第一阶段的目标是明确企业的总体供应链设计,详细说明供应链应该具备哪些功能,以支持企业竞争战略的实现。

第一阶段始于对企业竞争战略的明确界定,即供应链旨在满足哪些需求。供应链战略将明确说明供应链网络必须具备哪些能力来支持竞争战略。管理者必须预测全球竞争如何演变以及每个市场上的竞争对手是当地企业还是全球化企业。管理者还必须识别现有的网络、可用资本的约束,以及增长是通过获取已有设施、兴建新设施还是采用合作的方式来实现。

企业必须基于竞争战略和由此产生的供应链战略、对竞争状况的分析以及所有约束条件来确定总体供应链设计。

2.明确区域设施配置

网络设计第二阶段的目标是确定设施将位于哪些区域、其潜在的作用以及大致的产能。

第二阶段始于对国家或地区的需求预测。这一预测必须包括对需求规模的估计并明确不同地区的顾客需求是同质的还是存在差异的。同质的需求适合采用大型综合设施。当需求在不同国家间存在差异时,则适合采用柔性的设施或小型的、本地化的专用设施。

管理者下一步要做的就是识别与生产、储存、运输活动相关的固定成本和可变成本。在这一层次的分析中,这些成本是指区域的平均成本,而不是某一具体地点的成本。这些成本取决于生产技术显示出的规模经济或范围经济的程度。如果规模经济或范围经济显著(固定成本较高),那么建立少数几个设施来服务很多市场可能是更好的选择;如果规模经济或范围经济不显著,那么最好是在每个市场建立自己的设施。

接下来,管理者必须了解地区性关税、与本地化生产有关的所有要求、税收激励以及每个市场的出口或进口限制。这些信息有助于设计一个税后利润最大化的网络。管理者必须识别每个区域的竞争对手,并决定将设施设立在靠近还是远离竞争对手的地方。另外,还必须明确每个市场的期望响应时间和每个区域的总物流成本。

基于上述所有信息,管理者利用网络设计模型就可以确定供应链网络的区域设施配置。区域设施配置将明确说明设施将建在哪些区域、网络中设施的大致数量及其产能、每个区域生产的产品以及每个区域所服务的市场。

此外，管理者还必须识别与区域市场相关的需求风险、汇率风险和政治风险。这些信息有助于测试所设计的网络在面对这些波动时的稳健性。

3.设施选址与需求分配

网络设计第三阶段的目标是为每个设施在潜在地点中选择一个准确的位置并进行需求分配。

首先，要在设施将坐落的每个地区选择一组理想的潜在地点。地点的选择应基于对基础设施能否支持预期的生产方法的有效性分析。硬件基础设施的要求包括供应商的可获得性、运输服务、通信、公共设施以及仓储设施等，软件基础设施的要求包括熟练劳动力的可获得性、劳动力的流动以及社会对工商业的接受能力。

其次，集中考虑选择的这些理想的潜在地点，在考虑每个市场所期望的毛利和需求、各种物流和设施成本以及每个地址的税收和关税的基础上，确定最终的设施位置，使供应链网络总利润最大化，或者总成本最小化。

7.2.2 区域网络配置的优化方法

1.概述

(1)解析方法。解析方法是通过数学模型进行供应链网络设计的方法。采用这种方法时，首先根据问题的特征、外部条件和内在联系建立起数学模型或图解模型，然后对模型求解，获得最佳布局方案。解析方法的优点是能获得精确的最优解，但是这种方法对某些复杂的问题难以建立起恰当的模型，或者建立的模型太复杂导致求解困难，要付出相当高的代价。因而这种方法在实际应用中受到一定的限制。

采用解析方法建立的模型通常有微积分模型、线性规划模型和整数规划模型等。针对某个问题究竟建立什么样的模型，要根据具体情况而定。

(2)启发式方法。启发式方法是针对模型的求解方法而言的，是一种逐次逼近最优解的方法。这种方法对求得的解进行反复判断、实践、修正直至满意。启发式方法的特点是模型简单，需要进行组合的方案个数少，因此便于寻求最终答案。利用此方法虽不能保证得到最优解，但只要处理得当，就可获得令决策者满意的近似最优解。

(3)计算机模拟方法。供应链网络设计的计算机模拟方法是将实际问题用数学方程和逻辑关系的模型表示出来，然后通过模拟计算和逻辑推理确定最佳布局方案。这种方法比用数学模型求解简单。在采用这种方法进行供应链网络布局时，分析者必须提供预定的各种网络组合方案以供分析评价，并从中找出最佳组合。因此,这一方法的效果依赖于分析者提供的预定的组合方案是否接近最佳方案,而这也是该方法的不足之处。

注意,无论采用哪一种方法,都需要使用大量的数据。因此,供应链网络设计或优化需要一个包罗万象的数据库。尽管有些数据专门用于某些特殊的网络设计问题,但数据库中的大部分数据是通用的,这些数据包括以下信息:

①产品线中所有产品的清单;

②客户、存储点和供货点的位置;

③处于不同位置的客户对各种产品的需求;

④运输费率或运输成本;

⑤送货时间、订单传输时间和订货履行率;

⑥仓储费率和仓储成本;

⑦采购成本或生产成本;

⑧不同产品的运输批量;

⑨不同地点、不同产品的库存水平,控制库存的方法;

⑩订货的频率,订单的规模、季节性特征和内容;

⑪订单处理成本以及产生订单处理成本的环节;

⑫资金成本;

⑬客户服务目标;

⑭现有设备和设施以及处理能力的限制;

⑮当前满足销售需求的分销能力。

这些数据可以从不同的渠道获得,如企业的财务报表、各类运营报告、咨询机构发布的报告、政府的政策以及公开出版物披露的消息等。另外,还可以参考同行业最优秀的企业的做法,为本企业找到追赶的目标。

2.规划求解技术

供应链网络的主要对象包括为工厂提供原材料的供应商,将原材料按照一定的比例生产成产品的工厂,把产品销售给客户的分销中心(或配送中心)和客户(见图 7-6)。我们需要完成的供应链网络设计决策,一是在潜在的工厂及分销中心确定设施的位置和数量,二是确定供需流量分配和运输配送策略。

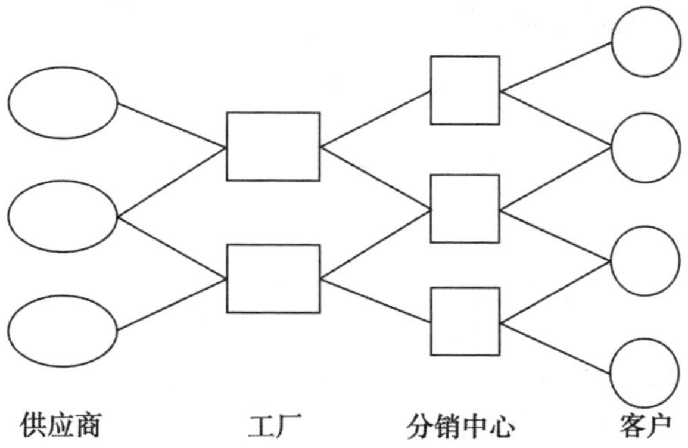

图 7-6　供应链网络模型结构

（1）目标函数。如图 7-6 所示，考虑供应商、工厂、分销中心和客户这四个节点建立模型。我们的目标是寻求供应链网络的最佳设计方案，即供应链总成本 C 的最小化，由此确定设施的数量、设施的选址、供需流量分配和运输配送策略。

供应链总成本由三部分构成：运输成本 C_1（包括从供应商到工厂的原材料运输成本、产品从工厂到分销中心的运输成本、产品从分销中心到客户的配送成本三部分）、建设开办成本 C_2（工厂和分销中心的建设开办费）、作业成本 C_3（工厂的生产成本和分销中心的运营成本），即

$$C=C_1+C_2+C_3 \tag{7-1}$$

假设供应链上共有 I 个供应商，需建立 J 个工厂和 K 个分销中心，有 L 个客户，并对供应商、工厂、分销中心和客户进行编号排序：$i=1,2,\cdots,I$；$j=1,2,\cdots,J$；$k=1,2,\cdots,K$；$l=1,2,\cdots,L$。从供应商 i 到工厂 j 的原材料运送量是 x_{ij}，从工厂 j 到分销中心 k 的产品运送量是 y_{jk}，从分销中心 k 到客户 l 的产品分销量是 z_{kl}，从供应商 i 到工厂 j、从工厂 j 到分销中心 k、从分销中心 k 到客户 l 的单位运输费率分别是 c_{ij}^1、c_{jk}^2 和 c_{kl}^3，那么供应链上的运输成本为

$$C_1=\sum_{i=1}^{I}\sum_{j=1}^{J}c_{ij}^1 x_{ij}+\sum_{j=1}^{J}\sum_{k=1}^{K}c_{jk}^2 y_{jk}+\sum_{k=1}^{K}\sum_{l=1}^{L}c_{kl}^3 z_{kl} \tag{7-2}$$

假设工厂 j 的开设费用是 f_j^2，分销中心 k 的开设费用是 f_k^3。α_j 和 β_k 是两个0-1变量，分别表示为

$$\alpha_j=\begin{cases}1, & \text{开设工厂 } j\\ 0, & \text{不开设工厂 } j\end{cases} \tag{7-3}$$

$$\beta_k=\begin{cases}1, & \text{开设分销中心 } k\\ 0, & \text{不开设分销中心 } k\end{cases} \tag{7-4}$$

那么供应链上的建设开办成本为

$$C_2 = \sum_{j=1}^{J} f_j^2 \alpha_j + \sum_{k=1}^{K} f_k^3 \beta_k \tag{7-5}$$

假设工厂 j 的单位生产成本是 γ_j，分销中心 k 的库存成本是 λ_k，那么供应链上的作业成本为

$$C_3 = \sum_{j=1}^{J} \sum_{k=1}^{K} \gamma_j y_{jk} \alpha_j + \sum_{k=1}^{K} \sum_{l=1}^{L} \lambda_k z_{kl} \beta_k \tag{7-6}$$

综合式(7-1)到式(7-6)，可得到目标函数为

$$\min C = C_1 + C_2 + C_3 = \sum_{i=1}^{I} \sum_{j=1}^{J} c_{ij}^1 x_{ij} + \sum_{j=1}^{J} \sum_{k=1}^{K} c_{jk}^2 y_{jk} + \sum_{k=1}^{K} \sum_{l=1}^{L} c_{kl}^3 z_{kl}$$
$$+ \sum_{j=1}^{J} \left(f_j^2 + \gamma_j \sum_{k=1}^{K} y_{jk}\right) \alpha_j + \sum_{k=1}^{K} \left(f_k^3 + \lambda_k \sum_{l=1}^{L} z_{kl}\right) \beta_k$$

(2)能力约束。一般来说，供应商、工厂以及分销中心都有各自的能力上限，例如，分销中心可能由于建设成本的限制，库存量不大，从而导致其分销能力有限。所以，从供应商到各工厂的总原材料运送量、从工厂到各分销中心的总产品运送量以及从分销中心到各客户的总产品分销量，分别不得超过相应供应商的供应能力、相应工厂的生产能力以及相应分销中心的分销能力。若供应商 i 的供应能力为 a_i^1，工厂 j 的生产能力为 a_j^2，分销中心 k 的分销能力为 a_k^3，则

$$\sum_{j=1}^{J} x_{ij} \leqslant a_i^1, \quad i = 1, 2, \cdots, I$$

$$\sum_{k=1}^{K} y_{jk} \leqslant a_j^2, \quad j = 1, 2, \cdots, J$$

$$\sum_{l=1}^{L} z_{kl} \leqslant a_k^3, \quad k = 1, 2, \cdots, K$$

(3)供需平衡约束。在供应链的生产环节中，上游节点都是按照与之相邻的下游节点的需求进行供应的。工厂需要向供应商采购多少原材料，供应商就供应相应数量的原材料；分销中心需要多少产品，工厂就生产供应相应数量的产品。在供应链网络中，供应方基本上都是按照需求方的要求发货的。若工厂 j 向供应商要求的原材料采购量是 b_j^2，分销中心 k 向工厂要求的提货量是 b_k^3，产品的生产系数(单位成品对原材料的需求量)是 w，则

$$\sum_{i=1}^{I} x_{ij} = \alpha_j b_j^2, \quad j = 1, 2, \cdots, J$$

$$\sum_{j=1}^{J} y_{jk} = \beta_k b_k^3, \quad k = 1, 2, \cdots, K$$

$$\sum_{k=1}^{K}\sum_{l=1}^{L}z_{kl}=w\sum_{j=1}^{J}b_j^2=\sum_{k=1}^{K}b_k^3$$

3.启发式算法

启发式算法是一种基于直观经验构造的算法，在可接受的花费（时间、空间）下，给出待解决组合优化问题每个实例的一个可行解，该可行解与最优解的偏离程度不一定可以事先估计。该算法在可接受的计算费用内寻找最好的解，但不一定能保证解的可行性与最优性，无法描述该解与最优解的近似程度。与传统优化方式不同，启发式算法不考虑算法所得解与最优解的偏离程度。

用启发式算法进行供应链网络设计时，一般应包括以下几个步骤：①定义一个计算总费用的方法；②拟定判别准则；③规定方案改选的途径；④建立相应的模型；⑤迭代求解。

启发式算法主要分为以下三类：

（1）构造算法。根据一些准则，每次将一个不在路径上的点增加进线路，直到所有的点都被安排进线路。

（2）两阶段法。两阶段法是将一个优化问题分解成两个阶段来完成：第一，构造一个可行解；第二，通过对点的调整，在始终保持解可行的前提下，力图向最优目标靠近，每一步都产生一个可行解来代替原来的解，使目标函数值得以改进，一直持续到不能再改进目标函数值。

（3）亚启发式算法。亚启发式算法包括表搜索法、扫描算法、遗传算法、模拟退火算法和神经网络算法等。遗传算法和模拟退火算法的简单介绍如下。遗传算法指模拟达尔文生物进化论的自然选择和遗传学机理的生物进化过程的计算模型，是一种通过模拟自然进化过程搜索最优解的方法。模拟退火算法指从某一较高的初温出发，伴随温度参数的不断下降，结合概率突跳特性在解空间中随机寻找目标函数的全局最优解，即在局部最优解能概率性地跳出并最终趋于全局最优。模拟退火算法是一种通用的优化算法，理论上该算法具有概率的全局优化性能。

为了理解启发式算法的效果，可以考虑以下给出的例子。

现有如下的产品配送系统（见图 7-7）：①单一产品；②两个制造厂生产产品，用 p_1 和 p_2 表示；③制造厂 p_1 的产能 Cap_1 无限制，p_2 实际的产能 Cap_2 为 60000 单位；④两个制造厂有相同的生产成本；⑤两个现有的仓库 w_1 和 w_2 具有相同的仓库搬运成本；⑥三个市场区域 c_1、c_2 和 c_3 的需求分别是 50000、100000 和 50000 单位；⑦表 7-2 提供了每单位的配送成本，例如，从制造厂 p_1 到仓库 w_2 配送单位产品的成本是 5 元。

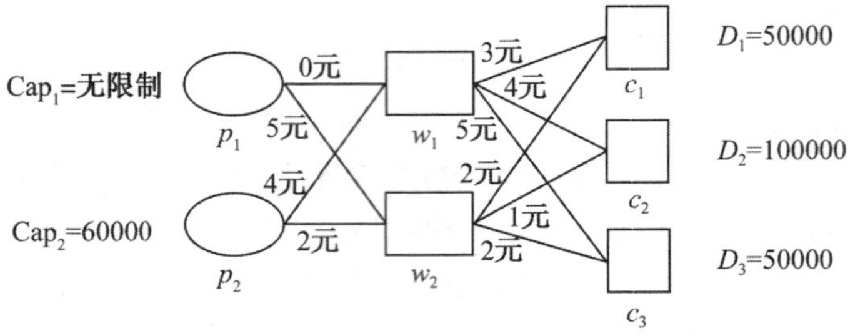

图 7-7 某产品配送系统

表 7-2 单位配送成本 单位:元

	p_1	p_2	c_1	c_2	c_3
w_1	0	4	3	4	5
w_2	5	2	2	1	2

我们的目标是找到合适的配送策略以确定制造厂经仓库到市场区域的产品流,该策略要满足不超过 p_2 的产能约束,满足各市场区域的需求,并使总配送成本最小化。根据经验可以考虑如下两个启发式算法:

启发式算法 1:对于每个市场区域,选择最便宜的仓库来满足需求。因此,c_1、c_2 和 c_3 都让仓库 w_2 来供货,然后为这个仓库选择配送成本最低的制造厂。这样,制造厂 p_2 配送 60000 单位,剩下的 140000 单位由 p_1 供应(见图 7-8)。此时的总成本是

$$2\times50000+1\times100000+2\times50000+2\times60000+5\times140000=1120000\ (\text{元})$$

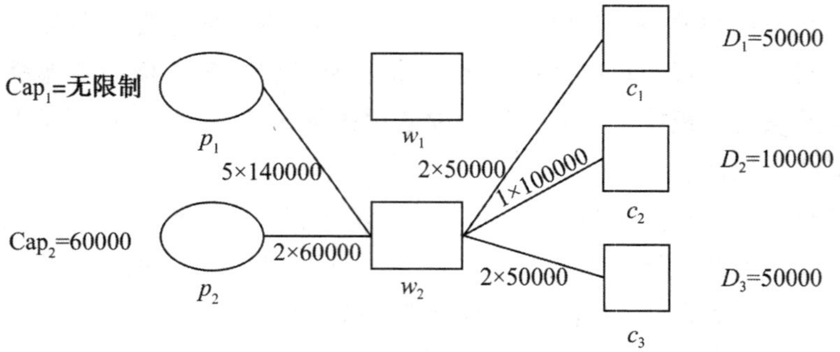

图 7-8 配送方案一

启发式算法 2:对于每个市场区域,选择仓库,使经过该仓库的总配送成本最低,即考虑入库和出库配送成本。因此,对于市场区域 c_1,考虑以下路径:

$p_1—w_1—c_1$、$p_1—w_2—c_1$、$p_2—w_1—c_1$、$p_2—w_2—c_1$。在所有这些方案中，成本最低的是 $p_1—w_1—c_1$，因此为 c_1 选择 w_1。通过同样的分析，为 c_2 和 c_3 选择 w_2。这意味着仓库 w_1 需要交货 50000 单位，而仓库 w_2 需交货 150000 单位。最好的入库配送模式是从制造厂 p_1 向仓库 w_1 供应 50000 单位，从制造厂 p_1 向仓库 w_2 供应 90000 单位，从制造厂 p_2 向仓库 w_2 供应 60000 单位(见图 7-9)。此时的总成本是

$$3\times50000+1\times100000+2\times50000+5\times90000+2\times60000=920000(元)$$

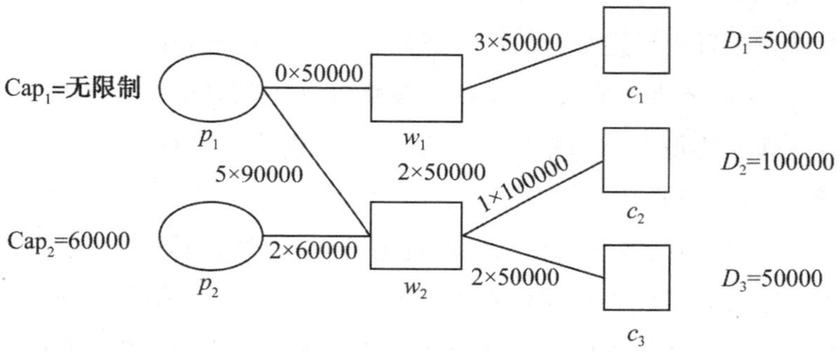

图 7-9　配送方案二

而该问题的最优解为 740000 元，相应的配送策略由表 7-3 给出。

表 7-3　最优配送策略

	p_1	p_2	c_1	c_2	c_3
w_1	140000	0	50000	40000	50000
w_2	0	60000	0	60000	0

这个例子直观地说明了启发式算法的利弊。虽然启发式算法得到的解并不是问题的最优解，但灵活简便。事实上，针对一个复杂的供应链网络设计最优化问题，启发式算法更多地用来估计最优解的范围，以及作为其他算法所得解的测试方法，来验证其他的算法。

4.仿真模拟方法

随着人们关注的现实系统越来越复杂，在建立数学模型时，很难明确地表达出系统本身的不确定性和随机性等因素，导致基于数学模型的优化方法在实际应用中有很大的局限性甚至是不适用的。

仿真模拟方法不依据对现实的抽象和假象，而依据系统的实际结构和组

成，对系统调研所获得的数据建立动态模型，这样可以表达出系统的物理特征与逻辑特征，从而更贴近实际，更便于对系统进行分析。但是仿真模拟方法的实施对象只能是预先设定好的供应链网络设计规划模型。换言之，给定供应商、工厂、分销中心等的配置，仿真模型可以用来估计在该配置下的运作成本。如果要考虑不同的配置（例如，有些客户可能要更换为其提供服务的分销中心），模型就必须重新运行。

仿真模拟本身并不是优化工具，它对于刻画特定配置的绩效很有用，但对于从大量潜在配置中确定最有效的配置用处不大。另外，在考虑诸如个别顾客订货模式、供应商的供应方式、日常配送策略等详细信息的仿真模拟时，需要大量的计算时间才能得到期望精度的模型或系统绩效。这意味着在使用仿真工具时，一般只能考虑非常少的方案。

因此，如果模型或系统的动态性不是关键问题，静态模型是合适的，那么只需要使用相应的数学规划和优化算法即可。事实上，实践中使用的供应链网络设计模型基本上都是静态模型。当特定系统的动态性很重要时，我们同时使用仿真模拟方法和数学优化方法，结合两者的优点达到网络设计优化的最终目的。

基于仿真的优化（Simulation-based Optimization，SBO）方法是将仿真方法和优化方法相结合，借助仿真手段实现系统优化的一种方法。这里既强调了仿真与优化是互相融合的，又强调了优化是目的、仿真是手段的思想。基于这一思想，按照仿真在 SBO 方法中所起的作用不同，将 SBO 方法分为三类[7]。

（1）使用仿真来进行策略验证。在 SBO 方法中，将仿真方法用于策略验证是最简单的一种应用，主要适用于数学模型难以表达、解空间为一组候选策略集且解空间不大的问题。做法是将候选策略集中的策略逐一输入仿真模型，驱动仿真运行，然后比较每一组的输出结果，根据输出结果来确定最优的策略。

将仿真应用于策略验证的方法有其局限性，即它只能从候选策略集中选出最好的方案，而不能主动地寻找最优解。它实际上是通过枚举的方法来对比每个策略的效果，当策略数量较多或不能显式地表达出策略时，这类方法不适用。相对来讲，其他两类方法的应用范围更广。

（2）将仿真的输出作为优化算法中的评价值，即仿真起到评价适值函数的作用。这一类方法在解决评价值函数无法表达的优化问题时有明显的优越性。它是将仿真模块嵌入优化算法中，将仿真模块的输出作为算法的评价值，用于指导优化算法搜索新的解。优化算法产生的新解又作为下一次仿真的输入，直到仿真模型的输出满足终止条件。

仿真模块可以和任意优化算法相结合。例如，遗传算法具有并行搜索及不需要目标函数连续、可导等优点，在求解非线性或离散问题时表现出优越性。而动态性、随机性是供应链优化的一个难点，在数学模型中，供应链中的不确定性如需求波动及订货时间不确定等因素经常被忽略。SBO 方法被认为是解决这一问题的有效方法。

(3)使用仿真来获取优化算法中利用解析方法无法得到的参数或函数。仿真是描述随机性问题的有效方法，因此，对于带有随机性的优化问题，可以用仿真方法求取其中的随机参数或带有随机变量的函数。与将仿真的输出作为优化算法中的评价值的方法不同，该类方法不必对整个问题的流程进行仿真，只需对所需的参数或函数涉及的部分进行仿真。仿真结果不是用于评价解的优劣，而是为优化模块提供必要的随机参数或函数的信息，使优化算法能运行下去。

7.3　研究案例应用[8]

7.3.1　问题描述及模型

为了深度融入“一带一路”建设中，山东省开始实施港口整合，借助山东众多港口城市与内陆城市的联系构建物流运输网络，将内陆城市的货物通过港口运往海外。本案例采用多目标规划的方法计算出内陆港的选址方案及各城市间的货运路线，得出货源地、内陆港和海港三者之间货物的分配情况，从而构建出内陆港—海港的物流网络。基本模型如图 7-10 所示。

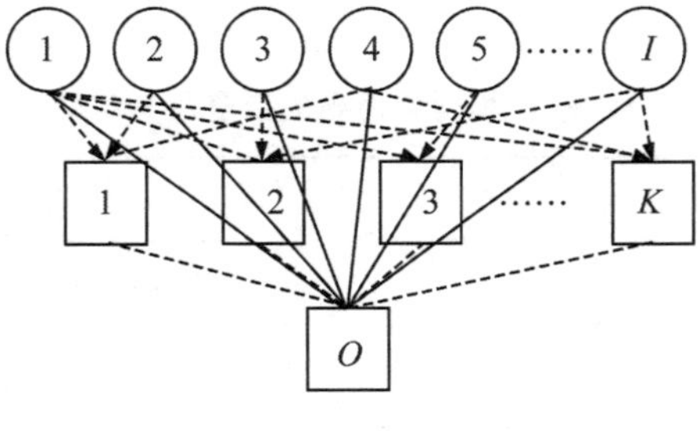

图 7-10　内陆港—海港物流网络模型

图7-10中的第一行代表货源地，中间的一行代表内陆港，最下面一行代表海港。货物的运输方向是：从内陆的货源地通过海港运到海外。因此主要的运输方式有两种：一种是货物通过公路运输运到内陆港，然后通过铁路运输运往海港；另一种是货物直接从货源地通过公路运输运到海港。

1.目标函数

(1)物流成本。物流成本需考虑两个方面：一个是货物从货源地运输到海港的运输成本，另一个是城市拥堵成本。假设在选择运输方式时，采用从货源地直接运输到海港的公路运输，会产生城市拥堵成本；采用内陆港转运的方式，则其城市拥堵成本为0。

(2)碳排放成本。火车、货车等在运输货物的过程中均会产生一定程度的碳排放，从而产生碳排放成本。碳排放成本可以通过距离、货运量和碳排放成本系数来进行计算，其中不同的运输方式有不同的碳排放成本系数。

(3)建设成本。各城市为了促进内陆港的发展，更好地融入"一带一路"建设，在建设和运营方面提供了优惠政策。本案例引入了"一带一路"政策的优惠系数，对于出台了相关扶持政策的城市，其建设成本将会有所减少。

本案例以物流成本、碳排放成本和建设成本最小化为目标，构造目标函数：

$$\min f_1 = \sum_i \sum_k v_{ik} c_{ik} d_{ik} + \sum_o \sum_k v_{ko} c_{ko} d_{ko} + \sum_o \sum_i d_{io} v_{io} (c_{io} + c_d) \tag{7-7}$$

$$\min f_2 = \sum_i \sum_k v_{ik} d_{ik} K_{\text{road}} + \sum_o \sum_k v_{ko} d_{ko} K_{\text{rail}} + \sum_o \sum_i d_{io} v_{io} K_{\text{road}} \tag{7-8}$$

$$\min f_3 = \sum_k B_k b_k x_k \tag{7-9}$$

表7-4为目标函数中的变量及其定义。其中，d、v、c 的下标 ik、ko、io 分别表示从货源地 i 到候选内陆港 k、从候选内陆港 k 到海港 o、从货源地 i 到海港 o。

表7-4 模型中用到的变量及其定义

变量名称		定义
集合	I	货源地，用 i 表示
	K	候选内陆港城市，用 k 表示
	O	海港城市，用 o 表示

续表

变量名称		定义
参数	d	运输距离
	v	货运量
	c	单位运输成本
	b_k	候选内陆港 k 的建设成本
	K_{road}	公路运输的碳排放成本系数
	K_{rail}	铁路运输的碳排放成本系数
	c_d	公路运输的城市拥堵成本系数
	B_k	补贴系数
决策变量	x_k	1 表示在 k 城市建造内陆港，0 表示不建造内陆港

2.约束条件

模型的约束条件如下：

$$\sum_i v_{ik} = \sum_o v_{ko} \tag{7-10}$$

$$\sum_i v_{ik} \leqslant m_k x_k \tag{7-11}$$

$$\sum_o v_{ko} \leqslant m_k x_k \tag{7-12}$$

$$\sum_k v_{ik} + \sum_o v_{io} = v_i \tag{7-13}$$

$$v_{ik} \geqslant 0, v_{ko} \geqslant 0, v_{io} \geqslant 0 \tag{7-14}$$

$$x_k = \{0,1\} \tag{7-15}$$

约束条件(7-10)规定了内陆港 k 货运量的输入输出关系，约束条件(7-11)和(7-12)规定了候选内陆港 k 的容量，约束条件(7-13)表示所有的初始货物运输需求都可以得到满足，约束条件(7-14)和(7-15)规定了货运量和决策变量的可能取值。

7.3.2　数据收集

1.距离

表 7-5 展示了各货源地到候选内陆港(济南、西安、石家庄、银川、郑州)和到山东三个海港(青岛港、烟台港、日照港)的公路运输距离，表 7-6 记录了各候选内陆港到各海港的铁路运输距离。

表 7-5 各货源地到候选内陆港和山东三个海港的公路运输距离 单位:千米

	青岛港	烟台港	日照港	济南	西安	石家庄	银川	郑州
乌鲁木齐	3552	3636	3519	3193	2553	2903	2139	3040
兰州	1845	1938	1690	1496	643	1206	441	1118
成都	1941	1941	2084	1627	735	1538	1467	1207
西宁	2051	2051	2139	1697	881	1407	642	1356
太原	863	955	840	514	608	223	703	444
潍坊	165	258	239	213	1110	498	1400	656
临沂	308	466	146	266	934	560	1379	505
咸阳	1236	1380	1074	923	27	824	750	503
唐山	649	719	704	445	1230	434	1333	843
保定	642	714	684	354	946	150	1051	557
秦皇岛	793	865	849	590	1367	571	1463	979
邯郸	614	717	513	262	702	174	1042	256
洛阳	868	1012	706	555	375	522	1093	135
商丘	628	783	469	323	680	558	1296	224
南阳	953	1096	789	639	411	667	1138	274
石嘴山	1617	1698	1582	1255	797	968	79	1182

表 7-6 各候选内陆港到山东三个海港的铁路运输距离 单位:千米

	济南	西安	石家庄	银川	郑州
青岛港	393	1572	607	1644	1061
烟台港	555	1695	841	1770	969
日照港	427	1210	714	1723	710

2.货源地的运输需求量

各货源地的出口需求量如表 7-7 所示。

表 7-7　各货源地的运输需求量　　单位：万 TEU

乌鲁木齐	兰州	成都	西宁	太原	潍坊	临沂	咸阳
19	3	11	1	3	5	3	1
秦皇岛	唐山	保定	邯郸	南阳	洛阳	商丘	石嘴山
1	2	2	1	1	1	1	2

3.碳排放成本及系数

不同运输方式的能源消耗系数如表 7-8 所示，二氧化碳排放系数采用我国二氧化碳排放系数的平均值 1.142 吨/TEU-10^2 kW·h。利用式(7-16)和不同运输方式的比例(在铁路运输中，柴油火车∶电力火车＝35.6％∶54.4％；在公路运输中，汽油货车∶柴油货车＝10％∶90％)可以计算出我国铁路运输的单位碳排放成本和公路运输的单位碳排放成本。其中，K_m 为货运方式 m 的单位碳排放成本，R_m 为货运方式 m 的能源消耗系数，E 为二氧化碳排放系数。

$$K_m = R_m \cdot E \tag{7-16}$$

表 7-8　我国不同运输方式的能源消耗系数

	铁路		公路	
	电力火车/(kW·h/10^4 ton-km)	柴油火车/(kg/10^4 ton-km)	汽油货车/(L/10^2 ton-km)	柴油货车/(L/10^2 ton-km)
能源消耗系数	102.4	26.4	7.6	6.0

4.建设成本及“一带一路”的政策优惠系数

每一个内陆港都有三种运载能力水平，相应地，有三种建设成本，如表 7-9 所示。济南、西安和郑州三个城市出台了扶持政策，其内陆港的平均建设折扣系数为 75％，建设成本会在一定程度上降低。

表 7-9　建设费用

建设规模/万 TEU	建设费用/(元/万 TEU)	“一带一路”政策补贴后费用/(元/万 TEU)
10	30000	22500
20	65000	48750
40	140000	105000

5.其他参数

在集装箱铁路运输方式下，运输费用为1.5元/TEU-km。在集装箱公路运输方式下，运输费用为6元/TEU-km。公路的城市拥堵成本系数为0.358元/km-TEU。

7.3.3 算法

选择不同的候选内陆港城市，会有不同的网络构建方案，而且运量不同，方案也不同。采用枚举法求解，运算量巨大。本案例属于典型的NP-hard问题，一般不能通过精确方法求解，需要采用合适的算法。在本书中，我们采用了一种使用广泛的多目标进化算法，即带有精英保留策略的非支配排序遗传算法（NSGA-Ⅱ）。

1.帕累托最优

目标优化方法往往强调帕累托最优的概念，通过在帕累托前沿找到均匀分布的点集而不是单个的最优解来解决多目标优化问题。帕累托最优是资源配置的一种理想状态，在资源总量一定的前提下，从某种分配状态到另一种分配状态的变化过程中，在不使得任何人的情况变坏的前提下，使得至少一个人变得更好。帕累托最优解是那些在一个目标上的改进意味着另一个目标恶化的解决方案，即对于某个解A而言，在变量空间中找不到其他优于A的解。因此对于某个多目标规划问题而言，帕累托最优解是方案的可接受解，这样的解可以存在多个，需要决策者根据实际需求进行权衡。

在多目标规划中，当两个解相比较时，其中解A优于解B，则可以称解A支配解B。在此基础上，若没有任何一个解能够支配A，则A可以被称作此多目标规划的一个非支配解。所有这些解组成的集合即帕累托前沿，显然，在帕累托前沿上的解不会受帕累托前沿以外的解支配，这样在进行方案的选择时，这些非支配解与其他解相比，目标冲突的概率较小，通常可以为决策者提供良好的选择空间。

2.NSGA-Ⅱ

NSGA-Ⅱ是对遗传算法的一种改进，是求解多目标规划问题最有效的方法之一。与遗传算法一样，它也是在搜索解空间时模仿自然进化的过程，例如突变、选择和交叉。与求解多目标规划问题的传统集成算法相比，该算法不采用设定权重的方法，避免了主观性的影响。与非支配排序遗传算法（NSGA）相比，NSGA-Ⅱ具有更好的排序方法，融合了精英主义，并且不需要选择共享参数。在NSGA-Ⅱ中，初始化后根据非支配结果对种群进行排序，然后根据每个个体所属的前沿为其分配适应度值。第一前沿个体的适应度值为1，第二前沿个体的适应度值为2，以此类推。为了选择种群中的子集，需要计算每个个体的拥挤距离，以此作为解的密度的衡量标准。通过非支配排序、拥挤距离和精英主义，NSGA-Ⅱ降低了计算的复杂度并提高了求解效率，使得迭代过程更加合理。下面介绍NSGA-Ⅱ中的重要步骤。

(1)快速非支配排序。非支配排序是指根据种群中染色体的优劣程度对其进行分组排序，通过比较各目标函数值来确定每个染色体的支配关系。设$p * q$表示p支配q，p、q为种群P中的个体，S_p为个体p支配的所有个体，n_p为支配p的个体数量，$n_p=0$，则$p_{\text{rank}}=1$。将种群分为若干前沿，所有位于第一非支配前沿的解，记其$n_p=0$。第一非支配前沿中的所有解都不被其他解支配，即在该种群中没有比其各目标函数更优的解。第二非支配前沿是将种群中已划分进第一非支配前沿的个体排除，继续寻找剩余个体中的非支配解。对于该非支配前沿中的每一个解，寻找它支配的个体集S_p中的每一个成员，并让其支配个体数量减少1。如果这样做使得它们的n_p变为0，那么把这些解放到另一个集合Q中，作为第二非支配前沿的解。以此类推，直到种群中所有的解都被划分进相应的前沿。每个前沿的解都能在更高前沿中找到优于它的个体，相同前沿中的解没有优劣之分，即

$\forall p \in P, \forall q \in P, S_p=\varnothing$。若$p * q$，则$S_p=S_p \cup \{q\}$；若$q * p$，则$n_p=n_p+1$。当$i=1$，且$F_i \neq \varnothing$时，$Q=\varnothing$。$\forall p \in F_i, q \in S_p$，使得$n_q=n_q-1$，若$n_q=0$，则$q_{\text{rank}}=i+1, Q=Q \cup \{q\}$。

(2)拥挤度比较。拥挤度是在非支配排序后，衡量相同前沿内各个解质量的优劣程度的比较算子，以该解与周围其他解的密集程度来表示，这个密集程度又被称作“拥挤距离”。在图7-11中，第i个解在其非支配前沿(用实心圆标记)中的拥挤度可以用长方体(以虚线框显示)的平均边长表示。F为非支配前沿的解集。对拥挤距离进行计算时，需要先根据每个目标函数值按升序对种群个体进行排序。对于每个目标函数的边界解，将其拥挤距离设为无穷大。对其他的解而言，其拥挤距离等于两个相邻解的目标函数值标准化差的绝对值。下面的算法为计算拥挤距离的基本程序：

设I中解的个数$l=|I|$，$\forall i$，设$I[i]_{\text{distance}}=0$。$\forall$目标m，$I=\text{sort}(I,m)$，$I[\min]_{\text{distance}}=I[\max]_{\text{distance}}=\infty$，$I[i]_{\text{distance}}=I[i]_{\text{distance}}+(I[i+1].m-I[i-1].m)/(f_m^{\max}-f_m^{\min})$。

其中，$I[i].m$表示集合I中的第i个个体的第m个目标函数值，参数$f_m^{\max}$和$f_m^{\min}$分别是第m个目标函数值的最大值和最小值。

在得到拥挤距离以后，就可以计算拥挤度，因此引入拥挤度比较算子。假设种群中每个个体i有两个属性：一个是非支配排序(i_{rank})，另一个是拥挤距离

($i_{distance}$)。定义偏序$\prec_n$：当$i_{rank} \leqslant j_{rank}$时$i \prec_n j$，或者当$i_{distance} > j_{distance}$时$i \prec_n j$。也就是说，两个不同非支配排序的解，排序越低解越好。或者，当两个解属于同一个非支配前沿时，我们会选择拥挤距离较大的解。

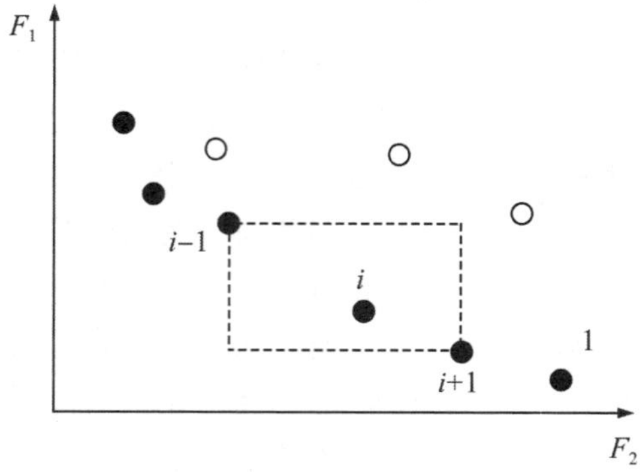

图 7-11　拥挤距离的计算

(3)精英保留策略。一些改进后的遗传算法为避免在遗传过程中优秀个体的流失，设立了最优个体保留机制，即父代种群中较优的个体直接复制进入下一代种群中，将其淘汰概率设为 0。NSGA-Ⅱ中的精英保留策略借鉴了这一机制，将每次遗传过程中处于非支配排序第一等级的个体直接复制进入子代。具体操作流程为：首先随机生成种群规模为 N 的父代种群，通过交叉、变异等操作生成子代种群，然后将父代与子代中的个体合并，形成新的种群，其种群规模为 $2N$。之后对新的种群进行非支配排序和拥挤度比较，由于这个新种群中含有父代种群和其子代种群的所有个体，因此在非支配排序后的第一等级中的个体一定是种群中最优的，直接将该等级的个体复制进下一代的父代种群中。在该过程中，若进入下一代的第一等级的个体数未满 N，则选取第二等级的个体填充进下一代，当添加到某一等级时种群规模数大于 N，则对该等级进行拥挤度比较，选取这一等级内较优的个体，使种群规模数等于 N。在新一代父代种群生成后，继续上述操作，直到满足迭代条件，输出最后一代的第一等级的个体为帕累托最优解集。

3.NSGA-Ⅱ的编码步骤

根据“一带一路”背景下内陆港—海港网络模型的特点，结合基本的算法程序，本章设计出了如下具体的编码步骤：

步骤 1：染色体编码。

解的表示形式会影响算法的效率，本案例采用实数编码来解决模型中变量的关系问题。染色体中的数字表示是否要建立内陆港以及所需建立的内陆港的容量级别。例如，[0、10、20、40、0]表示选择第二、第三和第四个候选城市建造内陆港，容量分别为 100000TEU、200000TEU、400000TEU。

步骤 2：种群初始化。

随机生成 N 个可行解作为初始种群 $P(t)$，并设迭代次数 $t=0$。

步骤 3：子代种群的产生。

①通过解码获得初始解；

②对每个个体的适应度进行评价；

③对种群进行非支配排序并计算拥挤距离；

④通过锦标赛选择法和拥挤度比较算子选择个体，对应的种群 $N(t)$ 便产生了；

⑤对 $N(t)$ 进行遗传操作并产生后代 $S(t)$，此处采用单点交叉和均匀变异策略来产生新的种群。

步骤 4：将 $P(t)$ 与 $S(t)$ 进行重组。

步骤 5：新子代的产生。

对合并后的种群使用非支配排序，如图 7-12 所示。目前新形成的种群大小为 $2N$，因为 $P(t)$ 与 $S(t)$ 均在这个新的种群中，所以能够保证精英策略的实现。属于最优的非支配前沿的解集 F_1 在新的种群中也属于最优的解，相对于其他解而言是首先需要保证的。如果 F_1 的总数小于 N，那 F_1 中的所有个体都将被选入新的种群 $P(t+1)$ 中。$P(t+1)$ 中剩下的个体来源于下一个非支配前沿。因此，便需要按照 F_2、F_3……的顺序依次筛选，直到 $P(t+1)$ 中解的个数达到 N。假设 F_l 是最后一个能容下的非支配前沿。一般而言，从 F_1 到 F_l 的解的个数会远远大于 N。为了准确地选出 N 个个体来组成新的种群，需要用拥挤度来对最后一个非支配前沿进行排序，从而生成新的种群 $P(t+1)$。

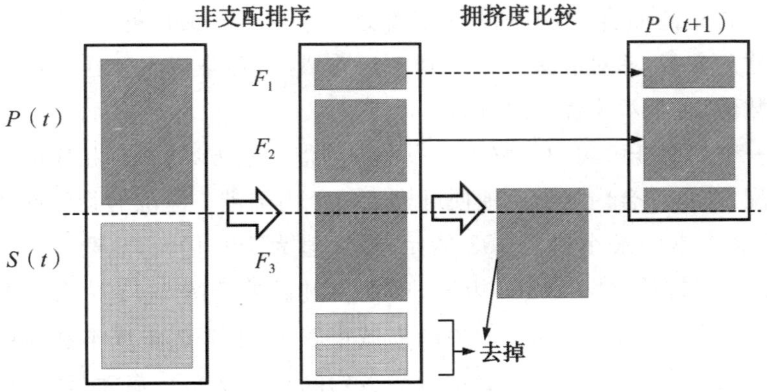

图 7-12　NSGA-Ⅱ的编码步骤

步骤 6:终止。

当满足终止条件时,算法终止,否则返回步骤 3。

7.3.4 结果

1.计算结果

基于以上收集的数据,为了对比分析港口整合带来的影响,对单一港口进行实证分析。本案例选择青岛港作为目标海港,交叉和变异系数分别设置为0.5和 0.4,利用 MATLAB 软件进行计算,进行 100 次迭代,得出帕累托最优解集的分布如图 7-13 所示。

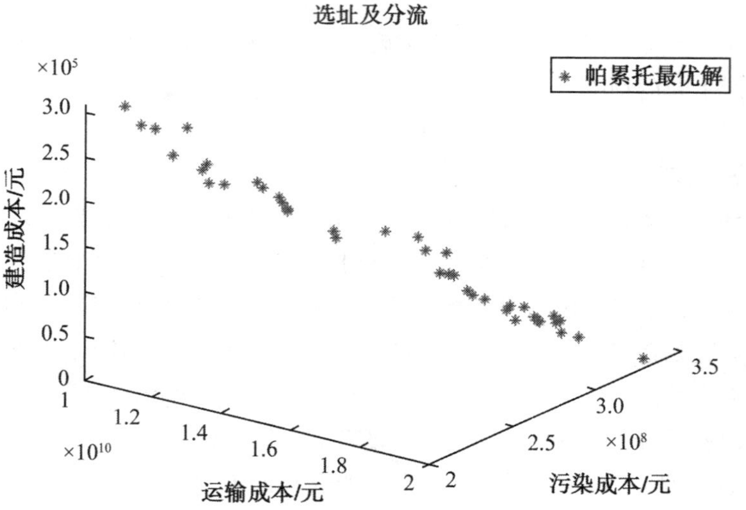

图 7-13 帕累托最优解集分布

对于青岛港而言,图中的每个点都是一个帕累托最优解,代表了一个物流网络构建的方案,并对应多目标规划中运输成本、污染成本和建造成本这三个目标函数值,各个解无优劣之分。

每一个帕累托解集中的解表示一个内陆港建造方案,并有相应的内陆货运量的分配方案,结合内陆货源地便可构成一个内陆港—海港的物流网络。可以发现,运输成本的最小值为 108 亿元,最大值为 196 亿元,总建设成本为 0—31 万元,而碳排放量为 21400 万—34267 万吨。处于图 7-13 中右下方的点具有较低的建造成本,表示选择的内陆港城市较少,但其运输成本和污染成本较高。位于图 7-13 左上方的点表示有更多内陆港和铁路运输参与,其运输成本和污染成本较低,但是建造成本很高。通过该帕累托最优解集,政府决策者和港口运营者便可以根据其对物流运输成本、建造成本和污染成本之间的需求来构造相对应的内陆港—海港物流网络。

2.网络构建

由于每一个帕累托解都可以表示一个内陆港—海港的网络构建方案,因此本书选取一个方案进行分析,例如方案 30。表 7-10 展示了方案 30 中货源地的货运量分配情况。方案 30 是选择西安、石家庄、银川和郑州这四个城市作为与青岛港相联系的内陆港候选城市,分别建立了容量为 40 万 TEU、10 万 TEU、10 万 TEU 和 20 万 TEU 的内陆港。根据 MATLAB 的运算结果可以看出内陆港城市的货运量分配情况,比如乌鲁木齐是将 10 万 TEU 的货物运到郑州内陆港,9 万 TEU 的货物运到银川内陆港。大部分城市的货物不经过内陆港的运输,而是直接采用公路运输的方式将货物运送到海港,如太原、潍坊等。货物在西安、石家庄、银川和郑州这四个城市整合后,再运送到青岛港,最后运送到海外目的地。

表 7-10　货源地的货运量分配情况　单位:万 TEU

	济南	西安	石家庄	银川	郑州	青岛港
乌鲁木齐	0	0	0	9	10	0
兰州	0	3	0	0	0	0
成都	0	11	0	0	0	0
西宁	0	0	0	1	0	0
太原	0	0	0	0	0	3
潍坊	0	0	0	0	0	5
临沂	0	0	0	0	0	3
咸阳	0	0	0	0	0	1
唐山	0	0	0	0	0	2
保定	0	0	0	0	0	2
秦皇岛	0	0	0	0	0	1
邯郸	0	0	0	0	0	1
洛阳	0	0	0	0	0	1
商丘	0	0	0	0	0	1

续表

	济南	西安	石家庄	银川	郑州	青岛港
南阳	0	0	0	0	0	1
石嘴山	0	0	0	0	0	2

参考文献

[1]王召波，李华. 供应链网络结构模型研究 [J]. 物流技术，2007（6）：84-87.

[2]乔普拉. 供应链管理 [M]. 7 版.杨依依，译. 北京：中国人民大学出版社，2021.

[3]陈明蔚. 供应链管理 [M]. 2 版. 北京：北京理工大学出版社，2018.

[4]刘慧贞. 供应链管理 [M]. 北京：机械工业出版社，2015.

[5] TIROLE J. The theory of industrial organization [J]. Economics，1988，56(223)：226-227.

[6]马士华. 供应链管理 [M]. 2 版. 武汉：华中科技大学出版社，2021.

[7]高镜媚，汪定伟. 基于仿真的优化及其在多级库存系统中的应用[J]. 系统仿真学报，2009,21(22)：7051-7056.

[8]谢京辞. 港口物流管理理论与实践：山东港口物流发展研究[M]. 北京：经济科学出版社，2020.

第8章 供应链金融

8.1 供应链金融概述

8.1.1 供应链金融简介

供应链金融是银行把核心企业及其上下游企业联系在一起，提供灵活运用的金融产品和服务的一种融资模式，是信贷业务的一个专业领域，也是企业尤其是中小企业的一种融资渠道。供应链金融将核心企业及其上下游的中小企业看作一个整体，以核心企业作为依托，通过自偿性贸易融资的方式，为供应链上的上下游企业提供金融性的产品和服务。供应链金融对供应链上的财务资源进行整合，从而为供应链上的各个主体解决资金困难的问题。对信息资源的整合，可以大大提高资金利用率并且使各个参与主体获得更多利润，降低风险。简而言之，供应链金融就是指围绕核心企业，以核心企业信用为依托，以真实交易为背景，为产业链上下游企业提供的金融服务。

市场中各类企业的制造模式越来越先进和高超，市场竞争也开始变得越来越复杂，从之前紧紧围绕顾客开展的角逐慢慢变化成供应链之间的角逐。与此同时，赊账已经成为主流的交易方式。在一个供应链系统中，地位较高、具有较强竞争力的核心企业会对处于弱势地位的小企业施加一定的资金压力，而这些相对较小的企业由于自身现状等很难通过传统信贷方式获得银行的资金支持，资金短缺会使资金链十分紧张，进而导致整个供应链失衡，甚至会出现“断链”。但如果核心企业对中小企业施予一定的资信，金融服务机构又能监管其资金往来，那么就能激活整个链条的运转，并且金融服务机构能从中获取丰厚的利润。因此，供应链金融的诞生其实是由许多资质不足的中小企业融资困难问题而形成的。

8.1.2 供应链金融发展现状

当前,真正的竞争已经不是企业与企业之间的竞争,而是供应链与供应链之间的竞争。供应链金融正在成为银行互相竞争的新领域,以供应链上数量最多的中小企业为起点,循着供应链的路径,逐步包围核心企业,最后实现包揽整个供应链的融资目的。供应链金融自诞生以来发展迅猛,具有强大的发展前景。统计数据显示,2016—2020 年,供应链金融市场规模从 16.7 万亿元增长至 24.9 万亿元,增长率高达 49.1%。随着我国经济的发展和互联网、区块链等技术的逐渐成熟,这一规模将继续扩大。预计 2024 年中国供应链金融市场规模将达到 40.3 万亿元。供应链金融在我国的发展可以分为两大类:银行系和电商系。银行系以平安银行、工商银行等商业银行为代表,其借助自身的传统信贷优势,如资金实力、客户资源等,参与供应链金融,开展业务。电商系以阿里巴巴、京东商城等企业为代表,其凭借自身的优势,如商品流、信息流等,通过成立小额信贷公司为经销商服务。

供应链金融发展历程可以分为四个阶段(见表 8-1):供应链金融 1.0 阶段的主要特点为中心化模式,即围绕一个核心企业,同时为供应链上的 N 个企业提供融资服务,提高各企业间的协同化运作能力。供应链金融 2.0 阶段集物流、信息流和资金流为一体,采用线上模式,通过信息化减少"牛鞭效应"的影响。随着互联网技术的发展与应用,供应链金融进入 3.0 阶段,整体向平台化方向发展,主要解决信息不对称、配置缺位等问题。当前供应链金融进入数字化 4.0 阶段,业务模式趋向于实时、定制、小额化,数据质押成为创新产品模式,借助人工智能、区块链等技术实现了信息全集成与共享。未来金融供给者可以从产品模式、业务流程等各方面更加注重客户体验和个性化定制,使金融服务更加智慧化,服务理念彻底走向以客户为中心。

近年来,供应链金融越来越受到国家的重视,正是在政策的支持下,各路产业资本和金融资本才踊跃投入到供应链金融的大潮之中。除了银行等金融机构,其他行业巨头也踊跃加入:一是物流基础设施服务商纷纷进军供应链金融;二是行业巨头布局纷纷抢滩供应链金融。众多传统行业巨头纷纷将眼光瞄准供应链金融,例如海尔、格力、TCL、美的、联想、海航、新希望六和、富士康等均开始抢滩供应链金融市场。产业巨头由于居于产业链的焦点位置,对上下游的商流、资金流有绝对的掌控力,所以在风控上有着天然的优势。产业巨头将目光锁定供应链金融,以改善上下游紧绷的资金链关系。

表 8-1　供应链金融发展历程

	供应链金融 1.0	供应链金融 2.0	供应链金融 3.0	供应链金融 4.0
参与主体	银行	银行 供应链上下游	银行 供应链上下游 平台构建者	银行 供应链上下游 互联网金融
业务模式	传统供应链金融线下模式，以核心企业信用作为支持	通过 ERP 对接供应链的上下游及参与各方，整体服务线上化	依托互联网技术打造立体化综合服务平台	高度渗透细分行业领域，各个运营环节定制化、实时化、去中心化
技术应用	不动产抵押与信用评价	互联网技术、动产质押	云技术应用、数据风控模型	物联网、云计算、区块链、数据质押
要素和信息流	强调有形要素，注重物联网中物的利用，重点关注资金运用和偿还	增强物流方面关注度，注重供应链中各关键环节的信息掌握	清晰的交易结构和关系，信息来源和展现形式呈现出高度复杂性	在明确交易结构的同时，渗透到整个管理运营环节
关键特征	中心化	线上化	平台化	数字化

8.2　供应链融资决策

企业在日常运营过程中，通常先支付资金购入原材料形成存货，再将产品出售、回笼现金，由此构成一个经营循环。在这种模式下，营运资金以预付账款、存货、应收账款的形式被占用，这给企业的资金周转带来一定的压力，造成现金流紧张。供应链金融作为有别于传统信贷的融资模式，能够为企业提供产业链上相应节点的融资服务，提高营运资金的周转能力。从供应链金融的质押物性质及交易场景先后顺序，供应链金融主要分为预付账款融资、应收账款融资和存货质押融资三种方式。

由于供应链金融业务围绕采购、生产、销售各个环节，适用面较广，因此有越来越多的企业参与。随着产业运作模式的变化，供应链金融的服务模式及主导模式都做出了相应的调整，供应链金融的业务模式呈现多样化的趋势。下面从金融产品、权益性质、融资用途、融资企业、主导方、风险控制等方面对上述三种业务模式进行比较分析(见表8-2)。

表8-2 供应链金融业务模式对比

业务场景	预付账款融资	应收账款融资	存货质押融资
金融产品	保兑仓融资、先票后货业务、担保提货融资、未来货权质押	正反保理、应收账款质押融资、订单融资、应收租赁款质押融资、票据类融资	融通仓融资、仓单质押融资、现货质押融资、浮动融资等
权益性质	债权	债权	物权
融资用途	盘活在途物资及库存占用的沉淀资金	盘活现金流	分批次付款,获得提货权
融资企业	上下游企业	上游供应商	下游采购商、分销商
主导方	核心企业	核心企业	物流企业
风险控制	核心企业承诺对未被提取的货物进行回购,并将提货权交由金融机构控制,第三方仓储对货物进行评估和监督	核心企业的反担保作用	企业历史交易情况和供应链运作情况调查,第三方物流对质押物进行验收、价值评估与监管

8.2.1 订单采购阶段:预付账款融资

订单采购阶段相对应的是预付账款融资,采购方作为资金需求方,为了预订采购、获取货物而进行融资,可以理解为未来存货融资。通常,根据定位不同,采购分为两种状况。一种状况是,采购方作为经销商,通常是零售行业。其相对上游较为弱势,在采购构成中需要支付预付款甚至全部货款才能取得货物。在经销商模式下,融资是为了采购进而销售,着重点在于货物是否畅销。另一种状况是,采购方作为代理承包方,通常是电子产业、汽车制造产业。大型生产制造企业在生产过程中需要大量的、多样化的采购,因此会将采购环节外包,并且由采购承包方垫付采购费用。在代理承包方模式下,融资是为了给特定需求方垫付采购资金,并完成采购任务,着重点在于发包方能否履约。

预付账款融资是银行等金融机构代买方向卖方支付全额货款的一种融资

方式。实务中，预付账款融资类产品主要用于核心企业的下游融资，即主要为核心企业的销售渠道融资，其担保基础为买方对卖方的提货权。

学者们对预付账款融资模式下的企业决策分析进行了各方面的研究。Mateut等[1]研究了预付款和交易信用之间的关系，发现在大多数企业中两者是替代关系，但在某些类型的企业中两者是互补关系。Raghavan 等[2]研究指出，商业银行在向供应商提供贷款的同时，也愿意向分销商提供贷款融资。Thangam[3]研究了在预付款和交易信用下供应链中易逝品的最优价格折扣和批量订货策略。Zhang 等[4]研究了当存在破产风险时能够协调供应链的预付款和数量折扣契约。Zhang 等[5]基于经济订货批量（Economic Order Quantity，EOQ）框架，对全部预付款和部分预付款情形下资金的时间价值问题进行了分析。

还有一些学者研究了缓解供应链上游企业资金短缺问题的方法。如 Jiang 等[6]研究了在批发价格外生的情况下采用二次订购的方式缓解供应链上游企业的资金瓶颈问题，但是缺乏对二次订购的融资功能的探讨。Chen[7]比较了银行融资和交易信用融资这两种模式对供应链整体绩效的影响，并对比了外部银行融资下收益共享契约和延期付款交易信用对供应链的协调作用。曾顺秋等[8]在 EOQ 框架下，将预付款作为内生激励变量，设计了价格折扣与预付款组合契约。王文利等[9]研究了预付账款融资模式下供应链成员企业的最优生产和融资决策，并分析了供应商的自有资金和价格折扣这两种因素对供应链融资绩效的影响。

1.基于保兑仓模式的供应链融资决策

保兑仓融资模式是在上游供应商（卖方）承诺回购的前提下，银行为融资企业（买方）开具银行承兑汇票，融资企业（买方）获得购买权限，卖方将货物发送至银行指定的仓库，此后银行根据融资企业提前还款或补存提货保证金的情况开具提货通知单通知仓库发货，仓库凭提货通知单发货的一项融资业务。具体流程如图 8-1 所示。在这种模式下，银行在开辟性的利润增长点上为经销商填补了商品采购中的资金缺口，经销商加快销售周转速度，不断提升销售能力，从而向供应商下的订单量会增多，提高了供应商的产品销售规模，而第三方物流的库存增加，仓储空间进一步提升，最终实现供应商、经销商、银行和第三方物流四方共赢[10]。

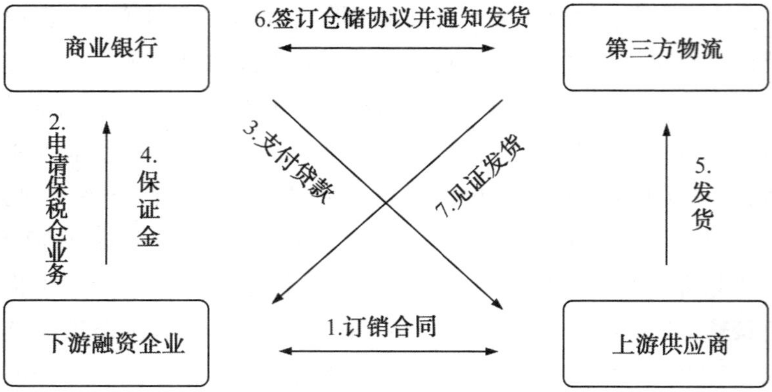

图 8-1　保兑仓融资模式运作流程

本小节研究在由单一的零售商（中小企业）和制造商（核心企业）组成的供应链中，考虑零售商的破产概率，由银行控制货权，供应商对剩余产品进行一定比例的回购，零售商以银行提供的承兑汇票作为结算工具进行融资，分析在这种情况下零售商的最优订货量、供应商的最优回购率和银行的最优贷款利率。

（1）模型构建。在供应链金融系统中，产品的市场需求呈现出典型的“报童”模型特点，即产品的市场需求随机，销售价格在销售期内保持不变。零售商以 w 的批发价格向供应商购买货物并以 p 的零售价格销售给市场。由于产品市场和批发市场是完全竞争市场，因此价格 p 和 w 保持不变。在销售期初，零售商没有自有资本，需先让银行开出收款人为上游制造商的承兑汇票，由银行负责承兑，制造商在收到银行承兑汇票后向银行指定的物流公司的仓库发货，货到仓库后转为仓单质押，由物流企业进行监管。在销售期末，零售商以 r 的利率向银行偿还承兑汇票价值和支付利息 $wq(1+r)$，q 为零售商的订货量。如果产品有剩余，供应商以 w 的价格向零售商回购 θ 比例的未销售货物，剩余产品价值设为零。c_m 为供应商的生产成本。零售商的破产概率为 φ，$0<\varphi<1$。如果零售商的销售款和供应商的回购款不足以偿还银行贷款，那么零售商在不破产的情况下，将以公司其他业务的资金弥补这项质押融资的亏损。如果零售商破产违约，银行将获得全部的销售款和回购款，并承担相应的损失。银行的贷款成本 c_b 包括支付给物流企业的仓储费用和监管费用。需求分布函数为 $F(x)$，概率密度函数为 $f(x)$，且 $\bar{F}(x)=1-F(x)$，并假设当 x 为正时 $f(x)>0$。

（2）相关假设。假设零售商、供应商和银行都是风险中性型企业，并且都以实现自身利润最大化为目标进行决策，而且在供应链中信息是对称的。零售商是有一定规模的企业，除上述提到的这笔交易外还有其他的业务和资金，这笔交易的盈利和亏损不影响企业的破产概率，即当零售商的销售款和回购款不足以偿还负债时，零售商如果没有破产仍需要偿还借款。零售商的破产风险不仅取决于公司众多业务的现金流状况，还取决于金融杠杆、资产负债管理、特定时间内资产的变动和流动性。除非这笔交易占公司收入的很大部分，否则一笔交易的现金流不会对公司的破产概率产生很大影响。穆迪、惠誉和标普等评级机构会为贷款人提供信用风险评定报告，可以据此衡量公司的破产概率。为保证模型存在最优解，假设需求分布函数 $F(x)$ 是连续的、可导的、严格递增的，并符合递增失败率（Increased Failure Rate，IFR）性质的分布。$G(x)=\dfrac{xf(x)}{F(x)}$ 关于 x 是单调递增的。为了使交易顺利进行，设 $p>w(1+r)>c_m$。

(3)供应链保兑仓融资的最优决策。在供应商作为领导者、零售商作为追随者的斯塔克尔伯格(Stackelberg)博弈中，先由供应商和银行决定回购率和利率，再由零售商根据它们的选择决定订货量。三方都追求实现自身利润的最大化。同时，在回购协议下，供应商希望制定合适的回购率，提供一定的担保，激励零售商订货，实现更高的销售量。本节采用逆向归纳法求解三方的最优策略。

①零售商的最优决策。零售商通过保兑仓融资使得采购活动顺利进行，销售期末能否有效偿还贷款主要取决于产品市场的需求水平的高低。产品需求存在着一个临界值 z，当市场需求大于 z 时，零售商能够偿还贷款本利 $wq(1+r)$。当市场需求小于 z 时，零售商在销售期末的销售款和回购款无法完全支付银行贷款本息，此时零售商能否足额偿还贷款取决于它是否会破产。由 $px+\theta w(q-x)=wq(1+r)$，可得临界值 $z=\dfrac{wq(1+r-\theta)}{p-\theta w}$。当零售商没有破产时，它需要用公司资金弥补这笔交易中的资金缺口，这笔交易会产生 $wq(1+r)-px-\theta w(q-x)$ 的亏损。当零售商破产违约时，其把销售款和回购款偿还给银行后不再支付其他费用。此时，银行承担相应的亏损，零售商的利润为零。零售商的期望利润为

$$
\begin{aligned}
\pi_r = & -(1-\varphi)\int_0^z[wq(1+r)-px-\theta w(q-x)]f(x)\mathrm{d}x \\
& +\int_z^q[px+\theta w(q-x)-wq(1+r)]f(x)\mathrm{d}x \\
& +\int_q^{\infty}[pq-wq(1+r)]f(x)\mathrm{d}x
\end{aligned}
$$

该式化简后为

$$\pi_r = -(p-\theta w)\int_0^q F(x)\mathrm{d}x + \varphi(p-\theta w)\int_0^z F(x)\mathrm{d}x + pq - wq(1+r) \tag{8-1}$$

对式(8-1)求关于 q 的一阶导数，由于需求函数符合 IFR 分布，因此有

$$\frac{\mathrm{d}\pi_r}{\mathrm{d}q} = -(p-\theta w)F(q) + \varphi w(1+r-\theta)F(z) + p - w(1+r)$$

因为$\frac{\mathrm{d}^2\pi_r}{\mathrm{d}q^2}=(p-\theta w)[\varphi\Omega^2 f(z)-f(q)]<0$，令$\frac{\mathrm{d}\pi_r}{\mathrm{d}q}=0$，解得在给定的银行融资利率和供应商的回购率下，无自有资金的零售商利润最大化的订货量 q^* 为

$$q^* = F^{-1}\left[\varphi\Omega F(z) + \frac{p-w(1+r)}{p-\theta w}\right]$$

其中，$\Omega=\frac{w(1+r-\theta)}{p-\theta w}$。

②供应商的最优决策。如果订货量小于市场需求，供应商就不需要回购。当零售商的订货量大于市场需求时，一般需要在市场上以低价处理剩余的未销售产品，而本节中的回购契约是供应商以批发价格 w 回购一定比例的未销售产品。在市场需求较低的时候，供应商可以分担一部分存货销售不出去的风险。供应商通过决定合适的回购率，既能鼓励零售商订货，又能保证付出的回购款不至于过大。制造商的利润函数为

$$\pi_m = wq - c_m q - \theta w\int_0^q (q-x)f(x)\mathrm{d}x$$

可化简为

$$\pi_m = (w-c_m)q - \theta w\int_0^q F(x)\mathrm{d}x \tag{8-2}$$

对制造商的利润函数求关于回购率 θ 的一阶导数，有

$$\frac{\mathrm{d}\pi_m}{\mathrm{d}\theta} = \frac{\partial q^*}{\partial\theta}[w-c_m-\theta wF(q)] - w\int_0^q F(x)\mathrm{d}x$$

而$\frac{\partial q^*}{\partial\theta}=p-w(1+r)-\varphi(1-\Omega)(p-\theta w)[\Omega q f(z)-\bar{F}(z)+1]/[f(q^*)-\varphi\Omega^2 f(z)]\cdot\frac{w}{(p-\theta w)^2}$，把$\frac{\partial q^*}{\partial\theta}$的表达式代入$\frac{\mathrm{d}\pi_m}{\mathrm{d}\theta}$中，令$\frac{\mathrm{d}\pi_m}{\mathrm{d}\theta}=0$，可求得在零售商给定的订货量和银行给定的贷款利率下制造商的最优回购率为

$$\theta^* = \frac{2pA\int_0^q F(x)\mathrm{d}x + \varphi(\Omega - 1)CD + EF(q^*)}{-2w[A\int_0^q F(x)\mathrm{d}x - \varphi B(1-\Omega)F(z)]}$$
$$+ \frac{\sqrt{-4ADE\int_0^q F(x)\mathrm{d}x + \varphi(\Omega - 1)BDqf(z) - EF^2(q^*)}}{-2w\left[A\int_0^q F(x)\mathrm{d}x - \varphi B(1-\Omega)F(z)\right]}$$

其中，$A=f(q^*)-\varphi\,\Omega^2 f(z)$，$B=-\Omega^* f(z)+\bar{F}(z)-1$，$C=q^* f(z)+F(z)-1$，$D=pF(q^*)-c_m+w$，$E=p-w(1+r)$。

③商业银行的最优决策。在销售期末，银行的贷款能否有效收回，主要取决于零售商的信用状况、质押品的实际价值、供应商承诺的回购程度以及剩余产品的处置价值。为计算简便，本节假设剩余产品的价值为零，不对其进行考虑，而质押品的实际价值受销售收入的影响。当零售商的销售收入和剩余产品价值足够偿还质押贷款本息和，也就是 $x \geqslant z$ 时，由于采用保兑仓融资，零售商的资金处于银行的监管下，因此银行能够收回 $wq(r-c_b)$。当零售商的销售收入和剩余产品价值不够偿还质押贷款本息和，即 $x<z$ 时，供应商会按约定对剩余产品进行回购，或不进行回购仅支付剩余产品的回购费用。此时，零售商面临破产和不破产这两种可能性。如果零售商以 $1-\varphi$ 的概率守约，用公司其他业务的盈利来弥补这笔保兑仓业务的亏损，银行仍然能收回贷款的本息和，所获得的利润为 $wq(r-c_b)$。如果零售商以 φ 的概率违约，银行只能获得零售商这笔交易的全部销售收入和回购收入，其余部分无法收回，此时，银行获得的利润为 $px+\theta w(q-x)-wq(1+c_b)$。

综合以上三种情况，银行的期望利润为

$$\pi_b = -\varphi\int_0^z [wq(1+c_b) - px - \theta w(q-x)]f(x)\mathrm{d}x$$
$$+ (1-\varphi)\int_0^z wq(r-c_b)f(x)\mathrm{d}x + \int_z^\infty wq(r-c_b)f(x)\mathrm{d}x$$

可化简为

$$\pi_b = -\varphi(p-\theta w)\int_0^z F(x)\mathrm{d}x + wq(r-c_b) \tag{8-3}$$

由式(8-3)可知，φ 越大，银行的期望利润越低。这是因为 φ 越大，当流动资产无法偿付质押贷款时，零售商有更大的可能性选择违约，银行损失的可能性更大。从该模型可以看出，对银行来说，保兑仓融资的风险主要来源于零售商失信和销售不力。

对银行的期望利润函数式(8-3)求关于贷款利率 r 的一阶导数，有

$$\frac{d\pi_b}{dr}=w\frac{\partial q}{\partial r}[r-c_b-\varphi(1+r-\theta)F(z)]-\varphi wqF(z)+wq$$

把$\frac{\partial q^*}{\partial r}=\frac{\varphi-\varphi\bar{F}(z)+\varphi\Omega q^* f(z)-1}{f(q^*)-\Omega^2 f(z)}\cdot\frac{w}{(p-\theta w)^2}$代入$\frac{d\pi_b}{dr}$中，令$\frac{d\pi_b}{dr}=0$，解得银行质押贷款的最优利率$r^*$为

$$r^*=c_b+\frac{p-\theta w}{w}\left\{q^*[\varphi F(z)-1]\frac{f(q^*)-\varphi\Omega^2 f(z)}{\varphi-\varphi F(z)+\Omega q^* f(z)-1}+\varphi\Omega F(z)\right\}$$

引理 8-1 若需求函数符合 IFR 分布，那么银行贷款利率越高，零售商的融资成本越高，零售商的订货量就降低。

证明：对零售商的最优订货量q^*求关于r的一阶导数，有：

$$\frac{\partial q^*}{\partial r}=\frac{\varphi-\varphi\bar{F}(z)+\varphi\Omega q^* f(z)-1}{f(q^*)-\Omega^2 f(z)}\cdot\frac{w}{(p-\theta w)^2}$$

由于$0<\Omega\leqslant 1$以及需求分布函数满足 IFR 分布，而$\bar{F}(z)-\Omega q^* f(z)=\bar{F}(z)\left[1-\frac{\Omega q^* f(z)}{\bar{F}(z)}\right]$，因此$\frac{\Omega q^* f(z)}{\bar{F}(z)}<q^*\frac{f(z)}{\bar{F}(z)}<q^*\frac{f(q^*)}{\bar{F}(q^*)}\leqslant 1$，得$-1+\Omega q^*\cdot\frac{f(z)}{\bar{F}(z)}<0$，$\bar{F}(z)-\Omega q^* f(z)>0$。由于$0<\varphi\leqslant 1$，可以得分子$\varphi-\varphi\bar{F}(z)+\varphi\Omega q^* f(z)-1<0$，前面已经证明$f(q^*)-\Omega^2 f(z)>0$，所以$\frac{\partial q^*}{\partial r}=\frac{\varphi-\varphi\bar{F}(z)+\varphi\Omega q^* f(z)-1}{f(q^*)-\Omega^2 f(z)}\cdot\frac{w}{(p-\theta w)^2}<0$。

核心企业制造商和中小企业零售商以及提供保兑仓融资的银行，三方都追求自身利益最大化。零售商在决定订货量时，会考虑贷款成本和供应商的担保程度。供应商希望制定合适的回购率，激励零售商订货，实现更高的利润。银行在资金成本的基础上通过确定合适的贷款利率来影响零售商的订货决策，进而影响其融资决策。三方的行为决策和收益风险状况是紧密联系、相互影响的。

2.基于先票后货模式的供应链融资决策

先票后货业务的实质是银行垫付货款，但是引入了质押的概念，并且通过物流企业进行质押监管，极大地降低了违约风险[11]。其运作流程如图 8-2 所示。

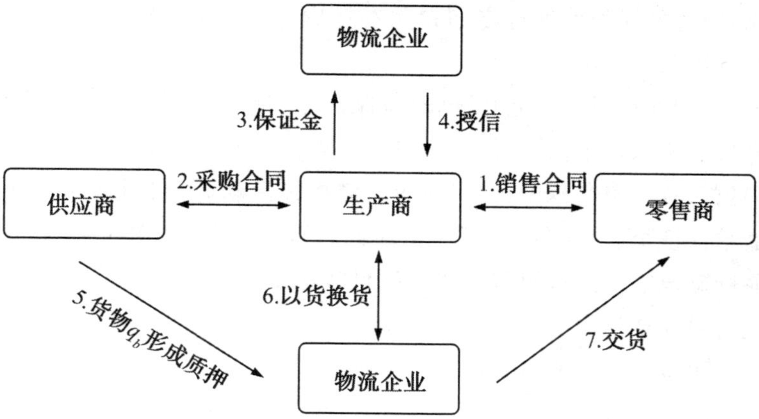

图8-2 先票后货融资模式运作流程

借鉴深圳发展银行(2012年与平安银行合并,称平安银行)的先票后货业务模式,本节基于供应链运营管理的视角,针对由单供应商、单生产商和单零售商组成的收益驱动型供应链,研究生产商的融资决策问题。在考虑了生产商制造合格品具有不确定性的条件下,通过建立单周期报童模型,对比采用先票后货融资和不采用此模式(不进行融资)的企业利润,对生产商进行先票后货融资的条件及生产商最优融资量决策进行分析,凸显了先票后货物流金融模式对收益驱动型供应链的价值。

(1)模型描述及基本假设。按照先票后货流程(见图8-2),首先,零售商与生产商签订批发价销售合同,合同规定订购产品的数量Q,每单位产品的价格p,生产商不能完成订购量时每单位缺货惩罚T。生产商在采购原材料的过程中存在资金约束,可以通过先票后货融资来解决资金缺乏问题。然后,生产商、物流企业、银行和供应商签订四方合同,规定具体的先票后货融资实施细则与流程:

①生产商和供应商签订批发价原材料采购合同;

②生产商用自有资金向银行缴纳一定比例的保证金(通常为30%);

③银行向生产商提供授信(通常为承兑汇票),向供应商支付q_b单位原材料的货款,同时供应商将原材料运到银行指定的物流企业的仓库,且银行与生产商签订质押合同,将货物质押给银行;

④生产商用自有资金采购q_0单位原材料,并生产出合格品;

⑤采用以合格品换原材料的以货换货形式把原材料换出,然后再进行生产,循环往复,直至把原材料全部换出;

⑥物流企业将质押和未质押的合格品按合同规定运到零售商处交货,银行

收回本息，销售款项和保证金之和扣除本息后归生产商，然后生产商向物流企业支付运输等服务费用。

注意：生产商在银行开立特殊账户，保证金和销售款项都存入该账户，银行的本息直接从该账户中扣除，如果账户中的资金小于本息和，则生产商违约。

在先票后货融资过程中，生产商的关键决策活动为：利用全部自有资金 x_0 向银行缴纳保证金获得授信以及向供应商采购原材料 q_0 单位后，根据利润最大化的原则确定需要通过银行支付的原材料量 q_b。

其他符号和变量定义如下：

c：生产单位产品的成本；

c_1：采购单位原材料的成本；

θ：废品率（$0\leqslant\theta\leqslant1$），为随机变量，$F(\theta)$为累积分布函数，$f(\theta)$为密度函数，$f(\theta)>0$；

ω：保证金率，即保证金占生产商的融资量 c_1q_b 的比例；

α：银行制定的贷款利率；

s：每单位原材料分摊的运输等服务费用；

D：生产商的融资量（$D=c_1q_b$）；

$p>c_1(1+\alpha)+s+c$：生产商融资具有获利的可能性。

为了简化决策模型和分析过程，做出如下假设：

①不考虑自有资金的时间价值。

②生产商和零售商签订销售合同后，生产商需要在交货期内一次交货结算。

③交货商品为单一产品，由单一原材料生产，且一单位原材料生产一单位产品。

④生产商只有一次向供应商订购原材料的机会。

⑤生产商制造合格品具有不确定性。

⑥生产商用合格品换出质押的原材料 q_b 单位，一单位合格品换出一单位原材料，且总能将原材料全部换出。例如，假如 N 表示换货的次数，$q_0(1-\theta_1)$、$q_0(1-\theta_1)(1-\theta_2)$等为每次换出原材料的数量，则

$$q_0(1-\theta_1)+q_0(1-\theta_1)(1-\theta_2)+\cdots+q_0(1-\theta_1)(1-\theta_2)\cdots(1-\theta_N)=q_b$$

⑦支付给物流企业的运输等服务费用与是否进行先票后货融资无关。

⑧向零售商交货后，剩余产品残值为零。

(2)生产商不参与先票后货融资模型。首先，讨论生产商不进行先票后货融资的模型，主要分析生产商的采购决策，为后面的进一步研究定义一个基准。

生产商采购原材料 q 单位，生产出 q 单位产品，其中合格品为 $q(1-\theta)$，则期望交货量为

$$S(q)=E(\min\{q(1-\theta),Q\})=q\int_{1-\frac{Q}{4}}^{1}F(\theta)\mathrm{d}\theta$$

期望缺货量为

$$E\left[Q-q(1-\theta)\right]^{+}=Q-S(q)$$

生产商的生产、原材料采购和运输等服务的成本为 $(c_1+c+s)q$。当不进行先票后货融资时，生产商的期望利润为

$$\begin{aligned}E[\pi_p^N(q)]&=pS(q)-(c_p+s)q-T[Q-S(q)]\\&=(p+T)S(q)-(c_p+s)q-TQ\end{aligned}\tag{8-4}$$

其中，$c_p=c_1+c$。

定理 8-1　以期望利润最大化为目标，生产商最优原材料订购量 q^{**} 为

$$q^{**}=\begin{cases}0, & 0\leqslant x_0<c_1\bar{q}\\ \dfrac{x_0}{c_1}, & c_1\bar{q}\leqslant x_0<c_1q^*\\ q^*, & c_1q^*\leqslant x_0\end{cases}$$

其中，q^* 由 $S'(q^*)=\dfrac{c_p+s}{p+T}$ 确定，$\bar{q}$ 由 $(p+T)S(\bar{q})-(c_p+s)\bar{q}-TQ=0$ 确定。

证明：对式(8-4)求关于 q 的一阶、二阶偏导，可得

$$\begin{aligned}&\frac{\partial E[\pi_p^N(q)]}{\partial q}=(p+T)S'(q)-(c_p+s)\\&\frac{\partial^2 E[\pi_p^N(q)]}{\partial q^2}=(p+T)S''(q)=-\frac{(p+T)Q^2}{q^3}f(1-\frac{Q}{q})\end{aligned}\tag{8-5}$$

由 $f(\cdot)>0$ 可知 $\dfrac{\partial^2 E[\pi_p^N(q)]}{\partial q^2}<0$，因此，生产商的期望利润函数为关于订购原材料量 q 的严格凹函数。设 q^* 满足 $\dfrac{\partial E[\pi_p^N(q)]}{\partial q}=0$，可得

$$S'(q^*)=\frac{c_p+s}{p+T}\tag{8-6}$$

当 $q=0$ 时，$E[\pi_p^N(q)]=-TQ<0$，令 $\bar{q}$ 为满足 $E[\pi_p^N(q)]=0$ 的最小值，即 $(p+T)S(\bar{q})-(c_p+s)\bar{q}-TQ=0$，可知 $\bar{q}<q^*$。又因为生产商的期望利润函数在 $0\leqslant q\leqslant q^*$ 区间内单调递增，可知：当 $0\leqslant x_0\leqslant c_1\bar{q}$ 时，生产商的原材料采购量小于等于 $\bar{q}$，期望利润小于等于零，生产商不应该接受订单；当 $c_1\bar{q}\leqslant x_0\leqslant c_1q^*$ 时，生产商使用自有资金采购的原材料量大于 $\bar{q}$ 但小于 q^*，生产商因资金约束

无法实现最优采购，所以用完自有资金使收益尽量大；当 $x_0 \geqslant c_1 q^*$ 时，生产商有足够的资金实现最优原材料采购，因此选择订购 q^* 单位原材料。

(3)生产商参与先票后货融资模型。现在考虑生产商参与先票后货融资的情况。生产商依据期望利润最大化的原则，通过比较融资与不进行融资时的期望利润来确定最优的融资决策，主要包括：①融资与否；②融资多少。

生产商通过自有资金采购和通过授信采购的原材料总量为 q_0+q_b，则生产商的期望交货量为

$$S_b(q_b)=E\{\min[(q_b+q_0)(1-\theta),Q]\}=(q_b+q_0)\int_h^1 F(\theta)\mathrm{d}\theta$$

其中，$h=1-\dfrac{Q}{q_0+q_b}$。期望缺货量为

$$E\{[Q-(q_b+q_0)(1-\theta)]^+\}=Q-S_b(q_b)$$

生产商向银行偿还本息 $c_1 q_b(1+\alpha)$，生产、原材料采购和运输等服务的成本为 $(c+s)(q_b+q_0)+c_1 q_0$。在进行先票后货融资时，生产商的期望利润为

$$\begin{aligned}E[\pi_p(q_b)]&=pS_b(q_b)-[c_1(1+\alpha)+c+s]q_b-(c_p+s)q_0-T[Q-S_b(q_b)]\\&=(p+T)S_b(q_b)-[c_1(1+\alpha)+c+s]q_b-(c_p+s)q_0-TQ\end{aligned} \tag{8-7}$$

由于全部自有资金用于缴纳保证金和购买原材料，因此 $x_0=c_1 q_0+\omega c_1 q_b$，即 $q_0=\dfrac{x_0}{c_1}-\omega q_b$。

定理 8-2 当生产商融资与否的决策以增加利润为目的时，如果自有资金 $x_0 \geqslant c_1 q^*$，则生产商不会进行先票后货融资，且最优原材料采购量为 q^*；如果自有资金 $c_1 q^b \leqslant x_0 < c_1 q^*$，则生产商也不会参与先票后货融资，但会用尽自有资金采购原材料；只有在自有资金 $x_0 < c_1 q^b$ 的情况下，生产商才会通过先票后货融资接受订单。

其中，q^b 为满足 $E[\pi_p^N(q^b)]=E[\pi_p(q_b{}^*)]$ 的最小值；$q_b{}^*$ 由 $S'_b(q_b)=\dfrac{[c_1(1+\alpha)+s+c]-(c_p+s)\omega}{p+T}$ 确定。

定理 8-2 可解释一些企业因为错误的借贷决策而导致亏损甚至破产的现象。融资不仅具有“借鸡生蛋”的效果，更可能削减利润。因此，当面对银行的借贷激励政策或者扩大生产规模时，企业要避免盲目借贷，要根据自身实际情况（包括现金流、库存、成本等）和市场需求情况进行科学的决策。在以利润最大化为目标且不考虑税收影响的决策过程中，生产商的最优决策为在非常缺乏资金的情况下选择外部融资，即融资的收益大于融资成本。

定理 8-3 当生产商融资量决策以增加利润为目的时，自有资金 x_0 不同的

生产商，最优融资量 D^* 为

$$D^*=\begin{cases}0, & x_0\geqslant c_1q^b\\ c_1q_b^*, & c_1(\omega q_b^*+q_0)\leqslant x_0<c_1q^b\\ \dfrac{x_0-c_1q_0}{\omega}, & c_1(\omega q_b^0+q_0)\leqslant x_0<c_1(\omega q_b^*+q_0)\\ 0, & 0<x_0<c_1(\omega q_b^0+q_0)\end{cases}$$

其中，q_b^0 为满足 $E[\pi_p(q_b)]=0$ 的值中的最小值，且 q_b^0、q_b^* 都与利率 α 有关。

由定理 8-2 可知，以实现期望利润最大化为目标，如果自有资金 $x_0\geqslant c_1q^b$，即利用自有资金采购原材料的量大于 q^b，那么此时 $E[\pi_p^N(x_0/c_1)]>E[\pi_p(x_0/c_1)]$，生产商的最优决策为不进行融资而使用自有资金，因此融资量为零；如果自有资金 $c_1(\omega q_b^*+q_0)\leqslant x_0<c_1q^b$，则生产商可通过采用自有资金（先票后货的保证金缴纳和质押货物的采购）进行先票后货融资，使其利润达到 $E(\pi_p)_{\max}$，因此最优融资量为 $c_1q_b^*$；如果自有资金 $c_1(\omega q_b^0+q_0)<x_0<c_1(\omega q_b^*+q_0)$，且此时期望利润随着融资量的增大而增加，生产商选择使用全部自有资金缴纳保证金和购买质押原材料进行先票后货融资，此时的最优融资量为 $(x_0-c_1q_0)/\omega$；而当 $x_0\leqslant c_1(\omega q_b^0+q_0)$时，生产商没有足够的资金通过先票后货融资使期望收益大于零，最优决策为不接受订单，融资量为零。

3.基于风险规避的预付账款融资决策

本部分基于预付账款融资模式下的供应链金融三方决策问题，以 CVaR（条件风险价值）的风险度量准则作为决策标准，建立了由随机需求下的单个风险规避零售商、单个风险规避制造商及单个风险规避银行组成的供应链金融风险模型[12]。在权衡收益和风险的基础上，得出零售商的最优订购量、制造商的最优批发价格及银行的最优利率。

(1)预付账款融资模式下风险模型的建立与分析。

①符号定义。变量及符号假设如下：

q：零售商订购量；

p：销售价格，设为常数；

ω：批发价格；

ξ：市场需求，是随机变量，且满足分布函数 $F(\xi)$和概率密度函数 $f(\xi)$；

c：单位生产产品成本，设为常数，且 $c<\omega<p$；

b：单位回购价格；

r：银行贷款利率；

A：单位担保额，是常数；

F:单位惩罚额,这里把零售商违约的惩罚设为供应商担保额的 k 倍,$0<k<1$,$F=kA$;

s:银行剩余处理价值,设 $s+A<\omega(1+r)$;

α:任意的收益阈值;

β_1:零售商的风险规避水平;

β_2:供应商的风险规避水平;

β_3:银行的风险规避水平;

c_b:银行监督风险规避的成本,设为常数;

c_s:供应商单位生产成本,设为常数;

m_r:银行通过与零售商交易产生的中间业务收入,设为常数;

m_s:银行通过与供应商交易产生的中间业务收入,设为常数。

②前提假设及问题分析。

假设1:零售商只销售一种产品。在销售期初,零售商如果出现资金短缺,可以通过外部融资的方式进行订货。假设零售商向银行融资的总额为 $D=q\omega$,且没有自留资金,全部融资用于购买产品。

假设2:供应商、零售商、银行都具有风险规避的特征,$0<\beta_1<\beta_2<\beta_3<1$。

在预付账款融资模式下,上游作为核心企业,在整个销售链初期,零售商在向供应商购买产品时资金不够,需要向银行融资,但由于自己的信用贷款不足,因而需要依赖处于同一条供应链上的供应商。如果零售商违约,将承担一定的惩罚额 F,且银行为了降低风险,需要供应商提供担保额。供应商同样具有风险规避特性,因而需要与零售商签订最优的订购契约。银行作为领导者,首先确定融资利率,零售商和供应商作为跟随者,分别确定订购量和批发价格。本节应用 CVaR 模型,在考虑收益最大化的同时,根据供应链金融三方的风险规避特征,建立三个 CVaR 模型并确定最终的最优利率、最优批发价格及最优订购量。

(2)零售商、供应商和银行收益函数分析。当 $q<\xi$ 时,零售商不存在违约的可能;当 $q>\xi$ 时,由于订购量过大而导致剩余产品过多,零售商面临无法还款的局面,会选择违约并支付惩罚成本。因此,零售商的收益函数为

当 $q<\xi$ 时,$\Pi_{r1}=pq-\omega(1+r)$;

当 $q>\xi$ 时,$\Pi_{r2}=p\xi-b(q-\xi)-q\omega(1+r)$,$\Pi_{r3}=[p-\omega(1+r)]\xi-kA\cdot(q-\xi)$。

供应商的收益函数为

当 $q<\xi$ 时,$\Pi_{s1}=(\omega-c_s)q$;

当 $q>\xi$ 时，$\Pi_{s2}=(\omega-c_s)q-b(q-\xi)$，$\Pi_{s3}=(\omega-c_s)q-(1-k)A(q-\xi)$。

银行的收益函数为

当 $q<\xi$ 时，$\Pi_{b1}=qr\omega-c_bq+m_r+m_s$；

当 $q>\xi$ 时，$\Pi_{b2}=qr\omega-c_bq+m_r+m_s$，$\Pi_{b3}=s(q-\xi)+\omega\xi(1+r)+A(q-\xi)+m_r+m_s-(\omega+c_b)q$。

(3)零售商、供应商和银行风险的 CVaR 模型。由于条件风险值计算比较复杂，因而引入以下函数：

$$F(\alpha)=\alpha-(1-\beta_1)^{-1}\int_0^{+\infty}(\alpha-\Pi)^+ f(\xi)\mathrm{d}\xi$$

当 $q>\xi$ 时，零售商存在违约的可能性。因此，本节分两种情况考虑收益，考虑 Π_{r1} 和 Π_{r2} 时，不存在违约；考虑 Π_{r1} 和 Π_{r3} 时，存在违约。

当零售商不存在违约时，零售商、供应商及银行的条件风险值分别为

$$F_{r1}(q,\alpha)=\alpha-(1-\beta_1)^{-1}\left\{\int_0^q[\alpha-p\xi-b(q-\xi)+q\omega(1+r)]^+ f(\xi)\mathrm{d}\xi+\int_q^{+\infty}[\alpha-(p-\omega(1+r)q)]^+ f(\xi)\mathrm{d}\xi\right\} \tag{8-8}$$

$$F_{s1}(\omega,\alpha)=\alpha-(1-\beta_2)^{-1}\left\{\int_0^q[\alpha-(\omega-c_s)q+b(q-\xi)]^+ f(\xi)\mathrm{d}\xi+\int_q^{+\infty}[\alpha-(\omega-c_s)q]^+ f(\xi)\mathrm{d}\xi\right\} \tag{8-9}$$

$$F_{b1}(r,\alpha)=\alpha-(1-\beta_3)^{-1}\int_0^{+\infty}[\alpha-qr\omega+c_bq-(m_r+m_s)]^+ f(\xi)\mathrm{d}\xi \tag{8-10}$$

当零售商存在违约时，零售商、供应商及银行的条件风险值分别为

$$F_{r2}(q,\alpha)=\alpha-(1-\beta_1)^{-1}\left\{\int_0^q[\alpha-(p-\omega(1+r)\xi)+kA(q-\xi)]^+ f(\xi)\mathrm{d}\xi+\int_q^{+\infty}[\alpha-(p-\omega(1+r)q)]^+ f(\xi)\mathrm{d}\xi\right\} \tag{8-11}$$

$$F_{s2}(\omega,\alpha)=\alpha-(1-\beta_2)^{-1}\left\{\int_0^q[\alpha-(\omega-c_b)q+(1-k)A(q-\xi)]^+ f(\xi)\mathrm{d}\xi+\int_q^{+\infty}[\alpha-(\omega-c_s)q]^+ f(\xi)\mathrm{d}\xi\right\} \tag{8-12}$$

$$F_{b2}(r,\alpha)=\alpha-(1-\beta_3)^{-1}\left\{\int_0^q[\alpha-s(q-\xi)-\xi\omega(1+r)-A(q-\xi)+(\omega+c_b)q-(m_r+m_s)]^+ f(\xi)\mathrm{d}\xi+\int_0^{+\infty}[\alpha-qr\omega+c_bq-(m_r+m_s)]^+ f(\xi)\mathrm{d}\xi\right\} \tag{8-13}$$

(4)基于 CVaR 的零售商、供应商和银行优化决策，下面分别介绍。

①基于 CVaR 的零售商优化决策。

定理 8-4 当零售商不存在违约时，在给定银行利率及供应商批发价格并考虑风险规避的前提下，零售商追求利润最大化，其最优订购量为：

$$q_{r1}^{*}=F^{-1}\frac{(1-\beta_1)[p-\omega(1+r)]}{p-b}$$

证明：当 $\alpha\leqslant[(1+r)\omega-b]q$ 时，$F_{r1}(q,\alpha)=\alpha$，则 $\frac{\partial F_{r1}(q,\alpha)}{\partial\alpha}=1>0$。

当 $[(1+r)\omega-b]q<\alpha\leqslant[p-(1+r)\omega]q$ 时，$\xi<\frac{\alpha+[\omega(1+r)-b]q}{p-b}$，则令

$$k_1=\frac{\alpha+[\omega(1+r)-b]q}{p-b}$$

$$F_{r1}(q,\alpha)=\alpha-(1-\beta_1)^{-1}\int_0^{k_1}[\alpha-p\xi-b(q-\xi)+q\omega(1+r)]f(\xi)\mathrm{d}\xi \tag{8-14}$$

所以，$\frac{\partial F_{r1}(q,\alpha)}{\partial\alpha}=1-(1-\beta_1)^{-1}F(k_1)$。

当 $\alpha>[p-(1+r)\omega]q$ 时，

$F_{r1}(q,\alpha)=\alpha-(1-\beta_1)^{-1}\left\{\int_0^{q}[\alpha-p\xi-b(q-\xi)+q\omega(1+r)]f(\xi)\mathrm{d}\xi-\int_q^{+\infty}[\alpha-(p-\omega(1+r))q]f(\xi)\mathrm{d}\xi\right\}$，则 $\frac{\partial F_{r1}(q,\alpha)}{\partial\alpha}=-\frac{\beta_1}{1-\beta_1}<0$。

根据前文分析可知，当 $1-\frac{F(q)}{1-\beta_1}>0$ 时，$\alpha_{r1}^{1*}=q[p-\omega(1+r)]$，将 $k_1=q$ 代入式(8-14)可得

$$F_{r1}(q,\alpha)=[p-\omega(1+r)]q-(1-\beta_1)^{-1}\int_0^{q}(p-b)(q-\xi)f(\xi)\mathrm{d}\xi \tag{8-15}$$

则

$$\frac{\partial F_{r1}(q,\alpha)}{\partial q}=p-\omega(1+r)-\frac{(p-b)F(q)}{1-\beta_1} \tag{8-16}$$

又因为 $\frac{\partial^2 F_{r1}(q,\alpha)}{\partial q^2}=\frac{(b-p)f(q)}{1-\beta_1}<0$，所以式(8-15)存在最优解，$q_1^{*}=F^{-1}\frac{(1-\beta_1)[p-\omega(1+r)]}{p-b}$。

当 $1-\frac{F(q)}{1-\beta_1}\leqslant 0$ 时，$\alpha_{r1}^{2*}=(p-b)F^{-1}(1-\beta_1)-[\omega(1+r)-b]q$，则令 $k_2=F^{-1}(1-\beta_1)$，将其代入式(8-14)，可得

$$F_{r1}(q,\alpha)=(p-b)F^{-1}(1-\beta_1)-[\omega(1+r)-b]q-(1-\beta_1)^{-1}\int_0^{k_2}(p-b)(k_1-\xi)f(\xi)\mathrm{d}\xi \tag{8-17}$$

则 $\frac{\partial F_{r1}(q,\alpha)}{\partial q}=-[\omega(1+r)-b]<0$，所以 $F_{r1}(q,\alpha)$ 单调递减，没有最优解。

因此，只有当 $\alpha_{r1}^{*}=\alpha_{r1}^{1*}=q[p-\omega(1+r)]$ 时，这时才存在最优订货量：

$$q_{r1}^{*}=q_1^{*}=F^{-1}\frac{(1-\beta_1)[p-\omega(1+r)]}{p-b}$$

利用同样的证明方法，可以得到定理 8-5。

定理 8-5　当零售商存在违约时，在给定银行利率及供应商批发价格并考虑风险规避的前提下，零售商追求利润最大化，其最优订购量为

$$q_{r2}^{*}=F^{-1}\frac{(1-\beta_1)[p-\omega(1+r)]}{p-\omega(1+r)+kA}$$

②基于 CVaR 的供应商优化决策。

定理 8-6　当零售商最优订购量 $q_{r1}^{*}=F^{-1}\frac{(1-\beta_1)[p-\omega(1+r)]}{p-b}$，$1-\frac{F(q)}{1-\beta_1}>0$ 时，在考虑规避风险的前提下，供应商追求利润最大化，其最优批发价格为

$$\omega_{s1}^{*}=\frac{(1-\beta_1)bp+(1-\beta_2)(p-b)c_s}{(1-\beta_2)(p-b)+b(1+r)(1-\beta_1)}$$

证明：当 $\alpha\leqslant(\omega-c_s-b)q$ 时，$F_{s1}(\omega,\alpha)=\alpha$，则 $\frac{\partial F_{s1}(\omega,\alpha)}{\partial\alpha}=1>0$。

当 $(\omega-c_s-b)q<\alpha\leqslant(\omega-c_s)q$ 时，$\xi<\frac{\alpha-(\omega-c_s)q}{b}$，则令

$$k_3=\frac{\alpha-(\omega-c_s)q}{b}$$

$$F_{s1}(\omega,\alpha)=\alpha-(1-\beta_2)^{-1}\int_0^{k_3}[\alpha-(\omega-c_s)q+b(q-\xi)]f(\xi)\mathrm{d}\xi \tag{8-18}$$

所以，$\frac{\partial F_{s1}(\omega,\alpha)}{\partial\alpha}=1-(1-\beta_2)^{-1}F(k_3)$。

当 $\alpha=(\omega-c_s)q$ 时，$k_3=q$，$\frac{\partial F_{s1}(\omega,\alpha)}{\partial\alpha}=1-(1-\beta_2)^{-1}F(q)$。

当 $\alpha>(\omega-c_s)q$ 时，$\dfrac{\partial F_{s1}(\omega,\alpha)}{\partial\alpha}=1-(1-\beta_2)^{-1}<0$。

当 $1-(1-\beta_2)^{-1}F(q)>0$ 时，$\alpha_{s1}^*=(\omega-c_s)q$。

代入式(8-18)，可得

$$F_{s1}(\omega,\alpha)=(\omega-c_s)q-(1-\beta_2)^{-1}\int_0^q b(q-\xi)f(\xi)\mathrm{d}\xi \tag{8-19}$$

式(8-19)的一阶和二阶导数分别为

$$\frac{\partial F_{s1}(\omega,\alpha)}{\partial\alpha}=(\omega-c_s)-(1-\beta_2)^{-1}bF(q)$$

$$\frac{\partial^2 F_{s1}(\omega,\alpha)}{\partial q^2}=-b(1-\beta_2)^{-1}f(q)<0$$

因而 $F_{s1}(\omega,\alpha)$ 存在最优解：

$$q_{s1}^*=q_{r1}^*=F^{-1}\frac{(1-\beta_1)[p-\omega(1+r)]}{p-b} \tag{8-20}$$

令 $\dfrac{\partial F_{s1}(\omega,\alpha)}{\partial q}=0$，可得

$$F(q)=\frac{(\omega-c_s)(1-\beta_2)}{b} \tag{8-21}$$

根据式(8-20)和式(8-21)，可得

$$\omega_{s1}^*=\frac{(1-\beta_1)bp+(1-\beta_2)(p-b)c_a}{(1-\beta_2)(p-b)+b(1+r)(1-\beta_1)}$$

同理可证，当 $1-(1-\beta_2)^{-1}F(q)\leqslant 0$ 时，没有最优解。因此，当 $\alpha_{s1}^*=(\omega-c_s)q$ 时，存在最优批发价格 ω_{s1}^*。

利用同样的证明方法，可以得到定理 8-7。

定理 8-7 当零售商最优订购量 $q_{r2}^*=F^{-1}\dfrac{(1-\beta_1)[p-\omega(1+r)]}{p-\omega(1+r)+kA}$，$1-\dfrac{F(q)}{1-\beta_2}>0$ 时，在考虑规避风险的前提下，供应商追求利润最大化，其最优批发价格为

$$\omega_{s2}^*=\frac{(1-\beta_1)(1+r)(1-k)A+(1-\beta_2)[p+kA+(1+r)c_s]}{2(1-\beta_2)(1+r)}$$

③基于 CVaR 的银行优化决策。

定理 8-8 当零售商最优订购量 $q_{r1}^*=F^{-1}\dfrac{(1-\beta_1)[p-\omega(1+r)]}{p-b}$，供应商最优批发价格 $\omega_{s1}^*=\dfrac{(1-\beta_1)bp+(1-\beta_2)(p-b)c_s}{(1-\beta_2)(p-b)+b(1+r)(1-\beta_1)}$ 时，银行最优利率 r_{b1}^* 存

在的充要条件是

$$(r\omega-c_b)[f'(q)(p+br)+2f(q)b]<0,\quad \left(\frac{\partial\omega_{s1}^*}{\partial r}r+\omega_{s1}^*\right)q+(\omega_{s1}^*r-c_b)\frac{\partial q_{r1}^*}{\partial r}=0$$

证明：当 $\alpha\leqslant qr\omega-c_bq+m_r+m_s$ 时

$$F_{b1}(r,\alpha)=\alpha \tag{8-22}$$

$$\frac{\partial F_{b1}(r,\alpha)}{\partial\alpha}=1>0$$

当 $\alpha>qr\omega-c_bq+m_r+m_s$ 时

$$F_{b1}(r,\alpha)=\alpha-(1-\beta_3)^{-1}\int_0^{+\infty}(\alpha-qr\omega+c_bq-m_r-m_s)f(\xi)\mathrm{d}\xi$$

$$\frac{\partial F_{b1}(r,\alpha)}{\partial\alpha}=1-(1-\beta_3)^{-1}<0$$

所以

$$\alpha_{b1}^*=qr\omega-c_bq+m_r+m_s$$

$$q_{r1}^*=F^{-1}\frac{(1-\beta_1)[p-\omega(1+r)]}{p-b}$$

$$\omega_{s1}^*=\frac{(1-\beta_1)bp+(1-\beta_2)(p-b)c_s}{(1-\beta_2)(p-b)+b(1+r)(1-\beta_1)}$$

代入式(8-22)，可得

$$F_{b1}(r,\alpha)=\alpha=qr\omega-c_bq+m_r+m_s \tag{8-23}$$

则

$$\frac{\partial F_{b1}(r,\alpha)}{\partial r}=\left(\frac{\partial\omega}{\partial r}+\omega\right)q+\frac{\partial q}{\partial r}(\omega r-c_b)$$

$$\frac{\partial^2F_{b1}(r,\alpha)}{\partial r^2}=\left(\frac{\partial\omega_{s1}^*}{\partial r}r+\omega_{s1}^*\right)q+(\omega_{s1}^*r-c_b)\frac{\partial q_{r1}^*}{\partial r}=0$$

若 $(r\omega-c_b)[f'(q)(p+br)+2f(q)b]<0$，$F_{b1}(r,\alpha)$ 存在最优解。

利用同样的证明方法，可以得到定理 8-9。

定理 8-9　当零售商最优订购量 $q_{r2}^*=F^{-1}\dfrac{(1-\beta_1)[p-\omega(1+r)]}{p-\omega(1+r)+kA}$，供应商最优批发价格满足 $\omega_{s2}^*=\dfrac{(1-\beta_1)(1+r)(1-k)A+(1-\beta_2)[p+kA+(1+r)c_s]}{2(1-\beta_2)(1+r)}$ 时：a.在 $1-(1-\beta_3)^{-1}F(q)>0$，$f'(q)>0$ 的条件下，银行最优利率 r_{b2}^{1*} 存在的充要条件是 $\dfrac{\partial^2F_{b2}^1(r,\alpha)}{\partial r^2}<0$；b. 在 $1-(1-\beta_3)^{-1}F(q)\leqslant 0$，$\dfrac{\partial^2q_{F_2^*}^{\partial r_2^2}}{\partial\partial^2}<0$，

$\int_0^{F^{-1}(1-\beta_3)} \xi f(\xi)\mathrm{d}\xi > 0, F_{b2}(r,\alpha) < 0$ 的条件下，银行最优利率 r_{b2}^{2*} 存在的充要条件是 $\frac{\partial^2 F_{bb}^2(r,\alpha)}{\partial r^2} < 0$。

由定理 8-4、定理 8-6、定理 8-8 可知，当零售商不存在违约时，在考虑风险规避的前提下，企业追求利润最大化，银行存在满足充要条件的最优利率。根据最优利率，供应商可以制定最优批发价格，零售商会得到最优订购量。

由定理 8-5、定理 8-7、定理 8-9 可知，当零售商存在违约时，银行存在满足一定条件的最优利率。此时供应商为追求利润最大化，制定最优的批发价格，零售商即可制定最优订购量。

8.2.2 生产销售阶段：应收账款融资

在生产销售阶段完成产品的售卖形成了应收账款，这个阶段的融资需求都是为了加快销售回款。例如，上游企业作为大型企业主体，产品销售量比较大，通常形成了较大的应收账款额度，但是众多分销商的支付周期存在差异，为了加快自身的销售回款，将销售形成的应收账款质押融资。

应收账款融资模式是指资金的需要人（即筹资人，一般为供货企业）将因赊销而形成的应收账款有条件地转让给专门的融资机构，由其为企业提供融通资金、债款回收、销售分户账管理、信用销售控制以及坏账担保等单项或多项金融服务，从而使赊销的企业得到所需资金，加快资金周转。

应收账款融资主要应用于核心企业的上游融资，通常需要通过发货来实现物权的转移，促使合同生效，同时也需要告知核心企业，得到核心企业确权。企业运用应收账款融资可以提前获得销售回款，加速流动资金的周转。此外，无须提供传统流动资金贷款所需的抵质押和其他担保。在无追索权的模式下，企业可以实现资产出表，优化资产负债表，缩短应收转款的周转天数，实现商业信用风险的转移。应收账款融资包含以下模式：保理、保理池融资、反向保理等。

应收账款融资作为一种典型的供应链金融模式，学术界对它进行了深入研究。郑忠良等[13]研究了供应链金融应收账款融资中的检查率和惩戒机制，探讨了应收账款融资的信用风险规避问题。王宗润等[14]从隐性股权角度对由供应商、制造商和银行组成的供应链金融系统中的应收账款融资进行了博弈分析。鲁其辉等[15]建立了多阶段供应链应收账款融资决策模型，在包含和不包含融资两种情形下，分析了供应商初始现金对应收账款融资决策和供应链各参与方在各阶段的期望收益问题。辛玉红等[16]从信息不对称角度比较分析了应收账款融资与传统模式下供应链各主体的效益差异，指出信息分享能降低融资成本，提高融资参与方的收益。彭红军[17]基于抵押应收账款额度,研究了产出不确定风险对应收账款融资的融资额度和运作策略的影响,并与资金充足情况下供应链的运作决策进行了对比。

1.基于应收账款质押模式的供应链融资决策

应收账款质押融资是指企业用它的应收账款作为质押,向银行申请贷款或其他融资形式。本质上,应收账款质押是一种融资从属的担保方式,在应收账款质押担保的基础上可以开展贷款及开立银行承兑汇票、信用证、保函等多种银行融资业务。

本节以产需多级不确定的供应链金融系统为研究对象,研究资金短缺的供应商在应收账款质押融资模式下,供应链金融系统的最优融资和运作综合策略,并与资金充足情况下供应链的运作决策进行对比。

(1)问题描述与基本假设。供应链金融系统由一个供应商、一个分销商和一个商业银行组成。供应商生产的产品边际成本为 c,产品零售价格为 p,批发价格为 w,$p>w>c$。市场需求量 X 为 $[a_1,a_2]$ 区间的随机变量,其概率密度函数为 $f(\cdot)$,分布函数 $F(\cdot)$ 严格单调递增且可导,$F^{-1}(\cdot)$ 为其逆函数,令 $\bar{F}(\cdot)=1-F(\cdot)$。

供应商的产出量具有不确定性,计划产出量为 q,实际产出量为 $q\cdot Y$,其中 Y 为产出量波动的随机变量,其取值范围为 $[b_1,b_2]$。概率密度函数为 $g(\cdot)$,分布函数为 $G(\cdot)$,令 $\bar{G}(\cdot)=1-G(\cdot)$,并令 Y 的期望为 $EY=\lambda$。作为中小企业的供应商对产品的批发价格没有决定权,产品的批发价格由市场决定。

期初,供应商拥有额度为 δ 的应收账款。商业银行的贷款利率为 r,贷款额度为 ξ。下标 s 表示供应商,r 表示分销商。q_r 为分销商的产品订货量,q_s 为供应商的产品计划产量。为简化公式,假设销售期结束之后的产品残值为0,不考虑缺货造成的声誉损失,供应商和分销商均为风险中性,按照预期利润大小进行决策。

供应商和分销商双方是序贯博弈的关系,其决策顺序为:①分销商根据对产品的市场需求量的判断,向供应商提出产品的订购量;②供应商根据分销商订货情况,进行产品生产决策。采用逆向归纳法建立并求解序贯博弈模型。

(2)资金充足情况下的供应链决策。对于供应商而言,分销商的订货量是已知的,以供应商利润最大化为目标,求解供应商最优生产量;在供应商最优生产量决策的基础上,以分销商利润最大化为目标,求解分销商的最优订货量。

①资金充足情况下的供应商最优生产量决策。用下标0表示资金充足的情况。对于供应商而言,分销商的产品订货量 q_{r0} 已知,供应商决定产品的计划

产量为 q_{s0}。此时供应商的利润为

$$\pi_{s0}=w\min(q_{r0},q_{s0}Y)-cq_{s0} \tag{8-24}$$

供应商的期望利润为：

$$E\pi_{s0}=w\left[\int_{\frac{q_{r0}}{q_{s0}}}^{b_2}q_{r0}g(y)\mathrm{d}y+\int_{b_1}^{\frac{q_{r0}}{q_{s0}}}q_{s0}yg(y)\mathrm{d}y\right]-cq_{s0} \tag{8-25}$$

命题 8-1 在资金充足的情况下，供应商的最优计划产量 q_{s0}^* 满足

$$\int_{b_1}^{\frac{q_{r0}}{q_{s0}}}yg(y)\mathrm{d}y=\frac{c}{w} \tag{8-26}$$

证明：对式(8-25)求导，可得

$$\frac{\mathrm{d}E\pi_{s0}}{\mathrm{d}q_{s0}}=w\int_{b_1}^{\frac{q_{r0}}{q_{s0}}}yg(y)\mathrm{d}y-c$$

$$\frac{\mathrm{d}^2E\pi_{s0}}{\mathrm{d}q_{s0}^2}=-w\left(\frac{q_{r0}^2}{q_{s0}^3}\right)g\left(\frac{q_{r0}}{q_{s0}}\right)<0$$

故在资金充足的情况下，供应商的期望利润是关于计划产量的凹函数，令 $\mathrm{d}E\pi_{s0}/\mathrm{d}q_{s0}=0$，可得式(8-26)。证毕。

由式(8-26)，因为 $T(u)=\int_{b_1}^{u}yg(y)\mathrm{d}y$ 是单调递增函数，并且 $T(u)=\int_{b_1}^{u}yg(y)\mathrm{d}y=\frac{c}{w}$ 有唯一解，令 $u=q_{r0}/q_{s0}=1/k$，可得

$$q_{s0}=kq_{r0} \tag{8-27}$$

其中，k 为供应商计划产量与分销商订货量的比值，其大小既受到产品产出波动率的影响，还受到供应商生产积极性的影响。由式(8-26)，k 随产品批发价格 w 的增加而增加，随生产成本 c 的增加而减小，并且与产品产出量的不确定性有关。

②资金充足情况下的分销商最优订货量决策。在资金充足的情况下，分销商的利润为

$$\pi_{r0}=(p-w)\min(q_{r0},q_{s0}Y)-p\left[\min(q_{r0},q_{s0}Y)-X\right]^+ \tag{8-28}$$

其中，$(x)^+$ 表示 $\max(x,0)$；$[\min(q_{r0},q_{s0}Y)-X]^+$ 为销售期末剩余商品的数量。

根据逆向归纳法的思路，分销商在考虑供应商生产量决策即式(8-27)的基础上进行订货量决策。由此可知在资金充足的情况下分销商的决策模型为

$$\max_{q_{r0}} E_{\pi_{r0}} = (p-w)\left[\int_{\frac{q_{r0}}{q_{s0}}}^{b_2} q_{r0}\, g(y)\,\mathrm{d}y + \int_{b_1}^{\frac{q_{r0}}{q_{s0}}} q_{s0}\, y g(y)\,\mathrm{d}y\right]$$
$$- p\left[\int_{q_{s0}}^{b_2}\int_{a_1}^{q_{r0}} (q_{r0}-x) f(x) g(y)\,\mathrm{d}x\,\mathrm{d}y\right.$$
$$\left. + \int_{b_1}^{\frac{q_{r0}}{q_{s0}}}\int_{a_1}^{q_{s0}Y} (q_{s0}y - x) f(x) g(y)\,\mathrm{d}x\,\mathrm{d}y\right] \tag{8-29}$$
$$\text{s.t.}\quad q_{s0} = kq_{r0}$$

式(8-29)为分销商的期望利润函数。

命题 8-2 在资金充足的情况下，分销商的最优订货量决策 q_{r0}^* 取决于

$$kp\int_{b_1}^{\frac{q_{r0}}{q_{s0}}} yg(y)F(q_{s0}y)\,\mathrm{d}y = \bar{G}\left(\frac{q_{r0}}{q_{s0}}\right)[p\bar{F}(q_{r_0}) - w] + \frac{kc}{w}(p-w) \tag{8-30}$$

证明：因为

$$\frac{\mathrm{d}E\pi_{r0}}{\mathrm{d}q_{r0}} = \bar{G}\left(\frac{q_{r0}}{q_{s0}}\right)[p\bar{F}(q_{r0}) - w] + k\left[\frac{pc}{w} - c - p\int_{b_1}^{\frac{q_{r0}}{q_{s0}}} yg(y)F(q_{s0}y)\,\mathrm{d}y\right]$$

$$\frac{\mathrm{d}^2 E\pi_{r0}}{\mathrm{d}q_{r0}^2} = -p\bar{G}\left(\frac{q_{r0}}{q_{s0}}\right)f(q_{r0}) - k^2 p\int_{b_1}^{\frac{q_{r0}}{q_{s0}}} y^2 g(y) f(q_{s0}y)\,\mathrm{d}y < 0$$

故在资金充足的情况下，分销商的期望利润是关于订货量 q_{r0} 的凹函数，即分销商的最优订货量存在，令 $\mathrm{d}E\pi_{r0}/\mathrm{d}q_{r0}=0$，可得式(8-30)。

(3)具有产出不确定性的供应链应收账款质押融资的最优策略。假设供应商只拥有数量为 $\eta(\eta>0)$ 的现金，且供应商存在资金约束，即 $\eta<cq_{s0}$。供应商以期末可收回的额度为 δ 的应收账款为抵押，向商业银行贷款融资；商业银行的贷款利率为 r，贷款额度为 ξ；用下标 1 表示供应链应收账款质押融资的情况。采用逆向归纳法建立并求解序贯博弈模型。

①应收账款质押融资模式下供应商的最优生产量决策。在应收账款质押融资模式下，供应商的利润函数为

$$\pi_{s1} = [w\min(q_{r1}, q_{s1}Y) - (1+r)cq_{s1+} + (1+r)\eta + \delta]^+ - \eta - \delta \tag{8-31}$$

其中，$[w\min(q_{r1}, q_{s1}Y) - (1+r)cq_{s1+} + (1+r)\eta + \delta]^+$ 表示产出量波动导致供应商的资金价值不能偿还商业银行贷款而破产，这时供应商会得到破产保护，其剩余资产为 0，利润为 $-\eta-\delta$。

由式(8-31)可知：

$$\pi_{s1}=\begin{cases}wq_{r1}-(1+r)cq_{s1}+r\eta, & Y\geqslant \dfrac{q_{r1}}{q_{s1}}\\ wq_{s1}Y-(1+r)cq_{s1}+r\eta, & \theta\leqslant Y<\dfrac{q_{r1}}{q_{s1}}\\ -\eta-\delta, & Y<\theta\end{cases}\tag{8-32}$$

其中，$\theta=\dfrac{(1+r)c}{w}-\dfrac{(1+r)\eta+\delta}{wq_{s1}}$。只有当产出量波动率大于等于 θ 时，供应商才能清偿商业银行贷款；若产出量的波动率小于 θ，供应商将因不能清偿商业银行贷款而破产。显然，$0<\theta<q_{r1}/q_{s1}$。在融资模式下，供应商的期望利润为

$$\begin{aligned}E\pi_{s1}=&[wq_{r1}-(1+r)cq_{s1}+r\eta]\int_{\frac{q_{r1}}{q_{s1}}}^{b_2}g(y)\mathrm{d}y\\&+\int_{\theta}^{\frac{q_{r1}}{q_{s1}}}[wq_{s1}y-(1+r)cq_{s1}+r\eta]g(y)\mathrm{d}y\\&-(\eta+\delta)\int_{b_1}^{\theta}g(y)\mathrm{d}y\end{aligned}\tag{8-33}$$

命题 8-3 在应收账款质押融资模式下，供应商的最优计划产量满足

$$q_{s1}^{*}=\begin{cases}(\xi+\eta)/c, & \xi<cq_{s1}^{\Delta}-\eta\\ q_{s1}^{\Delta}, & \xi\geqslant cq_{s1}^{\Delta}-\eta\end{cases}\tag{8-34}$$

其中，q_{s1}^{Δ} 由下式给出：

$$\int_{\theta}^{\frac{q_{r1}}{q_{s1}}}yg(y)\mathrm{d}y=\frac{(1+r)c}{w}\bar{G}(\theta)\tag{8-35}$$

证明：由于

$$\frac{\mathrm{d}E\pi_{s1}}{\mathrm{d}q_{s1}}=w\int_{\theta}^{\frac{q_{r1}}{q_{s1}}}yg(y)\mathrm{d}y-(1+r)c\bar{G}(\theta)$$

$$\frac{\mathrm{d}^2E\pi_{s1}}{\mathrm{d}q_{s1}^2}=\frac{[(1+r)\eta+\delta]^2g(\theta)-w^2q_{r1}^2g(q_{r1}/q_{s1})}{wq_{r1}^3}$$

令 $\mathrm{d}E\pi_{s1}/\mathrm{d}q_{s1}=0$，可得式(8-35)。式(8-35)两端同时对 q_{r1} 求导，可得

$$\frac{\mathrm{d}q_{s1}}{\mathrm{d}q_{r1}}=\frac{w^2q_{r1}q_{s1}g(q_{r1}/q_{s1})}{w^2q_{r1}^2g(q_{r1}/q_{s1})-[(1+r)\eta+\delta]^2g(\theta)}\tag{8-36}$$

在其他参数不变的情况下，当分销商的产品订购量 q_{r1} 增加时，供应商的计划产量 q_{s1} 不会降低，即 $\mathrm{d}q_{s1}/\mathrm{d}q_{r1}\geqslant0$。由于式(8-36)的分子大于 0，故其分母大于 0，即

$$w^2q_{r1}^2g(q_{r1}/q_{s1})-[(1+r)\eta+\delta]^2g(\theta)>0\tag{8-37}$$

所以，有 $\mathrm{d}^2E\pi_{s1}/\mathrm{d}q_{s1}{}^2<0$，$E\pi_{s1}$ 是关于 q_{s1} 的凹函数，供应商最优计划产量 q_{s1}^{Δ} 满

足式(8-35)。

此时,供应商由于不能清偿贷款而破产的概率为

$$P(Y<\theta)=\int_{b_1}^{\theta} g(y)\mathrm{d}y \tag{8-38}$$

由 $\theta=(1+r)c/w-[(1+r)\eta+\delta]/(wq_{s1})$ 可知,在应收账款质押融资模式下,供应商破产的概率与产品生产成本、计划产量呈正向关系,与供应商拥有的资金数量和应收账款额呈反向关系。另外,还与供应商的产出量的不确定性有关。

命题 8-4 在其他参数不变的情况下,供应商的计划产量是关于应收账款抵押额度的减函数,即

$$\mathrm{d}q_{s1}/\mathrm{d}\delta<0 \tag{8-39}$$

证明:式(8-35)两端同时对 δ 求导,并根据式(8-37),可得

$$\frac{\mathrm{d}q_{s1}}{\mathrm{d}\delta}=\frac{[(1+r)\eta+\delta]q_{s1}g(\theta)}{[(1+r)\eta+\delta]^2 g(\theta)-w^2q_{r1}^2 g(q_{r1}/q_{s1})}<0$$

命题 8-4 表明,供应商的生产积极性随着应收账款抵押额度的增加而降低,这是因为抵押的应收账款额越多,供应商融资的风险越大,其生产积极性越低。

②应收账款质押融资模式下分销商的最优订货决策。根据逆向归纳法,分销商根据供应商的决策结果即式(8-35)进行订货量决策,则分销商的决策模型为

$$\begin{aligned}\max_{q_{r_1}} E\pi_{r1}=&(p-w)\left[\int_{\frac{q_{r1}}{q_{s1}}}^{b_2} q_{r1}g(y)\mathrm{d}y+\int_{b_1}^{\frac{q_{r1}}{q_{s1}}} q_{s1}yg(y)\mathrm{d}y\right]\\&-p\left[\int_{\frac{q_{r1}}{q_{s1}}}^{b_2}\int_{a_1}^{q_{r1}}(q_{r1}-x)f(x)g(y)\mathrm{d}x\,\mathrm{d}y\right.\\&\left.+\int_{b_1}^{\frac{q_{r1}}{q_{s1}}}\int_{a_1}^{q_{s1}y}(q_{s1}y-x)f(x)g(y)\mathrm{d}x\,\mathrm{d}y\right]\\ \text{s.t.}\quad&\int_{\theta}^{\frac{q_{r1}}{q_{s1}}} yg(y)\mathrm{d}y=\frac{(1+r)c}{w}\bar{G}(\theta)\end{aligned} \tag{8-40}$$

式(8-40)为分销商的期望利润函数。

命题 8-5 在应收账款质押融资模式下,分销商的最优订货量决策 q_{r1} 取决于

$$\bar{G}\left(\frac{q_{r1}}{q_{s1}}\right)[p\bar{F}(q_{r1})-w]+\frac{\mathrm{d}q_{s1}}{\mathrm{d}q_{r1}}\int_{b_1}^{\frac{q_{r1}}{q_{s1}}}[p\bar{F}(q_{s1}y)-w]yg(y)\mathrm{d}y=0 \tag{8-41}$$

其中，$\mathrm{d}q_{s1}/\mathrm{d}q_{r1}$由式(8-36)给出。

证明：对式(8-40)求导，并整理得

$$\frac{\mathrm{d}E\pi_{r1}}{\mathrm{d}q_{r_1}}=\bar{G}\left(\frac{q_{r1}}{q_{s1}}\right)[p\bar{F}(q_{r1})-w]+\frac{\mathrm{d}q_{s1}}{\mathrm{d}q_{r1}}\int_{b_1}^{\frac{q_{r1}}{q_{s1}}}[p\bar{F}(q_{s1}y)-w]yg(y)\mathrm{d}y$$

令 $\mathrm{d}E\pi_{r1}/\mathrm{d}q_{s1}=0$，可得式(8-41)。

③应收账款质押融资模式下商业银行的最优贷款额度决策。商业银行的贷款利率一般是稳定的，商业银行可以通过决定贷款额度来控制中小企业的融资风险。由于贷款额度 $\xi=wq_{s_1}-\eta$，利用 q_{s1} 作为商业银行期望利润的变量，用 $q_{s1}^{b^*}$ 表示使得商业银行利润最大的产品计划产量。商业银行的利润为

$$\pi_{b1}=\begin{cases}r(cq_{s1}-\eta), & Y\geqslant\theta\\ wq_{s1}Y+\delta-(cq_{s1}-\eta), & Y<\theta\end{cases}\tag{8-42}$$

则商业银行的决策模型为

$$\max_{q_{s1}} E\pi_{b1}=r(cq_{s1}-\eta)\int_{\theta}^{+\infty}g(y)\mathrm{d}y+\int_{b_1}^{\theta}[wq_{s1}y+\delta-(cq_{s1}-\eta)]g(y)\mathrm{d}y\tag{8-43}$$

式(8-43)为商业银行的期望利润。

命题 8-6 在应收账款质押融资模式下，商业银行的贷款额度决策为

$$\xi_b^*=\begin{cases}cq_{s1}^{b^*}-\eta, & q_{s1}^{b^*}\leqslant q_s^{\Delta}\\ cq_{s1}^{\Delta}-\eta, & q_{s1}^{b^*}>q_{s1}^{\Delta}\end{cases}\tag{8-44}$$

其中，$q_{s1}^{b^*}$ 由下式给出：

$$\int_{b_1}^{\theta}yg(y)\mathrm{d}y=\frac{c}{w}[1-(1+r)\bar{G}(\theta)]\tag{8-45}$$

证明：由式(8-43)，可得

$$\frac{\mathrm{d}E\pi_{b_1}}{\mathrm{d}q_{s1}}=w\int_{b1}^{\theta}yg(y)\mathrm{d}y+(1+r)c\bar{G}(\theta)-c$$

$$\frac{\mathrm{d}^2E\pi_{b1}}{\mathrm{d}q_{s1}^2}=\frac{-[(1+r)\eta+\delta]^2g(\theta)}{wq_{s1}^3}<0$$

所以 $E\pi_{b1}$是关于 q_{s1}的凹函数，令 $\mathrm{d}E\pi_{b1}/\mathrm{d}q_{s1}=0$，整理可得式(8-45)。

通过本节研究发现，当产出不确定的风险较大时，在应收账款质押融资模式下供应商的生产积极性比资金充足时更高，而商业银行的贷款额度决策有利于控制供应商的冒险性，说明研究产出不确定环境下的融资额度决策具有必要性和重要性。随着应收账款抵押额度的增加，商业银行决策的贷款额度相应增加，而供应商的生产和融资积极性却随之降低。

2.基于应收账款反向保理模式的供应链融资决策

反向保理又称“逆保理”，是银行与核心企业合作，面向与核心企业有长期稳定的贸易往来且评级较高的中小微企业，为其提供一揽子融资、结算解决方案。反向保理主要针对的是核心企业与其上游供应商之间产生的应收账款[18]，具体流程如图8-3所示。国内外的供应链金融都将反向保理作为供应商融资的重要方式，与传统保理业务相比，反向保理不仅大幅降低了保理商的风险，同时节约了中小企业的融资成本，提供了更多的发展机会。

(1)模型说明。零售商引入战略合作保理商并以赊销的方式购货，根据假设中单周期问题的描述，受资金约束的供应商通过转让应收账款获得资金，满足订单需要，此时订货量为q，则融资金额为$qc-\eta$，信用期末零售商向保理商付款。本节以传统批发价契约为基础，风险中性的参与者以期望收益最大化为目标，进行供应商为领导者、零售商为跟随者的Stackelberg博弈。

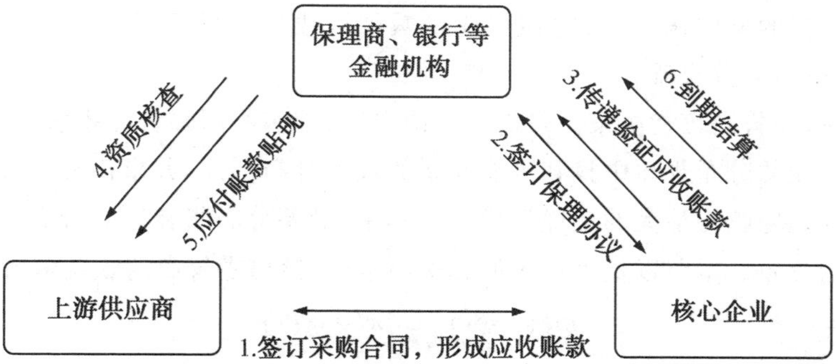

图8-3 反向保理供应链运作流程

研究基本假设如下：

①假设贷款一定会发生；不考虑供应商的破产风险，供应商一定盈利，单位批发价格高于供应商产品生产成本c与借款产生的成本之和。

②零售商面临的市场需求为随机变量，服从某一分布，其密度函数和分布函数分别为$f(\cdot)$和$F(\cdot)$。当需求不确定时，我们不知道需求分布函数的具体类型，但能获得需求的均值μ和方差σ的信息。其余成本等信息对称。

本节其余符号说明如下：

s：残值，即当订货量超过需求量时剩余产品的价值，且$s<c$；

η：供应商自有资金；

r：银行贷款利率；

p：单位产品的市场零售价格；

l:市场需求变化导致回款压力的信誉损失系数;

A:保理商给予核心企业的间接授信信誉总额。

(2)需求扰动下反向保理的供应链模型。假定需求信息缺失,决策者只能估算出需求信息的均值和方差,无法直接计算期望收益,运用极大极小值算法可以得到有部分信息时供应链决策和收益的解析表达式。为了更好地研究鲁棒决策下的供应链合作,本节同时研究分散决策和集中决策下的供应链运营,以便获知供应链效率。

①分散决策下的供应链模型。批发价格契约在供应链管理中被广泛应用于订货定价决策,反向保理基于供应链关系而产生,因而本节运用批发价格契约探讨反向保理时的供应链运营。在批发价格契约中,供应商为领导者,而零售商为跟随者,两者进行 Stackelberg 博弈,供应商确定批发价,零售商根据供应商给定的批发价格进行订货决策。运用逆向求解法,首先得到零售商订货对于批发价格的反应函数,再将该反应函数代入供应商的目标函数得到批发价格,最后得出双方收益。

其一,零售商订货决策。当需求不确定时,零售商面临鲁棒报童问题,希望在所有可能的分布规律中找到可能存在的最差分布形式,并求出使得在该最差分布下的期望收益最大的最优订货量。其中,最差分布指在所有分布中期望收益最小的分布。本节以极大极小值算法为基础,给出零售商的收益函数模型:

$$\max_{q\geqslant 0}\ \min_{F\in\Gamma(\mu,\sigma^2)} E\left[\pi(q,D)\right] \tag{8-46}$$

零售商面临报童问题,当 $q>D$ 时,零售商的产品剩余,剩余产品实现残值收益;当供应商进行反向保理融资时,货款支付对象由供应商变为银行,零售商的商业信用转变为银行信用,增加了信誉损失风险。假设信誉损失系数为 l,由于供应商信誉会通过产品表现传导给市场从而影响资金回笼,因此 l 与供应商信誉正相关。信誉损失值为供应商融资金额在核心企业整体信用额度的占比与总资金的乘积,风险中性的供应商和零售商以期望收益最大化为决策目标进行博弈,零售商在通过商品销售获利的同时也因提供反向保理而面临信誉损失风险,收益函数为

$$\begin{aligned}\pi_r(q,D)&=pE\min\{q,D\}+sE\,(q-D)^+-wq-\left(\frac{qc-\eta}{A}\right)l\\&=(p-w)q-(p-s)\int_0^q F(x)\,\mathrm{d}x-\left(\frac{qc-\eta}{A}\right)l\end{aligned} \tag{8-47}$$

定理 8-10 当已知需求分布的均值和方差信息时,鲁棒决策下零售商最优订货量为

$$\begin{cases} q^*=\mu+\dfrac{\sigma}{2}\dfrac{P-W}{\sqrt{PW}}, & 若\ W>P\ 且\ \dfrac{\sigma}{\mu}<\dfrac{2\sqrt{PW}}{W-P}\ 或者\ W\leqslant P \\ q^*=0, & 若\ W>P\ 且\ \dfrac{\sigma}{\mu}\geqslant\dfrac{2\sqrt{PW}}{W-P} \end{cases}$$

其中，$P=p-\left(w+\dfrac{cl}{A}\right)$，$W=\left(w+\dfrac{cl}{A}\right)-s$。

证明：当面临不确定的市场需求时，实际销售量为 $\min(q,D)$，则剩余数量为 $(q-D)^+$，可知 $\min\{q,D\}=D-(D-q)^+$。由于 $(q-D)^+=(q-D)+(D-q)$，因此，零售商收益函数[即式(8-47)]等同于

$$\begin{aligned}\pi_r(q,D)&=pE[D-(q-D)^+]+sE[(q-D)^++(D-q)^+]-\left(w+\frac{cl}{A}\right)q+\frac{\eta}{A}l\\&=(p-s)ED+\left[s-\left(w+\frac{cl}{A}\right)\right]q-(p-s)(D-q)^++\frac{\eta}{A}l\end{aligned}\tag{8-48}$$

当已知需求及方差时，根据柯西不等式可得到

$$E(D-q)^+\leqslant\frac{[\sigma^2+(q-\mu)^2]^{\frac{1}{2}}-(q-\mu)}{2}\tag{8-49}$$

由于求式(8-48)中零售商收益函数的最大值等同于求 $G(q)$ 的最小值，其中

$$G(q)=(p-s)(D-q)^+-\left[s-\left(w+\frac{cl}{A}\right)\right]q\tag{8-50}$$

将式(8-49)代入式(8-50)，可知

$$G(q)\leqslant\left[\left(w+\frac{cl}{A}\right)-s\right]q+(p-s)\frac{[\sigma^2+(q-\mu)^2]^{\frac{1}{2}}-(q-\mu)}{2}$$

该上界为紧上界，满足该紧上界的分布存在且唯一。令

$$\bar{G}(q)=\left[\left(w+\frac{cl}{A}\right)-s\right]q+(p-s)\frac{[\sigma^2+(q-\mu)^2]^{\frac{1}{2}}-(q-\mu)}{2}$$

其一阶、二阶导数分别为

$$\bar{G}'(q)=\left[\left(w+\frac{cl}{A}\right)-s\right]+(p-s)\frac{(q-u)[\sigma^2+(q-\mu)^2]^{-\frac{1}{2}}-1}{2}$$

$$\bar{G}''(q)=\frac{p-s}{2}[\sigma^2+(q-\mu)^2]^{-\frac{1}{2}}\left[1-\frac{(q-\mu)^2}{\sigma^2+(q-\mu)^2}\right]$$

可见 $\bar{G}''(q)>0$，当 $\bar{G}'(q)=0$ 时得到 $\bar{G}(q)$ 的最小值，此时

$$q^{*}=\mu+\frac{\sigma}{2}\frac{\left(p-w-\frac{cl}{A}\right)-\left(w+\frac{cl}{A}-s\right)}{\sqrt{\left(p-w-\frac{cl}{A}\right)\left(w+\frac{cl}{A}-s\right)}}$$

$$=\mu+\frac{\sigma}{2}\left(\sqrt{\frac{p-w-\frac{cl}{A}}{w+\frac{cl}{A}-s}}-\sqrt{\frac{w+\frac{cl}{A}-s}{p-w-\frac{cl}{A}}}\right)$$

令 $P=p-\left(w+\frac{cl}{A}\right)$，$W=\left(w+\frac{cl}{A}\right)-s$，可知若 $W=P$，则 $q^{*}=\mu$。若 $W>P$，当 $\frac{\sigma}{\mu}<\frac{2\sqrt{PW}}{W-P}$ 时，$q^{*}>0$；当 $\frac{\sigma}{\mu}\geqslant\frac{2\sqrt{PW}}{W-P}$ 时，$q^{*}\leqslant0$。若 $W<P$，当 $\frac{\sigma}{\mu}>\frac{2\sqrt{PW}}{W-P}$ 时，$q^{*}>0$，此情形恒成立。由于反向保理的前提条件是应收账款产生，即 $q^{*}>0$，因此本节只讨论此种情形。由此可得到最优解为 $q^{*}=\mu+\frac{\sigma}{2}\cdot\frac{P-W}{\sqrt{PW}}$，约束条件为 $\frac{\sigma}{\mu}<\frac{2\sqrt{PW}}{W-P}$ 且 $W>P$，或者是 $W\leqslant P$。由于 $\frac{\sigma}{\mu}$ 为变异系数，代表需求波动程度，该约束条件表明 $q^{*}>0$ 时的前提条件是波动小于一定值。

推论 8-1 当只知道需求分布的均值和方差时，零售商最优订货量以需求均值为中心波动，不受供应商自有资金数量的影响。当零售商产品盈利能力大于滞销风险时，订货量高于均值，反之低于均值。波动幅度由零售商产品盈利能力与滞销损失的关系以及标准差共同决定。

证明：由 $P=p-\left(w+\frac{cl}{A}\right)$，$W=\left(w+\frac{cl}{A}\right)-s$ 可知，P 为零售商提供反向保理业务后供应商销售产品的单位利润，代表产品的盈利能力；W 为零售商产品未售出的单位损失，代表滞销损失。根据 q^{*} 的数值表达式可知，在极大极小值算法决策下，供应商的订货量以均值为中心波动，当 $P>W$ 时，$q^{*}>\mu$，反之 $q^{*}<\mu$。而订货量波动幅度由 P 与 W 的关系以及标准差决定，且盈利能力越强，订货量越高；滞销损失越大，订货量越低。

其二，供应商定价决策。受资金约束的供应商运用反向保理进行融资，需要向第三方金融机构融资并支付融资利率，因而其成本包括生产成本和融资成本。由于 q 是 w 的函数，记为 $q(w)$，则供应商的收益函数为

$$\pi_{s}(w)=wq(w)-cq(w)-[cq(w)-\eta]r \tag{8-51}$$

定理 8-11 当已知需求分布函数的均值和方差信息时，反向保理模式下供

应商以期望收益最大化为目标,即 $\max \pi_s(w)$。供应商存在唯一使其期望收益最大化的批发价格 w^*,其中 w^* 是方程 $\mathrm{d}\pi_s(w)/\mathrm{d}w=0$ 的唯一解。

证明:当得知零售商反应函数 $q^*(w)$时,供应商可根据 $q^*(w)$制定出具体的 w。

将 $q^*(w)$代入式(8-51),可得

$$\pi_s(w)=[w-c(1+r)]\left(\mu+\frac{\sigma}{2}\cdot\frac{P-W}{\sqrt{PW}}\right)+\eta r$$

对 $\pi_s(w)$分别求一阶、二阶导数,可得

$$\frac{\mathrm{d}\pi_s(w)}{\mathrm{d}w}=\mu+\frac{\sigma}{2}\cdot\frac{p+s-4w-2\dfrac{cl}{A}+2c(1+r)}{\sqrt{PW}}-[w-c(1+r)]\frac{\sigma(P-W)^2}{4(PW)^{1.5}} \tag{8-52}$$

$$\frac{\mathrm{d}^2\pi_s(w)}{\mathrm{d}w^2}=2\frac{\mathrm{d}q^*(w)}{\mathrm{d}w}+[w-c(1+r)]\frac{\mathrm{d}^2q^*(w)}{\mathrm{d}w^2} \tag{8-53}$$

为了便于分析,先对 $q^*(w)$与 w 的关系进行分析。根据 $q^*(w)=\mu+\frac{\sigma}{2}\cdot\frac{P-W}{\sqrt{PW}}$,对 $q^*(w)$求关于 w 的一阶导数,得 $\frac{\mathrm{d}q^*(w)}{\mathrm{d}w}=-\frac{\sigma(p-s)^2}{4(PW)^{1.5}}$。可知 $\frac{\mathrm{d}q^*(w)}{\mathrm{d}w}<0$,则最优订货量 $q^*(w)$是批发价格 w 的减函数。对 $q^*(w)$求关于 w 的二阶导数,有

$$\begin{aligned}\frac{\mathrm{d}^2q^*(w)}{\mathrm{d}w^2}&=\frac{\sigma(P-W)}{2(PW)^{1.5}}-\frac{\sigma}{4}\cdot\frac{-4(P-W)(PW)^{1.5}-\dfrac{3}{2}(P-W)^3(PW)^{0.5}}{(PW)^3}\\&=\frac{3\sigma(p-s)^2(P-W)}{8(PW)^{2.5}}\end{aligned}$$

由于 $\frac{(p-s)^2}{(PW)^{2.5}}>0$,可知 $\frac{\mathrm{d}^2q^*(w)}{\mathrm{d}w^2}$ 的符号由 $P-W$ 确定,因此,我们分两种情况来讨论 $\pi_s(w)$的二阶导数的符号:

情形 1:$P<W$。此时 $\frac{\mathrm{d}^2q^*(w)}{\mathrm{d}w^2}<0, w-c>0$。而 $\frac{\mathrm{d}q^*(w)}{\mathrm{d}w}<0$,故 $\frac{\mathrm{d}^2\pi_s(w)}{\mathrm{d}w^2}<0$。因而当 $\frac{\mathrm{d}\pi_s(w)}{\mathrm{d}w}=0$ 时,可得到供应商期望收益最大的唯一最优的批发价格。

情形 2:$P\geqslant W$。此时将 $q^*(w)$ 的式子代入式(8-53),可得 $\frac{\mathrm{d}^2\pi_s(w)}{\mathrm{d}w^2}=$

$\frac{\sigma(p-s)^2}{8(PW)^{2.5}}\left\{3[w-c(1+r)]-4PW\right\}$。

令 $h(w)=3[w-c(1+r)]-4PW$，可得$\frac{\partial^2\pi_s(w)}{\partial w^2}=\frac{\sigma(p-s)^2}{8(PW)^{2.5}}h(w)$，因此有 $h(w)=\frac{\mathrm{d}^2\pi_s(w)}{\mathrm{d}w^2}/\frac{\sigma(p-s)^2}{8(PW)^{2.5}}$。

令 $f(w)=\frac{\mathrm{d}\pi_s(w)}{\mathrm{d}w}$，则 $f'(w)=\frac{\mathrm{d}^2\pi_s(w)}{\mathrm{d}w^2}$，$f''(w)=\left[-\frac{\sigma(p-s)^2}{8(PW)^{2.5}}\right]'h(w)-\frac{\sigma(p-s)^2}{8(PW)^{2.5}}h'(w)$，进一步，可得

$$f''(w)\mid_{f'(w)}=0=\frac{\sigma(p-s)^2}{8(PW)^{2.5}}h'(w)-\frac{\sigma(p-s)^2}{8(PW)^{2.5}}[6w-6c(1+r)+p+s]$$

可见 $f''(w)\mid_{f'(w)=0}<0$。因此函数 $f(w)$ 在每一个驻点 $w\in\{w:f'(w)=0\}$ 处都是局部凹的。由于 $f(w)$ 是连续可微的函数，因此 $f(w)$ 只有两种可能：不存在驻点[等价于 $f(w)$ 是严格递增或递减函数]或者是单峰函数。注意：

$$f(w)=\frac{\mathrm{d}\pi_s(w)}{\mathrm{d}w}=\mu+\frac{\sigma}{2}\frac{p+s-4w-2\frac{cl}{A}+2c(1+r)}{\sqrt{PW}}$$
$$-[w-c(1+r)]\frac{\sigma(P-W)^2}{4(PW)^{1.5}}$$

在上式中，$s<c(1+r)<w<p-\frac{l}{A}$。由于 $P\geqslant W$，因此，$\lim\limits_{w\to c(1+r)^+}\frac{\mathrm{d}\pi_s(w)}{\mathrm{d}w}=\mu+\frac{\sigma}{2}\cdot\frac{p+s-2w-2\frac{cl}{A}}{\sqrt{PW}}>0$ 且 $\lim\limits_{w\to\left(p-\frac{cl}{A}\right)^-}\frac{\mathrm{d}\pi_s(w)}{\mathrm{d}w}=-\infty$。因此，$f(w)$ 是严格递增或单峰凹函数。无论哪种情况成立，$f(w)$ 都只有唯一的零点，记为 w^*，且当 $w\to w^{*+}$ 时，$f(w)>0$；当 $w\to w^{*-}$ 时，$f(w)<0$。故 $\pi_s(w)$ 也是一个单峰凹函数，有唯一的零点 w^*，即当$\frac{\mathrm{d}\pi_s(w)}{\mathrm{d}w}=0$ 时函数有最大值。证毕。

推论 8-2 最佳批发价格 w^* 由需求信息(均值、方差)、价格信息、零售商信用总额和供应商信誉损失系数共同决定，当供应商制定批发价格时应权衡供应链各方利益。

证明：根据定理 8-11，整理$\frac{\mathrm{d}\pi_s(w)}{\mathrm{d}w}=0$，得到$\frac{G(p-s)^2}{(PW)^{1.5}}-\frac{2(P-W)}{(PW)^{0.5}}=\frac{4\mu}{\sigma}$，此时函数有最大值，其中 $G=w-c(1+r)$。如推论 8-1 分析，P、W 分别代表零

售商的盈利能力和滞销风险，而 G 代表供应商的盈利能力。w 是 P、W、G 三个指标的中间介质，因而供应商制定批发价格策略时需要兼顾各方利益，关注收益和风险的平衡。

综上可知，在鲁棒决策下的反向保理融资供应链中，供应商自有资金不影响供应链决策，但正方向影响供应商的收益。

②集中决策下的供应链模型。为了获知反向保理时供应链的效率，进一步研究集中决策下的供应链模型，在集中决策情形下，供应链以整体收益最大化为决策目标。由于供应商仍然资金短缺，因此供应链总成本包括供应商融资成本以及零售商因提供反向保理而承担的信用风险，收益函数为

$$\begin{aligned}\pi(q_x,D) &= pE\min\{q_{sc},D\} + sE(q_{sc}-D)^+ - cq_{sc} - (cq_{sc}-\eta)r - \left(\frac{cq_{sc}-\eta}{A}\right)l \\ &= \left[p - c\left(1+r+\frac{l}{A}\right)\right]q_{sc} - (p-s)\int_0^{q_{sc}} F(y)\mathrm{d}y + \left(r+\frac{l}{A}\right)\eta\end{aligned}$$

(8-54)

在极大极小值算法下供应链的决策目标为 $\max\limits_{q}\min\limits_{F\in\Theta}\pi_{sc}E(q_{sc},D)$，其中下标 sc 代表集中决策供应链的情形。集中决策的求解过程类似于定理 8-10 的求解，由此可得到如下定理：

定理 8-12　已知需求分布的均值和方差信息，集中决策的供应链在最差情形下的最优订货量为

$$q_x^* = \mu + \frac{\sigma}{2}\cdot\frac{p+s-2c\left(1+\frac{l}{A}+r\right)}{\sqrt{\left[p-c\left(1+\frac{l}{A}+r\right)\right]\left[c\left(1+\frac{l}{A}+r\right)-s\right]}}$$

可以看到，在反向保理融资的情况下，供应商自有资金不影响供应链订货量，但影响供应链整体收益，自有资金越充足，供应链整体最佳期望收益越大。

由于 $p+s-2c\left(1+r+\frac{l}{A}\right)=\left[p-c\left(1+r+\frac{l}{A}\right)\right]-\left[c\left(1+r+\frac{l}{A}\right)-s\right]$，可见集中决策时订货量围绕 μ 波动，当 $p-c\left(1+r+\frac{l}{A}\right)>c\left(1+r+\frac{l}{A}\right)-s$ 时，则 $q_{sc}^*>\mu$，反之，$q_{sc}^*<\mu$。前者代表产品售出后的供应链整体收益，后者代表产品未售出的供应链整体损失，即订货量受需求均值、标准差、销售收益与滞销损失之间的关系影响。

在多变的经济环境下，需求扰动时有发生，使供应链运营面临需求不确定风险。本节借助极大极小值算法探讨需求信息缺失时反向保理模式下的供应

链运营,建立鲁棒模型刻画"买方驱动"反向保理的供应链关系。研究发现,反向保理增强了供应链合作,鲁棒决策为反向保理供应链提供了当面对需求不确定时的有效决策。

3.基于订单融资模式的供应链融资决策

本节针对供应链中供应商的资金约束,研究订单融资策略问题[19]。订单融资是指企业凭信用良好的买方产品订单,在技术成熟、生产能力有保障的条件下,由银行提供专项贷款,供企业购买原材料组织生产,企业在收到货款后立即偿还贷款的业务。

(1)问题描述及假设。考虑一条由一个供应商和一个零售商组成的两级单周期供应链系统,供应商和零售商都是风险中性的。市场需求是随机的,假设零售商是按需订购的,即供应商承担库存风险。主要符号及其含义如表 8-3 所示。

表 8-3 符号及其含义

符号	含义
c、w、p	产品的生产成本、批发价格和零售价
ξ	市场随机需求
$F(\cdot)$、$f(\cdot)$、$h(\cdot)$	需求的概率分布、密度函数及失效率函数
D	供应商的借款量
r	银行利率
Q	供应商的生产量
y	零售商的预订订单量
$z(Q)$	供应商的还款需求水平
Y、EY、$\mathrm{Var}Y$	银行未来现金流及其期望、方差
$\bar{v}$	银行风险上限
$\bar{Q}(y)$	订单质押下,供应商生产上限
Q^S	无银行风险控制的经典最优生产量
y'	实现经典最优生产量所需要的订单质押量,满足 $Q^s=\bar{Q}(y^s)$
$V(Q,y)$	银行风险上限函数
$g(Q,y)$	风险还款差额函数
$\pi_S(\cdot)$、$\pi_R(\cdot)$	供应商和零售商的期望利润函数

假设市场的随机需求符合通用失效率递增性质，即 $xh(x)=\dfrac{xf(x)}{1-F(x)}$ 随 x 递增。需求分布对于供应商、零售商和银行是公共信息。在期初，供应商确定生产量 Q，其边际生产成本为 c；在期末当需求实现之后，零售商将以单位批发价 w 采购数量为 $\min(\xi,Q)$ 的产品，再以单位零售价 p 卖出，且有 $c<w<p$。售出产品的残值和零售商的缺货损失都假定为 0。假设供应商存在资金约束，不失一般性，其自有资金假定为 0。为了组织生产，供应商从银行贷款，数量为 D、利率为 r，即按照借款合同在期末归还 $D(1+r)$。若期末实现的需求太少，以至于供应商的库存没有全部售出且其所有的收入 $w\xi<D(1+4)$，此时供应商破产，信用风险发生，根据破产条例，银行只能获得供应商的残值 $w\xi$。假设供应商没有别的投资机会。我们知道，当 $r>0$ 时，供应商的最优借款量满足 $D=cQ$，由于政策限制或银行风险厌恶假设，银行必须将自己的风险水平控制在一定的范围内。银行可以提供预订订单质押融资的供应链金融业务，即供应商将来自零售商的预订订单质押给银行进行融资，到期后零售商直接将货款付给银行。因此，所有事件的顺序如下：零售商提供数量为 y 的预订订单；供应商将其质押给银行获得融资 cQ，生产数量为 Q 的产品；当需求实现之后，零售商采购数量为 $\min(\xi,Q)$ 的产品，将货款 wy 直接付给银行，将其余货款付给供应商；供应商还其余部分贷款，若无力偿还则申请破产。

本节所指的订单融资中的订单是指零售商在供应商投产之前预先采购的订单，这部分的货款银行肯定能够收回，而银行借出的多于这部分货款的款项则存在信用风险，可能无法全部收回。这类似于零售商为供应链的贷款提供部分担保，担保额为 wy。而其他部分的贷款，银行可以通过传统的库存质押融资模式实现，即供应商在获得贷款后组织生产，生产出来的产品库存交由银行委托的第三方物流企业监管，以保证销售收入优先偿还银行贷款。

(2)银行风险控制。面对数量为 y 的质押订单，当供应商的借款量为 cQ 时，根据前面的假设，可得银行未来的现金流表达式为

$$Y=\omega\min[\max(\xi,y),z(Q)] \tag{8-55}$$

其中，$z(Q)=\dfrac{cQ(1+r)}{w}$，称为供应商的还款需求水平，显然，订货量越大，供应商归还全部银行贷款所需要的顾客需求水平越高。理性的供应商生产量一定会大于预订量，令 $Q_0(y)=\dfrac{wy}{c(1+r)}$ 表示供应商生产的临界值。可以看出，当供应商的生产量低于此临界值时，银行在未来能确定地获得贷款的本息

$cQ(1+r)$，即银行贷款无风险；当供应商的生产量高于此临界值时，银行未来现金流的期望为

$$EY = cQ(1+r) - \int_{y}^{z(Q)} wF(x)\mathrm{d}x \tag{8-56}$$

银行未来现金流的方差为

$$\mathrm{Var}Y = (cQ)^2\,(1+r)^2 - \int_{y}^{z(Q)} 2w^2 xF(x)\mathrm{d}x - (EY)^2 \tag{8-57}$$

我们用银行未来现金流的变异系数即$\sqrt{\mathrm{Var}Y}/EY$ 来度量银行借款所面临的风险程度。假设银行设置其风险上限为 $\bar{v}$，即$\sqrt{\mathrm{Var}Y}/EY \leqslant \bar{v}$，$\bar{v}$ 越小意味着银行风险厌恶程度越高。如果质押订单量 y 和贷款额 cQ 使得银行风险在其控制范围内，则银行发放贷款；否则，银行不发放贷款。此时，银行贷款的风险上限约束转化为

$$V(Q,y) \equiv (cQ)^2\,(1+r)^2 - \int_{y}^{z(Q)} 2w^2 xF(x)\mathrm{d}x - (1+\bar{v}^2)\,(EY)^2 \leqslant 0 \tag{8-58}$$

我们称 $V(Q,y)$为银行风险上限函数，为了分析银行风险上限函数随供应商生产量的变化情况，令 $g(Q,y)=cQ(1+r)-(1+\bar{v}^2)EY$，将其定义为银行设置的风险还款差额，即理想还款额与银行风险上限调整后的实际还款额之差。银行设置的风险上限越大，风险还款差额就越小。

引理 8-2　对于任何 $y \geqslant 0$，$g(Q_0^*,y) < 0$ 恒成立，其中

$$Q_0^* = \frac{wF^{-1}\left(\dfrac{\bar{v}^2}{1+\bar{v}^2}\right)}{c(1+r)} \tag{8-59}$$

引理 8-2 表明当供应商的生产量为 Q_0^* 时，无论质押订单是多少，银行的风险还款差额都是负的，即此时银行的订单融资风险很小。为了研究银行贷款上限，定义 $Q_1^*(y)$满足 $g[Q_1^*(y),y]=0$ 和 $Q_1^*(y)>Q_0^x$。有如下命题：

命题 8-7　当银行风险上限为 $\bar{v}$ 时，给定质押的订单量 y，银行将贷款上限设置为 $c\bar{Q}(y)$，其中 $\bar{Q}(y)$满足 $V[\bar{Q}(y),y]=0$ 且 $\bar{Q}(y)>Q_1^*(y)$。随着质押订单量的增加，银行设置的贷款上限会变高，即$\dfrac{\mathrm{d}\bar{Q}(y)}{\mathrm{d}y}>0$。

由命题 8-7 可以看出，银行风险上限等价于银行贷款上限，这一结论与直观相符，即银行的风险上限越大，其愿意发放的贷款量越高。同时，由于订单质押量与银行面临的风险负相关，因此质押量越多银行的贷款上限也越高。这在实践中为银行提供了一种简单的风险控制方法。

(3)供应链决策模型。下面介绍供应商决策和零售商决策模型。

①供应商决策。给定零售商的预订量 y，供应商将其质押给银行进行融资，供应商的决策是在银行贷款允许的条件下选择最优生产量以最大化其期望利润。根据命题 8-7，银行贷款约束转化为 $Q \leqslant \bar{Q}(y)$，即供应商的最优化问题为

$$\max_{Q} \pi_S(Q) = E\{w\min[\max(\xi, z(Q)), Q]\} - cQ(1+r)$$
$$= \int_{z(Q)}^{Q} wxf(x)\mathrm{d}x + \int_{Q}^{\infty} wQf(x)\mathrm{d}x - cQ(1+r)[1-F(z(Q))]$$
$$\text{s.t.} \quad Q \leqslant \bar{Q}(y) \tag{8-60}$$

首先不考虑约束条件，即不存在银行风险控制，求解供应商的最优化问题，有如下引理：

引理 8-3　当不存在银行风险控制时，供应商的最优生产量为 $Q^* = Q^S$，其中 Q^S 由下式确定：

$$w[1-F(Q^S)] - c(1+r)\{1-F[z(Q^S)]\} = 0 \tag{8-61}$$

我们称 Q^S 为无银行风险控制的经典最优生产量。当供应商的生产量达到经典最优生产量时，此时供应商的资金约束不会使其利润受损。令 y^S 满足 $Q^S = \bar{Q}(y^S)$，则 y^S 是指为了实现经典最优生产量所需要的订单质押量，且其具有命题 8-8 所描述的性质。

命题 8-8　$\dfrac{\mathrm{d}y^S}{\mathrm{d}\,\bar{v}} < 0$，即随着银行风险上限的增加，为了实现经典最优生产量所需要的订单质押量会随之减少。

由命题 8-8 可以看出，银行越厌恶风险，供应商需要提供越多的质押订单，才能使生产恢复到无银行风险上限约束下的最优水平。

根据命题 8-7，求解带约束条件的供应商最优化问题，即式(8-60)，易得命题 8-9。

命题 8-9　当 $Q^S < \bar{Q}(0)$ 时，即使没有任何订单作为质押，银行的贷款上限也会很高，供应商可以实现经典最优生产量 Q^S，此时供应商的最优生产决策为 $Q^* = \max(Q^S, y)$。当 $Q^S > \bar{Q}(0)$ 时，供应商要实现经典最优生产量 Q^S，需要有 y^S 数量的订单作为质押，若质押的订单量少于 y^S，则最多只能向银行贷款 $c\bar{Q}(y)$，此时供应商的最优生产决策为

$$Q^* = \begin{cases} \max(Q^S, y), & y > y^S \\ \bar{Q}(y), & 0 \leqslant y \leqslant y^S \end{cases} \tag{8-62}$$

在命题 8-9 中，条件 $Q^S < \bar{Q}(0)$ 等价于 $y^S < 0$；条件 $Q^S > \bar{Q}(0)$ 等价于 $y^S > 0$。

由命题 8-9 可以看出，供应商要实现经典最优生产量有两种途径：一是 y^S 小于等于 0，由命题 8-8 我们知道，这需要银行设置的风险上限 $\bar{v}$ 足够大；二是质押订单量大于 y^S，即需要零售商的预订量足够大。这在实践中提供了消除银行风险控制对供应链绩效影响的方法，即当银行风险上限低于一定值时，零售商提供一定数量的预订订单。

②零售商决策。针对供应商会出现的最优反应 Q^*，零售商的决策是最大化其期望利润，即

$$\begin{aligned}\max_y \pi_R(y) &= E\{p\min(\xi, Q^*) - w\min[\max(\xi, y), Q^*]\} \\ &= (p-w)Q^* - \int_0^{Q^*} pF(x)\mathrm{d}x + \int_y^{Q^*} wF(x)\mathrm{d}x \end{aligned} \quad (8\text{-}63)$$

将命题 8-9 中的供应商最优决策代入上述最优化问题可得：当 $Q^*=y$ 时，零售商的最优预订量为 $y^C = F^1\left(1-\dfrac{w}{p}\right)$，我们称之为经典最优预订量；当 $Q^*=Q^S$ 时，由于 $\dfrac{\mathrm{d}\pi_R(y)}{\mathrm{d}y} = -wF(y) < 0$，即零售商的期望利润随着预订量的增加而减少，故零售商的最优订货量在 $Q^S \leqslant \bar{Q}(0)$ 时为 0，在 $Q^S > \bar{Q}(0)$ 时为 y^S；当 $Q^* = \bar{Q}(y)$ 时，零售商的最优化问题转化为：

$$\max_{Q,y} \pi_R(y) = (p-w)Q - \int_0^Q pF(x)\mathrm{d}x + \int_y^Q wF(x)\mathrm{d}x$$

$$\text{s.t.} \quad \begin{aligned} &Q = \bar{Q}(y) \\ &Q \leqslant y \leqslant y^S \end{aligned} \quad (8\text{-}64)$$

求解上述最优化问题，可得命题 8-10。

命题 8-10 若 $y^C \geqslant Q^S$，则零售商的最优预订决策为 $y^* = y^C$。若 $y^C < Q^S$，则当 $Q^S \leqslant \bar{Q}(0)$，即使没有任何订单作为质押，银行的贷款上限也会很大时，零售商的最优预订决策为 $y^*=0$；否则零售商的最优预订决策由下式确定：

$$\begin{cases} Q^* = F^{-1}\left\{1 - \dfrac{c(1+r)\bar{F}[z(Q^*)]}{p-w} t(Q^*, y^*)\right\} \\ V(Q^*, y^*) = 0 \end{cases} \quad (8\text{-}65)$$

其中，$t(Q^*, y^*) = \dfrac{g(Q^*, y^*)}{cQ^*(1+r) - wy^* - g(Q^*, y^*)}$。

由命题 8-10 可以看出，零售商提供预订订单有两种动机，我们称之为增加销量动机和增加贷款动机。由 y^C 的解析式可知，y^C 随着销售价格 p 的增加而

增加。当 y^C 大于经典最优生产量 Q^S 时，即使银行贷款上限很大，不需要任何订单作为质押，供应商也能达到经典最优生产值。但是由于零售商的利润率较高，零售商不想因为供应商的限产行为而失去市场机会，因此会主动提供预订订单，使供应商的产量不会小于自己的预订量，以保证产品的供给。我们称这种预订动机为增加销售动机。而当 y^C 小于经典最优生产量 Q^S 时，增加销售动机不存在，当银行贷款上限很大时，零售商是不会预订的。

本节在银行风险厌恶和随机需求的假设下，研究了供应链订单融资模式的最优运作策略，明确指出了银行开展订单融资业务时贷款额度的影响因素及其确定方法，得出在银行风险上限控制下供应商的最优生产决策和零售商的最优预订决策，分析了银行风险厌恶程度对供应商和零售商最优决策的影响。

8.2.3 物流仓储阶段：存货质押融资

由于从生产环节到销售完毕的过程中均存在一定的时间差，这时候货物资产处于存货保管阶段，除了在企业自有仓库存放，还可能在物流企业或者港口企业的仓库保存。此外，存货除了静态的存放，也可能表现为处于运输途中的动态阶段。存货作为资产存在的一种形式，实际上是对企业现金流的占用。资金需求方可以以货物进行质押获得融资，往往标准化的货物具有较强的可质押性。

将存货用于质押获得融资，相应的供应链金融产品包括仓单质押融资、动产质押融资等。在实际运用中，大宗商品贸易企业拥有对货物的控制权，是这类融资的主要需求主体。在这种情况下，金融机构通常根据仓单提供资金支持，以仓单标的物为质权，为债权实现提供担保手段，并且借助外部物流仓储企业作为监管方来实现对货物的把控。由于存货既有静态储存，也有动态运输的状况，因此金融机构也可提供存货动态模式下的融资方案，核定库存总量，将库存保持在最低限额。在这种模式下，往往需要借助物联网技术对货物的状态进行实时监控。

存货质押融资自开展初期便受到业务各参与主体的广泛欢迎，业务成交量也持续快速增长。在学术界，学者们也对存货质押融资展开了深入研究，成果主要包括质押率设置、激励机制设计、企业运营决策等。例如，Cossin 等[20]假设给定融资企业的违约概率，得到了与银行不同风险承受能力相对应的质押率。Buzacott 等[21]结合库存管理和资产融资，分析了质押率与利率对企业运营的影响。李毅学等[22]从银行视角出发，考虑存货价格随机波动时质押率的决策。何娟等[23]研究了上海螺纹钢质押的动态质押率设置。白世贞等[24]讨论了需求不确定和下侧风险控制模式下的最优质押率决策问题。孙喜梅等[25]考虑了供应链成员企业信用水平影响的质押率决策模型。Sun 等[26]认为应将激励机制和监管机制相结合，以规避银行和物流企业信息不对称导致的贷款风险。李健等[27]在存货质押融资业务中引入声誉效应，建立了银行和物流企业长期合作的委托代理模型。于萍等[28]分析了三方契约背景下银行为物流企业提供信息服务时的激励问题。徐鹏等[29]考虑了质押物价格不变和变动两种情形，研究了开展存货质押融资时的最佳订货周期和订货量。

1.基于仓单质押融资模式的供应链融资决策

对直接融资渠道狭窄的中小企业来说，仓单质押是以“真实物权”为基础、低门槛、更灵活、融资成本较低的供应链融资模式；对银行等金融机构来说，仓单质押是信贷业务拓展的方向；对物流公司来说，仓单质押已逐渐满足其新的业务利润增长点的需求。

本节在由制造商、零售商和商业银行组成的供应链金融系统中，基于仓单质押融资模式分析了当零售商受资金约束时，面对需求的不确定性及有限的融资能力，应如何进行融资决策和运营决策。同时，通过构建基于仓单质押融资模式的供应链金融系统决策模型，分别探讨了商业银行提供的最优融资利率、零售商的最优订货决策以及制造商的最优批发价格[30]。

(1)模型构建及前提假设。考虑一个由单一制造商和单“报童型”零售商组成的供应链。零售商向制造商以一定的批发价格购买单一产品，再销售给具有随机需求的顾客群。假设零售商在采购过程中存在资金约束，即其自有资金不能完全用于采购。本节考虑仓单质押融资模式，即零售商可以借助银行认可的物流企业开具的仓单，以仓单价值 wq 作为质押，并以一定的贷款利率 R_r 向银行融集资金 $B=\lambda wq$(λ 为仓单质押率)。销售期末，零售商通过实现的销售收入向银行偿还本息。当零售商面临破产风险，即销售收入不足以清偿债务时，银行将承担破产风险，并具备优先清算权获取零售商的全部销售收入及未售库存残值。基于仓单质押融资模式的供应链金融系统框架如图 8-4 所示。

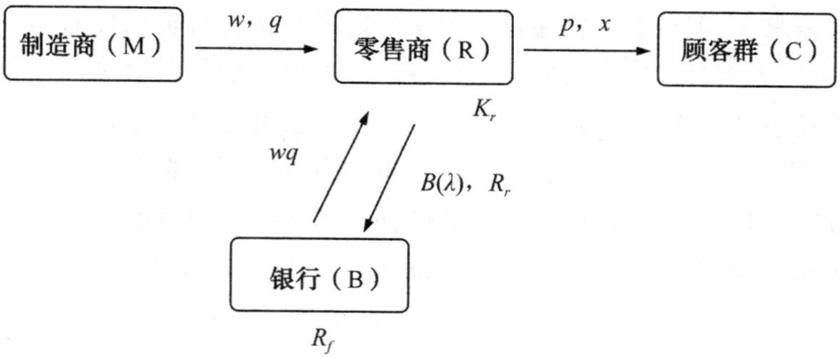

图 8-4　基于仓单质押融资模式的供应链金融系统框架

假设在供应链金融系统中制造商、零售商及商业银行均是风险中性和完全理性的，即它们根据各自期望利润最大化的原则进行决策。另外，假设供应链金融系统中信息是对称的，即制造商、零售商及商业银行之间不存在信息隐匿现象。

为便于模型描述，首先给出各种变量和函数说明：

p：零售商的单位零售价格；

q：零售商的订货量，决策变量；

v：零售商未售产品的单位残值；

w：制造商的单位批发价格，决策变量；

c：制造商的单位制造成本；

K_r：零售商的自有资金；

B：零售商向银行的融资金额；

λ：零售商的信用额度，即仓单质押率，$0\leqslant\lambda\leqslant 1$；

R_r：银行的贷款利率，决策变量；

R_f：资本市场的无风险利率；

x：消费者的随机需求量，密度函数和分布函数分别为 $f(x)$ 和 $F(x)$，且 $\bar{F}(x)=1-F(x)$；

π_r、π_m、π_b：零售商、制造商、银行的收益函数。

假设需求分布函数 $F(x)$ 是连续、可导、严格递增的，并符合 IFR 性质的分布。这是供应链建模中通用的需求假设，以保证模型存在最优解。另外，为保证模型的经济一致性，假设 $c\leqslant v\leqslant w\leqslant p$。

(2)基于仓单质押融资模式的供应链金融最优决策模型。在由制造商、有资金约束的零售商及商业银行组成的供应链金融系统中，理性的决策者都会追求自身利益的最大化。在如图 8-4 所示的供应链金融系统中，一方面，零售商作为资金需求方,需考虑如何通过仓单质押向商业银行融资以使其运营决策达到最优;另一方面,商业银行作为资金供应方,也要考虑如何通过向零售商提供融资实现利益最大化。下面分别分析零售商、商业银行与制造商的最优决策。

第一,零售商的最优决策。在仓单质押融资模式下,假设银行提供线性质押融资方案,则零售商的决策问题如式(8-66)和式(8-67)所示。

$$\max_{q} E\pi_r [q;R_r,B(\lambda),w]=E\{p\min(q,x)+v(q-x)^+-B(\lambda)(1+R_r)+[K_r+B(\lambda)-wq](1+R_f)\}^+ \tag{8-66}$$

$$\text{s.t.}\quad K_r\leqslant wq\leqslant K_r+B(\lambda) \tag{8-67}$$

式(8-66)是零售商的期望利润函数,其中 $y^+=\max(y,0)$,即当销售期末零售商的资金价值不能偿还银行贷款时,零售商的期望利润为零;式(8-67)表示零售商在运营决策中受资金约束($K_r\leqslant wq$)且以一定的信用额度向银行进行有限融资 $[wq-K_r\leqslant B(\lambda)=\lambda wq]$。

引理 8-4 对于零售商而言,向银行融资但不破产的充分条件为:

临界需求量 $\hat{x}(q)=\dfrac{w[1+R_f+\lambda(R_r-R_f)]-v}{p-v}q-\dfrac{K_r(1+R_f)}{p-v}$;

临界订货量 $\hat{q}=\dfrac{K_r(1+R_f)}{w[1+R_f+\lambda(R_r-R_f)]-v}$。

证明:当零售商的预期收入能够偿还银行融资本息时,零售商不会面临破产,即

$$p\min(q,x)+v(q-x)^++(K_r-wq)(1+R_f)-B(\lambda)(R_r-R_f)\geqslant 0 \tag{8-68}$$

①当 $x\leqslant q$ 时,式(8-68)等价于 $px+v(q-x)+(K_r-wq)(1+R_f)-B(\lambda)(R_r-R_f)\geqslant 0$,当 $x\geqslant\hat{x}=\dfrac{w[1+R_f+\lambda(R_r-R_f)]-v}{p-v}q-\dfrac{K_r(1+R_f)}{p-v}$ 时,式(8-68)成立。

②当 $q\geqslant K_r/w$ 且 $x=0$ 时,式(8-68)等价于 $vq+(K_r-wq)(1+R_f)-\lambda wq(R_r-R_f)\geqslant 0$,当 $q\leqslant\hat{q}=\dfrac{K_f(1+R_f)}{w[1+R_f+\lambda(R_r-R_f)]-v}$ 时,式(8-68)成立。

由引理 8-4 可知:$\hat{x}$ 表示零售商不破产时的临界需求量,即只有当市场需求 $x\geqslant\hat{x}$ 时,零售商才能清偿贷款及利息,此时银行可以通过融资服务获得预期收益;否则,当 $x<\hat{x}$ 时,零售商的销售收入不足以清偿债务。由此可见,当最终顾客的需求量过低时,零售商将面临融资后破产的风险。

另外,当零售商的订货量过高时,将承担大量积压库存,过低的预期收入不

足以偿还银行融资本息从而将面临破产的可能。因此,零售商应采取适量的订货量即 $q\leqslant\hat{q}$ 以规避破产风险。

命题 8-11　如果市场需求分布函数符合 IFR,对于银行给定的融资利率 R_r 及制造商的批发价格 w,零售商向银行融资时的最优订货量 $q^*=\min(q_r,\bar{q})$,其中:

$$q_r=\begin{cases}\bar{F}^{-1}(\Omega), & q\leqslant\hat{q},\\ \bar{F}^{-1}[\Omega\bar{F}(\hat{x})], & q>\hat{q},\end{cases}\qquad \bar{q}=\frac{K_r}{(1-\lambda)w}$$

证明:为简化表述,令 $\Omega=\dfrac{w[1+R_f+\lambda(R_r-R_f)]-v}{p-v}$,$\Delta=\dfrac{K_r(1+R_f)}{p-v}$,则 $\hat{x}=\Omega q-\Delta$,$\hat{q}=\Delta/\Omega$。由式(8-66)可得

①当 $q\leqslant\hat{q}$ 时,$E\pi_r=(p-v)\int_0^q\bar{F}(x)\mathrm{d}x-w[1+R_f+\lambda(R_r-R_f)]q+vq+K_r(1+R_f)$。

如果市场需求分布函数符合 IFR,则有 $\mathrm{d}E\pi_r/\mathrm{d}q=(p-v)[\bar{F}(q)-\Omega]$,$\mathrm{d}^2E\pi_r/\mathrm{d}q^2=-f(q)(p-v)<0$。令 $\mathrm{d}E\pi_r/\mathrm{d}q=0$,得 $q_r=\bar{F}^{-1}(\Omega)$。

②当 $q>\hat{q}$ 时,$E\pi_r=(p-v)\int_{\hat{x}}^q\bar{F}(x)\mathrm{d}x+K_r(1+R_f)$。如果市场需求分布函数符合 IFR,那么 $\mathrm{d}E\pi_r/\mathrm{d}q=(p-v)[\bar{F}(q)-\Omega\bar{F}(\hat{x})]$,且 $\mathrm{d}^2E\pi_r/\mathrm{d}q^2=(p-v)[-f(q)+\Omega^2f(\hat{x})]<0$。令 $\mathrm{d}E\pi_r/\mathrm{d}q=0$,得 $q_r=\bar{F}^{-1}[\Omega\bar{F}(\hat{x})]$。由式(8-67)可得,$K_r+B\geqslant wq$,即 $q\leqslant\bar{q}=K_r/(1-\lambda)w$。所以,$q^*=\min(q_r,\bar{q})$。

第二,商业银行的最优决策。在仓单质押融资模式下,银行以一定的贷款利率 R_r 提供线性质押融资方案 $B(\lambda)=\lambda wq$,销售期末零售商将如期偿还本息 $B(\lambda)(1+R_r)$;当零售商面临破产时,零售商只能以全部销售收入及未售库存残值偿还贷款。因此商业银行的决策问题如式(8-69)所示。

$$\max_{R_r}\pi_b[R_r;B(\lambda),q,w]=\min[B(\lambda)(1+R_r),p\min(q,x)+v(q-x)^+]-B(\lambda)(1+R_f)\tag{8-69}$$

命题 8-12　如果市场需求分布函数符合 IFR,对于零售商的初始资金 K_r,考虑零售商的破产风险,银行为零售商提供的最优融资利率为

$$R_r^*=R_f+\begin{cases}(p-v)[qf(q)\bar{F}(\hat{x})+\Omega F(\hat{x})]/\lambda\bar{w}F(\hat{x}), & q\leqslant\hat{q}\\ (p-v)[qf(q)\bar{F}(\hat{x})-q\Omega^2f(\hat{x})+\bar{F}(q)F(\hat{x})]/\lambda w[\bar{F}(\hat{x})-wqf(\hat{x})], & q>\hat{q}\end{cases}$$

证明:由式(8-69)得,$\pi_b=(p-v)\int_0^{\hat{x}}\bar{F}(x)\mathrm{d}x-(p-v)\hat{x}+B(R_r-B_f)$。

因为$\frac{dE\pi_b}{dR_r}=\frac{\partial E\pi_b}{\partial q}\cdot\frac{\partial q}{\partial R_r}+\frac{\partial E\pi_b}{\partial R_r}$,所以,如果市场需求分布函数符合 IFR,则有:

①当 $q\leqslant\hat{q}$ 时,$\frac{dE\pi_b}{dR_r}=\frac{\lambda w(p-v)\Omega F(\hat{x})-\lambda^2 w^2(R_r-R_f)}{f(q)(p-v)}+\lambda wq\bar{F}(\hat{x})$,令

$\frac{dE\pi_b}{dR_r}=0$,可得 $R_r^*=\frac{(p-v)[qf(q)\bar{F}(\hat{x})+\Omega F(\hat{x})]}{\lambda w\bar{F}(\hat{x})}+R_f$。

②当 $q>\hat{q}$ 时,

$\frac{dE\pi_b}{dR_r}=\frac{\lambda w[\Omega qf(\hat{x})-\bar{F}(\hat{x})][\lambda w(R_r-R_f)-(p-v)\Omega F(\hat{x})]}{(p-v)[f(q)-\Omega^2 f(\hat{x})]}+\lambda wq\bar{F}(\hat{x})$,令

$\frac{dE\pi_b}{dR_r}=0$,可得 $R_r^*=\frac{(p-v)[qf(q)\bar{F}(\hat{x})-q\Omega^2 f(\hat{x})+\bar{F}(q)F(\hat{x})]}{\lambda w[\bar{F}(\hat{x})-wqf(\hat{x})]}+R_f$。

第三,制造商的最优决策。本节假设制造商不存在资金约束,则制造商的决策问题是如何制定合适的批发价格以实现预期利润最大化。因此制造商的决策问题如式(8-70)所示。

$$\max_w \pi_m(w;q)=\max(w-c)q \tag{8-70}$$

引理 8-5 如果市场需求分布函数符合 IFR,零售商的最优订货量是制造商批发价格的递减函数,即

$$dq^*(w)/dw<0$$

证明:由命题 8-11 可得

①当 $q\leqslant\hat{q}$,即 $K_r>\Omega q(p-v)/(1+R_f)$时,$\frac{d\bar{q}}{dw}=\frac{-K_r}{(1-\lambda)w^2}<0$ 且$\frac{dq_r}{dw}=-f(q_r)\frac{1+R_f+\lambda(R_r-R_f)}{p-v}<0$,所以 $d^*(w)/dw<0$。

②当 $q>\hat{q}$,即 $K_r<\Omega q(p-v)/(1+R_f)$时,$\bar{F}(q_r)=\Omega\bar{F}[\Omega q_r-\Delta]$,

$dq^*(w)/dw=\frac{\bar{F}(\hat{x})-\Omega q^* f(\hat{x})}{\Omega^2 f(\hat{x})-f(q^*)}\cdot\frac{1+R_f+\lambda(R_r-R_f)}{p-v}$,$\bar{F}(\hat{x})-\Omega q^* f(\hat{x})=\bar{F}(\hat{x})\left[1-\frac{\Omega q^* f(\hat{x})}{\bar{F}(\hat{x})}\right]$。

因为 $0<\Omega<1$,而且市场需求分布函数符合 IFR,所以$\frac{\Omega q^* f(\hat{x})}{\bar{F}(\hat{x})}<$

$\frac{q^* f(\hat{x})}{\bar{F}(\hat{x})} < \frac{q^* f(q^*)}{\bar{F}(q^*)} = 1$,从而可得 $\bar{F}(\hat{x}) - \Omega q^* f(\hat{x}) > 0$。而$\frac{\mathrm{d}^2 E\pi_r}{\mathrm{d}q^{*2}} = (p-v)\cdot$ $[-f(q^*) + \Omega^2 f(\hat{x})] < 0$,因此 $\mathrm{d}q^*(w)/\mathrm{d}w < 0$。

命题 8-13　如果市场需求分布函数符合 IFR,对于银行给定的融资利率及零售商的订货量,制造商的最优批发价格为

$$w^* = c + \begin{cases} (p-v)q^* f(q^*)/[1+R_f+\lambda(R_r-R_f)], & q \leqslant \hat{q} \\ (p-v)q^* [f(q^*) - \Omega^2 f(\hat{x})]/[1+R_f+\lambda(R_r-R_f)] \\ \cdot [\bar{F}(\hat{x}) - \Omega q^* f(\hat{x})], & q > \hat{q} \end{cases}$$

证明:由式(8-70)得,$\frac{\mathrm{d}E\pi_m}{\mathrm{d}w} = q^* + (w-c)\frac{\mathrm{d}q^*}{\mathrm{d}w}$。

根据引理 8-5 可知:

①当 $q \leqslant \hat{q}$ 时,$\frac{\mathrm{d}\pi_m}{\mathrm{d}w} = q^* - \frac{[1+R_f+\lambda(R_r-R_f)](w-c)}{(p-v)f(q^*)}$,$\frac{\mathrm{d}^2 E\pi_m}{\mathrm{d}w^2} = -\frac{1+R_f+\lambda(R_r-R_f)}{(p-v)f(q)} < 0$。令$\frac{\mathrm{d}E\pi_m}{\mathrm{d}w} = 0$,则可以得 $w^* = c + (p-v)q^* f(q^*)/$ $[1+R_f+\lambda(R_r-R_f)]$。

②当 $q > \hat{q}$ 时,$\frac{\mathrm{d}E\pi_m}{\mathrm{d}w} = q^* - \frac{(w-c)[F(\hat{x}) - q^*\Omega f(\hat{x})]}{f(q^*) - \Omega^2 f(\hat{x})} \cdot \frac{\mathrm{d}\Omega}{\mathrm{d}w}$,$\frac{\mathrm{d}^2 E\pi_m}{\mathrm{d}w^2} = 2\frac{\mathrm{d}q^*}{\mathrm{d}w} + (w-c)\frac{\mathrm{d}^2 q^*}{\mathrm{d}w^2}$。因为市场需求分布函数符合 IFR,所以 $q^* f(q^*)/\bar{F}(q^*) = 1$。因此

$$\frac{\mathrm{d}^2 q^*}{\mathrm{d}w^2} = -\frac{2\{f(\hat{x}) + \Omega f(\hat{x})[\bar{F}(\hat{x}) - \Omega q^* f(\hat{x})]\}}{[\Omega^2 f(\hat{x}) - f(q^*)]^2} \times \left(\frac{\mathrm{d}\Omega}{\mathrm{d}w}\right)^2$$

而由引理 8-5 可得 $\bar{F}(\hat{x}) - \Omega q^* f(\hat{x}) > 0$,且$\frac{\mathrm{d}q^*}{\mathrm{d}w} < 0$,所以 $\mathrm{d}^2 q^*/\mathrm{d}w^2 < 0$,即$\frac{\mathrm{d}^2 E\pi_m}{\mathrm{d}w^2} < 0$。令$\frac{\mathrm{d}E\pi_m}{\mathrm{d}w} = 0$,可得

$$w^* = c + (p-v)q^* [1+R_f+\lambda(R_r-R_f)][\bar{F}(\hat{x}) - \Omega q^* f(\hat{x})]$$

2.基于存货质押融资模式的供应链融资决策

存货质押融资是中小企业以原材料、半成品和产成品等存货作为质押向金融机构融资的业务。和传统银行贷款集中在不动产抵押或者第三方担保公司担保不同,存货质押融资是将企业与上下游企业真实的贸易行为中的动产作为

质押从银行等金融机构获得贷款。本节研究了存货质押融资模式下零售商、供应商和银行组成的供应链金融系统，提出了存在融资情况下的供应链协调条件[31]。

(1)问题描述与符号说明。考虑由单个零售商和单个供应商组成的供应链。供应商以批发价格 w 给零售商供货，产品的零售价格 p 在销售周期内保持不变。零售商初始资金 m_r 有限，为了订购所需的产品量 q 以获得更多利润，零售商以 pq 作为抵押向银行申请贷款。银行以一定的质押率 λ 和利率 r 为零售商提供贷款 λpq。销售期内市场需求随机。零售商销售订购的产品直到产品售完或者销售期结束。如果产品售完，由于消费者需求无法得到满足，消费者的缺货损失一部分由零售商承担，一部分由供应商承担。缺货成本的引入是由于消费者认为该零售商不再是产品的可信赖的零售商或者消费者认为另一种竞争产品更满足其需求。如果销售期末产品还有剩余，为提高零售商的信用水平，增强供应链整体的竞争能力，作为供应链核心企业的供应商承诺在销售期末按照一定的价格 b 和比例 θ 回购零售商未销售的产品。供应链金融系统如图 8-5 所示，文中涉及的符号及说明见表 8-4。上述符号之间需满足如下关系：$v<c<w$，$v<b\leqslant w$，$w(1+r)<p$，$w>\lambda p$。

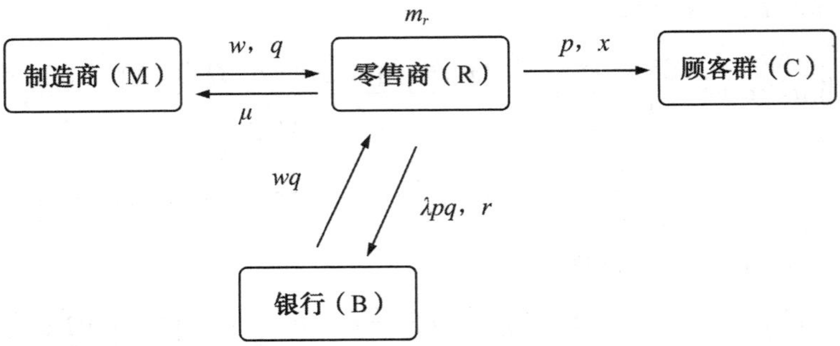

图 8-5 零售商资金受限的供应链金融系统

模型有如下假设：产品的市场需求分布是零售商、供应商的共同知识；需求分布函数是可微并且严格递增的。$E(x)$表示随机变量 x 的期望，$\min(a,b)$、$\max(a,b)$分别表示 a 和 b 中的较小值与较大值，$x^+=\max(x,0)$。为后续讨论方便，记 $\varphi=b\theta+v(1-\theta)$，称 φ 为回购补贴，由于 $0\leqslant\theta\leqslant1$，故 $v\leqslant\varphi\leqslant b$。

表 8-4　模型符号及说明

符号	说明
p	销售周期内产品的零售价格
w	供应商的批发价格
c	供应商的生产成本
v	未销售产品的残值
m_r	零售商可用于采购的初始资金
x	市场需求，概率密度函数为 $f(x)$，$F(x)=\int_0^x f(x)\mathrm{d}x$
θ	供应商对零售商未售出产品的回购比例
b	供应商对零售商未售出产品的回购价格
φ	回购补贴
q	零售商的订购量
r	银行的贷款利率
λ	银行设定的存货质押率
gr	零售商单位产品的缺货损失
gm	供应商单位产品的缺货损失
g	供应链单位产品的总缺货损失($gr+gm$)
π_i	$i=t$、c、m、r、b，分别表示供应链金融系统、供应链、供应商、零售商、银行的期望利润

(2)供应链金融系统模型。基于供应链协调，首先从供应链金融系统整体出发，确定供应链金融系统的利润函数，并求得系统整体的最优订购量；其次，考虑供应链的利润函数，求得供应链的最优订购量；最后，考虑零售商和供应商的利润函数，提出可以实现供应链金融系统协调的回购策略。

①供应链金融系统的最优决策。首先考虑供应链金融整体，即将银行、供应商和零售商三方看作一个决策者。这能够确定系统的最优策略。若供应商生产产品量为 q，且直接出售给消费者，其利润 π_t 为

$$\pi_t=E\left[p\min(q,x)+v(q-x)^+-g(x-q)^+\right]-cq$$

$$=(p+g-c)q-(p+g-v)\int_0^q F(x)\mathrm{d}x-gE(x)$$

(8-71)

为确定供应链金融系统的最优订购/生产量 q_t^*，对式(8-71)求导并令导数等于 0，可得

$$F(q_t)=\frac{p+g-c}{p+q-v} \tag{8-72}$$

这是全局最大值，因为

$$\frac{\partial^2 \pi_t}{\partial q^2}=-f(q)(p+g-v)\leqslant 0$$

由于包含银行，供应链金融系统不存在资金约束，系统的订购/生产量不存在约束，因此，供应链金融系统的最优决策为

$$q_t^*=q_t \tag{8-73}$$

②供应链的最优决策。其次考虑供应链，即将供应商和零售商看作一个决策者，银行作为另一个决策者。供应链的利润 π_c 为

$$\pi_c=E\,[p\min(q,x)+v\,(q-v)^+-g\,(x-q)^+]+\lambda pq-cq-\lambda pq(1+r)$$

$$=(p+g-c-\lambda pr)q-(p+g-v)\int_0^q F(x)\mathrm{d}x-gE(x) \tag{8-74}$$

为确定供应链的最优订购/生产量 q_c^*，对式(8-74)求导并令导数等于 0，可得

$$F(q_c)=\frac{p+g-c-\lambda pr}{p+g-v} \tag{8-75}$$

称 q_c 为无约束最优订购/生产量。q_c 是全局最大值，因为

$$\frac{\partial^2 \pi_c}{\partial q^2}=-(p+g-v)f(q)\leqslant 0 \tag{8-76}$$

由于供应链中零售商的资金受限，向银行融资时融资额度有限，订购额度 $wq\leqslant mr+\lambda pq$，那么订购量 q 不大于最大订购量 q_u，即存在约束

$$q\leqslant q_u=\frac{m_r}{w-\lambda p} \tag{8-77}$$

因此，融资条件下供应链协调的最优决策为

$$q_c^*=\min(q_c,q_u) \tag{8-78}$$

③零售商的最优决策。最后考虑层次性情况，即将供应商、零售商和银行看作三个独立的决策者。供应商的利润 π_m 为

$$\pi_m=(w-c)q-E\,[(\varphi-v)\,(q-x)^+]-E\,[g_m\,(x-q)^+]$$

$$=(w+g_m-c)q-(\varphi+g_m-v)\int_0^q F(x)\mathrm{d}x-g_m E(x) \tag{8-79}$$

银行的利润 π_b 为

$$\pi_b=\lambda pq(1+r)-\lambda pq=\lambda pqr \tag{8-80}$$

零售商的利润 π_r 为

$$\pi_r=E\left[p\min(q,x)+\varphi(q-x)^+-g_r(x-q)^+\right]+\lambda pq-wq-\lambda pq(1+r)$$

$$=(p+g_r-w-\lambda pr)q-(p+g_r-\varphi)\int_0^q F(x)\mathrm{d}x-g_r E(x) \tag{8-81}$$

为确定零售商的最优订购量 q_r^*，对式(8-81)求导并令导数等于 0，可得

$$F(q_r)=\frac{p+g_r-w-\lambda pr}{p+g_r-\varphi} \tag{8-82}$$

称 q_r 为无约束最优订购量。q_r 是全局最大值，因为

$$\frac{\partial^2\pi_r}{\partial q^2}=-(p+g_r-\varphi)f(q)\leqslant 0 \tag{8-83}$$

同样，零售商向银行融资时额度有限，订购量存在式(8-77)的约束。因此融资条件下零售商的最优决策为

$$q_r^*=\min(q_r,q_u) \tag{8-84}$$

(3)供应链金融系统分析。

定理 8-13　当零售商进行存货质押融资时，供应链与银行独立决策不能实现供应链金融系统最优。

比较式(8-73)和式(8-78)，当且仅当 $q_c\leqslant q_u$ 且 $\lambda pr=0$ 时，有 $q_c^*=q_t^*$。因为 $p>0$，那么只有 $\lambda=0$ 或 $r=0$。然而当 $\lambda=0$ 时，零售商无法实现融资，不能实现最优订购量 q_t^*；当 $r=0$ 时，银行利润为零，银行不会参与融资，故零售商融资也无法实现。故定理 8-13 得证。

定理 8-14　当零售商进行存货质押融资且供应链与银行独立决策时，若无约束最优订购/生产量小于最大订购量，那么质押率越高，最优订购/生产量越少；贷款利率越高，最优订购/生产量越少。若无约束最优订购/生产量大于最大订购量，那么质押率越高，最优订购/生产量越大；贷款利率越高，最优订购/生产量不变。

对式(8-78)求导。当 $q_c<q_u$ 时，$q_c^*=q_c$，那么 $\dfrac{\mathrm{d}q_c^*}{\mathrm{d}\lambda}=\dfrac{-pr}{(p+g-v)f(q_c^*)}<0$，$\dfrac{\mathrm{d}q_c^*}{\mathrm{d}r}=\dfrac{-\lambda p}{(p+g-v)f(q_c^*)}<0$；当 $q_c\geqslant q_u$ 时，$q_c^*=q_u$，那么 $\dfrac{\mathrm{d}q_c^*}{\mathrm{d}\lambda}=\dfrac{m_r p}{(w-\lambda p)^2}>0$，

$\frac{\mathrm{d}q_c^*}{\mathrm{d}r}=0$。定理 8-14 得证。

定理 8-14 说明银行的质押率、贷款利率以及无约束最优订购/生产量与最大订购量的关系影响供应链的最优决策。

定理 8-15 当零售商进行存货质押融资时，零售商、供应商与银行独立决策不能实现供应链金融系统最优。

类似于定理 8-13，比较式(8-73)和式(8-84)，定理 8-15 得证。

定理 8-16 当零售商进行存货质押融资且零售商、供应商与银行独立决策时，若零售商无约束最优订购量小于最大订购量，那么质押率越高，最优订购量越少；贷款利率越高，最优订购量越少。若零售商无约束最优订购量大于最大订购量，那么质押率越高，最优订购量越大；贷款利率越高，最优订购量不变。

类似于定理 8-14，对式(8-84)求导可得该结论。定理 8-16 说明银行的质押率、贷款利率以及无约束最优订购量与最大订购量的关系影响零售商的最优决策。

定理 8-13 和定理 8-15 说明不管是否采用回购策略都不能实现供应链金融系统最优。既然在零售商进行存货质押融资的条件下，不能实现整个供应链金融系统最优，那么能否实现供应链协调？将式(8-78)和式(8-84)进行比较，令$q_r^*=q_c^*$，得到实现供应链协调的条件为

$$w=p+g_r-\lambda pr-\frac{(p+g_r-\varphi)(p+g-c-\lambda pr)}{p+g-v} \tag{8-85}$$

由式(8-85)可得到以下定理：

定理 8-17 当零售商进行存货质押融资时，供应商拒绝回购的策略无法实现供应链协调。

供应商拒绝回购，即 $\theta=0$，$\varphi=v$，此时式(8-85)等价于

$$(p+g_r-\varphi)(p+g-c-\lambda wr)-(p+g-v)(p+g_r-w-\lambda wr)=0 \tag{8-86}$$

当 $\varphi=v$ 时，式(8-86)左边变为$(p+g_r-v)(g_m+w-c)-(p+g_r-w-\lambda pr)g_m>(w-v+\lambda pr)g_m>0$。故式(8-86)不能成立。由于供应链协调条件无法满足，因此不能实现供应链协调。

定理 8-17 指出，若供应商拒绝回购，即在回购补贴等于未销售产品的残值、回购比例为 0 或回购价格等于未销售产品的残值这三种等价条件下供应链协调无法实现。既然在零售商融资条件下，供应商拒绝回购无法实现供应链协调，那么要实现供应链协调，供应商必须采取回购策略。

定理 8-18　当零售商进行存货质押融资且供应链协调时,回购补贴越高,批发价格越高。当回购补贴增大时,若无约束最优订购量小于最大订购量,那么供应链利润不变;随着回购补贴继续增大,若无约束最优订购量大于最大订购量,那么供应链利润减少。对式(8-85)求导,得到$\dfrac{dw}{d\varphi}=\dfrac{p+g-c-\lambda pr}{p+g-v}>0$,从而回购补贴越高,批发价格越高。

当供应链协调时,无约束最优订购量为 q_c,满足式(8-75),故$\dfrac{dq_c}{d\varphi}=0$;最大订购量为 q_u,满足式(8-77),故$\dfrac{dq_u}{d\varphi}=-\dfrac{m_r}{(w-\lambda p)^2}\cdot\dfrac{dw}{d\varphi}<0$。由此可知,当回购补贴提高时,无约束最优订购量不变,而最大订购量减少。

若 $q_c<q_u$,最优订购量 $q_c^*=q_c$,故$\dfrac{dq_c^*}{d\varphi}=0$。将 q_c^* 分别代入式(8-79)和式(8-81),可分别得到供应商和零售商的利润。此时供应商和零售商的利润分别对 φ 求导可得

$$\frac{d\pi_m}{d\varphi}=q_c^*\ \frac{dw}{d\varphi}-\int_0^{q_c^*}F(x)dx$$

$$\frac{d\pi_r}{d\varphi}=\int_0^{q_c^*}F(x)dx-q_c^*\ \frac{dw}{d\varphi}$$

即$\dfrac{d\pi_m}{d\varphi}=-\dfrac{d\pi_r}{d\varphi}$,故供应链利润$\dfrac{d\pi_c}{d\varphi}=\dfrac{d\pi_m}{d\varphi}+\dfrac{d\pi_r}{d\varphi}=0$,保持不变。

若 $q_c>q_u$,最优订购量 $q_c^*=q_u$。由式(8-75)可知,当 $q=q_c$ 时,有$\dfrac{d\pi_c}{dq}=0$;而 $q_u<q_c$,结合式(8-76)可知,当 $q=q_u$ 时,$\dfrac{d\pi_c}{dq}>0$。另外,$\dfrac{dq_u}{d\varphi}<0$,从而有$\dfrac{d\pi_c}{d\varphi}=\dfrac{d\pi_c}{dq_u}\cdot\dfrac{dq_u}{d\varphi}<0$。故供应链利润减少。定理 8-18 得证。

定理 8-18 说明可以通过调整回购补贴来调节零售商和供应商之间的由供应链协调带来的收益分配。由回购补贴的定义 $\varphi=b\theta+v(1-\theta)$ 可知,$\dfrac{d\varphi}{db}=\theta>0$,$\dfrac{d\varphi}{d\theta}=b-v>0$,那么可以通过调整回购比例或回购价格来实现调整回购补贴。因此,可以通过调整回购比例或回购价格来调节供应链中零售商和供应商之间的收益分配。

本小节首先分析了供应链金融系统、供应链、零售商、供应商和银行等各方

的利润，分别得到了使供应链金融系统、供应链和零售商利润最大化的最优策略。之后给出了一些结论，指出当存在融资时，供应链与银行两方独立决策或者零售商、供应商和银行三方独立决策都不能实现供应链金融系统最优；给出了融资情况下供应链协调的方程，证明了只有供应商采取回购策略才能实现供应链协调；进一步指出了供应链协调时批发价格和回购策略对供应链收益分配的影响。

3.基于风险规避的存货质押融资决策

本小节在存货质押融资模式运营决策的研究基础上，从风险规避的角度，将 CVaR 模型引入 3PL(第三方物流)参与的供应链融资研究中，考虑当核心担保企业供应商和资金不足的融资企业零售商都具有风险规避倾向时，对 3PL 的运营决策制定的影响，分析除了 3PL 自身的下侧风险控制机制之外，零售商和供应商的风险规避程度对 3PL 制定质押率的影响[32]。

(1)参数设置和基本假设。建立 CVaR 模型需要使用的参数及其含义如下：

w：供应商设定的批发价格；

r：3PL 给零售商的贷款利率；

q：零售商的订货数量；

r_0：银行给 3PL 授信的成本利率($r_0<r$)；

c：供应商的单位生产成本；

m：单位回购价格($b\leqslant m<w$)；

p：零售商设定的单位零售价格；

x：产品的市场需求量；

α：3PL 根据质押物价值确定的质押率($0\leqslant\alpha\leqslant1$)；

s：商品的单位物流运输费用；

θ：供应商对销售期末没有卖出产品的回购率($0\leqslant\theta\leqslant1$)；

$f(x)$：质押产品市场需求的密度函数；

$F(x)$：质押产品市场需求的累积分布函数；

η_1：零售商的风险规避程度；

η_2：供应商的风险规避程度；

Π_r：零售商的利润函数；

Π_3：3PL 的利润函数；

Π_s：供应商的利润函数。

为了使所建立的模型进一步符合实际，对模型做出以下假设：

假设1：首先由零售商决定产品的订购量，供应商依据该订购量给出回购率，最后3PL根据订购量和回购率确定质押率和贷款利率，其中零售商和供应商具有风险规避的倾向。

假设2：当质押产品的销售所得收入和没有卖出的产品的剩余价值的总和不能偿还3PL贷款本息金额时，零售商选择完全违约。无论零售商是否违约，供应商都将按照合同回购一定比例的没有卖出的产品。

假设3：零售商的初始资金为零。一轮销售结束，没有卖出的产品的剩余价值为零。

(2)模型的建立。CVaR准则用来计算在风险规避程度为η时的平均利润水平α。$\eta\in(0,1]$代表风险规避程度，也被定义为达到某个利润目标μ的信心指标。所以，η值越大代表其风险规避程度越大，当$\eta=0$时，代表风险中性；当$\eta=1$时则代表完全规避风险。根据CVaR的定义，风险效用模型可以表示为

$$\mathrm{CVaR}_{\eta}(\Pi)=\max_{v\in\mathbf{R}}\{\mu-(1-\eta)^{-1}E(\mu-\Pi)^{+}\},\quad \eta\in(0,1]$$

其中，Π代表供应链成员的利润函数，$\mathbf{R}$代表全体实数集。为了便于分析，我们引入函数$F(\mu)=\mu-(1-\eta)^{-1}\int_{0}^{+\infty}(\mu-\Pi)^{+}f(x)\mathrm{d}x$作为研究对象。根据CVaR模型的基本原理分别建立零售商、供应商的CVaR模型和3PL的期望利润函数模型。

①零售商的CVaR模型。要想建立零售商的CVaR模型，首先应该确定零售商的利润函数模型。零售商在确定产品的订购量的时候最关注的是产品的市场需求。产品的市场需求有一个临界值，用x_1表示，在该临界值处零售商在一轮销售结束时的产品销售收入和没有卖出的产品的剩余价值之和正好是3PL的贷款本息和物流费用之和，即$xp+\theta(q-x)m=\alpha pq(1+r)+sq$。此时$x_1=\dfrac{\alpha pq(1+r)+sq-\theta qm}{p-\theta m}$，令$\lambda=\theta m$，通过进一步化简可得$x_1=\dfrac{\alpha pq(1+r)+sq-\lambda q}{p-\lambda}$。再令$x_1=tq$，其中$t=\dfrac{\alpha p(1+r)+s-\lambda}{p-\lambda}$。因为$\alpha m(1+r)\leqslant p$，$0<\theta<1$，所以$0<x_1<q$。

根据前提假设，当$x<x_1$时，零售商售卖产品的收入和没有卖出的产品的价值不能够抵销3PL的贷款的本息和物流费用，这个时候零售商选择完全违约，宣布破产。产品的销售收入和没有卖出的产品交给3PL自行处置，所以此时零售商的利润为0。综上，零售商的利润函数为

$$\Pi_r(q)=\begin{cases}0, & x<x_1\\ xp+\lambda(q-x)-\alpha pq(1+r)-sq, & x_1<x<q\\ pq-\alpha pq(1+r)-sq, & x\geqslant q\end{cases}\tag{8-87}$$

根据式(8-87)可以列出零售商的 CVaR 函数为

$$F_r(q,\mu)=\mu-(1-\eta_1)^{-1}\left\{\int_{x1}^{q}[\mu-xp-\lambda(q-x)+sq+\alpha qw(1+r)]^{+}f(x)\mathrm{d}x\right.$$
$$\left.+\int_{q}^{+\infty}[\mu-pq+\alpha pq(1+r)+sq]^{+}f(x)\mathrm{d}x\right\} \tag{8-88}$$

②供应商的 CVaR 模型。供应商关注的重点是,是否需要对没有卖出的产品进行回购。如果市场需要大量的产品,库存产品能够全部卖出,那么就不需要供应商对产品进行回购;如果市场对产品的需求小于零售商的订货量,那么供应商需要按照回购合同回购一定比例的剩余产品。所以供应商的利润函数为

$$\Pi_s=\begin{cases}wq-cq, & q<x\\ wq-cq+\lambda(q-x), & q>x\end{cases} \tag{8-89}$$

根据式(8-89)可以列出供应商的 CVaR 函数:

$$F_s(w,\mu)=\mu-(1-\eta_2)^{-1}\left\{\int_{0}^{q}[\mu-(w-c)q]^{+}f(x)\mathrm{d}x\right.$$
$$\left.+\int_{q}^{+\infty}[\mu-(w-c)q-\lambda(q-x)]^{+}f(x)\mathrm{d}x\right\} \tag{8-90}$$

③3PL 的期望利润函数模型。对于 3PL 来说,当产品的市场需求大于质押产品的数量时,零售商的产品销售收入能够偿还 3PL 的贷款本息和物流运输费用。如果市场对于产品的需求小于质押产品的数量,产品的销售收入、没有卖出的产品的回购收入和最终剩余产品的处置价值之和不能抵销 3PL 的贷款本息之和,这个时候零售商宣布破产,产品的全部销售收入交给 3PL,供应商回购一定比例的剩余产品,因此 3PL 的利润函数为

$$\Pi_3=\begin{cases}\alpha pq(r-r_0)+sq, & x>x_1\\ xp+\lambda(q-x)-\alpha pq(1+r_0), & x<x_1\end{cases} \tag{8-91}$$

根据式(8-91),3PL 的期望利润函数为

$$\begin{aligned}E\Pi_3(q,\lambda)&=\int_{0}^{x_1}[xp+\lambda(q-x)]f(x)\mathrm{d}x-\alpha pq(1+r_0)F(x_1)\\&\quad+[\alpha pq(r-r_0)+sq][1-F(x_1)]\\&=\alpha pq(r-r_0)+sq-\frac{(p-\lambda)t^2q^2}{2b}\end{aligned} \tag{8-92}$$

(3)模型求解与分析。

定理 8-19 通过求解零售商的 CVaR 模型,可得到零售商的最优订购量为

$$q_r^*=F^{-1}\frac{(1-\eta_1)[p-\alpha p(1+r)-s]}{p-\lambda}$$

证明:对零售商的 CVaR 函数

$$F_r(q,\mu)=\mu-(1-\eta_1)^{-1}\left\{\int_{x_1}^{q}[\mu-xp-\lambda(q-x)+sq+\alpha qw(1+r)]^+f(x)\mathrm{d}x\right.$$
$$\left.+\int_q^{+\infty}[\mu-pq+\alpha pq(1+r)+sq]^+f(x)\mathrm{d}x\right]$$

进行求解可得到零售商的最优订购量,具体求解过程如下:

当 $\mu\leqslant[(1+r)\alpha w-\lambda]q$ 时,$F_r(q,\mu)=\mu$,此时$\frac{\partial F_r(q,\mu)}{\partial\mu}=1>0$。

当 $[(1+r)w\alpha-\lambda]q<\mu\leqslant[1-(1+r)\alpha w]q$ 时,$x<\frac{\mu+[w\alpha(1+r)-\lambda]q}{1-\lambda}$。

令 $k_1=\frac{\mu+[w\alpha(1+r)-\lambda]q}{1-\lambda}$,则

$$F_r(q,\mu)=\mu-(1-\eta_1)^{-1}\int_0^{k_1}[\mu-x-\lambda(q-x)+q\alpha w(1+r)]f(x)\mathrm{d}x \tag{8-93}$$

此时$\frac{\partial F_r(q,\mu)}{\partial\mu}=1-(1-\eta_1)^{-1}F(k_1)$。

当 $\mu>[1-(1+r)\alpha w]q$ 时,

$$F_r(q,\mu)=\mu-(1-\eta_1)^{-1}\left\{\int_0^q[\mu-x-\lambda(q-x)+q\alpha w(1+r)]f(x)\mathrm{d}x\right.$$
$$\left.-\int_q^{+\infty}[\alpha-(1-w(1+r))q]f(x)\mathrm{d}x\right\}$$

此时$\frac{\partial F_r(q,\mu)}{\partial\mu}=\frac{-\eta_1}{1-\eta_1}<0$。

当$\frac{\partial F_r(q,\mu)}{\partial\mu}=1-(1-\eta_1)^{-1}F(k_1)>0$ 时,$\mu_r^{1*}=[1-(1+r)\alpha w]q$,此时 $k_1=q$,代入式(8-93)可得

$$F_r(q,\mu)=[1-w(1+r)]q-(1-\eta_1)^{-1}\int_0^q(1-m)(q-x)f(x)\mathrm{d}x \tag{8-94}$$

$$\frac{\partial F_r(q,\mu)}{\partial q}=1-w(1+r)-\frac{(1-\lambda)F(q)}{1-\eta_1} \tag{8-95}$$

因为$\frac{\partial^2F_r(q,\mu)}{\partial q^2}=\frac{-f(q)}{1-\eta_1}<0$,所以式(8-94)存在最优解,即

$$q_r^*=F^{-1}\frac{(1-\eta_1)[p-\alpha p(1+r)-s]}{p-\lambda}$$

当$\frac{\partial F_r(q,\mu)}{\partial \mu}=1-(1-\eta_1)^{-1}F(k_1)\leqslant 0$时，$\alpha_r^{2*}=(1-\lambda)F^{-1}(1-\eta_1)-[w\alpha(1+r)-\lambda]q$。令$k_2=F^{-1}(1-\eta_1)$，代入式(8-93)可得

$$F_r(q,\mu)=(1-\lambda)F^{-1}(1-\eta_1)-[w(1+r)-\lambda]q \\ -(1-\eta_1)^{-1}\int_0^{k_2}(-\lambda)(q-x)f(x)\mathrm{d}x \tag{8-96}$$

因为$\frac{\partial F_r(q,\mu)}{\partial q}=-[w(1+r)-\lambda]<0$，所以$F_r(q,\alpha)$单调递减，没有最优解。因此，只有当$\alpha_r^*=\alpha_r^{1*}=[1-(1+r)w\alpha]q$时，才存在最优订购量

$$q_r^*=F^{-1}\frac{(1-\eta_1)[p-\alpha p(1+r)-s]}{p-\lambda}$$

定理 8-20 通过求解供应商的CVaR模型，可以求得供应商的最优批发价格为

$$w_s^*=\frac{(1-\eta_1)\lambda+(1-\eta_2)(1-\lambda)c}{(1-\eta_2)(1-\lambda)+\lambda(1+r)(1-\eta_1)}$$

所以有

$$\lambda^*=\frac{(1-\eta_2)(w-c)}{(1-\eta_2)(w-c)-r(1-\eta_1)}$$

又因为$\lambda=\theta m$，所以λ^*可以作为供应商制定回购策略的依据。

证明：对供应商的CVaR函数

$$F_s(w,\mu)=\mu-(1-\eta_2)^{-1}\left\{\int_0^q[\mu-(w-c)q]^+f(x)\mathrm{d}x \right. \\ \left. +\int_q^{+\infty}[\mu-(w-c)q-\lambda(q-x)]^+f(x)\mathrm{d}x\right\}$$

进行求解可得到供应商确定的最优批发价格，具体求解过程如下：

当$\mu\leqslant(w-c-\lambda)q$时，$F_s(w,\mu)=\mu$，此时$\frac{\partial F_s(w,\mu)}{\partial \mu}=1>0$。

当$(w-c-\lambda)q<\mu\leqslant(w-c)q$时，$x<\frac{\mu-(w-c)q+\lambda q}{\lambda}$。

令$k_3=\frac{\mu-(w-c)q+\lambda q}{\lambda}$，则

$$F_s(w,\mu)=\mu-(1-\eta_2)^{-1}\int_0^{k_3}[\mu-(w-c)q+\lambda(q-x)]f(x)\mathrm{d}x \tag{8-97}$$

$$\frac{\partial F_s(w,\mu)}{\partial \mu}=1-(1-\eta_2)^{-1}F(k_3)$$

当 $\mu=(w-c)q$ 时，$k_3=q$，$\dfrac{\partial F_s(w,\mu)}{\partial\mu}=1-(1-\eta_2)^{-1}F(q)$。

当 $\mu>(w-c)q$ 时，$\dfrac{\partial F_s(w,\mu)}{\partial\mu}=1-(1-\eta_2)^{-1}<0$。

当 $1-(1-\eta_2)^{-1}F(q)>0$ 时，$\mu_{s1}^*=(w-c)q$，代入式(8-97)可得

$$F_s(w,\mu)=(w-c)q-(1-\eta_2)^{-1}\int_0^q\lambda(q-x)f(x)\mathrm{d}x \tag{8-98}$$

$$\frac{\partial F_s(w,\mu)}{\partial q}=(w-c)-(1-\eta_2)^{-1}\lambda F(q)$$

$$\frac{\partial^2 F_s(w,\mu)}{\partial q^2}=-\lambda(1-\eta_2)^{-1}f(q)<0$$

所以 $F_s(w,\mu)$ 存在最优解：

$$q_s^*=q_r^*=F^{-1}\frac{(1-\eta_1)[p-\alpha p(1+r)-s]}{p-\lambda} \tag{8-99}$$

令 $\dfrac{\partial F_s(w,\mu)}{\partial q}=(w-c)-(1-\eta_2)^{-1}\lambda F(q)=0$，则

$$F(q)=\frac{(w-c)(1-\eta_2)}{\lambda} \tag{8-100}$$

根据式(8-99)和式(8-100)可得

$$w_s^*=\frac{(1-\eta_1)\lambda+(1-\eta_2)(1-\lambda)c}{(1-\eta_2)(1-\lambda)+\lambda(1+r)(1-\eta_1)}$$

当零售商的最优订货量为 $q_r^*=F^{-1}\dfrac{(1-\eta_1)[p-\alpha p(1+r)-s]}{p-\lambda}$，$1-\dfrac{F(q)}{1-\eta_1}>0$ 时，在考虑风险规避的前提下，供应商追求利润最大化，则其确定的最优批发价格为 $w_s^*=\dfrac{(1-\eta_1)\lambda+(1-\eta_2)(1-\lambda)c}{(1-\eta_2)(1-\lambda)+\lambda(1+r)(1-\eta_1)}$。

根据定理 8-19，零售商的最优订购量为

$$q_r^*=F^{-1}\frac{(1-\eta_1)[p-\alpha p(1+r)-s]}{p-\lambda}$$

可得

$$\alpha=\frac{p-s}{p(1+r)}-\frac{(p-\lambda)F(q_r^*)}{(1-\eta_1)p(1+r)}$$

从所得结果来看，3PL 制定的质押率和零售商的风险规避程度正相关，零售商的风险规避程度越大，3PL 就会设定越高的存货质押率来刺激零售商提高订货量。

根据定理 8-19 和定理 8-20，因为

$$\lambda^*=\frac{(1-\eta_2)(w-c)}{(1-\eta_2)(w-c)-r(1-\eta_1)},\quad \alpha=\frac{(p-s)}{p(1+r)}-\frac{(p-\lambda)F(q_r^*)}{(1-\eta_1)p(1+r)}$$

可知供应商的风险规避程度越大，供应商制定的回购率和回购价格就会越低，3PL 的存货质押率也会越低，所以供应商的风险规避程度间接对 3PL 的存货质押率的制定产生影响，即 3PL 的存货质押率随着供应商风险规避程度的增加而降低。

根据定理 8-19，3PL 给零售商提供贷款的利率会随着零售商的风险规避程度的增加而降低，3PL 降低贷款利率可以鼓励零售商提高贷款额度，从而获得更多的利润。

本节将 CVaR 模型引入 3PL 参与的统一授信存货质押融资模式中，从风险控制的角度对 3PL 的运营决策进行了分析，同时考虑了零售商和供应商的风险规避情况，将研究重点放在零售商和供应商的风险规避程度对 3PL 的运营决策的影响。通过研究发现，零售商的风险规避程度的增加会引起 3PL 制定的质押率和贷款利率的增加；而供应商的风险规避程度的增加则会降低 3PL 制定的质押率。除此之外，本节还拓展研究了供应商确定的批发价格、零售商的订购量和 3PL 的贷款利率三者之间的关系，零售商的风险规避程度对其订购量的影响以及供应商的风险规避程度对其回购率和回购价格的影响。

8.3 研究案例应用

8.3.1 案例介绍

1.案例背景

S 汽车有限公司（以下简称“S 公司”）是我国大型汽车制造厂商，注册资本达 17 亿元，2007 年实现年销售收入 139 亿元，每季度平均汽车销量达 1.68 万辆，在其专注领域保持领先地位。为了扩大自身销售规模，S 公司需要不断开拓下游稳定的经销渠道。由于 S 公司先款后货的要求，其下游中小型经销商 G 产生现金流缺口，不能全额付款享受折扣优惠，同时由于缺乏固定资产等银行传统上要求的担保资产，很难从银行获得商业贷款。S 公司作为供应链上的核心企业，针对经销商 G 的资金困难，向银行 B 提出融资需求。银行 B 凭借 S 公司强势的企业信用和供应链整体的管理程度，采用预付账款融资模式为经销商 G 提供融资服务。

2.融资方案分析

银行B针对S公司所在供应链下游的资金缺口问题，组织相关专业人员评估S公司的经营实力、运营规模、资信水平及其主导的供应链管理水平等一系列相关资质信息，并且调查S公司和经销商G之间真实的情况。

银行B凭借S公司雄厚的实力及良好的信用，根据S公司与经销商G签订的购销协议，与经销商G签订融资授信协议。银行B根据购销协议向S公司推荐认可的经销商G提供预付账款融资服务，即直接将融资款项付给供应商S公司，经销商G将汽车的销售回款回流至银行B，银行再根据经销商G的保证金补充额度，通知S公司向其发货，而当融资到期时，若经销商G没有补足保证金，则未售出货物由S公司全额赎回。

银行B为控制信贷风险，在与S公司及经销商G签订预付账款融资服务三方协议时将协定首次保证金提货及未售货物供应商回购条款。

首次保证金提货是指：应用银行承兑汇票融资方式的，首次保证金可用于第一次提货；应用借款融资方式的，以借款人自有资金扣除贷款预计到期利息后的金额用于第一次提货。供应商回购指供应商将回购银行承兑汇票金额或收款证明中所列金额与银行B的发货通知书累计发货总金额的差额。

8.3.2 供应链融资模型构建

1.预付账款融资模式的模型构建

预付账款融资模式是供应链金融的一种典型模式。在保兑仓融资业务中，供应链上游供应商是核心企业，在供应链中处于优势地位；下游经销商一般为中小企业，其实力、规模和信用程度普遍较低，在供应链中处于劣势地位。银行等金融机构基于供应链的贸易背景，借助核心供应商的良好信用为下游中小型经销商提供融资服务。

(1)模型假设及变量定义。本节讨论银行、供应商及经销商构成的简单供应链单周期模型。现就模型提出如下假设，并定义预付账款融资模式的相关变量。模型假设如下：

①经销商按市场需求订货，无库存商品；

②供应商承担回购风险，回购产品残值小于销售价格；

③当经销商订货量严重低于购销合同而达到一定比例时，供应商将拒绝回购；

④银行考虑的信用风险集中于供应商的违约回购风险；

⑤质押物具有流动性风险，即当发生违约时，银行将质物变现获得的收益

将小于其市场价值；

⑥只考虑市场风险及违约风险；

⑦银行是追求风险中性的金融投资者。

建模过程中涉及的变量及其描述如表 8-5 所示。

表 8-5 变量定义及描述

变量定义	变量描述
y_0	初始融资额
y_1	银行期末收益
C_0	经销商自有资金
r	银行贷款利率
u	供应商销售价格
c	供应商单位生产成本
v	供应商回购产品单位残值($v \leqslant u$)
p	经销商销售价格
Q	经销商订购数量
D	经销商面临的市场需求
g_h	由经销商缺货引起的商誉单位惩罚成本
K	银行提供服务的手续费收入(定值)
T	传统供应链下银行承担的其他相关成本及风险之和
t	供应链金融下银行承担的其他相关成本及风险之和($t \ll T$)

此处我们定义经销商面临的市场需求 D 的分布函数为 $F(x)$，密度函数为 $f(x)$，且满足如下条件：$F(x)$是单增可微的且 $F(0)=0$，令 $\bar{F}(x)=1-F(x)$，且期望需求

$$\mu = E(D) = \int_0^{+\infty} x f(x) \mathrm{d}x$$

设实际销售数量为 $S(Q)$，且 $S(Q)=E\min(Q,D)$，则有

$$S(Q) = \int_0^Q x f(x) \mathrm{d}x + Q\int_Q^{+\infty} f(x) \mathrm{d}x = Q - \int_0^Q F(x) \mathrm{d}x$$

$$\frac{\mathrm{d}S(Q)}{\mathrm{d}Q} = 1 - F(Q) = \bar{F}(Q)$$

用 $X(D)$ 表示期末期望产品剩余数量，则 $X(D)=E(Q-D)^{+}=Q-S(Q)$；用 $Y(D)$ 表示期末期望缺货数量，则 $Y(D)=E(D-Q)^{+}=\mu-S(Q)$。

(2)预付账款融资模式描述。预付账款融资业务是银行基于对供应链各成员企业信息的掌握、企业间贸易关系、核心企业的良好信用以及产品的市场需求等因素为经销商提供的融资服务，具体融资过程如下(见图8-6)：

①合约期初，供应商和经销商签订购销协议；

②经销商因资金不足而无法大量进货，出现现金流缺口，从银行获得的融资额度为 $y_0=uQ-C_0$；

③银行代替经销商向供应商支付 uQ，取得经销商的货权；

④合约期末，经销商获得销售收入 $pS(Q)$，偿还银行融资本利和 $y_1=y_0(1+r)=(uQ-C_0)(1+r)$；

⑤当市场需求不足即 $D<Q$ 时，订购的剩余产品由供应商以销售价格 u 购回，产品的单位残值为 v，回购量为期末期望产品剩余数量 $X(D)=E(Q-D)^{+}=Q-S(Q)$。

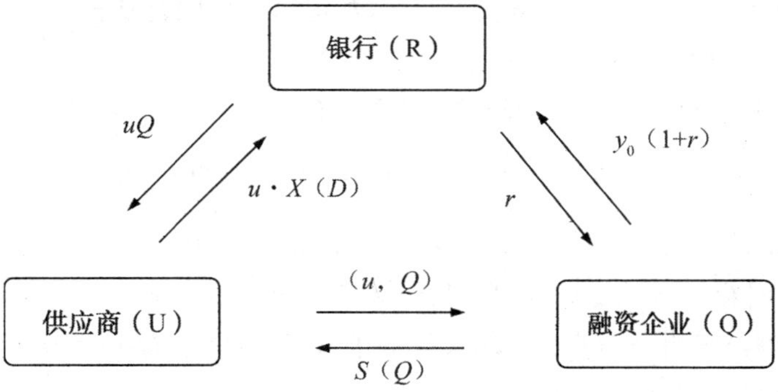

图8-6　预付账款融资模式描述

2.预付账款融资模式下三方成本收益分析

在预付账款融资模式下，银行向经销商提供融资服务是建立在供应商承诺回购的信用担保情况下，因此本节重点分析考虑违约回购风险的供应链收益。

(1)银行的期望收益。假设 N 是银行面临违约回购风险的市场需求临界点，则当经销商面临的市场需求 $D>N$ 时，银行可以获得期望收益；当 $D<N$ 时，供应商拒绝回购，银行将承担供应商违约所带来的损失。用 Π_b 表示银行的期望收益，可将其表示为

$$\Pi_b=\begin{cases}y_0r+K-t, & D>N\\ y_0r-(u-v)E(Q-D)^{+}+K-t, & D\leqslant N\end{cases}$$

可以看出，当市场需求旺盛的时候，银行将获得期望收益 $y_0 r+K-t$；而当市场需求小于需求临界点 N 时，供应商将发生违约，设违约概率为 $P(D\leqslant N)$，银行将承担违约损失 $(u-v)E(Q-D)^+$。

对 Π_b 整理后可得

$$\begin{aligned}\Pi_b &= [(uQ-C_0)r+K-t]\cdot P(D>N)\\&\quad+[(uQ-C_0)r-(u-v)E(Q-D)^+ +K-t]\cdot P(D\leqslant N)\\&=(uQ-C_0)r-(u-v)\int_0^Q F(x)\mathrm{d}x\cdot P(D\leqslant N)+K-t\end{aligned} \tag{8-101}$$

(2)供应商的期望收益。用 Π_s 表示供应商的期望收益，可将其表示为

$$\Pi_s=uQ-cQ-(u-v)E(Q-D)^+\cdot P(D>N)-0\cdot P(D\leqslant N) \tag{8-102}$$

式(8-102)表明，当订货量 Q 大于期望需求 $E(D)$ 时，供应商的存货量为 $E(Q-D)^+$，在概率 $P(D>N)$ 下，供应商回购商品的单位损失为 $(u-v)$；而在概率 $P(D\leqslant N)$ 下，供应商将发生违约，相应损失由银行承担。

将 Π_s 整理如下：

$$\begin{aligned}\Pi_s &= uQ-cQ-(u-v)E(Q-D)^+\cdot P(D>N)-0\cdot P(D\leqslant N)\\&=(u-c)Q-(u-v)\int_0^Q F(x)\mathrm{d}x\cdot[1-P(D\leqslant N)]\end{aligned} \tag{8-103}$$

(3)经销商的期望收益。用 Π_h 表示经销商的期望收益，可将其表示为

$$\Pi_h=pS(Q)-uS(Q)-g_h E(D-Q)^+-(uQ-C_0)r-K \tag{8-104}$$

式(8-104)表明，$S(Q)$ 为市场实际需求量，当订货量 Q 小于期望需求 $E(D)$ 时，将发生缺货机会成本 g_h。

将 Π_h 整理如下：

$$\begin{aligned}\Pi_h &= pS(Q)-uS(Q)-g_h E(D-Q)^+-(uQ-C_0)r-K\\&=(p-u+g_h)\left[Q-\int_0^Q F(x)\mathrm{d}x\right]-g_h\mu-(uQ-C_0)r-K\end{aligned} \tag{8-105}$$

8.3.3 供应链融资决策分析

1.案例数据化

在银行 B 为供应链下游经销商 G 提供的预付账款融资服务中，我们将案例数据化，首先做如下假设：市场对汽车的需求量 D 呈现正态分布，均值、方差均可确定；将银行对货物监管产生的相关费率等折算计入贷款利率。

结合当前汽车市场的年销量，汽车制造商、经销商的行业信息，设定模型中相关变量的合理估值如表 8-6 所示。假设以季度为周期，那么经销商 G 在每季度的汽车需求量 D 服从正态分布 $N(30,15^2)$，其中 $E(D)=\mu=30,\sigma^2=15^2$。

表 8-6　数据化参数取值

C_0	p	c	u	v	$g=g_r$	K	T	t	r
300	30	22	25	20	4	5	8	4	10%

2.三方成本收益分析

银行 B 在为经销商 G 提供预付账款融资服务时，需要考虑供应商 S 的回购违约风险。当经销商 G 面临的市场需求 $D>N$ 时，银行 B 将获得期望收益；当 $D\leqslant N$ 时，供应商 S 将违约，拒绝回购剩余产品，银行 B 将承担供应商的违约损失。假定供应商 S 发生违约的概率 $P(D\leqslant N)=0.05$。

①银行 B 的期望收益。银行 B 应用预付账款融资模式为经销商 G 提供融资服务，当市场需求旺盛的时候，银行 B 将获得贷款利息收入；而当市场需求小于需求临界点 N 时，银行 B 将承担违约损失 $(u-v)E\,(Q-D)^+$，此时的违约概率为 $P(D\leqslant N)$。

依据式(8-101)可知，银行 B 的期望收益为

$$\begin{aligned}\Pi_b &= [(uQ-C_0)r+K-t]P(D>N)\\ &\quad+[(uQ-C_0)r-(u-v)E\,(Q-D)^+ +K-t]\cdot P(D\leqslant N)\\ &=2.5Q-0.25\int_0^Q F(x)\mathrm{d}x-29 \end{aligned} \tag{8-106}$$

②供应商 S 的期望收益。供应商 S 为了扩大销售规模，为供应链下游的经销商 G 向银行 B 提供信用担保，承诺回购剩余产品，银行 B 凭借供应商 S 的良好信用应用预付账款融资模式为经销商 G 提供融资服务。因此，当订货量 Q 大于期望需求 $E(D)$ 时，供应商 S 的存货量为 $E\,(Q-D)^+$，在概率 $P(D>N)$ 下，供应商 S 回购商品的单位损失为$(u-v)$；而在概率 $P(D\leqslant N)$下，供应商 S 将发生违约，相应的损失由银行 B 承担。

依据式(8-103)可知，供应商 S 的期望收益为

$$\begin{aligned}\Pi_s &=uQ-cQ-(u-v)E(Q-D)^+\cdot P(D>N)-0\cdot P(D\leqslant N)\\ &=3Q-4.75\int_0^Q F(x)\mathrm{d}x \end{aligned} \tag{8-107}$$

③经销商 G 的期望收益。经销商 G 在获得银行贷款支持后，可以实现以优惠价款批量采购车辆。以 $S(Q)$表示当前市场实际需求量，当订货量 Q 小于

期望需求 $E(D)$ 时，经销商 G 将发生缺货机会成本 g_h。

依据式(8-105)可知，经销商 G 的期望收益为

$$\begin{aligned}\Pi_h &= pS(Q) - uS(Q) - g_h E(D-Q)^+ - (uQ - C_0)r - K \\ &= 6.5Q - 9\int_0^Q F(x)\mathrm{d}x - 95 \end{aligned} \tag{8-108}$$

3.预付账款融资模式下的银行融资决策分析

银行应综合考虑多种因素来决定是否对供应链上的经销商提供融资支持和确定贷款利率水平，这体现了银行对盈利与信贷风险的均衡。本小节在上述对银行期望利润进行分析的基础上，将构建考虑违约风险的银行贷款利率模型并探讨供应链金融在预付账款融资模式下影响银行融资利率的主要因素。

(1)考虑违约风险的银行贷款利率模型构建。首先，假定在竞争性信贷市场条件下考虑银行的融资服务，此时银行是追求风险中性的金融投资者，对于不同项目的投资风险识别是无差异的。银行提供的融资服务将满足其期望收益与资本市场的平均资本报酬相等，即

$$\Pi_b(r) = y_0 r_f \tag{8-109}$$

式(8-109)左边为银行的期望收益 $\Pi_b(r)$，右边为银行贷款的无风险报酬 $y_0 r_f$，两者相等，可得出银行的贷款利率 r 是供应商销售价格 u、经销商订货数量 Q 和市场平均收益率 r_f 的函数。

其次，结合预付账款的风险因素分析，银行要综合考虑供应商的违约风险。在预付账款融资模式下，核心供应商承诺回购，但是当经销商的订货量少于购销协议规定的一定比例时，供应商将拒绝回购，由此预付账款融资模式存在潜在的违约风险。因此，银行信用风险的控制重点主要在于核心供应商。

考虑供应商的违约风险，假定合约期满，经销商的订货数量严重不足，低于购销协议规定的一定比例，供应商将拒绝回购，发生供应商违约情况。此时，银行将承担供应商违约的信用风险，承担未能销售的货物带来的损失。设定 α 为百分比，$\alpha \in (0,1)$，则当 $D \leqslant N = \alpha Q$ 时，供应商拒绝回购。根据式(8-101)、式(8-109)可得

$$(uQ - C_0)r - (u - v)\left[F(N)(Q - N) + \int_0^N F(x)\mathrm{d}x\right] + K - t = (uQ - C_0)r_f$$

对上式进行整理，可得

$$r = r_f + (u - v)\frac{(1-\alpha)QF(\alpha Q) + \int_0^{\alpha Q} F(x)\mathrm{d}x - K + t}{uQ - C_0}, \quad \alpha \in (0,1) \tag{8-110}$$

其中，$y_0 = uQ - C_0$。

(2)银行贷款利率的确定。目前多数供应链融资及担保业务的费率区间主要根据单笔业务的风险程度来具体谈判，尚未形成一个统一的收费标准或是较为成熟的计价公式。

本节将针对银行B对经销商G的融资业务，结合银行贷款利率公式(8-110)，试说明在相关因素的影响下银行贷款利率r的确定方法。

银行B在对经销商G融资前将掌握一定的行业信息，车辆的批发价格u的波动范围较小，此处我们设为定值，对银行贷款不产生影响。银行B应主要关注供应商S的信用程度(体现为其违约概率α)、买卖双方的业务量Q及经销商G的需贷款额度y_0对贷款利率r的影响。

第一，供应商信用程度对贷款利率的影响分析。在供应链金融模式下，银行贷款利率的确定应综合考虑供应链的整体运营状况、融资企业资质、核心企业资质及对质押物的产品评价等信用评价因素。而对于预付账款融资模式，银行B在融资之前将对供应链的整体运营情况及信用等级做出整体评估，决定是否融资。在融资过程中，银行B将主要考虑及承担供应商S回购违约所产生的信用风险，将针对供应商S不同的违约概率调整相应的银行贷款利率r。本节将根据不同违约概率下银行B的贷款利率的确定情况，探讨两者之间的变动关系，进而说明违约概率α对银行贷款利率r的影响。

供应商S回购违约是在市场需求的波动造成经销商G的实际订购数量严重少于购销协议规定的情况下发生的。现假定供应商S与经销商G的协议订购数量Q已定，令$Q=30$，在不同的市场需求波动下供应商S将产生不同的违约概率。已知在$D \leqslant \alpha Q$时，供应商将发生违约，取其临界状态值，将$\alpha Q = D$代入银行贷款利率公式(8-110)。

对模型进行数值分析，具体计算过程如下：

①取市场平均收益率$r_f = 10\%$；

②根据对于供应商S的资信考察及信用评估划定违约率的区间范围；

③在不超过违约概率区间范围的情况下均按照区间违约概率的上限计算；

④根据$D = \alpha Q$及D服从正态分布函数，可通过查询标准正态分布函数数值表确定$F(\alpha Q)$的取值；

⑤其他相关变量取值见表8-6。

依据上述步骤，计算结果如表8-7所示。

表 8-7　企业信用对银行贷款利率的影响

μ	0—0.05	0.05—0.10	0.10—0.15	0.15—0.20
r	0.1055	0.1068	0.1085	0.1104

分析表 8-7，可得出如下结论：在预付账款融资模式下，银行的贷款利率 r 将高于市场平均收益率 r_f，银行取得超额利润，提高了自身盈利能力；银行贷款利率 r 关于供应商违约概率 α 单调递增，即当供应商的违约概率增加时，银行为了防范自身的经营风险，将提高贷款利率水平。

第二，融资规模及订货量对银行贷款利率的影响分析。在预付账款融资模式下，银行凭借供应链核心企业的实力及良好的信用减少了对于中小型经销商的信用评价成本及监督成本，经销商的融资规模越大，银行从中获取的融资收益越多。为了方便企业参考及运用，银行可针对融资企业的不同融资规模 y_0 及订货量 Q 划定一些区间，并给出不同区间的贷款利率 r。

本节将针对银行 B 对经销商 G 的融资业务，结合银行贷款利率公式，说明如何确定银行 B 的贷款利率 r 并分析 y_0 及 Q 对银行贷款利率的影响。通过对 S 公司的资信考察及信用评价，我们假定供应商 S 发生违约的概率 α 为定值，$\alpha=0.05$。

①确定市场需求量 D 的区间划分。设经销商 G 面临的市场需求量 D 服从正态分布 $N(30,15^2)$，即 D 的分布函数为

$$F(x)=\int_{-\infty}^{\pi}\frac{1}{\sqrt{2\pi\sigma}}\mathrm{e}^{-\frac{(x-\mu)^2}{2\sigma^2}}$$

根据分布函数的性质，计算市场需求量在不同需求区间内发生的可能性。例如，令 $F(x)\leqslant 0.9$，化为标准正态分布函数为 $\Phi\left(\frac{x-u}{\sigma}\right)=0.9$，查询标准正态分布函数表可得 $\frac{x-30}{15}=1.29$，即可求得市场需求量 D 在区间(0,50)内发生的可能性达到 90%。同理，可以计算需求量 D 在不同市场需求区间内发生的概率。通过计算可得市场需求量 D 的区间划分如表 8-8 所示。

表 8-8　市场需求量 D 的区间划分

发生概率	100%	90%	80%	70%	60%	50%	40%	30%	20%	10%
D	0—80	0—50	0—43	0—38	0—34	0—30	0—26	0—22	0—17	0—12

②确定订货量 Q 的区间划分。经销商 G 的订货量 Q 是依据正常的市场需

求量 D 而定的，由表 8-8 计算可知，当需求量 D 在区间(12,30)时，需求发生的可能性为 40%；同理，在区间(30,50)时，其可能性也达到了 40%。我们在此基础上划分经销商 G 的订货量 Q 的区间范围，并对其他的小概率事件做较为粗略的区间划分。订货量 Q 的区间划分如表 8-9 所示。

表 8-9　订货量 Q 的区间划分

订购概率	10%	40%	40%	10%
Q	(0,12]	(12,30]	(30,50]	(50,80]

③确定融资规模 y_0 的区间范围。经销商 G 拥有自有资金 $C_0=300$，根据公式 $y_0=uQ-C_0$，可得订货量 Q 在不同区间下的融资规模 y_0 的区间。

④针对经销商 G 不同的融资规模 y_0 及订购量 Q 的区间范围，如表 8-10 所示，代入银行贷款利率公式(8-110)进行计算，即可得到经销商 G 在不同贷款区间内的银行贷款利率 r，在不超过区间上限时银行贷款利率均按照区间贷款上限计算。

表 8-10　贷款利率表示例

Q	y_0		
	(0,450]	(450,950]	(950,1700]
(0,12]	无须贷款	无须贷款	无须贷款
(12,30]	0.1055	无须贷款	无须贷款
(30,50]	0.1106	0.1050	无须贷款
(50,80]	0.1212	0.1100	0.1056

通过对表 8-10 的分析可得，在预付账款融资模式下，银行贷款利率 r 关于融资规模 y_0 单调递减，但随着 y_0 的增加 r 的下降速度减缓，即随着经销商 G 融资规模的扩大，银行 B 可以获得更多的融资收益；相应地，为了稳定客源，保持良好的、长久的合作关系，其应在贷款利率 r 上给予优惠。同时，银行 B 为了保障自身利益，贷款利率 r 的下降幅度越来越小。

参考文献

[1]MATEUT S, ZANCHETTIN P. Credit sales and advance payments:

Substitutes or complements? [J]. Economics Letters, 2013, 118(1): 173-176.

[2]RAGHAVAN N S, MISHRA V K. Short-term financing in a cash-constrained supply chain[J]. International Journal of Production Economics, 2011, 134(2): 407-412.

[3]THANGAM A. Optimal price discounting and lot-sizing policies for perishable items in a supply chain under advance payment scheme and two-echelon trade credits[J]. International Journal of Production Economics, 2012, 139(2): 459-472.

[4]ZHANG Q, DONG M, LUO J, et al. Supply chain coordination with trade credit and quantity discount incorporating default risk[J]. International Journal of Production Economics, 2014, 153:352-360.

[5]ZHANG Q, TSAO Y C, CHEN T H. Economic order quantity under advance payment [J]. Applied Mathematical Modelling, 2014, 38(24): 5910-5921.

[6]JIANG L, HAO Z. Alleviating supplier's capital restriction by two-order arrangement[J]. Operations Research Letters, 2014, 42(6-7): 444-449.

[7]CHEN X. A model of trade credit in a capital-constrained distribution channel [J]. International Journal of Production Economics, 2015, 159: 347-357.

[8]曾顺秋，骆建文. 基于价格折扣与交易信用组合契约的供应链协调策略[J]. 管理工程学报，2014，28(4):106-111,81.

[9]王文利，骆建文. 基于价格折扣的供应链预付款融资策略研究[J]. 管理科学学报，2014，17(11):20-32.

[10]王宗润，马振，周艳菊. 核心企业回购担保下的保兑仓融资决策[J]. 中国管理科学，2016，24(11):162-169.

[11]于辉，甄学平. 先票后货物流金融模式下生产商融资决策模型[J]. 系统工程理论与实践，2013，33(7):1709-1716.

[12]马树建，赵成国，芦宁. 供应链金融三方风险控制的 CVaR 决策分析——基于预付账款融资模式[J]. 数学的实践与认识，2016，46(24):88-97.

[13]郑忠良，包兴. 供应链金融应收账款融资的检查率和惩戒机制研究[J]. 经济评论，2014(6):149-158.

[14]王宗润，田续燃，陈晓红. 考虑隐性股权的应收账款融资模式下供应链金融博弈分析[J]. 中国管理科学，2015，23(9):1-8.

[15]鲁其辉，曾利飞，周伟华. 供应链应收账款融资的决策分析与价值研究[J].管理科学学报，2012，15(5):10-18.

[16]辛玉红，李小莉. 应收账款融资模式下供应链金融的成本优化分析[J]. 工业工程与管理，2014，19(1):79-84.

[17]彭红军. 产出不确定的供应链应收账款抵押融资策略[J]. 系统管理学报，2016，25(6):1163-1169.

[18]陈中洁，于辉. 需求扰动下供应链反向保理的鲁棒决策[J]. 中国管理科学，2020，28(7):89-101.

[19]王文利，骆建文，张钦红. 银行风险控制下的供应链订单融资策略研究[J]. 中国管理科学，2013，21(3):71-78.

[20]COSSIN D，GONZÁLEZ F，HUANG Z ，et al. A framework for collateral risk control determination [J]. SSRN Electronic Journal，DOI：10.2139/ssrn.376233.

[21]BUZACOTT J A，ZHANG R Q. Inventory management with asset-based financing[J]. Management Science，2004，50(9)：1274-1292.

[22]李毅学，冯耕中，徐渝. 价格随机波动下存货质押融资业务质押率研究[J]. 系统工程理论与实践，2007(12):42-48.

[23]何娟，蒋祥林，朱道立，等.供应链融资业务中钢材质押贷款动态质押率设定的 VaR 方法[J]. 管理工程学报，2012，26(3):129-135.

[24]白世贞，徐娜. 基于存货质押融资的质押率决策研究[J]. 系统工程学报，2013，28(5):617-624.

[25]孙喜梅，赵国坤. 考虑供应链信用水平的存货质押率研究[J]. 中国管理科学，2015，23(7):77-84.

[26]SUN X H，CHU X J，WU Z D. Incentive regulation of banks on third party logistics enterprises in principal-agent-based inventory financing [J]. Advances in Manufacturing，2014，2(2)：150-157.

[27]李健，王雅洁，吴军，等.考虑声誉效应的存货质押融资中银行对物流企业的激励机制研究[J]. 中国管理科学，2017，25(7):86-92.

[28]于萍，徐渝. 存货质押三方契约中银行对物流企业的激励[J]. 运筹与管理，2010，19(3):94-99.

[29]徐鹏，王勇. 存货质押融资业务下的经济订货批量模型[J]. 系统工程理论与实践，2011，31(11):2077-2087.

[30]晏妮娜，孙宝文. 考虑信用额度的仓单质押融资模式下供应链金融最

优策略[J]. 系统工程理论与实践，2011，31(9):1674-1679.

[31]王占海，梁工谦. 存货质押融资模式下的供应链协调[J]. 运筹与管理，2018，27(6):122-130.

[32]周倩. 3PL参与供应链融资的运营决策和CVaR风险分析[D].成都：西南财经大学，2020.

第9章 供应链风险管理

9.1 供应链风险概述

9.1.1 供应链风险简介

供应链风险是风险在供应链领域的一个应用特例。供应链的多参与主体、跨地域、多环节的特征,使其容易受到来自外部环境和链上各实体内部不利因素的影响,形成供应链风险。供应链风险是一种潜在的威胁,它会利用供应链系统的脆弱性对其造成破坏。从目标控制的角度出发,可以说,供应链风险是供应链偏离预定目标的可能性。

供应链风险也就是供应链上存在的风险,但是目前对风险还没有统一的定义。风险在现实中有以下几种含义:

(1)风险是事件未来可能结果发生的不确定性。该观点认为风险是事物可能结果的不确定性,可由收益分布的方差测度,通过量化风险的概念改变人们对风险的认识。由于方差计算的方便性,风险的这种定义在实际中得到了广泛的应用。

(2)风险是损失发生的不确定性。该观点认为风险意味着未来损失的不确定性。这种观点分为主观学说和客观学说两类。主观学说认为不确定性是主观的、个人的和心理上的一种观念,是个人对客观事物的主观估计,而不能以客观的尺度予以衡量,不确定性的范围包括发生与否的不确定性、发生时间的不确定性、发生状况的不确定性以及发生结果严重程度的不确定性。客观学说则是以风险的客观存在为前提,以风险事故观察为基础,以数学和统计学观点加以定义,认为风险可用客观的尺度来度量。

(3)风险是指损失的大小和发生的可能性。这种观点认为风险是指在一定的条件下和一定的时期内,由于各种结果发生的不确定性而导致行为主体遭受损失的大小以及这种损失发生可能性的大小。风险是一个二位概念,以损失发生的大小与损失发生的概率两个指标进行衡量。另外一些学者认为,风险不仅包括损失的概率、可能损失的数量,还包括损失的易变性。

(4)风险是各类风险构成要素相互作用的结果。风险因素、风险事件和风险结果是风险的基本构成要素。风险因素是风险形成的必要条件,是风险产生和存在的前提。风险事件是外界环境变量发生始料未及的变动从而导致风险结果的事件,它是风险存在的充分条件。风险事件是连接风险因素与风险结果的桥梁,是风险由可能性转化为现实性的媒介。根据风险的形成机理,可将风险定义为:风险是在一定的时间内,以相应的风险因素为必要条件,以相应的风险事件为充分条件,有关行为主体承受相应的风险结果的可能性。

(5)利用不确定性的随机性特征来定义风险。风险的不确定性包括模糊性与随机性两类。模糊性的不确定性主要取决于风险本身固有的模糊属性,要采用模糊数学的方法来刻画与研究;而随机性的不确定性主要是由风险外部的多因性(即各种随机因素的影响)造成的必然反应,要采用概率论与数理统计的方法来刻画与研究。

综上所述,我们对供应链风险的定义为:供应链风险是指在特定的客观条件下,在特定的时期内,由风险因素引起的风险事件的发生影响了供应链预期的正常运行,使供应链面临损失的可能性。其中,风险因素是风险形成的必要条件,是供应链风险产生和存在的前提;风险事件是指供应链内外变量发生变化导致供应链损失的事件,它是供应链风险存在的充分条件,也是连接风险因素与损失的桥梁。

9.1.2 供应链风险的特点

1.客观性

无论是洪水、地震等自然灾害,还是社会环境中的制度变化等,都不以人的主观意志为转移,具有客观存在性。供应链存在于自然和整个社会环境中,受到事物客观发展规律的影响,因此产生的供应链风险也具有客观性,不可能彻底消除,只能采取措施缓解或应对。

2.不确定性

供应链风险存在极大的不确定性,我们无法确认风险会在何时、何地、以何种形式出现及其危害程度、范围如何。这是因为风险引起的损失后果往往是以偶然和不确定的形式呈现在人们面前的。供应链风险是作为一种具有发生和不发生两种可能的随机现象而存在的。在一定的条件下,人们可以根据对经验数据的统计发现某一风险存在或发生的可能性具有比较规则的变化趋势,这就为人们预测风险提供了可能。

3.复杂性

供应链面临许多风险,它不仅要面对企业内部由于生产、经营而带来的风险,还要面对由供应链的特有结构而决定的企业之间的合作风险、技术与信息资源传递风险、合作利润在不同企业中分配的风险和市场风险等。这些风险产生的原因很复杂,有时很难进行分析与预防。

4.传递性

供应链从产品研发、生产到运输、销售等过程是有多个供应链节点共同参与的,各节点的工作形成了复杂的网络结构,其中某一项工作既可能由一个企业完成,也可能由多个企业共同完成。由于各环节环环相扣、彼此依赖和相互影响,任何一个环节出现问题都可能波及其他环节,从而影响整个供应链的正常运作。传递性指的是供应链风险在供应链节点企业之间的传递,利用供应链系统的联动性对其造成破坏,给上下游企业以及整个供应链带来危害和造成损失。

5.此消彼长性

供应链中的一些风险是此消彼长的,一种风险的减少会引起另一种风险的增加,这可以从两方面来解释:一是从整体来讲,把供应链看作一个大企业群,企业内一种风险的减少会导致另一种风险的增加,如营运风险和中断风险,库存营运风险减少,但中断风险会随之增加;二是供应链系统内各节点企业之间风险的此消彼长性,即某企业风险的减少可能会导致其他相关企业风险的增加,如制造商为了减少自身的库存风险,要求上游供应商随时送货,上游供应商的风险就会增加。

6.放大性

在供应链中各节点企业之间的需求信息相对封闭,造成链上企业对需求信息的曲解会沿着下游向上游逐级放大,这种现象即所谓的“牛鞭效应”。在经营实践中,供应链制造源头和终端需求之间总会存在时间上的延迟,这种延迟会导致反馈误解。供应链上的企业多依据相邻企业的需求信息进行决策,却又不能够充分地把握其他成员企业的需求信息,造成这种曲解从微小的差异最终传递到源头时出现了不可思议的放大。供应链越长,供应链中间的流程越多,这种放大效应越严重,供应链自身的效率就越低。

9.1.3 供应链风险的分类

供应链整体风险由多种因素引起，从不同的角度，按照不同的标准，有不同的分类结果，如图 9-1 所示。本节将介绍几种常见的供应链风险的分类方法。

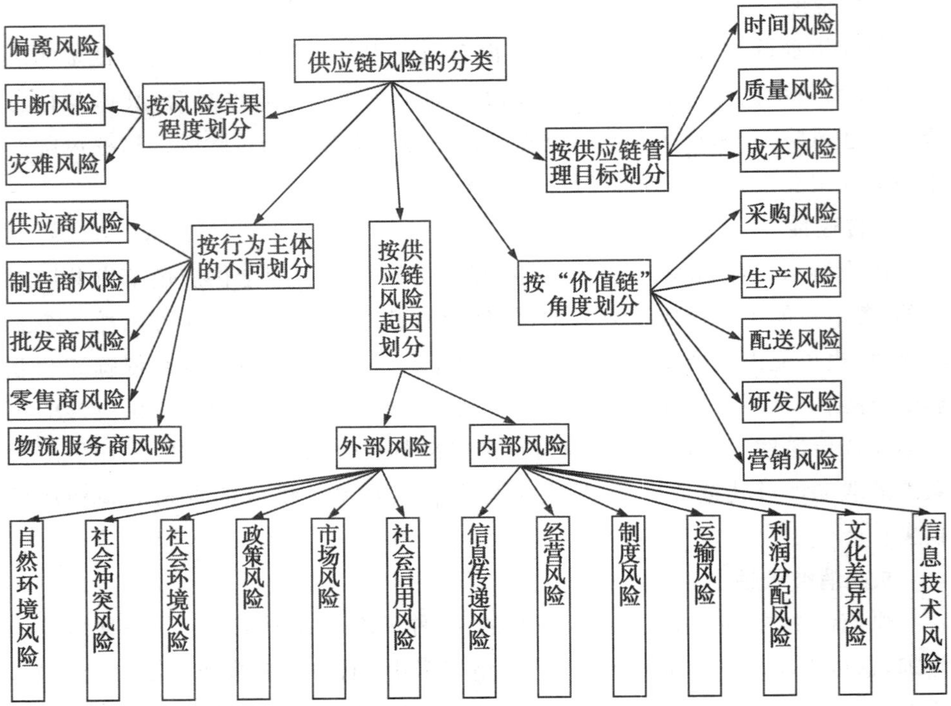

图 9-1 供应链风险的分类

1.按风险因素划分

供应链整体风险还可根据风险因素的不同划分为自然环境风险和社会环境风险两大类。

(1)自然环境风险。它主要指由不可抗拒的自然灾害导致的供应链无法正常运作的风险，包括洪灾、海啸、地震、闪电、雷击、风暴、陨石、冰雪损害、火山爆发、山体滑坡以及其他各种原因造成的损失等。这些风险一般都是难以控制和预测的。

(2)社会环境风险。它是指除自然环境因素以外的所有与人有关的社会因素对供应链运作产生影响的风险。如供应链系统内部独家供应商风险、信息传递风险、财务状况风险、合作伙伴风险、利润分配风险等，还有如政治冲突发生的战争、暴乱、恐怖活动等风险，以及国家行业政策法规改变，汇率、利率、市场需求波动等风险。

2.按供应链内外系统环境划分

从系统学角度来看,供应链作为一个包含多个企业、多个环节的系统,不断地与系统外部交换着物质和能量,也受制于外部环境的影响;另外,它自身的组织结构特点决定了其存在系统内耗与约束的风险。因此可以把风险分为供应链系统内部风险和供应链系统外部风险。

供应链系统内部风险也称"内生风险",主要指供应链系统内部来源于企业之间或企业内部不确定性的风险,如各节点企业之间潜在的互动博弈与合作引发的道德风险、信息传递风险、文化差异风险、利润分配风险等。供应链系统外部风险也可称为"外生风险",指供应链系统外部客观环境的变化给供应链带来损失的风险和可能性,主要有不可抗拒的自然环境风险和不稳定的社会环境风险。

3.按风险行为主体划分

供应链是一个多参与主体、多环节的复杂系统。参与供应链活动的主体通常包括提供原材料和零部件的供应商、制造商、批发商、零售商以及第三方物流服务商。因此按照风险行为主体的不同,可将供应链风险分为供应商风险、制造商风险、批发商和零售商风险、物流服务商风险。

(1)供应商风险。它是指由于供应商供货不确定引起下游企业无法正常运作或正常运作受到影响,从而使整个供应链有受损的可能性。此处供应商对供应链网络而言是一个集合的概念,即包含制造商上游的所有原材料和零部件供应厂商。从层级概念来看还可以具体细分,如某一级某一层的供应商引发的风险,也可以根据供应商对整个供应链的影响程度分为战略性供应商引发的风险和一般供应商引发的风险。细分有利于清晰、准确地找到风险的源头,划分责任归属,有针对性地采取措施。一般地,供应商风险主要包括因供货的数量、质量、时间、价格的不确定性引发的缺货风险、质量风险、时间延迟风险及价格风险。其中,供货数量不足或中断引发的缺货风险对整个供应链运作的影响最致命,由于没有原材料输入,制造商不能生产,销售商无货可售,整个供应链都无法运作。

(2)制造商风险。它是指制造商在制造过程中因一些不确定性事件而导致无法正常制造输出产品或所生产的产品存在缺陷和不足的风险。在制造商主导的供应链中,作为核心企业的制造商要领导整个供应链的运作,一般是比较有能力和实力的企业,由自身的不确定性引发的风险较少,但不能排除潜在风险的存在,如因机器故障、关键岗位人员的缺失导致制造过程中断的风险,不能正常输出产品的风险，对市场需求预测不准，以致产品设计不完善、技术不成熟或使用不当、最终产品销路不好的风险，等等。

(3)批发商、零售商风险。批发商、零售商处于产品的分销环节，在此统称为“销售商”。销售商风险主要是指销售过程中的不确定性因素引发的销售受阻的风险。例如，销售网络不健全、定价不当、广告力度不强、服务态度不好、售后服务不及时、促销策略失灵等引发的市场份额下降的风险，存货过高导致期末贬值风险，顾客满意度下降风险等。

(4)物流服务商风险。供应链管理注重第三方物流服务商的参与，由其为整个供应链或某些环节提供物流服务。物流服务商风险指其在为供应链提供物流服务的过程中由于受一些外在和内在因素的影响，导致不能正常提供服务，从而使整个供应链的运作受到影响的可能性。外在原因如台风、暴雨、滑坡、地震等自然灾害使交通阻塞不能正常运送货物，内在原因如在库保管中发生火灾、偷盗、破损、变质等风险。另外，当供应链采用第三方物流时，还可能导致核心技术和市场知识泄露的风险，从而使企业或供应链的竞争优势被削弱甚至消失。

4.按管理目标划分

供应链整体风险按管理目标可划分为质量风险、成本风险和时间风险。

(1)质量风险。质量风险是指供应链网络中各主体、各环节在质量上没有严格把关而使供应链的运作受到影响的风险。此处的质量不仅指一般意义上的实物质量，还包括各环节的服务质量。实物质量主要指供应环节供应的原材料、零部件的质量，制造环节生产的半成品、产成品的质量，分销环节产品的完好状况。产品的质量是供应链生存之本，产品的使用价值是以产品质量为基础的，如果产品质量低劣，该产品将会缺乏市场竞争力，并很快退出市场。服务质量不仅包括中间各环节的供货服务质量，相关指标如供货的及时性、准确性和完好性等，还包括末端销售环节的售货服务质量，如礼貌友好的售货态度、为顾客进行功能讲解和演示、及时的售后服务等。不论是实物质量还是服务质量出现问题，都可能对整个供应链产生或大或小的影响。质量风险也可以进一步细分，如产品质量风险和服务质量风险，或重大质量风险和一般质量风险，等等。

(2)成本风险。供应链成本风险是指供应链中各环节、各主体在成本的控制上处理得不好，导致成本过高，从而使供应链运作困难或受损的风险。此处的成本是广泛意义上的成本，不仅包括由原材料供应成本、制造成本、销售成本和物流成本决定的最终产品的成本，还包括供应链的运作成本，如合作伙伴的选择进入成本和退出损失成本、企业间的管理协调和控制成本、信息传递成本等。

(3)时间风险。时间风险一般来说是由获取信息不及时、不完整或得到错误信息引起的。供应链时间风险主要指链上各环节或各主体在时间上把握不准而导致整个供应链受损的可能性,如发现机遇的时间较晚、研发时间紧迫、原材料供应和配送延迟、生产不及时等导致最终产品上市时间延迟或错失销售时机。

9.1.4　供应链风险管理

1.供应链风险管理的含义

供应链风险管理是通过识别、度量供应链风险,并在此基础上用经济合理的方法来综合处理供应链风险,并对供应链风险的处理建立监控与反馈机制的一整套系统而科学的管理方法。其目标包括损失前的管理目标和损失后的管理目标,损失前的管理目标是减少或避免损失的发生,损失后的管理目标则是尽快恢复到损失前的状态,两者结合在一起,构成供应链风险管理的完整目标。

2.供应链风险管理的基本环节

供应链风险管理作为一种完整的管理活动,主要包括以下几个环节:供应链风险识别、供应链风险度量、供应链风险处理、供应链风险监控与反馈(见图9-2)。该过程是符合一般管理逻辑的循环往复的过程。随着社会的发展和科技的进步,以及全球化进程的不断加快,企业在生产经营过程中面临的供应链风险因素越来越多,认识到管理供应链风险的必要性,以最小的成本获得最大的保障成为管理的核心原则。

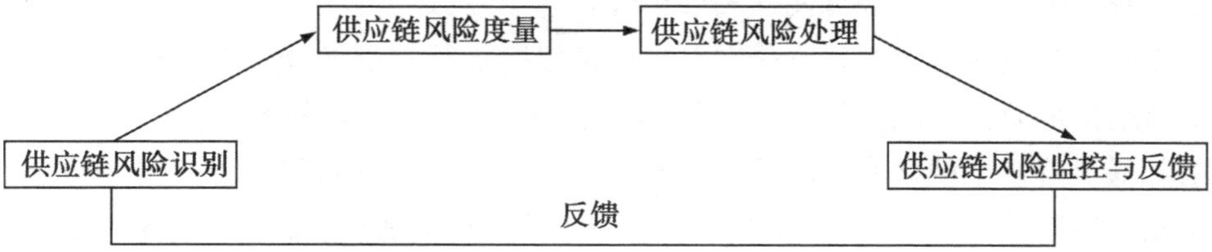

图 9-2　供应链风险管理的基本环节

(1)供应链风险识别。供应链风险识别是供应链风险管理的首要步骤,它是指供应链风险管理主体在各类风险事件发生之前,运用各种方法系统地认识所面临的各种风险以及分析风险事件发生的潜在原因。通过调查与分析来识别供应链面临的风险;通过归类,掌握风险产生的原因和条件,以及风险具有的性质。

供应链风险识别阶段可能是最重要的一步，因为有许多相关的风险事件、情景与结果的分析必须恰当地定义。没有风险识别，就没有风险评估、风险控制和风险管理，就不会有预防和保险。供应链风险识别是供应链风险管理的前提，具有非常重要的建设意义。风险存在的客观性与普遍性及主观性之间的差异，使得正确识别风险成为风险管理中非常重要也非常困难的工作。

(2)供应链风险度量。供应链风险度量是指对风险发生的可能性或损失的范围与程度进行估计和度量。仅通过识别风险，了解灾害损失的存在，对实施风险管理来说远远不够，还必须对实际可能出现的损失结果、损失的严重程度充分地估计和衡量。只有准确地度量风险，才有助于选择有效的工具处置风险，并实现用最少的费用支出获得最佳风险管理效果的目的。

在评估供应链风险时，不仅要考虑风险对某个供应链企业的影响，还要考虑风险对供应链整体造成的后果；不仅要考虑供应链风险带来的经济损失，还要考虑其带来的非经济损失，如信任危机、企业的声誉下降等无形的非经济损失，这些非经济损失有时很难用金钱来估价。

(3)供应链风险处理。供应链风险处理是供应链风险管理的核心。识别供应链风险、度量供应链风险都是为了有效地处理供应链风险，降低供应链风险发生的概率和减少其造成的损失。处理供应链风险的方法包括供应链风险回避、供应链风险控制、供应链风险转移和供应链风险自担。

①供应链风险回避。这是彻底规避供应链风险的一种做法，即断绝风险的来源。供应链风险回避的方法是放弃或终止某项供应链合作，或改变供应链合作环境，尽量避开一些外部事件对企业造成的影响。当然，供应链风险回避在某种程度上意味着丧失可能获利的机会。

②供应链风险控制。它是在对供应链风险进行识别和评估的基础上，有针对性地采取防范、控制措施的行为。供应链风险控制的目标是，在风险发生之前降低风险发生的概率，在风险发生之后降低风险造成的损失。这是一种积极主动的风险管理方法，但风险控制受技术条件、成本费用、管理水平等的限制，并非所有的供应链风险都能采用此办法。

③供应链风险转移。它是将供应链中可能发生的风险的一部分转移出去的风险防范方式。供应链风险转移可分为保险转移和非保险转移两种。保险转移是向保险公司投保，将供应链中部分风险损失转移给保险公司承担；非保险转移是将供应链中的一部分风险转移给供应链以外的企业，或风险由整个供应链上的企业来共同承担。

④供应链风险自担。它是指供应链中的企业将可能出现的风险损失留给

自己承担，是被动的措施。对于企业而言，如果已知风险存在，在以下两种情况下：一种是因为可能获得高利回报而甘愿冒险，另一种是因为供应链系统风险可能无法回避，各供应链企业只能通过系统吸纳来接受风险。

(4)供应链风险监控与反馈。制定出风险处理方案后，要在实践中进行检验，一旦发现其中可能存在缺陷，应及时进行反馈。供应链风险监控与反馈就是将在风险识别、风险分析及风险处理中得到的经验或新知识，或者是从损失或接近损失中获取的有价值的经验教训集中起来加以分析并反馈到供应链相关经营活动中，从而避免犯同样错误的过程。供应链风险管理是一项长期的、艰巨的工作，不是一蹴而就的事情，必须动态地重复风险管理过程的各个步骤，以使这一过程融入供应链管理运作中，只有这样才能真正做到长期、有效地管理风险。

9.2　供应链风险管理

9.2.1　供应链上的供应风险管理

1.供应风险的因素分析

供应风险是指由于供应商供货不确定引起下游企业无法正常运作或日常运作受到影响，从而使整个供应链有受损的可能性。供应风险的主要呈现形式为供应中断。为缓解供应中断带来的影响，供应链下游企业一般会采用多供应商采购、持有冗余库存、备份供应商采购以及供应商改善等多种方式，以应对供应风险。其中，应用较为广泛的是多供应商采购和备份供应商采购等方式。李新军等[1,2]在应对供应中断风险时，采用了双源采购和备份供应商采购的方式，以提高供应链的运作性能。Sting 等[3]通过选择备份供应商并通过投资提高其响应能力来应对可能出现的供应中断风险。陈可嘉等[4]考虑到供应商的供应风险和市场的需求风险，建立数学模型探究供应商的最佳数量。Hosseini 等[5]探究了在重大突发事件和供应商自身运营风险均可能导致供应中断的情况下供应商的选择和订单分配问题。

2.基于供应风险管理的供应链决策

假定顾客需求依赖于销售价格，在由零售商主导的供应链中，有两个战略供应商和一个备份供应商，零售商采取双源采购（两个战略供应商或者一个战略供应商与一个备份供应商的组合）或者单源采购（一个战略供应商或者一个备份供应商）。根据零售商与备份供应商之间的期权契约分析基于备份供应商的运作模式：首先，零售商向备份供应商预订能力，支付期权预订成本，然后向战略供应商订货，如果没有发生突发事件，则其供货量等于订货量，否则供货量变为零；其次，零售商基于战略供应商的供货量和备份供应商的能力预订确定向备份供应商的订货量，支付期权执行成本；再次，零售商用战略供应商和备份供应商的总供货量满足顾客需求；最后，得出各种运作模式下的决策变量和利润值[6]。

(1)问题描述。在由零售商主导的供应链中，零售商可采用以下两种双源采购模式：①两个战略供应商模式；②一个战略供应商与一个备份供应商的组合模式。

在两个战略供应商模式中，零售商向每个供应商的订货量均为 Q，一旦发生突发事件导致某个供应商的供应中断，则其实际供货量为 0，否则其实际供货量为 Q。假设两个战略供应商完全相同，单位生产成本为 c，当供应中断时供应商的前期投入单位损失为 λc，$\lambda \geqslant 0$。顾客需求依赖于销售价格，逆需求函数为 $p=a-bQ$，其中 a、b 均为大于 0 的常数。

在一个战略供应商与一个备份供应商的组合模式中，供应链中各成员企业的决策顺序如图 9-3 所示。零售商首先向备份供应商预订能力 K，单位能力预订成本为 c_o，然后向战略供应商订货 Q，最后零售商基于战略供应商是否发生供应中断的供货状态以及备份供应商的能力预订约束确定向备份供应商的订货量。假定战略供应商正常供货时零售商向备份供应商订货 k_1，战略供应商发生供应中断时向备份供应商的订货量为 k_2，单位预订能力的执行成本为 c_e，且 $a>c_o+c_e$。

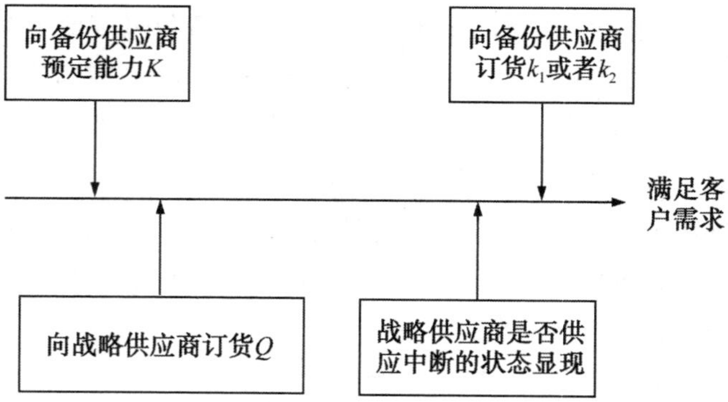

图 9-3 基于供应中断的供应链成员企业决策过程

假定没有发生系统性突发事件的概率或者整体系统稳定的概率是 β，在整体系统稳定的条件下也没有发生个体突发事件的概率为 θ。这样，每个战略供应商没有发生供应中断从而能够正常供货的概率为 $\beta\theta$，用 γ 表示。

(2)符号。符号及其含义总结如表 9-1 所示。

表 9-1　符号及其含义

符号	含义
c	战略供应商的单位生产成本
c_o	单位能力预订成本
c_e	单位预订能力的执行成本
K	零售商向备份供应商所预订能力的数量
k_1	战略供应商正常供货时零售商向备份供应商的订货量
k_2	战略供应商发生供应中断时零售商向备份供应商的订货量
p	零售商的销售价格，逆需求函数为 $p=a-bQ$，$a>c_o+c_e>0$，$b>0$
λ	中断损失系数，当供应中断时供应商的前期投入单位损失为 λc，$\lambda\geqslant 0$
β	没有发生系统性突发事件的概率或者整体系统稳定的概率
θ	在整体系统稳定的条件下也没有发生个体突发事件的概率
γ	每个战略供应商没有发生供应中断从而能够正常供货的概率，$\gamma=\beta\theta$

(3)模型。根据如图 9-3 所示的决策顺序，采用逆向推导过程，依次确定向备份供应商的订货量、战略供应商的订货量以及备份供应商的能力预订。

①M1——向备份供应商的订货量。假定战略供应商的供货量为 Q，备份供应商的预订能力为 K，分别求出没有发生突发事件时零售商向备份供应商的订货量 k_1 和发生突发事件时零售商向备份供应商的订货量 k_2。

第一，没有发生突发事件时零售商向备份供应商的订货量。当战略供应商没有发生突发事件时，求零售商向备份供应商的订货量 k_1 的最优值 k_1^*：

$$\begin{aligned} k_1^* &= \underset{0\leqslant k_1\leqslant K}{\arg\max}\,\pi_1(k_1 \mid Q,K) \\ &= \underset{0\leqslant k_1\leqslant K}{\arg\max}\,[a-b(Q+k_1)](Q+k_1)-c_e k_1-cQ \end{aligned} \tag{9-1}$$

对 $\pi_1(k_1)$ 分别求 k_1 的一阶和二阶导数，可得

$$\pi'_1(k_1)=a-c_e-2b(Q+k_1) \tag{9-2}$$

$$\pi''(k_1)=-2b<0 \tag{9-3}$$

所以 $\pi_1(k_1)$ 是凹函数，存在唯一的最大值，极值点为 $k_1=\dfrac{a-c_e}{2b}-Q$。因此，结

合 $0 \leqslant k_1 \leqslant K$，$k_1$ 的取值主要取决于 Q 和 K 的大小。

若 $Q \leqslant \frac{a-c_e}{2b}$，则

$$k_1^* = \min\left(\frac{a-c_e}{2b} - Q, K\right) \tag{9-4}$$

否则

$$k_1^* = 0 \tag{9-5}$$

第二，发生突发事件时零售商向备份供应商的订货量。当战略供应商发生突发事件时，求零售商向备份供应商的订货量 k_2 的最优值 k_2^*：

$$\begin{aligned} k_2^* &= \underset{0 \leqslant k_2 \leqslant K}{\operatorname{argmax}} \pi_2(k_2 | Q, K) \\ &= \underset{0 \leqslant k_2 \leqslant K}{\operatorname{argmax}} (a - bk_2)k_2 - c_e k_2 - \lambda c Q \end{aligned} \tag{9-6}$$

对 $\pi_2(k_2)$ 分别求 k_2 的一阶和二阶导数，可得

$$\pi_2'(k_2) = a - c_e - 2bk_2 \tag{9-7}$$

$$\pi''(k_2) = -2b < 0 \tag{9-8}$$

所以 $\pi_2(k_2)$ 是凹函数，存在唯一的最大值。由 $\pi_2'(k_2) = 0$ 并结合 $0 \leqslant k_2 \leqslant K$，可得

$$k_2^* = \min\left(\frac{a-c_e}{2b}, K\right) \tag{9-9}$$

②M2——向战略供应商的订货量。在已知向备份供应商的订货量 k_1 或 k_2 的情况下，求零售商向战略供应商的订货量 Q。当战略供应商没有发生突发事件时，战略供应商和备份供应商同时供货，总供货量为 $Q + k_1$；当战略供应商发生突发事件导致供应中断时，只能依靠备份供应商供货，其供货量为 k_2。零售商向战略供应商的订货量 Q 的最优值 Q^* 为

$$\begin{aligned} Q^* &= \underset{Q}{\operatorname{argmax}} \pi(Q | K) \\ &= \underset{Q}{\operatorname{argmax}} \gamma\{[a - b(Q + k_1)](Q + k_1) - cQ - c_e k\} \\ &\quad + (1-\gamma)[(a - bk_2)k_2 - c_e k_2 - \lambda c Q] \end{aligned} \tag{9-10}$$

情况 1：

当 $Q \leqslant \frac{a-c_e}{2b}$ 时，将式(9-4)代入式(9-10)，可得

$$\begin{aligned} \pi(Q) &= \gamma\left[\left(a - \frac{a-c_e}{2b}\right)\frac{a-c_e}{2b} - cQ - c_e\left(\frac{a-c_e}{2b} - Q\right)\right] \\ &\quad + (1-\gamma)[(a - bk_2)k_2 - c_e k_2 - \lambda c Q] \\ &= [\gamma(ce - c) - (1-\gamma)\lambda c]Q \end{aligned}$$

$$+r\left[\left(a-\frac{a-c_e}{2b}\right)\frac{a-c_e}{2b}-c_e\frac{a-c_e}{2b}\right]$$

$$+(1-\gamma)[(a-bk_2)k_2-c_ek_2] \tag{9-11}$$

若 $\gamma(ce-c)-(1-\gamma)\lambda c\geqslant 0$，则

$$Q^*=\frac{a-c_e}{2b} \tag{9-12}$$

否则

$$Q^*=0 \tag{9-13}$$

情况 2：

当 $Q\geqslant\frac{a-c_e}{2b}$ 时，将式(9-5)代入式(9-10)，可得

$$\pi(Q)=\gamma[(a-bQ)Q-cQ]+(1-\gamma)[-\lambda cQ+G(k_2)-c_ek_2] \tag{9-14}$$

对式(9-14)分别求 Q 的一阶和二阶导数，得

$$\pi'(Q)=\gamma[a-c-2bQ]+(1-\lambda)\lambda c \tag{9-15}$$

$$\pi''(Q)=-2b\gamma<0 \tag{9-16}$$

所以 $\pi(Q)$ 是凹函数，存在唯一的最大值。

若 $\gamma(c_e-c)-(1-\gamma)\lambda c\geqslant 0$，则

$$Q^*=\frac{(a-c)-(1-\gamma)\lambda c/\gamma}{2b} \tag{9-17}$$

否则

$$Q^*=\frac{a-c_e}{2b} \tag{9-18}$$

综合上述情况 1 和情况 2，可得如下结论：

第一，当 $\gamma(c_e-c)-(1-\gamma)\lambda c\geqslant 0$ 时，结合式(9-5)、式(9-12)和式(9-17)，可得

$$Q^*=\frac{(a-c)-(1-\gamma)\lambda c/\gamma}{2b}$$

$$k_1^*=0$$

当战略供应商没有发生突发事件时，零售商不再使用备份供应商，而仅采用战略供应商模式。

第二，当 $\gamma(c_e-c)-(1-\gamma)\lambda c<0$ 时，结合式(9-4)、式(9-13)和式(9-18)，可得

$$Q^*=0$$

$$k_1^*=\min\left(\frac{a-c_e}{2b},K\right)$$

由于零售商不向战略供应商订货，因此，无论战略供应商是否发生突发事件，零售商向备份供应商的订货量均不受其影响。

③M3——备份供应商的能力预订。

情况 1：

当 $\gamma(c_e-c)-(1-\gamma)\lambda c\geqslant 0$ 时，将式(9-5)和式(9-17)代入式(9-10)，并考虑能力预订成本，得

$$\pi(K)=\gamma\left\{\left[a-b\frac{(a-c)-(1-\gamma)\lambda c/\gamma}{2b}\right]\left[\frac{(a-c)-(1-\gamma)\lambda c/\gamma}{2b}\right]-c\left[\frac{(a-c)-(1-\gamma)\lambda c/\gamma}{2b}\right]\right\}+(1-\gamma)\left\{-\lambda c\left[\frac{(a-c)-(1-\gamma)\lambda c/\gamma}{2b}\right]+(a-bk_2)k_2-c_ek_2\right\}-c_oK \tag{9-19}$$

将式(9-9)代入式(9-19)，得 $k_2^*=K$。若 $a-c_e-c_o/(1-\gamma)>0$，则

$$K^*=\frac{a-c_e-c_o/(1-\gamma)}{2b} \tag{9-20}$$

否则

$$K^*=0 \tag{9-21}$$

情况 2：

当 $\gamma(c_e-c)-(1-\gamma)\lambda c<0$ 时，将式(9-4)、式(9-9)、式(9-13)代入式(9-10)，并考虑能力预订成本，得

$$\pi(K)=\gamma[(a-bk_1)k_1-c_ek_1]+(1-\gamma)[(a-bk_2)k_2-c_ek_2]-c_oK \tag{9-22}$$

综合式(9-4)、式(9-9)和式(9-22)，可得 $k_1^*=k_2^*=K$。于是

$$K^*=\frac{a-c_e-c_o}{2b} \tag{9-23}$$

综合上述情况 1 和情况 2，可得出如下结论：

第一，当 $\gamma(c_e-c)-(1-\gamma)\lambda c\geqslant 0$，即 $c_e>c+(1-\gamma)\lambda c/\gamma$ 时，综合式(9-5)、式(9-9)、式(9-19)、式(9-20)、式(9-21)，可得

$$Q^*=\frac{(a-c)-(1-\gamma)\lambda c/\gamma}{2b}$$

$$k_1^*=0$$

若 $a-c_e-c_o/(1-\gamma)>0$，则

$$k_2^*=K^*=\frac{a-c_e-c_o/(1-\gamma)}{2b} \tag{9-24}$$

$$\pi_{SB}^{*}=\{\gamma[(a-c)-(1-\gamma)\lambda c/\gamma]^{2}+(1-\gamma)[a-c_{e}-c_{o}/(1-\gamma)]^{2}\}/4b \tag{9-25}$$

此时，零售商既采用战略供应商，也采用备份供应商。该模式记作 SB 模式。

若 $a-c_e-c_o/(1-\gamma)<0$，则

$$k_2^{*}=K^{*}=0 \tag{9-26}$$

$$\pi_S^{*}=\frac{\gamma[(a-c)-(1-\gamma)\lambda c/\gamma]^{2}}{4b} \tag{9-27}$$

此时，零售商只采用单一战略供应商。该模式记作 S 模式。

第二，当 $\gamma(c_e-c)-(1-\gamma)\lambda c<0$ 时，综合式(9-4)、式(9-9)、式(9-13)、式(9-22)和式(9-23)，可得

$$k_1^{*}=k_2^{*}=K^{*}=\frac{a-c_e-c_0}{2b} \tag{9-28}$$

$$Q^{*}=0 \tag{9-29}$$

$$\pi_B^{*}=\frac{(a-c_e-c_o)^{2}}{4b} \tag{9-30}$$

此时，零售商只采用备份供应商。该模式记作 B 模式。

9.2.2　供应链上的需求风险管理

1.需求风险因素分析

供应链需求风险主要指由不确定性因素或者意外事件的冲击造成需求的波动，从而给供应链系统运作带来不利影响，使供应链的实际绩效与预期目标发生偏差，甚至造成供应链的中断或者崩溃。

(1)需求风险的来源。顾客需求波动因素、竞争者因素、环境突变因素是导致供应链需求产生变化的主要来源。由顾客需求偏好的变化导致的需求波动，会使市场调节成本上升，生产过剩风险和缺货风险增大，促销、传言等可能使顾客产生非理性行为，顾客陡然提前抢购或延后(拒购)可能造成顾客需求量急剧变化的假象。这种需求变化的波动幅度如果过大，会造成供应链急剧震荡，如果供应链的调节能力和应变能力不足，甚至会发生断裂。

表 9-2 按照需求风险的影响程度细分并列举了常见的风险来源和具体驱动因素。

表 9-2 需求风险来源和驱动因素

风险细分	风险来源	具体驱动因素
需求中断	自然灾害	地震、飓风、闪电、流行病
	运营事故	罢工、信息基础设施崩溃
	政治不稳定	战争、恐怖主义、劳动力争端
需求延迟	系统风险	数据信息的安全
	客户风险	客户数量、财务状况变化
	预测风险	需求预测不准确

(2)需求风险的表现形式。突发事件引发的需求风险常常表现为在某段时间内对产品或者服务的需求造成冲击,此类事件可能会影响产品的销售渠道或者客户的偏好,造成巨大的需求波动。这种冲击表现在两个方面:一方面,需求骤然减少,引起生产过剩、库存积压、销售成本增加,给供应链造成大量的成本损失;另一方面,也可以表现为需求突然增长,供应链因为生产和服务能力的限制,导致供不应求,未能满足的客户需求可能引起服务水平下降,甚至客户流失,导致企业信誉下降。为应对需求的大幅增加,制造商可能需要进行紧急生产,比如采取工人加班、增加劳动力、提高劳动强度、购置新的生产设备等措施,从而引起生产成本的增加。

(3)需求风险的相关研究。国内外学者对供应链网络中需求端的不确定性因素进行了大量的研究。Tsiakis 等[7]将需求不确定性引入多商品多层供应链网络设计问题中,建立了混合整数规划模型,并对需求确定和需求不确定两种情况进行了对比分析。Atamtüirk 等[8]针对需求不确定的供应链网络设计问题,提出了两阶段的鲁棒优化模型。Chen 等[9]通过考虑顾客需求和产品价格的不确定性,提出了多目标多层供应链网络设计模型。Santoso 等[10]通过将供应端设施容量不确定性和需求量不确定性引入供应链网络设计问题中,建立了一个随机规划模型,并提出了一种将样本均值逼近方法和改进 Benders 分解算法相结合的混合算法。Baghalian 等[11]考虑了节点是否可靠、道路是否通行和需求的不确定性,并将前两者整合成运输线路的不确定性这一类情况。

Saghiri 等[12]针对外部因素对延迟策略的影响提出了产能柔性、混合柔性、新产品设计柔性、产品模块化柔性、制造延迟、订购延迟、设计延迟理论,并以 500 家企业为对象构建结构方程模型进行实例分析,证明了在发生需求中断的情况下,采用延迟策略能够快速响应生产计划,能够满足高时效性的应急方案。

张克勇等[13]构建了在依赖价格的随机需求下供应链定价延迟策略模型，并运用博弈论对模型进行了分析，证实了延迟策略能够快速响应市场需求，有效应对常规的需求扰动，降低生产成本，提高供应链柔性。

2.需求风险分析模型

本节将针对需求拉动型供应链，探讨突发事件引起的供应链需求波动风险的形成与传递机制以及需求波动对供应链企业利润的影响。

(1)问题描述。需求拉动型供应链是指供应链以最终客户的需求为驱动力，以满足客户需求和供应链体系综合收益为目标的资源分配过程。需求拉动型供应链的突发事件风险主要体现为由客户订单的不确定性引起的需求随机性。如图 9-4 所示，当供应链内外部突发风险因素发挥作用时，将引发突发事件，引起市场需求容量与价格敏感系数变动，并与供应链结构耦合引起市场的预计需求量发生变化[14]。

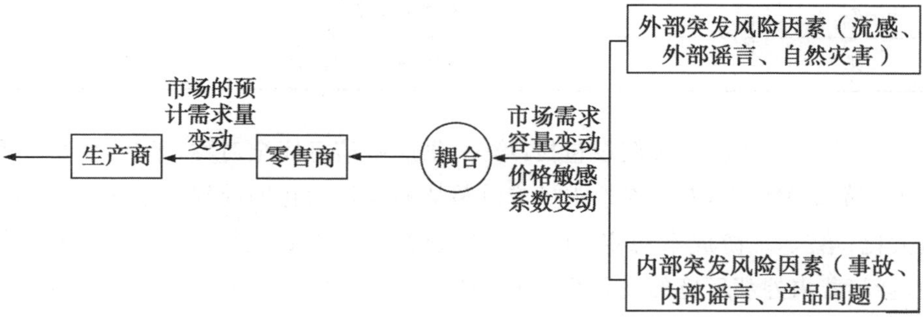

图 9-4　突发事件形成需求风险的过程

(2)符号。符号及其含义如表 9-3 所示。

表 9-3　符号及其含义

符号	含义
C	生产商的生产成本
C_{md}	生产商一次订货成本
C_{rd}	零售商一次订货成本
H_m	生产商单位库存成本
H_r	零售商单位库存成本
k	价格敏感系数

续表

符号	含义
M	市场需求容量
P	零售商给顾客的零售价格
q	零售商向生产商的订货批量
$Q(P)$	市场的预计需求量
Q_m	零售商向生产商的订货量
Q_r	生产商的订货量
W	生产商给零售商的批发价格
π	供应链的总利润函数
π_m	生产商的利润函数
π_r	零售商的利润函数

(3)相关假设。相关假设包括:第一,供应链信息完全对称;第二,供应商和零售商都是理性人,双方在追求供应链整体利益最大化的前提下追求自身利益最大化;第三,上游成本稳定,不会出现大的波动;第四,消费者需求具有随机性,会随着内外部环境的变化而出现一定程度的扰动,且风险中性。假设正常状态下 $Q(P)=M-kP$,同时考虑需求总容量变化和需求偏好的变化,即 $Q'(P)=(M+\Delta M)-(k+\Delta k)P$。

(4)模型。模型分为无库存情况下的模型和有库存情况下的模型。

①模型 1——无库存情况下的模型。在无库存的模式下,生产商、零售商的利润以及供应链的总利润函数分别为

$$\pi_m=(W-C)(M-kP) \tag{9-31}$$

$$\pi_r=(P-W)(M-kP) \tag{9-32}$$

$$\pi=(P-C)(M-kP) \tag{9-33}$$

对于需求拉动型供应链,在以供应链整体利益最大化的前提下实现供应链各方利益最大化,首先在 $\max \pi=(P-C)(M-kP)$ 的条件下求得零售商最优定价策略为

$$P^*=\frac{kC+M}{2k} \tag{9-34}$$

在供应链整体利润最大化的条件下,生产商和零售商的利润分配则根据双

方的资源贡献比率确定一个 γ 值，且 $0<\gamma<1$，使得 $W=\gamma P+(1-\gamma)C$。据此，求得生产商和零售商的利润函数分别为

$$\pi_m=\frac{\gamma(M-kC)^2}{4k} \tag{9-35}$$

$$\pi_r=\frac{(1-\gamma)(M-kC)^2}{4k} \tag{9-36}$$

双方在相互合作的状态下达到利益均衡点的条件是：合作情况（需求拉动型供应链）下各自的利润大于相应非合作情况（定价推动型供应链）下的利润。在定价推动型供应链下，有 $\pi_m^*=(M-kC)^2/8k$，$\pi_r^*=(M-kC)^2/16k$（证明过程略），因此需求拉动型供应链的定价策略可以实现的前提条件是

$$\pi_m=\frac{\gamma(M-kC)^2}{4k}\geqslant\frac{(M-kC)^2}{8k} \tag{9-37}$$

$$\pi_r=\frac{(1-\gamma)(M-kC)^2}{4k}\geqslant\frac{(M-kC)^2}{16k} \tag{9-38}$$

联立式(9-37)、式(9-38)可求得 γ 的取值范围为 $\frac{1}{2}\leqslant\gamma\leqslant\frac{3}{4}$。首先考虑突发事件引起市场需求容量 M 变动所带来的风险，求得生产商和零售商利润对 M 的风险弹性系数分别为

$$S_{\pi_m M}=\frac{\partial\pi_m}{\partial M}\cdot\frac{M}{\pi_m}=\frac{\gamma(M-kC)}{4k}\cdot\frac{8kM}{\gamma(M-kC)^2}=\frac{2M}{M-kC} \tag{9-39}$$

$$S_{\pi_r M}=\frac{\partial\pi_r}{\partial M}\cdot\frac{M}{\pi_r}=\frac{(1-\gamma)(M-kC)}{4k}\cdot\frac{8kM}{(1-\gamma)(M-kC)^2}=\frac{2M}{M-kC} \tag{9-40}$$

即

$$S_{\pi_m M}=S_{\pi_r M}=\frac{2M}{M-kC} \tag{9-41}$$

此外，考虑需求倾向变化（表现为 k 的变化）带来的风险，同理可以求得生产商（零售商）利润对于 k 的风险弹性系数为

$$S_{\pi_r M}=S_{\pi_m M}=-\frac{M+kC}{M-kC} \tag{9-42}$$

②模型 2——有库存情况下的模型。对于有库存情况下的二级供应链模型，生产商和零售商的总成本不仅包括生产成本，还包括存储成本和订货成本。在前面假设的基础上，再假设零售商不允许缺货，订购的商品在期末将全部销售完，提前期是确定不变的，因此有 $Q_m=Q_r=Q(P)$，且 $Q(P)=M-kP$。库存系统中的购买方采用 EOQ 模式来确定自身的最优订货批量，生产商和零售

商的利润分别为

$$\pi_m=(W-C)(M-kP)-\left[\frac{C_{md}(M-kP)}{q}+\frac{H_m}{2}q\right] \tag{9-43}$$

$$\pi_r=(P-W)(M-kP)-\left[\frac{C_{rd}(M-kP)}{q}+\frac{H_r}{2}q\right] \tag{9-44}$$

因此，供应链的总利润为

$$\pi=\pi_m+\pi_r=(P-C)(M-kP)-\left[\frac{(C_{md}+C_{rd})(M-kP)}{q}+\frac{H_m+H_r}{2}q\right] \tag{9-45}$$

据此求得最佳 EOQ 为

$$q^*=\sqrt{\frac{2(M-kP)(C_{md}+C_{rd})}{H_m+H_r}} \tag{9-46}$$

将式(9-46)代入式(9-45)，可得

$$\pi=(P-C)(M-kP)-\sqrt{2(M-kP)(C_{md}+C_{rd})(H_m+H_r)} \tag{9-47}$$

根据式(9-47)求得在供应链整体利润最大的前提下零售商定价 P 的最优价格选择为

$$P^*=\frac{M}{k}-\left(\frac{\sqrt[3]{B}}{6kA}+\frac{M-kC}{K\sqrt[3]{B}}\right)^2 \tag{9-48}$$

其中，

$$B=-27\sqrt{2}kA^2+3\sqrt{6A^3[4M^2(3kC-M)+4k^2C^2(kC-3M)+27k^2A]}$$

$$A=(C_{md}+C_{rd})(H_m+H_r)$$

利用间接弹性的概念分别求生产商利润对 k、M 的需求风险弹性系数，得

$$S_{k1}=S_{\pi_m k}=\frac{\mathrm{d}\pi_m}{\mathrm{d}k}\cdot\frac{k}{\pi_m}=\left(\frac{\mathrm{d}\pi_m}{\mathrm{d}k}+\frac{\mathrm{d}\pi_m}{\mathrm{d}P}\cdot\frac{\mathrm{d}P}{\mathrm{d}k}+\frac{\mathrm{d}\pi_m}{\mathrm{d}W}\cdot\frac{\mathrm{d}W}{\mathrm{d}P}\cdot\frac{\mathrm{d}P}{\mathrm{d}k}\right)\frac{k}{\pi_m}=G_{k1}(C) \tag{9-49}$$

$$S_{m1}=S_{\pi_m M}=\frac{\mathrm{d}\pi_m}{\mathrm{d}M}\cdot\frac{M}{\pi_m}=\left(\frac{\mathrm{d}\pi_m}{\mathrm{d}M}+\frac{\mathrm{d}\pi_m}{\mathrm{d}P}\cdot\frac{\mathrm{d}P}{\mathrm{d}M}+\frac{\mathrm{d}\pi_m}{\mathrm{d}W}\cdot\frac{\mathrm{d}W}{\mathrm{d}P}\cdot\frac{\mathrm{d}P}{\mathrm{d}M}\right)\frac{M}{\pi_m}=G_{m1}(C) \tag{9-50}$$

同理可以求得零售商利润对 k、M 的需求风险弹性系数。

9.2.3 供应链上的物流风险管理

1.物流风险的来源与分类

物流风险包括与物流职能和供应链运营相关的管理风险。根据物流的不

同环节，大致可将物流风险分为以下几类：

(1)采购物流风险。采购是物流与供应链管理活动中的重要一环。采购过程包括制订采购计划、采购审批、供应商选择、价格咨询、采购招标、合同签订与执行、货物验收、核算、付款、物资领用等诸多环节。受这些因素的影响，在采购中存在各种不同的风险，如采购数量风险、供货时间风险等。

(2)运输物流风险。根据运输方式不同，货物的运输可以分为水上、陆上和航空运输三种。在运输过程中可能遭遇的风险主要包括自然灾害、意外事故以及外来风险，外来风险又分为一般外来风险和特殊外来风险。

自然灾害指恶劣的天气、雷电、海啸、地震、山洪及人力不可抗拒的灾害；意外事故是指运输工具遭遇外来的、突发的、非意料中的事故；一般外来风险是指货物在运输过程中遭遇意外的由外来因素导致的事故；特殊外来风险是指与政治、军事、社会动荡以及国际政治、政策法令有关的风险。

(3)仓储物流风险。仓储物流风险是指储存在仓库中的货物、仓储基础设施、仓储设备，由于自然、社会、人为因素等的影响面临着许多不确定的情况，致使其物理、化学性质发生变化，从而遭受损失的不确定性。

仓储物流风险按风险的来源划分为：由于自然界的运动和变化给生命和财富造成伤亡和损失的自然风险；由于集团和个人的某些违法行为、破坏行为造成人员伤亡和财产损失的社会风险；由于国家政权变动、政治斗争、法律和政策的改变而造成社会不安定以及人员伤亡和财产损失的政治风险；由于经营不善、信息不通畅、市场变化等造成经营者收入减少、经营亏损、企业破产等的经济风险。

2.物流风险相关研究

物流风险实际上是物流各个环节所产生的风险，其中，运输途中出现的风险更为常见，主要表现为物流节点中断、运输中断。针对此类风险，主要的应对措施有缩短运输路径、购买保险、制订物流运输备用计划及物流转运等。前两种措施是在事前进行风险的防范，缩短运输路径是为了尽可能降低风险发生的可能，购买保险是为了将可能面临的风险进行适度转移；后两者是在风险发生后所采取的补救措施，都是为了降低风险带来的损失和负面影响。

赵静[15]探究了货物运输保险在应对运输中断中的重要作用。李柏勋等[16]在探究电子商务线上线下同价及自提渠道选择问题时，将物流中断成本考虑在内。冉文学等[17]在研究农产品供应链物流风险时，通过建立 CVaR 模型，针对物流供货风险进行模拟分析。李景峰等[18]在进行供应链设施选址和需求分配时，考虑了物流节点随机中断的情景，以期通过合理的选址和科学的需求分配构建一个稳健的供应链网络。Shekarian 等[19]同时考虑了供应风险、需求风险与运输风险，并分别通过向供应商投资、多渠道运输、多个产品规划等方式来提高供应链的响应能力和敏捷性，从而缓解各类风险带来的不良影响。

3.基于物流风险管理的供应链决策

(1)问题描述。本节将以物流风险中的运输中断风险为例，考虑工厂、仓库、客户的三级供应链网络设施的选址及产品运输问题，其中需要选址的设施包括工厂和仓库，如图 9-5 所示。在选好的工厂中生产产品并将其运送到选建好的仓库中，仓库按照订单将产品配送给客户。然而，每条运输路径都有中断的可能性。在这种情况下，如何选择工厂和仓库的构建位置以及产品的运输路径，才能使整个供应链网络的运营总成本最小并且运输可靠性最大？其中运营总成本包括工厂和仓库的设施构建成本和产品运输成本[20]。

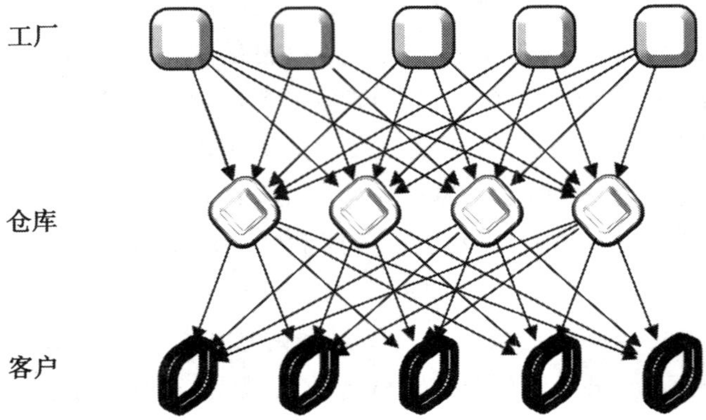

图 9-5　三级供应链网络结构

(2)相关假设。相关假设包括：仓库和客户均为单源供应，即每个仓库只由一个工厂供货，每个客户需要的产品只由一个仓库提供；工厂和仓库具有能力约束；候选工厂位置和候选仓库位置已知；每条运输路径发生故障的概率都是随机的，且相互独立。

(3)符号说明。

①集合。候选工厂的位置集合为 $M=\{m|m=1,2,\cdots,M\}$；候选仓库的位置集合为 $J=\{j|j=1,2,\cdots,J\}$，客户集合为 $I=\{i|i=1,2,\cdots,I\}$。

②容量。工厂 m 的生产能力为 k_m，仓库 j 的存储能力为 w_j，客户 i 的需求量为 d_i。

③成本。工厂 m 的构建成本为 f_m，仓库 j 的构建成本为 g_j，工厂 m 到仓库 j 的产品运输成本为 c_{mj}，仓库 j 到客户 i 的产品运输成本为 h_{ji}。

④运输路径可靠度。从工厂 m 到仓库 j 的路径可靠度为 r_{mj}，从仓库 j 到客户 i 的路径可靠度为 r_{ji}。

决策变量为

$$T_m=\begin{cases}1, & \text{在候选位置 } m \text{ 处构建工厂} \\ 0, & \text{其他}\end{cases}$$

$$Z_j=\begin{cases}1, & \text{在候选位置 } j \text{ 处构建仓库} \\ 0, & \text{其他}\end{cases}$$

$$X_{mj}=\begin{cases}1, & \text{工厂 } m \text{ 给仓库 } j \text{ 配送产品} \\ 0, & \text{其他}\end{cases}$$

$$Y_{ji}=\begin{cases}1, & \text{仓库 } j \text{ 给客户 } i \text{ 配送产品} \\ 0, & \text{其他}\end{cases}$$

(4)模型构建。考虑运输中断的三级供应链网络的设施选址与运输路径规划模型为

$$F_1=\min\sum_{m\in M}f_mT_m+\sum_{j\in J}g_jZ_j+\sum_{m\in M}\sum_{j\in J}C_{mj}X_{mj}+\sum_{j\in J}\sum_{i\in I}h_{ji}Y_{ji} \tag{9-51}$$

$$F_2=\max\sum_{m\in M}\sum_{j\in J}r_{mj}X_{mj}\left(\sum_{i\in I}r_{ji}Y_{ji}\right) \tag{9-52}$$

$$\text{s.t.}\begin{cases}\sum\limits_{m\in M}X_{mj}=Z_j, \quad \forall j\in J & (9\text{-}53)\\ \sum\limits_{j\in J}Y_{ji}=1, \quad \forall i\in I & (9\text{-}54)\\ X_{mj}\leqslant T_m, \quad \forall m\in M,\forall j\in J & (9\text{-}55)\\ Y_{ji}\leqslant Z_j, \quad \forall j\in J,\forall i\in I & (9\text{-}56)\\ \sum\limits_{i\in I}d_iY_{ji}\leqslant w_j, \quad \forall j\in J & (9\text{-}57)\\ \sum\limits_{j\in J}w_jX_{mj}\leqslant k_m, \quad \forall m\in M & (9\text{-}58)\end{cases}$$

目标函数(9-51)表示最小化供应链网络的总成本，其中第一项为选定工厂的构建成本，第二项为选定仓库的构建成本，第三项为从工厂到仓库的运输成本，第四项为从仓库到客户的运输成本。目标函数(9-52)表示最大化供应链网络中产品运输的可靠性，将三级供应链网络的运输路径分成两个阶段：第一个阶段为从选定工厂 m 到选定仓库 j 的路径可靠性，第二个阶段为从选定仓库 j 到客户 i 的路径可靠性。当这两个阶段同时可靠时才能实现产品从出厂到客户的可靠，即两个阶段的可靠性相乘。约束条件(9-53)表示对于任意仓库 j，如果被选建，只由一个工厂为其供货。约束条件(9-54)表示任意客户 i 的需求只由

一个仓库满足。约束条件(9-55)、(9-56)表示仓库只能由构建的工厂供货，客户只能由构建的仓库配送产品。约束条件(9-57)表示当仓库 j 被构建后，它可以为多个客户配送产品，且配送的产品总量不超过仓库 j 的存储能力。约束条件(9-58)表示当工厂 m 被构建后，它可以为多个仓库供货，且供货的总量不超过工厂 m 的生产能力。

9.3 研究案例应用

9.3.1 案例背景

供应链的全球延伸加剧了供应链的不稳定性，同时也给全球经济的发展带来了一些负面影响。对供应链进行风险管理是降低供应链风险进而减少其带来的负面效果的重要途径。供应链网络中的不确定性因素，可以分为供应端不确定性因素、需求端不确定性因素和中间层不确定性因素。供应端不确定性因素包括设施容量不确定性和节点是否可靠的不确定性等，需求端不确定性因素指需求量的不确定性等，中间层不确定性因素包括运输成本和时间的不确定性等。近年来，国内外学者对供应链网络中的不确定性因素进行了大量的研究，主要集中在供应端不确定性因素和需求端不确定性因素上。

基于以上背景，本案例将同时考虑供应端不确定性(节点中断的可能性)和需求端不确定性(顾客需求量的波动性)，来研究一个包含供应点、中转点和需求点的三级可靠供应链网络设计问题。

9.3.2 供应链风险管理模型构建

1.问题描述

本案例将构造一个供应链网络 $G(V,A)$，其中 V 表示网络所有节点的集合，A 表示网络所有线路的集合。整个网络包括三部分：供应点 V_S、中转点 V_T 和需求点 V_D。

本案例的基本假设如下：

(1)供应点不发生中断，着重考虑中转点发生中断的情况。

(2)在此供应链网络设计之前，供应点建设已完成且供应能力是有限的。决策者需要从一些有设施容量限制和固定成本的候选中转点中选出合适的节点来建设仓库，进而形成完整的供应链网络。

(3)当某些中转点发生中断后，原先经过这些中转点的产品将不能再经此中转，因此产品的流量需要重新分配。

本案例的目标就是挑选合适的中转点来构建一个完整的供应链网络，并在某些节点发生中断以后，供应链仍能较为正常地运行且成本不会剧烈波动。

2.模型建立

本案例对节点中断不确定和需求不确定均采用情景方法来描述。在实际运营管理中，情景的数量并不是无限的，决策者可根据少量的历史数据过滤掉不符合实际的情景，这使得计算量大大减少且研究内容具有现实意义。

(1)情景的表示。供应链网络中转点的状态只有两种：关闭和开放，分别用 0 和 1 表示。假设候选中转点的个数为 5，那么可以用一个长度为 5 的 0-1 字符串来表示供应链网络的一种选址方案，如方案{11110}表示候选中转点 1、2、3、4 被选为中转点，而 5 号候选中转点仍然处于备选状态，当某一特定中断情景 s（如情景 $s=\{00111\}$，表示在 1、2 号候选中转点处同时发生灾害，导致这两处的中转点不能正常运行）发生后，供应链网络中的中转点状态为{00110}，如图 9-6 所示。所有节点中断情景的集合表示为 S。为防止多个节点同时中断的情景发生后无法形成一个网络，从而导致需求点的需求量无法满足，模型没有可行解，我们特意引入一个虚拟节点，此节点不会发生中断且没有固定成本和容量限制，从需求点到虚拟节点的单位运输成本为该需求点需求量未得到满足而受到的单位惩罚，惩罚可以解释为企业因无法满足顾客的需求而导致的市场份额流失，令单位惩罚成本远大于单位运输成本。

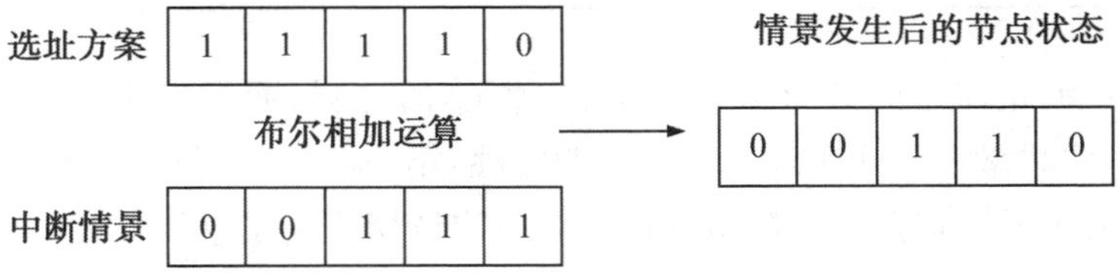

图 9-6　选址方案、中断情景和情景发生后的节点状态之间的关系

需求量一般定义为连续参数，而情景方法描述的参数是离散的，为了构造需求情景 e，决策者需要对历史需求数据进行人为归类，从而将频繁发生的需求情况列出来形成需求情景集合 E。其他相关符号及其含义如表 9-4 所示。

表 9-4　符号及其含义

符号	含义
f_i	候选中转点 i 的固定成本，$i \in V_T$

续表

符号	含义
u_{ij}	线路(i,j)上的单位流量所需的运输成本,$(i,j)\in A$
O_i	供应点 i 的最大供应能力,$i\in V_S$
P_{je}	在需求情景 e 下,需求点 j 的需求量,$j\in V_D,e\in E$
Q_i	候选中转点 i 的最大容量限制,$i\in V_T$
a_{is}	0-1 变量,当取值为 1 时,表示在中断情景 s 下,候选中转点 i 处没有发生中断,否则发生中断,$i\in V_T,s\in S$
α	决策者对节点中断风险的偏好,$0\leqslant\alpha\leqslant1$
β	决策者对需求波动风险的偏好,$0\leqslant\beta\leqslant1$
K_{se}^*	在中断情景 s 和需求情景 e 下的最优供应链网络总成本,$s\in S,e\in E$
$\bar{\theta}_s$	当需求波动风险偏好为 β 时,在中断情景 s 下的供应链网络总成本,$s\in S$
$\bar{C}$	需求波动风险偏好为 β 且节点中断风险偏好为 α 时的供应链网络总成本
X_i	决策变量,0-1 变量,当取值为 1 时,表示候选中转点 i 被选为中转点,否则没有被选择,$i\in V_T$
Y_{ijse}	决策变量,在中断情景 s 和需求情景 e 下,线路(i,j)上的流量,$(i,j)\in A$,$s\in S,e\in E$

显然,流量 Y_{ijse} 的分布依赖于中转点 X_i 的选择,而后者不会受前者的干扰,因此,此网络设计问题具有两阶段的特性:第一阶段是对中转点的选址进行决策,第二阶段是依据第一阶段的决策对供应链网络流量进行分配。

(2)模型建立。针对以上问题,建立整数规划模型:

$$\min \bar{C} \tag{9-59}$$

$$\text{s.t.}\quad \begin{aligned} & P\{\bar{\theta}_s \geqslant \bar{C}\} \leqslant \alpha, \quad \forall s\in S && (9\text{-}60)\\ & P\{K_{se}^* \geqslant \bar{\theta}_s\} \leqslant \beta, \quad \forall e\in E && (9\text{-}61)\\ & K_{se}^* = m\Big(\sum_{i\in V_T} f_i X_i + \sum_{(i,j)\in A} u_{ij} Y_{ijse}\Big), \quad \forall s\in S, e\in E && (9\text{-}62)\\ & \sum_{i\in V_S} Y_{ijse} \leqslant O_i, \quad \forall i\in V_S, j\in V_T, s\in S, e\in E && (9\text{-}63)\\ & \sum_{(i,j)\in A} Y_{ijse} - \sum_{(j,i)\in A} Y_{jise} = 0, \quad \forall j\in V_T, s\in S, e\in E && (9\text{-}64)\\ & \sum_{j\in V_D} Y_{ijse} = P_{je}, \quad \forall i\in V_T, j\in V_D, s\in S, e\in E && (9\text{-}65) \end{aligned}$$

$$\sum_{i \in V_T} Y_{ijse} \leqslant (1 - a_{is}) Q_i X_i, \quad \forall i \in V_T, j \in V_D, s \in S, e \in E \tag{9-66}$$

$$X_i = \{0,1\}, \quad \forall i \in V_T \tag{9-67}$$

$$Y_{ijse} \in \mathbf{R}^+, \quad \forall (i,j) \in A, s \in S, e \in E \tag{9-68}$$

目标函数(9-59)要求最小化在需求波动风险偏好为 β 且节点中断风险偏好为 α 时的总成本，其中总成本包括中转点的固定成本和产品的运输成本两部分。约束条件(9-60)表示中断情景集合 S 中的每种情景 s 均有对应的供应链网络成本，此约束要求供应链网络成本的集合 $\{\bar{\theta}_1, \bar{\theta}_2, \cdots, \bar{\theta}_{|s|}\}$ 中超过 $\bar{C}$ 的比例不能超过 α，其中 $|s|$ 为中断情景集合 S 中情景的个数。约束条件(9-61)表示，在特定的中断情景 s 下，需求情景集 E 中的每种情景 e 均有对应的供应链网络成本，供应链网络成本的集合 $\{K_{s1}^*, K_{s2}^*, \cdots, K_{s|e|}^*\}$ 中超过 $\bar{\theta}_s$ 的比例不能超过 β，其中 $|e|$ 为需求情景集合 E 中情景的个数。约束条件(9-62)表示，在中断情景 s 和需求情景 e 下，K_{se}^* 为供应链网络的最优成本。在计算过程中，必须先求解 K_{se}^*，才能依次得到 $\bar{\theta}_s$ 和 $\bar{C}$ 的值。

约束条件(9-63)和约束条件(9-65)均是对供应链网络节点流量的限制：供应点的最大供应量不能超过其最大生产能力；中转点输入和输出的流量相等；在需求情景 $e \in E$ 下，需求点的输入流量等于需求量。约束条件(9-66)表示，当候选中转点 i 处于开放且此处没有发生中断时，流经该点的流量不超过其最大容量限制；当中转点处于关闭状态或者此处发生中断时，流量不能经过该点。约束条件(9-67)和约束条件(9-68)是对决策变量自然属性的描述。

如前所述，α 和 β 分别反映了决策者对节点中断风险和需求波动风险的偏好。它们取值越高时，表示决策者的风险偏好越趋于乐观，当 $\alpha=1$、$\beta=1$ 时，表明决策者不相信任何不确定情况会发生，设计的供应链网络达到最精益的状态；α、β 取值越低，表示风险偏好越趋于保守，当 $\alpha=0$、$\beta=0$ 时，决策者对可能发生的不确定性做了最坏的打算，设计的供应链网络处于最冗余的状态。在现实生活中，决策者对节点中断风险和需求波动风险的偏好往往是不同的。节点中断风险少有发生，过分保守的供应链网络设计会使企业增加不必要的费用，决策者对此风险偏好趋于乐观；而对于需求波动风险，这类风险在日常经营中出现得颇为频繁，决策者希望设计的供应链网络能够较好地抵御这类风险。为此，在计算过程中，α 和 β 的值域缩小到 $0.5 \leqslant \alpha \leqslant 1$，$0 \leqslant \beta \leqslant 0.5$。

3.供应链风险管理模型的应用与启示

上述案例中建立的模型等价于经典的有容量限制的固定费用供应链网络

设计问题,实质上是 NP-hard 问题。对于此类问题,国内外学者多用启发式算法进行求解。对于此类问题,国内外学者多用启发示算法进行求解,将最短增广链法嵌入遗传算法来解决该问题。通过求解发现,随着现代商业环境和自然环境的变化,对制造企业来说,设计一个可靠的供应链网络无疑具有重要的战略意义。可靠的供应链网络不仅可以为企业节约大量成本,而且能在不确定性因素对供应链网络造成影响时依旧保持正常运转,从而避免给企业带来巨大的损失。此外,上述案例考虑到了决策者的风险偏好,通过研究发现,决策者对于两种不确定性因素的风险偏好会对结果产生很大的影响,可靠的供应链网络在面临风险时的表现要优于不确定的供应链网络。

实际上,该案例给我们带来的启示更多地体现在建立模型时所考虑的供应链风险相关问题。本案例不仅考虑了因节点中断造成的供应端的不确定性,还考虑了因顾客需求量的波动而带来的需求端的不确定性。供应风险和需求风险是供应链面临的两大主要风险,我们在解决供应链风险相关问题时,必然要将这两类风险考虑在内。此外,突发事件引起的重大环境风险、物流各个环节带来的仓储损耗风险、物流运输风险也是供应链风险的重要组成部分。因此,在思考供应链风险相关问题时,要根据供应链的结构,综合考虑所涉及的供应链风险种类,运用合理有效的度量方法,这样才能够建立科学可行的模型,缓解或消除风险带来的影响。

参考文献

[1]李新军,季建华,王淑云.供应中断情况下基于双源采购的供应链协调与优化[J].管理工程学报,2014,28(3):141-147.

[2]李新军,王建军,达庆利.供应中断情况下基于备份供应商的应急决策分析[J].中国管理科学,2016,24(7):63-71.

[3]STING F J, HUCHZERMEIER A. Ensuring responsive capacity: How to contract with backup suppliers[J]. European Journal of Operations Research, 2012, 207(2):725-735.

[4]陈可嘉,金炼,林月柑.考虑供应链中断风险的最优供应商数量决策[J].工业工程与管理,2016,21(4):80-85.

[5] HOSSEINI S, MORSHEDLOU N, IVANOV D, et al. Resilient supplier selection and optimal order allocation under disruption risks[J]. International Journal of Production Economics,2019,213(3):124-137.

[6]李新军，季建华，达庆利.基于供应中断的供应链运作模式性能分析[J].中国管理科学，2012，20(S2)：541-548.

[7]TSIAKIS P, SHAH N, PANTELIDES C C. Design of multi-echelon supply chain networks under demand uncertainty [J]. Industrial & Engineering Chemistry Research, 2001, 40 (16): 3585-3604.

[8]ATAMTÜIRK A, ZHANG M. Two-stage robust network flow and design under demand uncertainty[J]. Operations Research, 2007, 55 (4): 662-673.

[9]CHEN C L, LEE W C. Multi-objective optimization of multi-echelon supply chain networks with uncertain product demands and prices[J]. Computers & Chemical Engineering, 2004, 28(6): 1131-1144.

[10] SANTOSO T, AHMED S, GOETSCHALCKX M, et al. A stochastic programming approach for supply chain network design under uncertainty[J]. European Journal of Operational Research, 2005, 167(1): 96-115.

[11]BAGHALIAN A, REZAPOUR S, FARAHANI R Z. Robust supply chain network design with service level against disruptions and demand uncertainties: A real-life case[J]. European Journal of Operational Research, 2013, 227(1): 199-215.

[12]SAGHIRI S S, BARNES S J. Supplier flexibility and postponement implementation: An empirical analysis[J]. International Journal of Production Economics, 2016, 173: 170-183.

[13]张克勇，侯世旺，周国华.不确定需求下供应链定价延迟策略研究[J].管理工程学报，2014，28(1)：195-201.

[14]刘家国.需求拉动型供应链突发风险传递模型[J].运筹与管理，2011，20(5)：14-19.

[15]赵静. 基于货物运输保险的供应链运输中断模型研究[D].天津：河北工业大学，2019.

[16]李柏勋，严筱，南雅如.考虑物流中断成本的线上线下同价与自提渠道策略[J].系统工程，2018，36(7)：19-29.

[17]冉文学，周莲.农产品供应链物流风险模型研究[J].供应链管理，2021，2(10)：48-59.

[18]李景峰，吴江.物流节点随机中断情境下的选址算法研究[J].物流技术，2015，34(9)：139-142.

[19] SHEKARIAN M, NOORAIE S R, PARAST M M. An examination of the impact of flexibility and agility on mitigating supply chain disruptions [J]. International Journal of Production Economics, 2020, 220(7): 107438.

[20]任慧.考虑运输中断的可靠三级供应链网络设计[J].计算机工程与应用,2019,55(6):265-270.

第 10 章　供应链系统评价

供应链系统评价的目的主要是在供应链系统目标的指引下，提出多种竞争性（冲突性）方案，依据评价指标体系，评估诸多可行方案的优劣，从中选出一个最优（或相对最优）方案，并在评价过程中识别影响系统整体功能的关键（薄弱）因素，为供应链系统优化提供着力点。

10.1　基于灰色组合多准则决策技术的系统评价方法

10.1.1　研究模型提出的背景

供应链系统评价，例如选址评价、供应商评价等经典问题，均为典型的多准则决策（Multiple Criteria Decision Making，MCDM）问题[1,2]，原因在于其决策准则均具有相互依赖的影响关系[3]。

多准则决策技术通常用于解决具有几个不可共度和冲突（竞争）准则的问题，且几乎没有一个最优解能够同时满足所有准则[4]。近年来，越来越多的学者使用多准则决策技术解决系统评价问题。Tsai 等[5]应用模糊决策实验室法（Fuzzy DEMATEL）对制造商的环境绩效进行检验。Dweiri 等[6]以巴基斯坦汽车工业为例，提出了一种基于层次分析法的供应商选择决策支持模型。Sarkis[7]应用网络程序分析法（Analytic Network Process，ANP）来识别绿色供应链管理的关键组成部分和影响因素，并探讨了该方法在绿色供应链决策中的适用性。Hsu 等[8]识别了绿色供应链中碳管理的影响准则，并据此提高供应商在碳管理方面的整体绩效。为了适应人类感知的模糊性，Lin[9]和 Liu 等[10]使用模糊集合理论构建了一个用来确定准则之间的因果关系的结构模型。Su

等[11]以台湾某印刷电路板制造商为例，通过模糊理论确定了供应商选择的合适准则。Ouyang 等[4]和 Kuo 等[12]应用了一种名为“基于决策实验室法”的网络程序分析法的混合多准则决策方法来确定电子企业在评选供应商时评估准则的重要性，以及准则之间的因果关系。

然而，以上关于供应链系统评价的方法与技术存在一定的局限性。首先，层次分析法要求各构面和准则相互独立，然而这一前提在管理实践中并不常见[13]。其次，网络程序分析法可以适应构面与准则之间的相互依赖关系和反馈机制[14]，但一个严重的问题是，由于人类的认知缺陷和常用的 1—9 点尺度自身的缺点[15]，特别是当判别矩阵的阶数较高时，能够达成一致性要求的两两比较矩阵不容易实现[16]。此外，无论是 DEMATEL 法还是传统的 DEMATEL-based ANP 方法，都必须生成一个涉及成对比较的直接影响矩阵；而与之相对应的另一个问题是，所需评价的因素数量越多，受访者需要完成填答的初始直接影响矩阵的难度就越大[4]。当受访者在填答一份冗长而复杂的问卷时，往往会变得无聊、疲倦或注意力不集中，问卷的质量可能会受到或多或少的影响。

因此，需要一种全新的多准则决策技术来自动生成含有多个准则的直接影响矩阵。Deng[17]提出的灰色关联分析(Grey Relational Analysis，GRA)可用于有效地测量给定的数据序列或模式之间的关系程度。因此，本书提出了一个结合 GRA 和 DANP 的 grey DANP(GDANP)决策模型来解决上述问题。GDANP 和 DANP 的主要区别在于，前者采用 GRA 从 Delphi 问卷中自动生成直接影响矩阵，而不是要求受访者完成直接影响矩阵。

10.1.2 德尔菲法

德尔菲法是美国兰德公司在 20 世纪 50 年代提出的，其目标在于开发一种最可靠的能够获得专家群组共识的技术[18-21]。德尔菲法又名“评分法”“专家打分法”，是一种主观定性的评价方法。研究人员主要将这种方法应用于判断信息不可缺少的情况，通常使用一系列穿插有控制反馈的问卷[22]。Ouyang 等[4]指出，德尔菲法取决于专家的经验、本能和价值观。在实践中，来自不同领域的专家通常需要对一个主题提出不同的观点，他们可以在一轮问卷中理解彼此的观点，并在下一轮问卷中调整自己的观点以达到一致性[3]。简而言之，这一过程避免了专家之间的直接对抗[23]。德尔菲法作为专家组决策工具已经获得了广泛的应用。

在应用该方法时需要根据实际情况，邀请多位专家匿名发表意见，专家彼此之间不交流、不沟通，不发生横向联系，调查者向专家征求意见，就供应商评价指标体系的构成、各指标的重要性等问题展开多轮次调查，根据科学、灵敏、实用、独立等原则确定评判内容，经过不断咨询、归纳、修改的循环过程，最终汇总得出基本一致的看法。然后专家对确定的评判内容进行综合评估并打分，得出最终评分，以此作为评价结果。决策者可根据各可行方案评分的高低，选出最优方案。

德尔菲法应用的关键在于专家群组必须取得一致性的意见，即达成共识。Okoli 等[23]提出了一种"排序型"的德尔菲法，来测度专家群体对所需评价问题的相对重要性的共识。德尔菲法常用共识性差异指标（Consensus Deviation Index，CDI）来测度专家意见的共识度。CDI 越大，代表专家的共识就越弱[3]。共识度的测度步骤如下：

（1）每个题项（通常指方案或者指标）皆有 CDI 值，其计算公式为

$$CDI_j = \frac{S_j}{\overline{X\max}}$$

其中，CDI_j 为第 j 个题项对应的共识性差异指标，S_j 为第 j 个题项对应的样本标准差，$\overline{X_{\max}}$为所属构面（属性）的最大平均值。

（2）将 CDI 值与事先设定的门槛值进行对比，若 CDI 值小于事先设定的门槛值，代表所有专家在该题项达成共识。通常门槛值设为 0.1 或者 0.05。

（3）计算共识度，共识度＝1－CDI。

【例题】 某企业拟新建一个物流配送中心，并让规划发展部采用德尔菲法来对可行地点进行评估。该企业要求专家意见必须满足 CDI 小于 0.05 的要求。

首先，规划发展部设计第一轮 Delphi 评分问卷，请专家对提供的可行地点（4 个）与宜采用的评估准则（12 个）进行评分，并采用[0,100]尺度衡量，越可行或越重要的项目评分越高。回收问卷并统计后得到可行地点与评估准则的评分平均值与标准差，如表 10-1 与表 10-2 所示。从共识性差异指标来看，4 个可行地点均不满足小于 0.05 的要求。

表 10-1　可行地点第一次评分结果

可行地点	专家 1	专家 2	专家 3	专家 4	专家 5	平均值	标准差	CDI
甲地	90	50	80	90	80	78	16.43	0.211
乙地	60	90	70	50	40	62	19.24	0.247
丙地	80	80	40	70	70	68	16.43	0.211
丁地	40	70	20	10	60	40	25.50	0.327

表 10-2　评估准则的重要性第一次评分结果

评估准则	专家 1	专家 2	专家 3	专家 4	专家 5	平均值	标准差	CDI
兴建成本	100	90	70	90	100	90	12.25	0.136
距市场远近	80	100	90	80	90	88	8.37	0.093
运输成本	70	90	100	80	80	84	11.40	0.127
原料取得难易	90	70	60	100	60	76	18.17	0.202
土地取得难易	70	50	90	50	20	56	26.08	0.290
供应商来源	60	60	80	20	70	46	34.35	0.382
劳动力来源	60	80	80	60	70	70	10.00	0.111
水电供应	50	30	50	60	50	48	10.95	0.122
气候状况	20	60	60	10	20	34	24.08	0.268
环境污染	50	10	20	20	60	32	21.68	0.241
公共设施	40	50	30	50	50	44	8.94	0.099
法规限制	20	20	10	50	20	24	15.17	0.169

根据第一轮评分问卷结果分析，设计第二轮德尔菲评分问卷。经回收统计后，可行地点与评估准则的重要性的评分结果汇总如表 10-3 与表 10-4 所示。从这一结果得知，所有项目的共识性差异指标均小于 0.05，显示专家群体的五位成员已达成高度的共识性。

表 10-3　可行地点第二次评分结果

可行地点	第二次评分	专家 1	专家 2	专家 3	专家 4	专家 5	平均值	标准差	CDI
甲地	84	90	85	90	90	85	88	2.74	0.031
乙地	72	80	75	80	80	80	79	2.24	0.025
丙地	70	70	70	65	70	65	68	2.74	0.032
丁地	42	40	40	40	35	40	39	2.24	0.025

表 10-4　评估准则的重要性第二次评分结果

评估准则	第二次评分	专家 1	专家 2	专家 3	专家 4	专家 5	平均值	标准差	CDI
兴建成本	96	100	95	95	95	100	97	2.74	0.028
距市场远近	90	90	90	90	85	90	89	2.24	0.023
运输成本	84	80	85	85	80	85	83	2.74	0.028
原料取得难易	73	75	75	70	75	75	74	2.24	0.023
土地取得难易	72	70	70	70	70	70	70	0.00	0.000
供应商来源	70	65	65	70	65	70	67	2.74	0.028
劳动力来源	52	60	60	65	55	55	59	4.18	0.043
水电供应	44	45	45	55	50	45	48	4.47	0.046
气候状况	42	40	40	50	45	40	43	4.47	0.046
环境污染	42	35	40	40	40	35	38	2.74	0.028
公共设施	27	25	30	30	20	25	26	4.18	0.043
法规限制	26	20	20	20	20	20	20	0.00	0.000

图 10-1 简要总结了德尔菲法的应用过程。对于所提出的模型，我们假设有 $u(u\geqslant 2)$ 方面可以预先定义，其中每个因素可以归类为一个方面。构面 p 中的因素 l 表示为$x_{pl}(1\leqslant l\leqslant c_p)$，构面 q 中的因素 i 表示为 $x_{qi}(1\leqslant i\leqslant c_q)$，其中 c_p 和 c_q 分别表示 p 和 q 中的因子数，$c_1+c_2+\cdots+c_u=n$。根据专家 t，表示因子 x_{pl} 的必要性的 a_{plt} 被纳入研究结构中。德尔菲法的一般结果为如表 10-5 所示的决策矩阵。

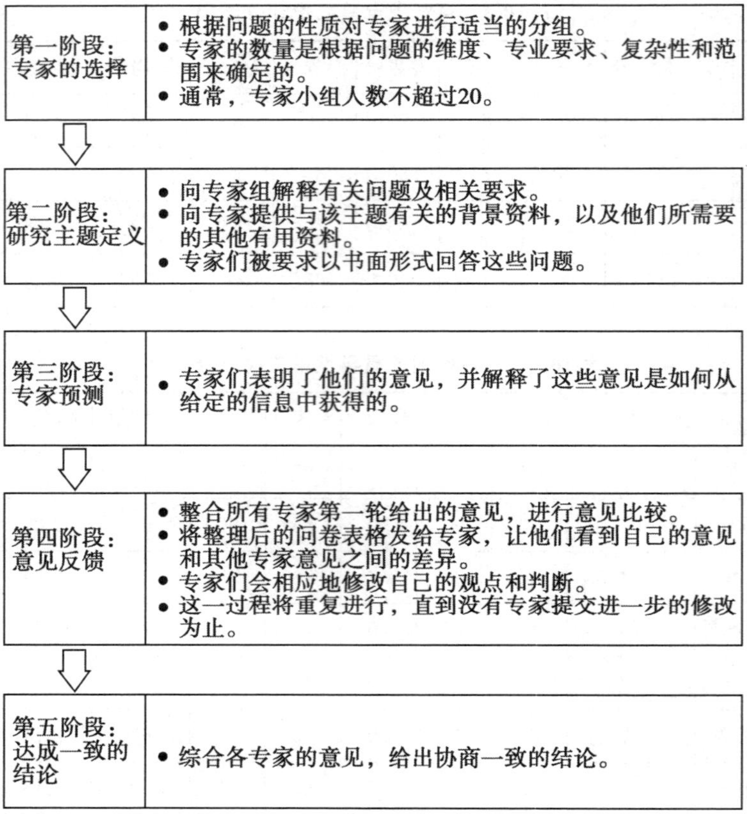

图 10-1 德尔菲法的应用过程

表 10-5 德尔菲法专家评分决策矩阵

方面	标准	专家				
		E_1	E_2	E_3	…	E_t
x_p	x_{p1}	a_{p11}	a_{p12}	a_{p13}	…	a_{p1t}
	x_{p2}	a_{p21}	a_{p22}	a_{p23}	…	a_{p2t}
	x_{p3}	a_{p31}	a_{p32}	a_{p33}	…	a_{p3t}
	⋮	⋮	⋮	⋮	…	⋮
	x_{pl}	a_{pl1}	a_{pl2}	a_{pl3}	…	a_{plt}

10.1.3　基于 DEMATEL 的 ANP(DANP)

如前所述,传统的 ANP 技术面临着一个棘手的问题:由于人类认知的局限性,特别是对于准则数目过多的问卷,成对比较矩阵很难达成一致性[15]。Ouyang 等[4]提出了一种被称为 DANP 的组合 MCDM 方法,该方法可以有效地解决这一棘手问题,因为它免除了对 ANP 中成对比较矩阵的一致性检验。DANP 方法直接将 DEMATEL 生成的总影响矩阵(Total Influence Matrix)作为 ANP 的未加权超矩阵,以免除麻烦的两两比较。此外,Hu 等[34]提出了一种具有诸多显著特征的修正式 DANP 方法[3]。DANP 的详细操作过程如下:

第一步:建立直接影响矩阵。

首先,根据因素之间的相互影响程度,构建直接影响矩阵 $\boldsymbol{Z}$:

$$\boldsymbol{Z}=\begin{bmatrix} z_{11} & z_{12} & \cdots & z_{1n} \\ z_{21} & z_{21} & \cdots & z_{2n} \\ \vdots & \vdots & & \vdots \\ z_{n1} & z_{n2} & \cdots & z_{nn} \end{bmatrix} \tag{10-1}$$

其中,n 为因素的个数,z_{ij} 代表因素 i 影响因素 j 的程度。在本书中,因素之间的影响程度用数字表示:0 代表无影响,1 代表有中度影响,2 代表有很大影响。直接影响矩阵中的对角线元素均设为 0。

第二步:生成正规化后的直接影响矩阵。

对直接影响矩阵 $\boldsymbol{Z}$ 根据下列公式进行正规化处理:

$$\boldsymbol{X}=\lambda \cdot \boldsymbol{Z}=\begin{bmatrix} \lambda z_{11} & \lambda z_{12} & \cdots & \lambda z_{1n} \\ \lambda z_{21} & \lambda z_{21} & \cdots & \lambda z_{2n} \\ \vdots & \vdots & & \vdots \\ \lambda z_{n1} & \lambda z_{n2} & \cdots & \lambda z_{nn} \end{bmatrix}=\begin{bmatrix} x_{11} & x_{12} & \cdots & x_{1n} \\ x_{21} & x_{21} & \cdots & x_{2n} \\ \vdots & \vdots & & \vdots \\ x_{n1} & x_{n2} & \cdots & x_{nn} \end{bmatrix} \tag{10-2}$$

其中,$\lambda=\min\limits_{i,j}\left\{\dfrac{1}{\max\sum\limits_{i=1}^{n} z_{ij}},\dfrac{1}{\max\sum\limits_{i=1}^{n} z_{ij}}\right\}$。

第三步:生成总影响矩阵。

根据下列公式,生成总影响矩阵:

$$T=X(I-X)^{-1}=\begin{bmatrix} t_{11} & t_{12} & \cdots & t_{1n} \\ t_{21} & t_{22} & \cdots & t_{2n} \\ \vdots & \vdots & & \vdots \\ t_{n1} & t_{n2} & \cdots & t_{nn} \end{bmatrix} \tag{10-4}$$

第四步：通过重要度与关联度来决定准则间的因果关系。

根据总影响矩阵 $\boldsymbol{T}$ 得到因素之间的因果关系。将总影响矩阵中每一行的行和定义为 d，每一列的列和定义为 r，$d+r$ 代表了相关因素的相对重要度。某一准则的 $d+r$ 越大，代表该准则的重要程度也越高。$d-r$ 代表关联度，若某一准则的关联度为正值，则该准则属于主动影响者，值越大表示此因素直接影响其他因素的程度越高，对此类准则可考虑优先进行改善；若某一准则的关联度为负值，则该准则属于受影响者，值越小表示此因素被其他因素影响的程度越高。

第五步：通过极限超级矩阵获取准则的相对权重。

如前所述，在 DANP 方法中，将 DEMATEL 的总影响矩阵当作 ANP 的未加权超级矩阵。因此，通过对总影响矩阵 $\boldsymbol{T}$ 进行正规化处理，可以得到加权超级矩阵 $\boldsymbol{W}$。而后将加权超级矩阵 $\boldsymbol{W}$ 自我相乘直至收敛，可以得到极限超级矩阵 $\boldsymbol{W}^*$，从而获得每一个准则的权重。

第六步：识别关键因素。

由于各准则的相对权重可以代表准则的重要性程度，因此可以依据 DANP 方法求得的权重来识别关键因素。

10.1.4 通过灰色关联生成直接影响矩阵

根据邓聚龙教授提出的灰色系统理论，任何两个事物之间都存在着一定的关系[17,18]。因此，在多准则决策问题中，每个备选方案都采用数据序列的形式，任意两个数据序列之间都存在一定的关系[3]。然而，在某些情况下，比较序列与多个参考序列同时存在。毫无疑问，灰色关系矩阵（Grey Relational Matrix，GRM）是分析比较序列和多个参考序列之间关系的一种合适的方法。与统计相关分析不同的是，灰色关联分析测量任意两个随机变量之间的关系，可以通过将参考序列作为期望目标来找到给定的参考序列和几个比较序列之间的关系[17]。这促使我们使用 GRA 来寻找准则之间的关系，从而自动生成直接影响矩阵。

令 $x_{pl}=(x_{pl1}, x_{pl2}, \cdots, x_{pls})$ $(1\leqslant l\leqslant c_p)$ 为参考序列，$x_{qi}=(x_{qi1}, x_{qi2}, \cdots, x_{qis})$ $(1\leqslant i\leqslant c_q)$ 为比较序列。应用 GRM 自动生成直接影响矩阵的操

作过程如下：

第一步：计算灰色关联系数。

参考数列 x_{pl} 和比较数列 x_{qi} 之间的灰色关联程度是以灰色关联系数（Grey Relational Coefficient，GRC）$\xi_k(x_{qi}, x_{pl})$ 加以衡量的，有

$$\xi_k(x_{qi}, x_{pl}) = \frac{\Delta_{\min} + \rho\Delta_{\max}}{\Delta_{isk} + \rho\Delta_{\max}} \tag{10-5}$$

其中，ρ 为分辨系数，其取值范围为 $0 \leqslant \rho \leqslant 1$，通常取 $\rho = 0.5$。

$$\Delta_{\min} = |x \min_{i=1,\cdots,c_q} \min_{j=1,\cdots,s} {}_{plj} - x_{qij}| \tag{10-6}$$

$$\Delta_{\max} = |x \max_{i=1,\cdots,c_q} \max_{j=1,\cdots,s} {}_{plj} - x_{qij}| \tag{10-7}$$

和

$$\Delta_{ilk} = |x_{plk} - x_{qik}| \tag{10-8}$$

第二步：计算灰色关联度。

用灰色关联度（Grey Relational Grade，GRG）表示 x_{qi} 与 x_{pl} 之间的相关程度，有

$$z(x_{qi}, x_{pl}) = \sum_{k=1}^{s} w_k \xi_k(x_{qi}, x_{pl}) \tag{10-9}$$

其中，w_k 是准则 k 的相对重要性，$z(x_{qi}, x_{pl})$ 的取值范围为 0-1，且 $w_1 + w_2 + \cdots + w_n = 1$。

第三步：生成灰色关联矩阵。

直接影响矩阵 $\boldsymbol{Z}$ 是一个由 u^2 组成的分块矩阵，其中每个区块表示系统的两个构面（准则）之间的关系。表示构面 p 和构面 q 之间的相关关系的区块为

$$\boldsymbol{Z}_{qp} = \begin{cases} z(x_{q1}, x_{p1}) \\ z(x_{q2}, x_{p1}) \\ \vdots \\ z(x_{qc_q}, x_{p1}) \end{cases} \quad 1 \leqslant p, q \leqslant u \tag{10-10}$$

当 $p = q$ 时，对应的区块称为灰色自关联矩阵。$z(x_{qi}, x_{qi})$ 在 $\boldsymbol{Z}_{qq}$ 矩阵中可以设置为零，以符合 DEMATEL 的要求。在 GDANP 中，我们使用 GRA 来直接生成直接影响矩阵，而不是由受访者填答成对比较问卷来得到直接影响矩阵。本书介绍的 GDANP 的流程如图 10-2 所示。

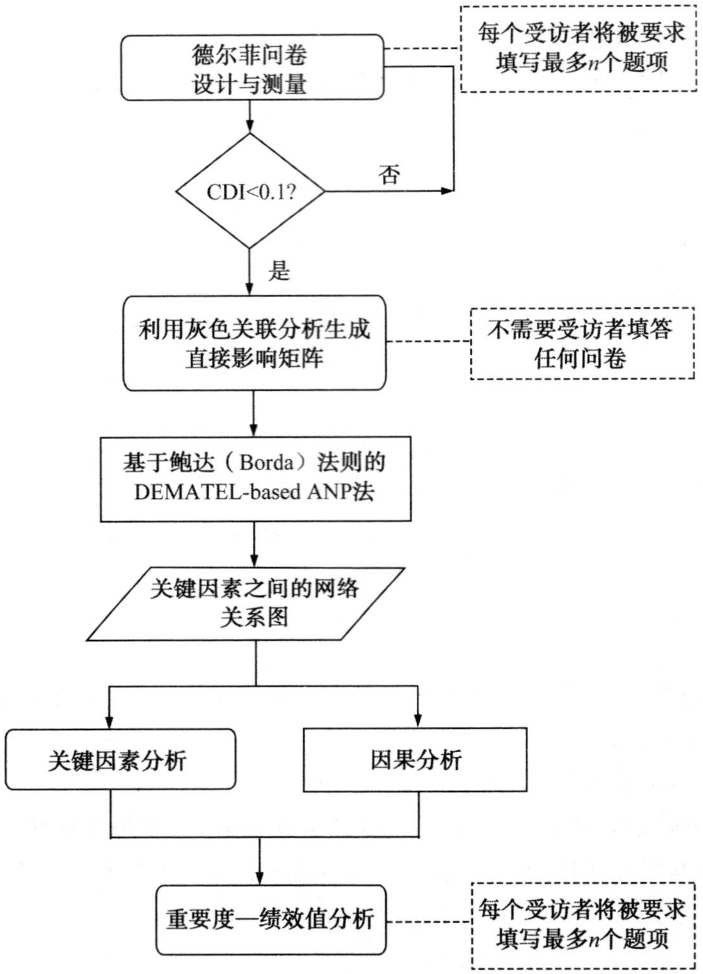

图 10-2 基于德尔菲法构建的 GDANP 的流程

10.2 方法举例

10.2.1 背景介绍

近几十年来，汽车工业已成为国内最重要的行业之一。由于汽车零部件的供给依赖多个行业（如机械、电子、化工和信息行业），因此，汽车行业的发展可以有效带动其他行业的发展[25]。然而,当前的汽车行业正面临着前所未有的挑战。全球各国的环境保护意识高度增强,促使一些国家建立绿色壁垒来限制汽车行业的国际贸易,出口到国际市场的国产汽车必须符合环保标准。绿色供应链管理(Green Supply Chain Management, GSCM)是打破国际市场绿色壁垒的有力“武器”,因而已成为汽车行业关注的焦点[26-28]。Srivastava[29]和Tseng等[30]将GSCM描述为环境思维和供应链管理的结合,包括产品设计、原材料采购和选择、制造过程、将最终产品交付给消费者以及产品的临终管理。通常,GSCM也被理解为基于环境准则的绩效来对供应商进行筛选与管理,并且只与那些符合某些环境法规或标准的供应商进行交易[31]。供应商选择和评估这一复杂的管理问题是多准则决策技术可以解决的经典案例[1,2],原因在于决策准则之间具有相互依赖的影响关系[3]。

10.2.2 方法应用

1.确定正式的决策结构

大多数决策者都是基于主观的意见和经验来做出决策的,但这种方式可能会导致错误的决策。德尔菲法是使决策者在决策过程中达成共识的恰当选择[23]。本案例选取了一个由8位专家组成的专家组来实施德尔菲访谈,8位专家均在汽车行业服务10年以上,他们(包括A、B、C、D、E、F、G、H)的背景如表10-6所示。

表10-6 德尔菲调查专家组成员背景介绍

专家	所在单位	职务	资历/年
A	某汽车有限公司商用车服务部、技术及客户服务部	专家	15—20
B	某汽车信息技术中心有限公司车身开发工程部	开发工程师	15—20
C	某汽车股份有限公司生产工程部	工程师	10—15
D	某汽车工业股份有限公司质量技术科	高级经理	20—30
E	某汽车工业股份有限公司生产控制管理处	项目经理	20—30
F	某汽车股份有限公司零件质量组TCS(总客户满意度部)	零部件质量组经理	20—30
G	某汽车零部件有限公司管理部	采购经理	20—30
H	某汽车有限公司制造部	部门经理	20—30

续表

专家	所在单位	职务	资历/年
I	某汽车公司零件质量控制第五部质量控制科	团队领导	25—30
J	某汽车信息技术中心有限公司车身开发部	工程师	10—15

注：专家I和J是后面进行重要度—绩效值分析新邀请的。

第一轮德尔菲调查后，8位专家根据定义和语义的相似性对所有指标进行整合，从中选择了2个构面和12个准则作为初始研究架构，如表10-7所示。经过3轮德尔菲评分后，各因素的CDI值均低于0.1，说明8位专家就准则的重要性达成了共识。经过讨论，专家们同意将90分作为阈值，低于90分被认为重要性不足，进而删除相关准则，从而得到了如表10-8所示的包含2个构面和8个准则的正式研究架构。

表10-7 准则重要性得分

构面	准则	专家								平均值	标准差	CDI
		A	B	C	D	E	F	G	H			
经济面	成本	90	100	100	90	100	100	100	100	97.500	4.629	0.046
	质量	100	100	100	100	100	100	100	100	100.000	0.000	0.000
	技术	80	100	100	100	90	100	100	90	95.000	7.559	0.076
	交货时间	90	95	100	100	90	100	70	90	91.875	9.978	0.100
	灵活性	70	90	80	80	80	90	100	80	83.750	9.161	0.092
	文化	70	80	70	80	80	80	100	80	80.000	9.258	0.093
环境面	环境管理体系	90	95	90	100	90	100	100	90	94.375	4.955	0.050
	生态设计	80	85	80	100	90	90	100	100	90.625	8.634	0.086
	污染控制	90	85	90	100	90	90	100	90	91.875	5.303	0.053
	管理承诺	80	90	90	100	90	90	100	90	91.250	6.409	0.064
	碳足迹管理	80	85	70	90	80	70	70	90	79.375	8.634	0.086
	合作环境	80	75	70	90	80	80	100	80	81.875	9.234	0.092

表 10-8　案例研究的正式决策结构

构面	准则	描述
经济面	成本	为客户提供合理的零件、包装和物流成本。 有能力快速响应价格的变化
	质量	确保货物质量合格。 生产出满足产品质量的一致性和可靠性要求的产品。 改进生产工艺，减少缺陷产品的发生和再发生。 建立全面的质量管理体系。 获得第三方专业认证
	技术	具有良好的产品开发和组织能力。 对未来的市场需求有潜在的预测性。 在产品设计、原材料使用、生产和客户协作方面保持创新性，以满足未来的市场需求
	交货时间	提供及时、准确的交货时间。 使用一种响应市场变化的交付管理机制
环境面	环境管理体系	实施健全的环境管理认证体系，如 ISO 14000。 遵守环境法律和法规。 实施环境管理的内部控制过程
	生态设计	生态设计被称为“绿色设计”“生命周期设计”或“环境设计”，它包括设计中的环境因素，以帮助确定设计决策的方向。 在产品开发的所有阶段都要考虑对环境因素的生态设计要求，以减少产品生命周期对环境的影响，并最终产生更可持续的生产和消费系统
	污染控制	具有对在产品设计、制造等过程中产生的污染物进行管理和控制的能力。 控制废气、废水、固体废物等污染物。 以减排为目标，提出有效的改进计划
	管理承诺	高层管理人员支持对环境的承诺。 管理者同意绿色供应链管理的概念。 展示企业的社会责任

表 10-9 总结了正式研究架构中准则的重要性得分。经济面(x_1)和环境面(x_2)(即 $r=2$)分别由 4 个因素组成(即 $c_1=c_2=4$),因此 $n=8$。每个因素均由 8 位专家进行评估(即 $s=8$)。

表 10-9 正式准则的必要性分数

构面	准则	专家							
		A	B	C	D	E	F	G	H
经济面(x_1)	成本(x_{11})	90	100	100	90	100	100	100	100
	质量(x_{12})	100	100	100	100	100	100	100	100
	技术(x_{13})	80	100	100	100	90	100	100	90
	交货时间(x_{14})	90	95	100	100	90	100	70	90
环境面(x_2)	环境管理体系(x_{21})	90	95	90	100	90	100	100	90
	生态设计(x_{22})	80	85	80	100	90	90	100	100
	污染控制(x_{23})	90	85	90	100	90	90	100	90
	管理承诺(x_{24})	80	90	90	100	90	90	100	90

在传统的 DANP 技术中,直接影响矩阵从受访者填答的成对比较问卷中得来,而在本案例中,我们使用灰色关联分析来整合各准则的重要性分数,从而自动生成总影响矩阵 $\mathbf{Z}$,且 $\mathbf{Z}$ 可以按照相依性关系划分为 4 个区块,分别为 $\mathbf{Z}_{11}$、$\mathbf{Z}_{12}$、$\mathbf{Z}_{21}$ 和 $\mathbf{Z}_{22}$。

2.利用 GRA 生成初始直接影响矩阵

由于本案例中的测量尺度是相同的,因此不需要考虑正规化问题。那么,对于矩阵 $\mathbf{Z}_{11}$、$\mathbf{Z}_{12}$、$\mathbf{Z}_{21}$ 和 $\mathbf{Z}_{22}$ 的灰色关联度,可通过式(10-5)至式(10-9)计算求得。

由于 $u=2$,因此矩阵 $\mathbf{Z}$ 可分为 4 个区块,其中每个区块表示经济面和环境面之间的关系。分割区块表示任意两个因素之间的关系,可生成初始直接影响矩阵。将 $z(x_{qi}, x_{qi})$ 设置为零,以满足 DEMATEL 的要求,使用式(10-10)可得到经济面与环境面相关的区块,如表 10-10 所示。

表 10-10　初始直接影响矩阵

	x_{11}	x_{12}	x_{13}	x_{14}	x_{21}	x_{22}	x_{23}	x_{24}
x_{11}	0.0000	0.9000	0.8000	0.7354	0.7083	0.5917	0.6125	0.5625
x_{12}	0.9000	0.0000	0.8286	0.7354	0.7083	0.6333	0.6125	0.6042
x_{13}	0.8000	0.8286	0.0000	0.8354	0.8333	0.7167	0.7375	0.8125
x_{14}	0.7354	0.7354	0.8354	0.0000	0.8667	0.6452	0.7667	0.7354
x_{21}	0.7688	0.7688	0.8688	0.8667	0.0000	0.5833	0.8333	0.7708
x_{22}	0.6661	0.6946	0.7661	0.6452	0.5833	0.0000	0.7500	0.7708
x_{23}	0.6875	0.6875	0.7875	0.7667	0.8333	0.7500	0.0000	0.8542
x_{24}	0.6500	0.6786	0.8500	0.7354	0.7708	0.7708	0.8542	0.0000

3.确定总影响矩阵

依据 DEMATEL 法，利用式(10-2)得到正规化的直接影响矩阵。根据式(10-4)可得如表 10-11 所示的总影响矩阵，各因素的重要性及关联度如表 10-12所示。由表 10-12 可知，环境管理体系(x_{21})、生态设计(x_{22})、污染控制(x_{23})和管理承诺(x_{24})4 个准则被归为“原因组”，而“效应组”则包括成本(x_{11})、质量(x_{12})、技术(x_{13})和交货时间(x_{14})4 个准则。

表 10-11　总影响矩阵

	x_{11}	x_{12}	x_{13}	x_{14}	x_{21}	x_{22}	x_{23}	x_{24}	d
x_{11}	1.1389	1.2904	1.3589	1.2736	1.2673	1.1267	1.2220	1.2051	9.8829
x_{12}	1.2966	1.1772	1.3867	1.2961	1.2898	1.1526	1.2440	1.2325	10.0755
x_{13}	1.3937	1.4153	1.3816	1.4230	1.4201	1.2657	1.3722	1.3707	11.0423
x_{14}	1.3383	1.3554	1.4581	1.2487	1.3776	1.2135	1.3302	1.3151	10.6369
x_{21}	1.3717	1.3892	1.4939	1.4095	1.2760	1.2315	1.3676	1.3481	10.8875
x_{22}	1.2345	1.2544	1.3465	1.2536	1.2430	1.0280	1.2350	1.2281	9.8231
x_{23}	1.3397	1.3571	1.4610	1.3750	1.3815	1.2362	1.2214	1.3401	10.7120
x_{24}	1.3235	1.3446	1.4571	1.3594	1.3618	1.2292	1.3400	1.1998	10.6154
r	10.4369	10.5836	11.3438	10.6389	10.6171	9.4834	10.3324	10.2395	—

表 10-12　各因素的重要度与关联度

准则	d	r	$d+r$	$d-r$
x_{11}	9.8829	10.4370	20.3199	−0.5541
x_{12}	10.0756	10.5837	20.6593	−0.5081
x_{13}	11.0424	11.3439	22.3863	−0.3015
x_{14}	10.6369	10.6389	21.2758	−0.0020
x_{21}	10.8876	10.6170	21.5046	0.2706
x_{22}	9.8231	9.4833	19.3064	0.3398
x_{23}	10.7119	10.3325	21.0444	0.3794
x_{24}	10.6154	10.2394	20.8548	0.3760

4.确定关键因素

通过对总影响矩阵进行归一化可得到加权超级矩阵，表 10-13 展示了由加权超级矩阵自我相乘得出的极限超级矩阵。

表 10-14 为依据 Borda 法则求得的各因素的总体排名，绿色供应商评价准则的重要性排序为：$x_{13} > x_{21} > x_{14} = x_{23} > x_{24} > x_{12} > x_{11} > x_{22}$。根据使用 Borda 法则获得的总体排名，在与专家讨论后，确定了 4 个关键准则，分别为技术（x_{13}）、交货时间（x_{14}）、环境管理体系（x_{21}）和污染控制（x_{23}）。

表 10-13　极限超级矩阵

	x_{11}	x_{12}	x_{13}	x_{14}	x_{21}	x_{22}	x_{23}	x_{24}
x_{11}	0.1181	0.1181	0.1181	0.1181	0.1181	0.1181	0.1181	0.1181
x_{12}	0.1204	0.1204	0.1204	0.1204	0.1204	0.1204	0.1204	0.1204
x_{13}	0.1320	0.1320	0.1320	0.1320	0.1320	0.1320	0.1320	0.1320
x_{14}	0.1271	0.1271	0.1271	0.1271	0.1271	0.1271	0.1271	0.1271
x_{21}	0.1301	0.1301	0.1301	0.1301	0.1301	0.1301	0.1301	0.1301
x_{22}	0.1174	0.1174	0.1174	0.1174	0.1174	0.1174	0.1174	0.1174
x_{23}	0.1280	0.1280	0.1280	0.1280	0.1280	0.1280	0.1280	0.1280
x_{24}	0.1268	0.1268	0.1268	0.1268	0.1268	0.1268	0.1268	0.1268

表 10-14　各因素的总体排名

因子	DEMATEL	DANP	总体排名
x_{11}	7	7	7
x_{12}	6	6	6
x_{13}	1	1	1
x_{14}	3	4	3
x_{21}	2	2	2
x_{22}	8	8	8
x_{23}	4	3	3
x_{24}	5	5	5

5.重要度—绩效值分析

企业的资源是有限的，因此有必要决定如何对这些有限的资源进行最优配置。重要度—绩效值分析(Important-Performance Analysis，IPA)是配置资源优先级的有效手段。为了使用 IPA 评估准则的绩效，我们邀请专家对每个准则进行绩效评分。在此次 IPA 调查中，先前确定的 8 位专家中有 3 位(分别为 A、B、C)受雇于供应商和分销商，因此被认为不适合对供应商绩效做出客观评价。因此，我们将这三位专家排除在供应商的绩效评估过程之外，并另外邀请了两位新的专家，即专家 I 和 J，加上原有的 5 位专家，分别给出他们的绩效评分。7 位专家的专业背景如表 10-6 所示。

评分与绩效之间的关系如表 10-15 所示，8 个准则的绩效值如表 10-16 所示。

表 10-15　评级与绩效之间的关系

评分/分	0	25	50	75	100
表现	非常不满意	不满意	中	满意	非常满意

表 10-16　8 个准则的绩效值　　单位：分

构面	准则	专家							平均值
		D	E	F	G	H	I	J	
经济面(x_1)	成本(x_{11})	65	75	60	75	70	65	60	67
	质量(x_{12})	95	70	65	80	70	65	80	75
	技术(x_{13})	90	75	95	95	80	95	100	90
	交货时间(x_{14})	75	60	60	90	75	75	80	74
环境面(x_2)	环境管理体系(x_{21})	75	65	65	75	80	70	100	76
	生态设计(x_{22})	75	55	25	75	65	55	75	61
	污染控制(x_{23})	85	55	70	80	70	56	100	74
	管理承诺(x_{24})	85	65	65	55	70	80	90	73

经过协商，所有专家均同意使用 75 分作为阈值，以区分绩效可接受的准则(≥75 分)和绩效不可接受的标准(＜75 分)。每个准则的重要性排序和绩效值如图 10-3 所示，这些准则被应用于 IPA 来确定需要关注的关键因素。

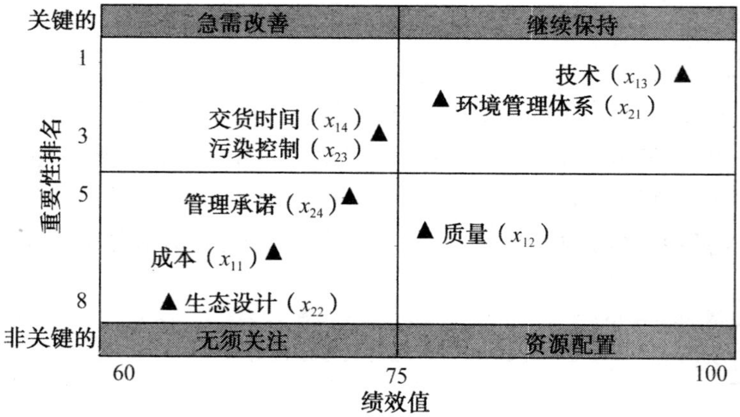

图 10-3　重要度—绩效值分析

根据图 10-3，技术(x_{13})和环境管理体系(x_{21})两个准则位于右上象限，说明关于这两个关键因素，汽车企业的绩效表现良好，因此要继续保持。而另外两个关键因素，即交货时间(x_{14})和污染控制(x_{23})位于左上象限，说明这两个准则的表现不够理想，均未达到 75 分的门槛，因此汽车厂商要在原材料的交货时间和污染源管控上对供应商提出更加严格的要求。而非关键因素质量(x_{12})准则位于右下象限,说明表现不俗,但也隐含着汽车企业可能过多地将资源配置于此。对于位于左下象限的准则——成本(x_{11})、生态设计(x_{22})和管理承诺(x_{24}),则无须过度关注。根据实证研究的结果,本案例识别出了汽车制造商在选择绿色零部件供应商时最关心的四个关键因素,即技术(x_{13})、交货时间(x_{14})、环境管理体系(x_{21})和污染控制(x_{23})。根据如表 10-11 所示的总影响矩阵,可绘制如图 10-4 所示的因果关系图。

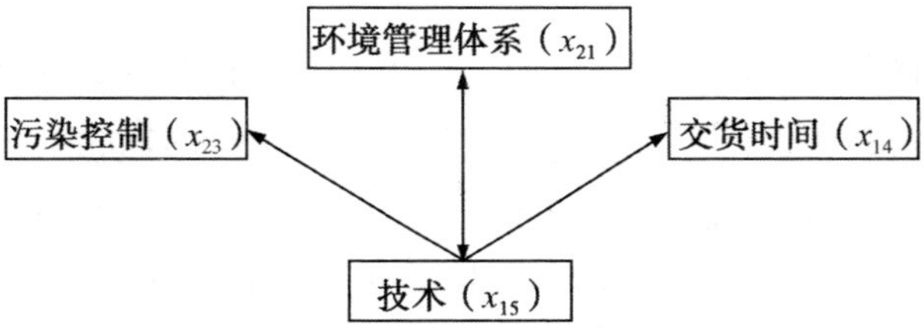

图 10-4　关键因素间的因果关系

6.管理启示

近年来,在许多行业中,GSCM 已经成为一种提高环境绩效的积极方法。很多公司采用 GSCM 后,它们的经济性能和环境性能均得到了大幅度改善[32]。本案例识别了汽车制造商选择绿色供应商的关键因素。根据实证结果,技术和环境管理体系是最具影响力的准则。然而,只有环境管理体系归属于“原因群体”,而技术准则不是。如图 10-4 所示,技术对交货时间、环境管理体系和污染控制的影响最大,而环境管理体系仅对技术的影响最大。由于环境管理体系对整个系统都产生了影响,其绩效水平会影响总体目标的实现,因此在关键因素中,汽车制造商在选择绿色供应商时应更加重视环境管理体系[10]。

(1)环境管理体系。专家 D 和 G 说,环境管理体系是企业成功实施 GSCM 的核心。零部件供应商应努力提高环境管理体系的绩效,以满足制造商的要求,并促进其他关键因素的共同提升。事实上,汽车制造商应该建立一个健全的环境管理体系,其中要包含诸多子系统。首先,零部件供应商应努力使其产品获得 ISO 4001 认证,这对进入全球市场至关重要。其次,零部件供应商应在整个生产过程中不断加强合规性,以快速发现和解决问题,从而避免环境污染。此外,零部件供应商应坚定不移地执行政府的环境政策,进一步加强绿色过程规划,获得绿色竞争力。最后,零部件供应商应优化内部控制流程,以确保绿色质量。根据 IPA 分析结果,环境管理体系被划分到“继续保持”的象限,这表明汽车制造商对其零部件供应商的环境管理体系比较满意。

(2)技术。一般来说,技术是一个企业的核心竞争力。在本案例中,技术准则被认为是汽车制造商在选择零部件供应商时关注的一个关键因素。专家G认为,供应商首先应该对其生产设施和生产能力进行完全控制,因为这种控制与生产效率和企业形象直接相关。供应商还应专注于技术开发,以满足公司当前和未来的需求。此外,零部件供应商应具有研发能力和新颖产品的设计能力。专家B强调,技术兼容性和开发时效性对零部件供应商来说是必要的。如图10-3所示,技术应该是零部件供应商继续保持的重点,以始终保持良好的绩效。

(3)交货时间。剩余的两个关键因素,即交货时间和污染控制被划分到"急需改善"的象限,表明这两个准则迫切需要改进。交货时间是选择供应商最常见的关键准则,因为它可能严重影响客户的生产活动秩序。然而在实践中,供应商在零部件的准时交货方面表现不佳,本案例也证明了这一点。交货时间被认为是维持长期合作关系的一个活跃因素。零部件供应商应该在以下方面积极提高绩效:交货日期的适当性、到期日期的符合性、交货延迟、交货效率、交货可靠性和等待时间等。

(4)污染控制。污染控制也是被归类到"急需改善"象限的关键因素。在实践中,污染控制包括对有害气体、废水、固体废物等污染物的排放管控。污染控制表现为对产品设计、制造过程等多个环节产生的污染物的管理和控制能力。因此,零部件供应商应努力从两个方面实现污染控制,即污染修复技术和管道末端控制。汽车制造商有必要制定减排目标,并提出有效的改进计划。

参考文献

[1]HUANG S H, KESKAR M. Comprehensive and configurable metrics for supplier selection [J]. International Journal of Production Economics, 2007, 105(2):510-523.

[2] LIAO Z Y, RITTSCHER J. A multi-objective supplier selection model under stochastic demand conditions [J]. International Journal of Production Economics, 2007, 105(1): 150-159.

[3]HU Y C, CHIU Y J, HSU C S, et al. Identifying key factors of introducing GPS-based fleet management systems to the logistics industry [J]. Mathematical Problems in Engineering, 2015(8):1-14.

[4]OUYANG Y P, LEU J D, TZENG G H. A novel hybrid MCDM

model combined with DEMATEL and ANP with applications [J]. International Journal of Operations Research, 2008, 5(3):160-168.

[5] TSAI S B, CHIEN M F, XUE Y Z, et al. Using the fuzzy DEMATEL to determine environmental performance: A case of printed circuit board industry in Taiwan [J]. PLoS ONE, 2015, 10(6):1-18.

[6]DWEIRI F, KUMAR S, KHAN S A, et al. Designing an integrated AHP based decision support system for supplier selection in automotive industry [J]. Expert Systems with Applications, 2016, 62(62):273-283.

[7] SARKIS J. A strategic decision framework for green supply chain management [J]. Journal of Cleaner Production, 2003,11(4):397-409.

[8] HSU C W, KUO T C, CHEN S H, et al. Using DEMATEL to develop a carbon management model of supplier selection in green supply chain management [J]. Journal of Cleaner Production, 2013,56:164-172.

[9]LIN R J. Using fuzzy DEMATEL to evaluate the green supply chain management practices [J]. Journal of Cleaner Production, 2013,40: 32-39.

[10]LIU C L, CHEN S L. Risk sharing in the supplier relations for the Taiwanese automotive industry [J]. Journal of the Operational Research Society, 2013, 64(3):365-371.

[11]SU C M, HORNG D J, TSENG M L, et al. Improving sustainable supply chain management using a novel hierarchical grey-DEMATEL approach [J]. Journal of Cleaner Production, 2016,134: 469-481.

[12]KUO T C, HSU C W, LI J Y. Developing a green supplier selection model by using the DANP with VIKOR [J]. Sustainability, 2015, 7(2): 1661-1689.

[13] SAATY T L. The analytic hierarchy process [M]. New York: McGraw-Hill, 1980.

[14]SAATY T L. Decision making with dependence and feedback: The analytic network process [M]. Pittsburgh: RWS Publications, 1996.

[15]XU Z, WEI C P.A consistency improving method in the analytic hierarchy process [J]. European Journal of Operational Research, 1999,116(2): 443-449.

[16]HU Y C,TSAI J F. Backpropagation multi-layer perceptron for incomplete pairwise comparison matrices in analytic hierarchy process [J]. Ap-

plied Mathematics and Computation, 2006, 180(1):53-62.

[17]DENG J L. Control problems of grey systems [J]. Systems and Control Letters, 1982, 1(5):288-294.

[18]HU Y C, CHEN R S, HSU Y T, et al. Grey self-organizing feature maps [J]. Neurocomputing, 2002, 48(1): 863-877.

[19]HU Y C. Pattern classification using grey tolerance rough sets [J]. Kybernetes, 2016, 45(2):266-281.

[20] DALKEY N, HELMER O. An experimental application of the Delphi method to the use of experts [J]. Management Science, 1963, 9 (3): 458-467.

[21]DEVANEY L, HENCHION M. Who is a Delphi 'expert'? Reflections on a bioeconomy expert selection procedure from Ireland [J]. Futures, 2018,99:45-55.

[22] ROWE G, WRIGHT G, BOLGER F. Delphi: A reevaluation of research and theory [J]. Technological Forecasting and Social Change, 1991, 39(3): 235-251.

[23] OKOLI C, PAWLOWSKI S D. The Delphi method as a research tool: An example, design considerations and applications [J]. Information & Management, 2004, 42(1):15-29.

[24] TZENG G H, HUANG J J. Multiple attribute decision making: Methods and applications [M]. Boca Raton, Florida: CRC Press, 2011.

[25]HUANG J D, HU M H. Two-stage solution approach for supplier selection: A case study in a Taiwan automotive industry [J]. International Journal of Computer Integrated Manufacturing, 2012, 26(3): 237-251.

[26] SHARMA V K, CHANDNA P, BHARDWAJ A. Green supply chain management related performance indicators in agro industry: A review [J]. Journal of Cleaner Production, 2017, 141:1194-1208.

[27]VACHON S. International operations and sustainable development: Should national culture matter? [J]. Sustainable Development, 2010, 18(6): 350-361.

[28] VERMEULEN W J V, RAS P. The challenge of greening global product chains: Meeting both ends [J]. Sustainable Development, 2006, 14 (4):245-256.

[29] SRIVASTAVA S K. Green supply-chain management: A state-of-the-art literature review [J]. International Journal of Management Review, 2007, 9 (1):53-80.

[30] TSENG M L, CHIU S F. Evaluating firm's green supply chain management in linguistic preferences [J]. Journal of Cleaner Production, 2013, 40: 22-31.

[31] RAO P. Greening the supply chain: A new initiative in South East Asia [J]. International Journal of Operations & Production Management, 2002, 22(6):632-655.

[32] HASHEMI S H, KARIMI A, TAVANA M. An integrated green supplier selection approach with analytic network process and improved grey relational analysis [J]. International Journal of Production Economics, 2015, 159:178-191.

第 11 章　供应链系统建模仿真

随着市场竞争更加激烈和科学技术的发展，企业为了降低成本，增强竞争力，开始寻求合作伙伴，由此出现了供应链。供应链是由具有不同核心竞争力的主体组成的，它们各司其职，取长补短，以期能够在激烈的竞争中生存下去，实现共赢。供应链体现的是整合和协调的思想，但并不是所有的供应链都能成功。供应链是一个复杂、庞大的体系，需要实现多主体、多流程、多节点的合作，涉及各种复杂的决策问题，而这依靠简单的数学工具是很难解决的。

随着计算机技术的发展，仿真技术为复杂供应链系统中的决策问题提供了很好的解决方法。仿真技术可以用相对较低的成本模拟现实系统的运行状态，能够帮我们在短时间内观察系统在不同环境下的特征，以辅助我们决策，对系统进行优化。仿真技术经过半个多世纪的发展，已经被广泛应用于各个领域，成为对人类社会发展进步有重要影响的综合性学科。

本章主要介绍供应链系统仿真的概念、供应链系统建模仿真方法、供应链系统仿真优化方法和仿真案例。

11.1　供应链系统建模仿真概述

11.1.1　供应链系统

一个产品从生产到送到顾客手中要经历设计、制造、存储、运输、分销等多个环节，涉及供货商、制造商、仓储商、运输商、分销商、零售商等多个主体，这些主体之间既存在竞争关系又存在合作关系，由此构成的一个网状结构即供应链。供应链是指围绕核心企业，从配套零件开始，到制成中间产品以及最终产品，最后由销售网络把产品送到消费者手中的，将供应商、制造商、分销商直到最终用户连成一个整体的功能网链结构。供应链系统是相对于供应链而言更为广义的概念，它将供应链看作由相互作用、相互依赖的若干组成部分结合而成的具有特定功能的有机整体，是为消费者提供产品，从原材料供应商到终端客户的整条链条上的关键业务活动和流程的集成。

James 等[1]提出的供应链系统模型如图 11-1 所示。该模型由供应链网络结构、供应链业务流程和供应链管理要素三个相互关联的部分组成，突出强调了供应链上各节点企业之间相互关联的本质以及成功设计和管理供应链系统的一些关键问题。供应链网络结构是指供应链中的各关键成员及其关系，包括横向结构和纵向结构。横向结构描述的是各主体在供应链中的角色和作用，而纵向结构描述的是单个企业主体的供应链流程的需求、顾客价值的实现情况。供应链业务流程是指供应链中核心流程的集成，包括客户关系管理流程、采购流程、产品研发流程、生产流程、需求流程、反馈流程等。供应链管理要素是指流程接口的集成和管理，包含物理连接和技术两个方面的因素。

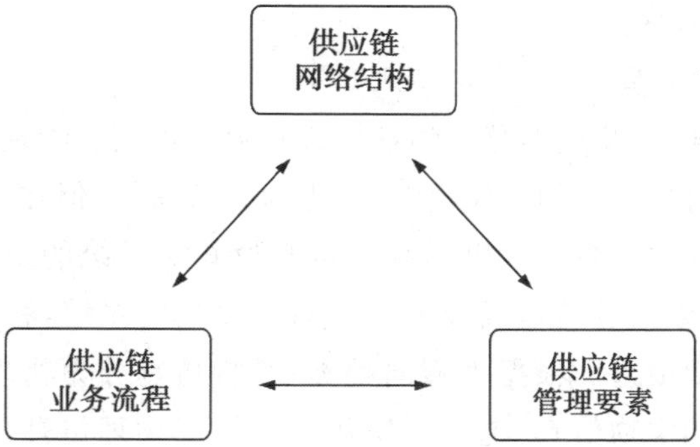

图 11-1　供应链系统模型

11.1.2　系统仿真

1.系统仿真的目的及定义

系统是指由互相依赖、互相作用的元素组成的有机整体，人们常常需要为了了解系统内部各组成部分之间的关系或者预测系统在不同环境、不同策略下的执行情况而对系统展开研究。但在现实生活中，时常出于某些原因无法直接对系统开展实验，例如，对于生态系统，很多实验无法进行，否则可能造成较为严重的后果；对于企业的生产过程，常常也无法直接进行实验，否则可能导致企业付出高昂的代价；还有核试验、军事演习等，时常因为存在不安全因素而无法直接进行实验；除此之外，还可能出于一些主观因素如可行性、经济性等考虑，无法复原实验。在这种情况下，为了便于研究系统的内部特性或外部行为，就需要对实际系统进行模拟，这就需要用到仿真技术。

1961年，Morgenthaler[2]首次提出了仿真的定义："在实际系统尚不存在的情况下对于系统或活动本质的实现。"1978年，Korn等[3]在著作《连续系统数字仿真》中将仿真定义为能用代表所研究的系统的模型做实验。Pritsker[4]在1974年对仿真下的定义是："仿真是在数字计算机上建立一个系统的数学逻辑模型并进行实验操作。"1982年，Spriet[5]将仿真的定义扩充为所有支持模型建立与模型分析的活动。1984年，Ören[6]提出仿真是一种基于模型的活动。所谓系统仿真，就是根据系统分析的目的，在分析系统各要素性质及其相互关系的基础上，建立能描述系统结构或行为过程的且具有一定逻辑关系或数量关系的仿真模型，据此进行实验或定量分析，以获得正确决策所需的各种信息。系统仿真的本质是建立能够描述研究者所关心的系统的运行状态的模型，从而找到系统的运行规律，于是系统建模就成为系统仿真的核心问题，这一核心问题会在11.2节进行阐述。

2.系统仿真的分类

按照表示方式，可将模型分为物理模型和数学模型。物理模型是指以实物或图片直观展现对象特征的实体模型，它更为形象具体，但往往成本较高，不易对模型参数进行修改。数学模型是指以数学形式对系统的结构和特点加以描述，往往建模费用较低且可以反复实验。对于复杂的系统，在仿真时往往会结合物理模型和数学模型。根据模型的种类，可将仿真分为物理仿真、数字仿真和半实物仿真。如实物仿真、电力系统仿真等属于物理仿真，基于计算机的仿真属于数字仿真，军事领域的仿真往往属于半实物仿真。

计算机按处理的对象可以划分为模拟计算机、数字计算机和混合计算机。模拟计算机是指处理连续的模拟数据的计算机，目前已很少生产。数字计算机是用于处理数字数据的计算机，又被称为"电脑"。混合计算机是指既可以处理模拟数据又可以处理数字数据的计算机。按照所用计算机的类型，可将仿真分为模拟仿真、数字仿真和混合仿真。

根据仿真时钟与实际时钟的关系，可将仿真分为实时仿真、超实时仿真和亚实时仿真。实时仿真是指仿真时钟与实际时钟保持一致。超实时仿真是指仿真时钟快于实际时钟，亚实时仿真是指仿真时钟慢于实际时钟。

根据仿真对象中的信号流是连续的还是离散的，可将仿真分为连续系统仿真和离散系统仿真。连续系统仿真中的系统状态量随时间连续变化，而在离散系统仿真中，系统状态只在某些时间点由于某种随机事件的驱动而发生改变。

按照仿真对象的性质,可将仿真分为宇宙飞船仿真、化工系统仿真和经济系统仿真等。

3.系统仿真的作用

系统仿真可以借助计算机技术等手段对现实的系统进行模拟还原,通过这种方式能够方便地将系统模型置于不同的"人造"环境下,观察其运行、演变和变化过程。通过建立模型对系统进行仿真便于控制参数进行实验,大大降低了时间成本和经济成本。在真实系统建立起来之前,通过建立的系统模型,可以预测其执行效果,并比较不同参数或结构下的结果,从而选择最佳的模型。对于一些复杂的随机性系统,可以通过大量的重复实验,系统地收集和积累信息,获得平均意义上的特性指标。通过系统仿真不仅可将系统的运行状态生动形象地展示出来,就好比刚接触空间几何的初中生借助实体模型解决几何难题,可以将一个复杂的系统分解为若干个子系统以便于分析,还有利于暴露原系统中隐藏的一些问题,启发新思路或产生新策略。

利用系统仿真能够帮助解决很多平时难以解决的问题,如无法用数学公式表示的问题或建立的数学模型难以求解的问题;虽然可以得到解析解,但计算过于复杂的问题;需要在较短时间内观察系统发展的全过程以及特定参数对系统的影响时;难以在现实世界中对系统进行实验或观察时。系统仿真技术为这些抽象的问题提供了很好的解决方案。

4.系统仿真的基本步骤

系统仿真的过程即对实际系统建立模型并对模型进行检验、修正和分析的过程,可以分为以下几个步骤:

(1)系统定义:在建立模型之前首先要清楚系统仿真的目标,其次需要清楚并描述系统的约束,最后确定系统的范围和边界。

(2)构造模型:在这一步需要抽象化真实的系统并将其规范化,确定模型的要素、变量、参数及其关系并表达约束条件。建立模型要以研究目的为出发点,模型性质在与实际系统保持相似性的基础上,应尽量简洁以利于理解和操作。

(3)数据准备:在这一步需要收集整理所需要的数据,要确保数据的完备性和有效性。

(4)模型转换:将数字模型用计算机语言描述出来。

(5)模型运行:这一过程一般是动态过程,观察模型的运行状态,获取模型信息,预测模型行为,常常需要反复实验。

(6)分析评价仿真结果:在这一步需要对仿真结果进行总结、整理、分析以得到所需要的结论,达到系统仿真的目的。

11.1.3 供应链系统仿真

随着经济的发展和市场竞争更加激烈,供应链管理已经成为管理学领域的一个热点研究问题。供应链涉及一系列多主体、多流程的活动集合,包括从原材料供应、产品制造到运输、分销等环节的全过程。供应链管理强调供应链上各主体的协同,把正确的产品在正确的时间以正确的数量交到正确的顾客手中,从而使企业的效益最大化。为了实现这样的目的,需要做出各种各样的决策,但由于关系到各主体的利益,无法在供应链系统中直接进行实验,而对于这样一个复杂的系统,简单的数学方法也难以表示其中复杂的因素。系统仿真为解决复杂系统的不确定性问题提供了有效工具,是研究供应链的有效方法。供应链系统仿真就是通过建立仿真模型,模拟供应链系统的运行状态,预测供应链系统在不同参数下的行为效果,从而提供决策支持。

供应链系统涉及一系列的决策问题,如表 11-1 所示。

表 11-1 供应链系统决策问题

决策	短期决策内容	长期决策内容
采购	如何决定采购的材料种类、数量和日期等	如何选择供应商,供应商的具体选择个数是多少
制造	如何完成近期的生产任务	如何快速响应全球客户的需求,决定在何处设立分厂
运输	如何安排运输车辆和路线	如何建立供应链运输网络,是否寻找运输商
存储	如何制订履行订单计划	如何设计营销网络,如何建立仓库
销售	按照何种顺序履行客户订单	销售预测以及对预测信息的处理方法

对供应链进行系统仿真是精益化管理的需要,应对复杂问题和系统的需要,以及提升流程成熟度的需要。应用仿真技术可以帮助解决供应链中存在的以下问题:

(1)供应链和物流网络设计和评估。

(2)工厂、库存和配送中心等重要资源的配置和整合。

(3)供应链的灵敏程度和抗波动能力。

(4)供应链的协调合作模式。

(5)制造模式的选择和实施。

(6)计划的制订和资源配置。

供应链系统仿真能够帮助我们更好地解决供应链系统中的很多决策问题,是非常有用的技术方法。本章将详细介绍供应链系统仿真方法。

11.2　供应链系统仿真模型

11.2.1　供应链系统建模仿真的原则

1.自顶向下和自底向上相结合的原则

系统建模仿真的方法大致可以分为两种:自顶向下的建模方法和自底向上的建模方法。自顶向下的建模方法是从系统顶层开始逐渐向下分解的过程,自底向上的建模方法是从系统底层开始逐渐向上集成的过程。而供应链是一个涉及具有不同目标的多主体以及包含多流程的多任务的庞大而复杂的系统,单向的建模方法很难适用于供应链系统,因此供应链系统建模往往遵循自顶向下和自底向上相结合的原则,综合考虑主管高层的战略规划和运营层面的事实决策进行建模。

2.简洁性原则

简洁性原则是供应链系统建模中一个很重要的原则。供应链系统中各主体交互复杂,可能存在多重冲突的目标,但供应链系统又需要对市场变化快速地做出反应,因此在对供应链系统建模时应使其结构以及每个节点尽可能简洁,在实现相应功能的同时尽可能灵敏。

3.动态性原则

供应链系统所处的环境往往是动态的、不确定的,因此供应链系统中存在很多不确定性因素。为了使供应链做出尽可能准确的决策,供应链系统在建模时应该遵循动态性原则,也叫"不确定性原则",即要预见各种不确定性因素对供应链系统的影响,尽可能避免信息的失真和扭曲,减少不必要的中间环节,提高供应链系统决策的正确性和准确率。

4.互补性原则

供应链系统中的各主体都应具备自己的核心竞争力,供应链想要达成其目标,应当充分调动各主体的主动性,发挥各主体的优势,扬长避短,这样才能达到强强联合、互相补充、事半功倍的效果,发挥供应链系统相较于单个主题单元的优势。

5.战略性原则

从供应链管理的角度来说,战略性原则要求供应链系统在建模时能够考虑到长远发展和战略规划，且发展能够和企业的发展相一致并在企业战略的指导下进行。

6.创新性原则

创新性原则是供应链系统建模时的一个非常重要的原则。在日新月异的时代背景和充满不确定性的市场环境中，要敢于打破思维框架，用新的视角审视原有的模型框架和管理模式，这样才能不断挖掘并实现供应链系统的功能和价值，适应不断变化的环境。

11.2.2 供应链系统建模仿真方法

供应链系统建模方法经历了由简单到复杂的发展历程，大致可以分为三类：基于控制论的供应链系统建模、基于运筹学的供应链系统建模和基于系统仿真的供应链系统建模。

控制论主要涉及信息和系统两个概念，认为在认识系统运行规律的基础上，可以利用信息对系统加以控制来达到特定的目的。基于控制论的供应链系统建模方法主要包括连续时间微分方程模型和离散时间差分方程模型，将供应链系统的输入输出关系用一系列微分方程或差分方程表示出来，然后就可以用控制理论的工具加以分析。

基于运筹学的供应链系统建模方法常见的有整数规划、混合整数规划、排队论、网络流及博弈论模型等，常用的求解方法有分支定界法、行生成算法(Benders 分解)等。但由于供应链系统具有很强的复杂性和不确定性，基于控制论的建模方法和基于运筹学的建模方法存在诸多限制。

随着理论和技术的发展，系统仿真为供应链系统建模提供了有效的方法，通过建立仿真模型，模拟真实系统的运行状态，观察和分析系统在不同参数设置下的行为效果，可以对现实系统进行优化和改善。本节将重点介绍供应链系统建模仿真方法。

根据系统是连续系统还是离散系统，可以将系统仿真方法分为连续系统仿真和离散系统仿真两大类。连续系统仿真的基本思想是用微分方程对系统特征加以描述，然后将其转变为能在计算机上运行的模型，以得到连续系统的仿真结果。离散系统仿真是指系统的状态变量只在离散的时间发生变化，常利用运筹学等优化建模技术，如排队系统就是一个典型的离散系统。除此之外，还有一些特殊而有效的方法，如蒙特卡罗方法、系统动力学方法及基于 Agent 的建模方法、基于离散事件的建模方法。下面分别介绍这几种方法。

1.蒙特卡罗方法

蒙特卡罗方法是利用产生并抽取随机数的方式获取随机事件概率的方法，

因为很多仿真问题都包含了随机数的使用，所以蒙特卡罗方法是仿真技术的基本方法。蒙特卡罗方法又称“统计模拟法”或“统计实验法”，其基本思想是构造简单且便于实现的概率统计模型，使其数字特征等于研究问题的解，如概率分布或数学期望，然后用计算机实现统计模拟或抽样，以获得问题的近似解。

例如，设计随机试验，在边长为 2 的正方形内随机投点，求这个点落在这个正方形的内切圆的概率，示意图如图 11-2 所示。

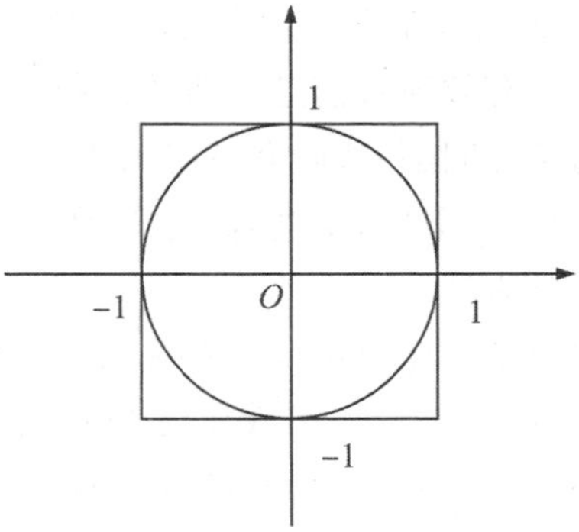

图 11-2　正方形及其内切圆

使用 MATLAB 变成：

```
clear;clc;
count=0;
MAX=1000000;
for i=1:MAX
    x=2 * rand()-1;
    y=2 * rand()-1;
    if x^2+y^2<=1
        count=count+1;
    end
end
PI=count/MAX * 4;
PI
```

2.系统动力学方法

(1)系统动力学方法的发展及定义。系统动力学最早出现于 1956 年，1956 年至 20 世纪 60 年代初，其主要应用于工商企业管理。60 年代初至 70 年代初，系统动力学思想和方法的应用范围逐渐扩大。1972 年,美国麻省理工学院的 Forrester[7]教授正式提出了系统动力学的概念。70 年代至 80 年代,系统动力学经历了两个重要的阶段:第一个阶段是与罗马俱乐部一起闻名于世,走向世界;第二个阶段是对美国系统动力学模型的研制和对美国与整个西方国家经济长波问题的研究。80 年代以来,系统动力学成为一种重要的系统工程方法论和重要的模型方法,渗透到许多领域。

1972 年,系统动力学被正式定义为:“系统动力学是研究信息反馈系统动态行为的计算机仿真方法,它有效地将信息反馈的控制原理与因果关系的逻辑分析结合起来,面对复杂的实际问题,从研究系统的内部结构入手,建立系统的仿真模型,并对模型实施各种不同的政策方案,通过计算机仿真展示系统的宏观行为,寻求解决问题的正确途径。”[7]

(2)系统动力学结构模型的建模步骤。系统动力学模型以仿真实验为基本手段,以计算机为基本工具,将定性分析和定量分析相结合,由结构模型(流程图)和数学模型(DANAMO 方程)组成,能够处理高阶次、多回路、非线性的复杂系统的问题。建立系统动力学结构模型的原理如图 11-3 所示,在系统动力学模型中信息是决策的基础,通过信息流形成反馈回路是系统动力学模型的重要环节。

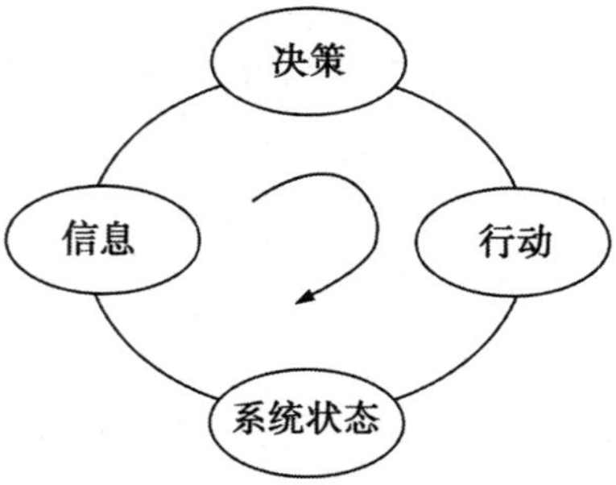

图 11-3　系统动力学结构模型原理

系统动力学的工作程序如图 11-4 所示。

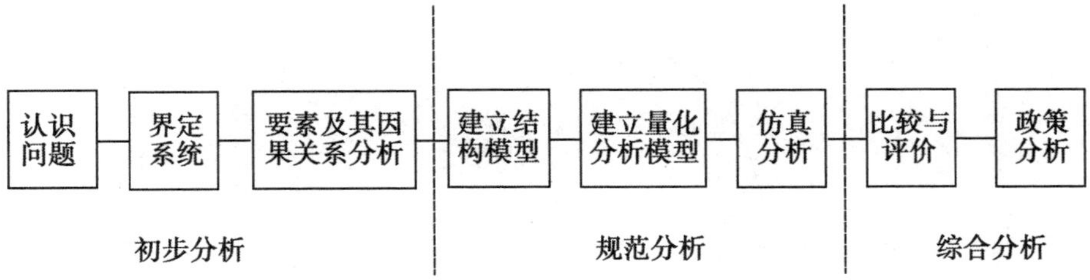

图 11-4　系统动力学的工作程序

系统动力学结构模型的建模步骤如下：

第一，明确系统边界。

第二，明确系统内部的因果关系图。

第三，确定反馈回路中的状态变量和速率变量。状态变量是由系统内的活动产生的量，是由流的积累形成的，说明系统在某个时态的变量。速率变量是控制流的变量，表示活动在某一时段进行的状态。

第四，阐明速率变量的子结构，形成各个决策函数，建立起系统动力学结构模型。

(3)因果关系图。因果关系图用来表示系统中的各组成要素及各要素之间的关系，借助该图有利于我们厘清系统结构及系统内的反馈机制，建立定性思考模型。因果关系图由因果箭、因果链和反馈回路构成，下面将逐一介绍。

首先，因果箭。因果箭是连接因果要素的有向线段，箭尾始于原因，箭头终于结果，正号表示加强，负号表示减弱，表示方法如图 11-5 所示。

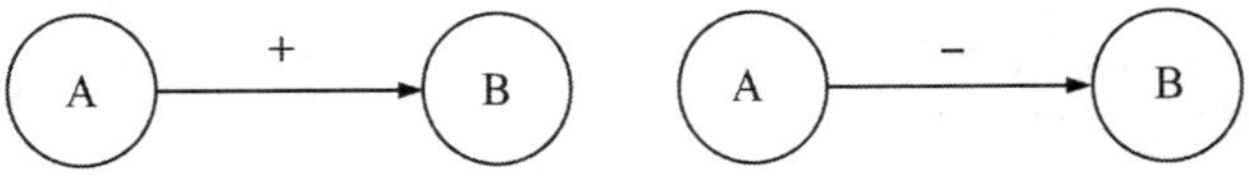

图 11-5　因果箭

其次，因果链。因果链由两个或两个以上的不闭合的因果箭组成，以表示因果关系的传递性，表示方法如图 11-6 所示。因果链中如果所有的因果箭都呈正极性，则整条因果链也呈正极性；如果因果链中含有偶数个负极性，则整条因果链呈负极性；如果因果链中含有奇数个负极性，则整条因果链呈负极性。整条因果链的正负极性说明了因果链的开头和结尾之间的因果关系。

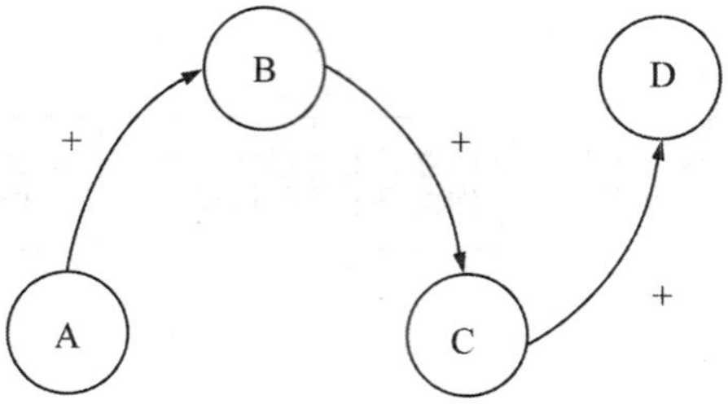

图 11-6　因果链

再次，反馈回路。原因和结果相互作用形成的回路叫作反馈回路，表示互为因果，表示方法如图 11-7 所示。

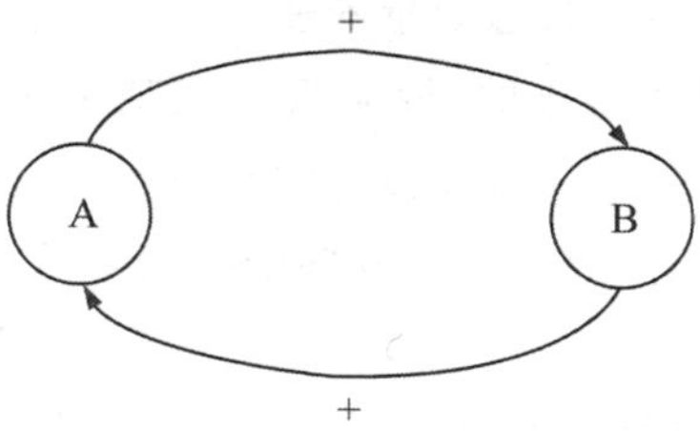

图 11-7　反馈回路

反馈回路分为正反馈回路和负反馈回路：正反馈回路中的关系会沿着原来的方向不断加强；负反馈回路则相反，会削弱原来的关系。图 11-8 给出了两个例子。

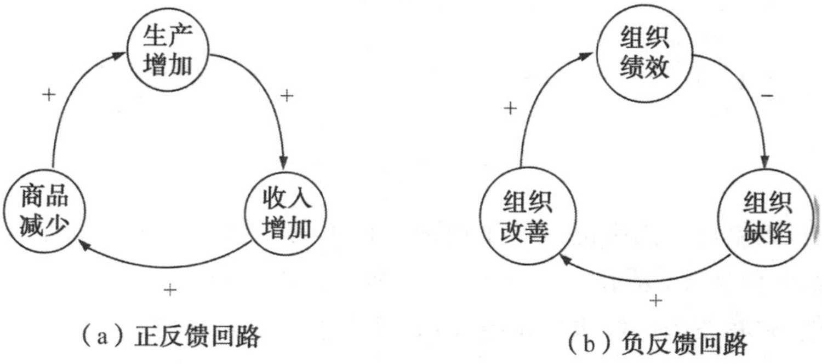

图 11-8　正反馈回路和负反馈回路

最后，多重反馈回路。包含两个或两个以上的反馈回路就叫作多重反馈回路，如图 11-9 所示。

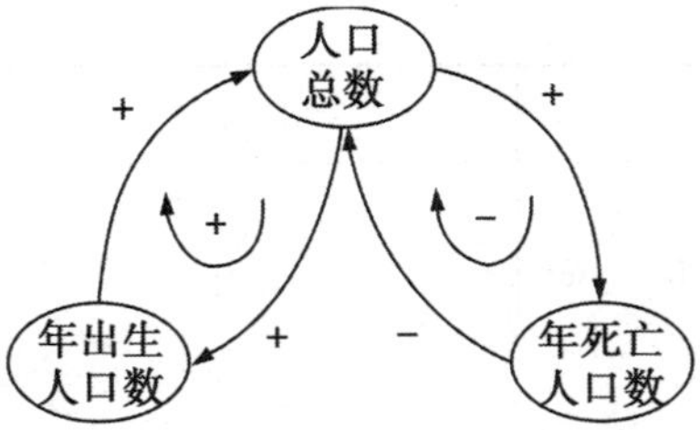

图 11-9　多重反馈回路

(4)流程图。因果关系图虽然简明扼要地描述了系统内的反馈机制，但只是定性地对系统内各要素之间的联系加以分析并描述，缺乏定量的表示。因果关系图表示的系统内的反馈机制，借助流程图可以量化地表示出来，然后用专用的连续仿真语言进行量化分析。流程图是系统动力学结构模型的基本形式，其构成要素如表 11-2 所示。

表 11-2　流程图构成要素及图示

构成要素	图示
流(Flow)：表示系统中物质、信息的流动，分为实物流和信息流	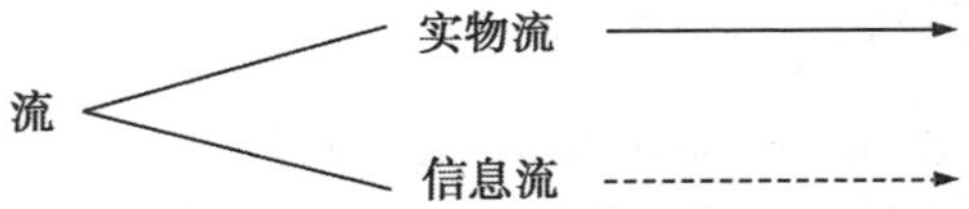
水准变量(Level)：表示系统要素的状态，通常是实物流的积累变量，如人口总数、库存量等	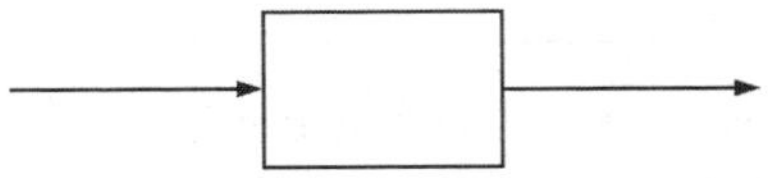
速率(Rate)：用来表示系统中的流随时间变化的比率，如入库速率、出库速率、人口出生率等	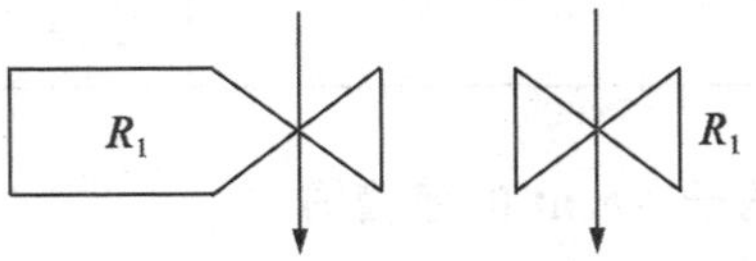
参数(量)(Parameter)：用来表示系统中的参数信息	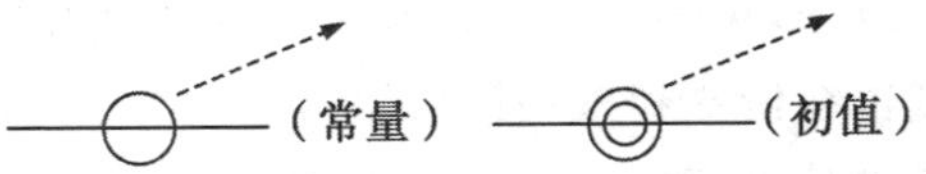

续表

构成要素	图示
辅助变量（Auxiliary Variable）：表示系统中的辅助参数	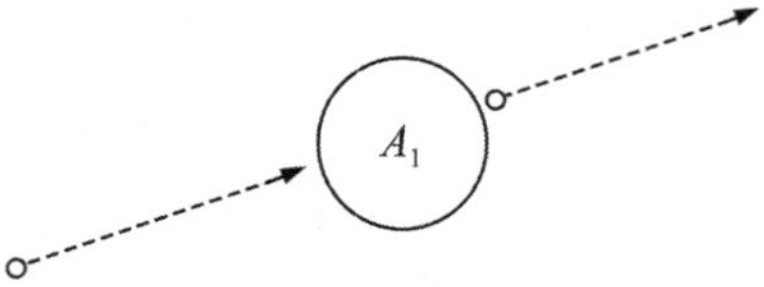
外生变量（Exogenous Variable）：表示系统边界以外的变量	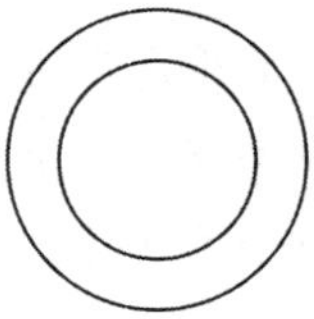
源（Source）与汇（Sink）：源与汇在流程图中是两个抽象的概念，源是流的来源，汇是流的归宿	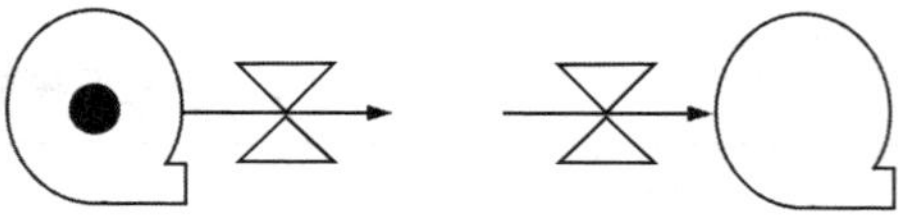
信息（Information）的取出：表示从系统中取出需要的信息	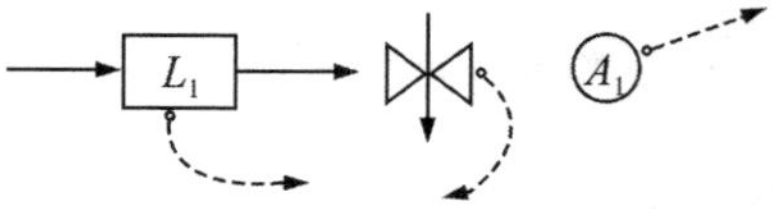
延迟（Delay）：延迟是指实物流和信息流会出现时间上的滞后，因为流的传递需要一定的时间	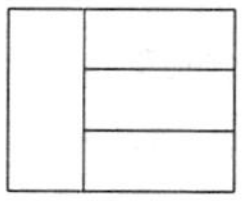

3.基于 Agent 的建模方法

（1）Agent 的定义。Agent 最初来源于分布式人工智能的研究。20 世纪 90 年代以来，Agent 已经成为计算机领域和人工智能研究的重点前沿，其他许多领域也在借鉴和采用该概念进行本领域的研究。计算机领域的 Agent 概念最先是由麻省理工学院的著名计算机学家和人工智能学科创始人之一的 Minsky[8] 提出的，他将社会与社会行为概念引入计算系统。传统的计算系统是封闭的，要满足一致性的要求，然而社会机制是开放的，不能满足一致性条件，这种机制下的部分个体在矛盾的情况下需要通过某种协商机制达成一个可接受的解。明斯基将计算系统构成的社会中的这种个体称为Agent。赫伯特 · 西蒙(Herbert Simon)提出的有限性理论是多 Agent 系统形成的另一个重要的理论基础。西蒙认为,一个大的结构把许多个体组织起来可以弥补个体工作能力的有限性,每个个体负责一项专门的任务可以弥补个体完成新任务的能力的有限性,社会机构间有组织的信息流动可以弥补个体知识的有限性,精确的社会机构和明确的个体任务可以弥补个体处理信息和应用信息的能力的有限性。因为 Agent 渗透到了多个领域,不同的领域赋予其不同的内涵,所以至今还没有一个统一的、确定的定义。Franklin 等[9]认为:"Agent 是一个处于环境之中并且作为这个环境一部分的系统,它随时可以感测环境并且执行相应的动作,同时逐渐建立自己的活动规划以应付未来可能感测到的环境变化。"著名人工智能学者、美国斯坦福大学的 Hayes-Roth[10]认为:"智能 Agent 能够持续执行三项功能:感知环境中的动态条件;执行动作影响环境条件;进行推理以解释感知信息、求解问题、产生推断和决定动作。"虽然 Agent 在不同领域的含义有所不同,但都具有以下特性:

①边界性:Agent 是有明确边界的问题求解实体;

②反应性:Agent 能够感知所处环境的刺激并做出反应以适应环境的变化;

③自治性:Agent 能根据外界环境的变化,主动地对自己的行为和状态进行调整,而不是仅仅被动地接受外界的刺激,具有自我管理、自我调节的能力;

④社会性:一个系统往往包含多个 Agent,Agent 必须具备和其他 Agent 交互的能力,遵循系统中交互的社会规则,以达到解决问题的目的;

⑤进化性:Agent 具备积累经验和学习的能力,并能够改进自己的行为以更好地适应环境。

由 Agent 的特性可以看出,Agent 与我们熟悉的对象既有相似又有不同。对象是系统中描述客观事物的一个实体,由一组属性和对象所能进行的操作组成,具有封装、继承和多态的基本特征。对象将其具有的属性和方法封装起来,通过消息传递进行交互。从这些方面看,Agent 和对象有很多相似之处,因为 Agent 也是一个独立的实体,具有对象的封装、继承与多态的性质。但是 Agent 和对象也存在着很多不同之处,主要体现在以下方面:Agent 的自治程度更高;Agent 能够自主地对其他 Agent 的信息做出反应,对象只能被动地按照要求做出反应;每一个 Agent 都有自己独立的控制线程,而在对象系统中,整个系统才有一个控制线程。

在 Agent 定义的基础上还可定义多 Agent 系统。通常将由多个 Agent 组成的系统称为多 Agent 系统(Multi-agent System, MAS)。

(2)Agent 的作用。Agent 有其独特的优势。首先,Agent 有助于模块化。Agent有自己的状态变量,这些状态变量不同于环境变量,其表达了 Agent 所代表实体的特有属性,实现了对实体的分类。其次,利用 Agent 可实现对系统的分散化。Agent 具备自己的执行能力,并可以监测自己所处的环境,当环境发生变化时,它能够做出相应的反应来适应环境的变化。最后,Agent 有利于实现系统的可变性。Agent 的模块化和分散化相结合赋予了系统灵活的结构和功能,增强了系统的动态性和灵敏性。

(3)基于 Agent 的建模方法。在阐述 Agent 具体的建模方法之前,必须再强调 Agent 在建模中的角色。首先要清楚的是,Agent 的本质是一个计算机实体。其次,Agent 是一个具有智能性的实体,它能够根据环境的变化做出相应的反应并不断积累经验和学习。最后,Agent 能够与其他 Agent 进行交互以达到一定的目的。因为该方法是以 Agent 为基础的,所以建模前首先要深入理解 Agent 的概念和性质。

在一般情况下,基于 Agent 建立的系统模型是由一组 Agent 组成的 MAS,可以用三个层次结构来描述,由上到下分别是 Agent 层、特征模型层和 MAS 层。Agent 层即系统中所有反映问题域和系统责任的 Agent。特征模型层表示 Agent 的结构与特征,包括 Agent 的状态变量以及方法等。MAS 层是组成系统的 Agent 群体所采用的体系结构,主要解决 Agent 之间的交互问题。

基于 Agent 的建模步骤其实也就是构建 MAS 的过程,具体步骤如下:

第一,发现个体 Agent。发现个体 Agent 的过程也就是将现实系统中的事物抽象为 Agent 的过程。结合之前阐述的 Agent 的定义可知,一般可以将系统中的每个实体都抽象为一个 Agent,但在实际做法中,这是不够的。需要注意两个问题:一个是 Agent 抽象的粒度问题。系统中的实体有大有小、有粗有细,应当根据需要,按照合适的粒度进行划分和抽象,既要满足需求也应尽量避免冗余和计算资源的浪费。另一个是对同质 Agent 和异质 Agent 的处理。系统中有很多实体,这些实体中可能存在相似的实体,在抽象 Agent 时可以对实体进行分类。将相似的实体归为一个 Agent,将不同的实体划分为不同的 Agent,这一部分可以借助类图实现。

第二,对 Agent 建模。目前公认的 Agent 的结构模型有三种。第一种是基于逻辑的 Agent 模型,在这种结构模型下,Agent 的决策通过逻辑演绎实现,类似于专家系统。第二种是反映式 Agent 模型,类似于一般的控制系统,Agent 的决策通过环境与行为的映射实现。第三种是信念—愿望—意图 Agent 模型,在这种模型下,Agent 的决策过程更接近于人的思维方式,由 Agent 的信念、愿望和意图与数据结构之间的操作实现。目前，各结构模型还在发展和完善之中，现实中通常认为 Agent 由环境、感知器和效应器组成，如图 11-10 所示。

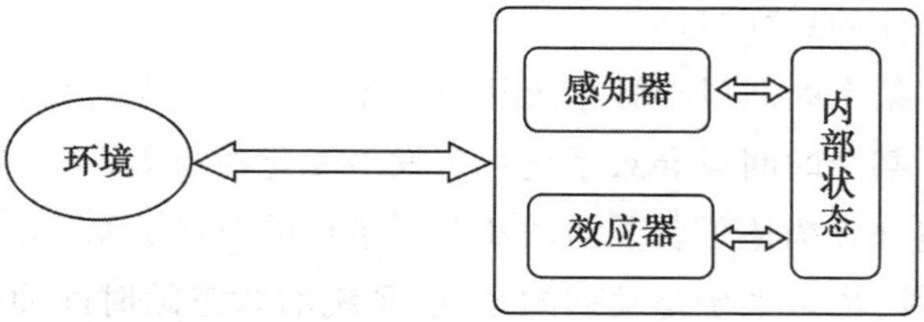

图 11-10　Agent 的结构模型

第三，建立 Agent 组的体系结构。为了建立由多个 Agent 组成的多 Agent 体系机构，需要考虑以下几个问题。首先，要考虑系统中有多少个 Agent，Agent 的总数是否会发生变化。其次，要考虑 Agent 之间选择什么样的通信渠道，通常在传输介质和访问方式等方面会有所不同。再次，还需要考虑 Agent 的交互遵循什么样的通信协议，通常采用共享全局存储器、消息传递以及两者相结合的方式。最后，还需要考虑怎样使 Agent 和其他 Agent 结合起来，常见的有分层嵌套结构、网络结构等。

第四，实现与仿真。有了系统的特征模型之后，下一步的任务就是设计和编程，而编程中一个很重要的问题就是平台的选择。开发平台对开发人员的影响不容小觑，一个好的面向 Agent 的开发平台能够使得开发过程更方便、快捷。目前在复杂系统的研究中，被广泛推荐和采用的是由美国圣塔菲研究所(The Santa Fe Institute, SFI)研制的 Swarm。

4.基于离散事件的建模方法

离散事件系统不同于连续事件系统，它不需要描述系统随时间而变化的连续系统状态。离散事件关注的是在某些时间点系统状态的变化以及系统状态变化的原因，例如理发店就是一个离散系统，由顾客和理发师组成。对离散事件系统建立的模型就是离散事件模型，但离散事件系统中事件的发生往往都是随机的，因此用简单的数学模型很难对其进行建模，仿真技术为离散事件系统模型提供了很好的支持。下面将介绍离散事件系统模型中涉及的基本概念，离散事件系统建模的基本策略以及经典的离散事件系统模型——排队系统的建模方法，为对离散事件系统进行建模仿真奠定基础。

(1)离散事件系统模型的基本概念。下面将对离散事件系统模型中的一些基本术语逐一进行介绍。

①实体：构成系统的客观对象叫作实体。根据实体在系统中的停留时间，

可以将实体分为永久实体和临时实体。永久实体是长期存在于系统中的，而临时实体在系统中只停留一段时间。

②属性：实体的特征描述。

③活动：在某个时间段导致系统状态发生变化的一个过程。

④事件：在某个时间点导致系统状态发生变化的行为。

⑤进程：包含并描述了若干活动和若干事件的时序关系。

⑥仿真时钟：离散系统是动态的系统，系统的状态随时间而改变，是以时间为自变量的因变量，系统的时间就是仿真时钟。

⑦系统环境：存在于系统周围的一切实体和活动的集合就是系统环境。

(2)离散事件系统仿真策略。对离散事件系统建模前，首先要确定离散事件系统仿真策略。离散事件系统仿真策略从总体上反映了仿真模型的构建方式，决定了模型的结构。仿真策略由仿真的控制逻辑和仿真时钟推进机制构成。控制逻辑设定了仿真系统中事件的激活条件，仿真时钟推进机制决定了仿真系统中的时间如何由一个时间点推向另一个时间点。仿真时钟推进机制分为固定步长时钟推进机制和下次事件时钟推进机制。在固定步长时钟推进机制下，仿真系统每隔一段相同的时间就进行一次扫描，更新系统的状态。而在下次事件时钟推进机制下，仿真系统中时间的推进由事件的发生决定，仿真系统的时间点直接由一个事件跳到下一个事件。两种时钟推进机制各有优缺点。固定步长时钟推进机制能够通过调整步长灵活地调整仿真的效率和精度，但是有可能一个步长内没有事件的发生，就会存在多余的计算。下次事件时钟推进机制中不存在多余的计算，但是无法调整仿真的效率和精度，缺乏灵活性。离散事件系统仿真常用的仿真策略有以下三种：

第一，事件调度法。事件调度法是在 1963 年兰德公司的哈里·马科维茨(Harry Markowitz)等人推行的 SIMSCRIPT 语言中提出的，在美国十分流行。用事件调度法建立仿真模型的基本单元是例程，例程的作用与函数相似，但比函数的内涵更丰富。例程是系统对外的功能接口或服务的集合。事件调度法的基本思想就是根据系统中事件发生的时序依次触发相应的例程，以此实现事件发生对系统状态的影响。事件调度法将事件都放在一个事件表中，其模型结构一般为将系统初始化后，开始扫描事件表以确定系统中下一个事件发生的时间，然后将仿真时钟调至下一个事件发生的时间，并处理相应的例程，结束后，继续回到事件表中进行事件扫描，判断仿真是否结束，如果未结束，继续进行以上操作，直到达到仿真终止条件。

第二，活动扫描法。活动扫描法最早由巴克斯顿(Buxton)和拉斯基

(Laski)在 1962 年开发的计算机结构语言中提出，在英国被广泛应用。活动扫描法的基本思想是系统中的实体以其最小的时间单元对事件进行扫描并对事件进行测试，判断其是否达到触发条件并相应地更新系统的状态。事件的发生时间可以事先确定，因此测试的内容主要跟时间有关。活动扫描法的模型结构一般为在初始化系统之后，实体开始进行周期扫描，每一次扫描都按照时间顺序处理测试达标的事件以使系统状态得以更新，并将仿真时钟推向下一时间点直至仿真结束。每一次的扫描过程可以视作一个活动，因此活动扫描法的基本单元是活动例程。

第三，三段扫描法。活动扫描法使用的是固定步长时钟推进机制，因此效率较低。1963 年，托赫尔(Tocher)借助事件调度法的思想，对活动扫描法进行了改进，提出了三段扫描法。三段扫描法的基本单元同活动扫描法一样，也是活动例程，只不过将活动例程分为了两类：B 类活动例程和 C 类活动例程。B 类活动例程是指在某一时间必然会被执行的活动例程，C 类活动例程是指当满足其他特定条件时才会被执行的活动例程。因此，B 类活动例程就像事件例程一样被安排在某一时间点执行，只有 C 类活动例程需要进行扫描。三段扫描法的模型结构为初始化系统之后，将仿真时钟推进到下一个 B 类活动例程的时间点，触发 B 类活动例程，对 C 类活动例程进行扫描并处理，结束后，再将仿真时钟推进到下一个 B 类活动例程的时间点，以此类推，直至仿真终止。由上述内容可知，三段扫描法综合了事件调度法和活动扫描法的机制和思想，兼具高效和简单的优点，因此被人们广泛使用。

11.2.3　供应链系统建模仿真的工具

1.电子表格模拟

使用电子表格如 Microsoft Excel 等可以快速建立起有效的模型，电子表格作为简单易用的仿真实验平台，在企业中被广泛地使用。

2.仿真软件包

软件包可以帮助开发人员进行更好的测试、开发和创新，常用的软件包包括离散事件和连续模拟两大类。开发人员使用软件包很便利，不需要具备很强的编程技能就可以对较为复杂的系统快速建模，且具有良好的视觉效果。

3.通用编程语言

编程语言的使用可以使开发人员对任意系统进行建模，但对开发人员的编程能力有很高的要求，因此降低了编程语言建模的使用率，开发人员经常借助许多软件包来实现模拟仿真。

11.3 供应链系统仿真优化

11.3.1 系统模型、仿真与优化的关系

很多事物都是由大大小小的系统组成的，人们对事物的了解离不开对系统的研究。由前文介绍可知，很多时候出于种种原因无法直接对系统进行研究，在这种情况下，仿真技术可为研究的开展提供很好的支撑。系统的模型、仿真与优化都是仿真技术必不可少的组成部分，那么三者之间到底有什么区别与联系呢？系统的模型是对系统特征的描述，借助符号和公式将现实系统抽象并表述出来。现实生活中有的系统非常复杂，想要借助仿真技术建立现实系统的仿真模型，就必须清楚系统的内部结构和特征，而模型正是我们梳理系统结构和特征的好帮手，想要贴合实际地对系统展开研究，首先就要建立一个合适的模型。系统的仿真就是在建立数学模型的基础之上，根据研究目的，分析系统各要素间的关系，建立能够描述系统运行状态的仿真模型，据此进行仿真实验的过程。借助计算机使仿真模型运行起来，观察记录其演变过程，可以获取决策所需要的各种信息。系统优化就是指在一定的环境条件的限制及约束下，寻找到系统的最优运行状态。

综上所述，建模是基础，仿真是手段，优化是目的，三者相辅相成，层层递进，缺一不可。前面介绍了仿真的概念及如何建立仿真模型，本节将介绍常用的优化方法。

11.3.2 供应链系统仿真优化方法

供应链系统优化的方法主要有运筹学方法、智能优化算法和模拟仿真法。常见的运筹学方法有线性规划法、非线性规划法、图论法、排队论等，通常适用于较为简单并且能够用数学模型表达和求解的系统。当系统较为复杂、问题约束无法定量表述时，需要用到智能优化算法。常用的智能优化算法有模拟退火算法、禁忌搜索算法和遗传算法等(见表 11-3)。运筹学方法和智能优化算法统称为解析法。解析法是建立在数学模型的基础上的，通常能够获得精度较高的解。当系统过于复杂、无法借助数学模型求解时，人们常常借助仿真技术模拟系统的运行来寻求答案。模拟仿真法便于人们在相对较小的成本下观察系统在不同的环境及参数设置下的运行状态，重复实验获取信息，以达到优化系统的目的。模拟仿真法是非解析法，其目的是寻求改善系统的途径，解的精度往

往不如解析法。但模拟仿真法可以研究非常复杂的系统，适用于各种随机因素存在的情况，且仿真过程符合人们的思维习惯，有利于进行系统分析。从优化方法的发展历程来看，大致经历了以下几个阶段：①20 世纪 40 年代到 70 年代，优化的主流手段是运筹学方法，优化问题的目标和约束都是解析函数；②70 年代到 20 世纪末，目标和约束复杂化，进入了智能优化阶段；③21 世纪以来，人们借助仿真技术实现了对更为复杂的系统的研究。

表 11-3　智能优化算法

性能特点	算法种类		
	模拟退火法	禁忌搜索法	遗传算法
全局搜索能力	较强（不但向解得好的方向搜索，而且以一定的方式向其他方向进行搜索	只对使用禁忌表的记忆进行搜索	较强（不但向解得好的方向搜索，而且以一定的方式向其他方向搜索）
缺点	最后的搜索结果比中间结果差	用于离散问题的寻优	“早熟”现象
参数	温度控制参数、退火速度	禁忌表、吸收水平函数	种群规模、交叉率、变异率等
解	近似最优解	近似最优解	近似最优解

其实，仿真优化方法是仿真方法和优化方法的融合，借助仿真的手段达到优化的目的。总结现有的研究，仿真的策略大致可以分为三种。第一种：当解空间较小时，采用直接比较的方法就可以获得候选解中的最优解。这种方法的做法一般是将备选模型逐一仿真运行，比较每一组模型输出的最优解，据此做出最优决策。第二种：将仿真模型嵌入智能优化算法中，将仿真模型的输出作为算法的适应值，引导算法获得最优解，作为下一次仿真的输入。在这种仿真策略中，仿真可以与任意的智能优化算法相结合，每种算法有其各自的优缺点，应根据需要选择合适的算法。第三种：对于随机性问题，仿真只作为获取随机参数的手段，也就是说不需要对问题的整个流程进行仿真，而只需要对涉及的随机参数或函数进行仿真，从而为优化模块提供必要的参数或函数信息。

11.4 供应链系统仿真案例

医疗运营系统高效运营的关键在于药品、外科医疗产品、医疗设备、无菌物品、亚麻布和食品的供应与配送。某医院不仅拥有各种先进的医疗设施，而且有高效且自动化、智能化的物资供应与配送系统。该医院旨在利用仿真模型与智能技术，通过流程简化和物资配送自动化设备来验证物资供应与配送系统的可靠性。

11.4.1 供应与配送系统背景介绍

物资配送车辆有多种形式，如用于运输轻量级货物(包括临床样本和药品)的气动管道系统、满足特殊需求的搬运机器人，以及用于将食物运送到病房的自动引导车辆(Automated Guided Vehicle，AGV)。某医院试图通过采购一定规模的AGV运输车队，满足医院内部物资配送需求。通过仿真模型及优化，寻找最佳数量的AGV车队，以最小化采购与运营成本。同时，规划出物资供应及配送系统的基础设施数量，如装载区或卸货区AGV车位数量、电梯数量等。AGV物资配送流程如图11-11所示。

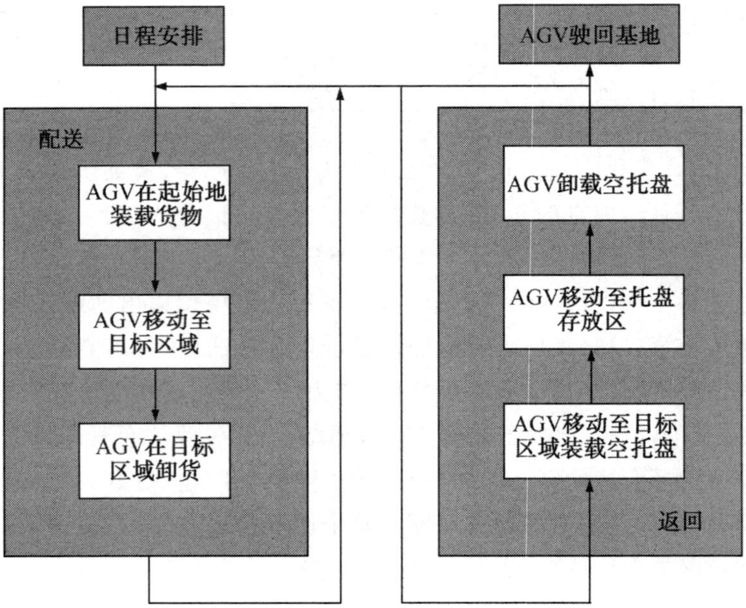

图 11-11 AGV物资配送流程

此外，为了及时满足医疗系统各部门的物资需求，给定各类物资配送时间窗口如表 11-4、表 11-5、表 11-6 和表 11-7 所示。表 11-8 列举了医疗物资供应与配送仿真模型中 AGV 及电梯等运送工具的基本参数，包括运行速度、加速度等。

表 11-4　送餐时间要求

送餐类别	托盘数量/个	配送时间	返回时间
早餐	105	05:30—06:30	08:30—09:30
午餐	106	09:30—10:30	13:00—14:00
晚餐	105	15:00—16:00	19:00—20:00

表 11-5　药品配送时间要求

配送时间段	托盘数量/个	配送时间	返回时间
上午	4	09:00—09:15	12:00—13:00
	6	09:30—09:45	
	29	11:00—12:00	
下午	6	14:00—14:15	16:30—17:15
	15	14:30—14:45	
	4	15:00—15:15	

表 11-6　亚麻布配送时间要求

配送时间段	托盘数量/个	配送时间	返回时间
上午	50	07:00—07:45	07:45—08:30
下午	49	16:30—17:30	17:30—18:15

表 11-7　无菌物资供应与配送时间要求

配送时间段	托盘数量/个	配送时间	返回时间
上午	24	11:00—12:00	12:00—13:00

续表

配送时间段	托盘数量/个	配送时间	返回时间
下午	38	14:00—14:45	14:45—15:30
	39	17:30—18:15	18:15—19:00

表 11-8 物资供应与配送系统仿真参数

参数	
AGV 速度	0.5 m/s
AGV 装载或卸载时间	10 s
电梯容量	1 AGV
电梯装载或卸载时间	10 s
电梯打开或关闭时间	3.2 s
电梯运行速度	1 m/s
电梯运行加速度或减速度	0.6 m/s^2

图 11-12 展示了某医院物资供应与配送系统区域规划示意图。其中,重要物资如食物、药品、亚麻布和无菌物资等均由 AGV 实现自动化配送。图 11-13 展示了某医院病区平面布局图,其中病床区域为 AGV 卸载区域,在该区域初始规划了 4 个托盘停放位置,以满足高峰期的卸货需求。

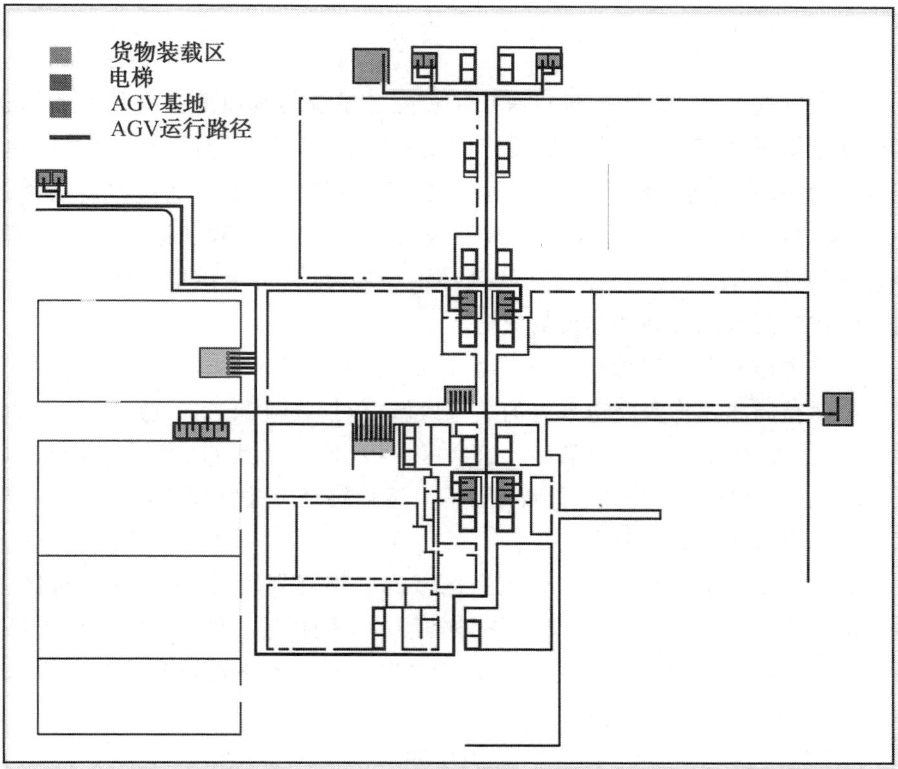

图 11-12　某医院物资供应与配送系统区域规划示意图

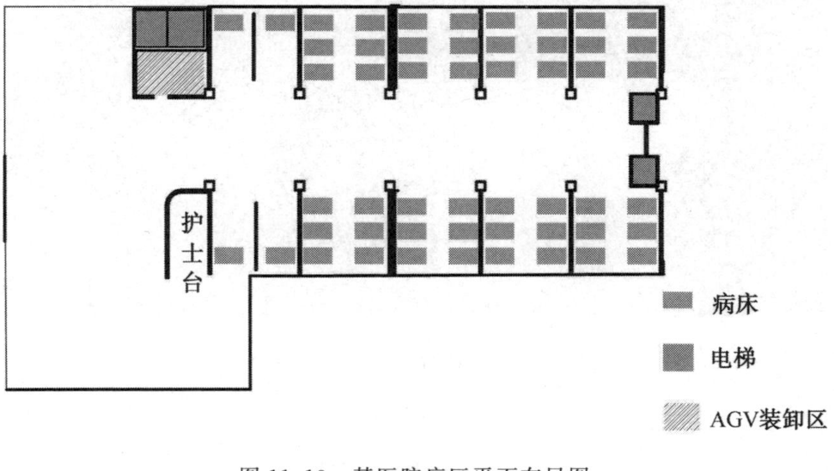

图 11-13　某医院病区平面布局图

11.4.2 医疗物资配送系统仿真模型

本案例选中 Simio(V9)进行医疗物资配送系统仿真模型基本环境的构建，在模型中使用 AGV 以及确定的关键假设和参数，实现所有供应链自动化物资配送。例如，假定各种物资在预定时间之前准备就绪并整齐地摆放在托盘上，AGV 在规定时间之内到达物资装载区域，并完成自动装载和运输。在该模型中，我们使用了来自其他医院的历史数据和假设作为每个供应链的输入，实验结果将作为某医院规划和建设的依据。

医院主楼和专科门诊中心分别由 9 层功能区域组成，均在仿真模型中建造。平面布局涵盖物资配送系统的关键区域，包括物流配送区、接收区、电梯入口、病房位置、电梯位置和停靠站。这些区域指明了每次 AGV 配送的起点和终点，以及它们之间的连接。通过确定 AGV 运输路径及关键环节，每个供应链的工作流程得以在仿真模型中实现。

图 11-14 展示了某医院物资配送区域的三维规划图，其中餐饮配送区、药品配送区及 AGV 充电区分别设置在该楼层的不同位置。图 11-15 展示了第二个 AGV 充电区，图 11-16 展示了某医院内部 AGV 道路规划路线及电梯出入路线。

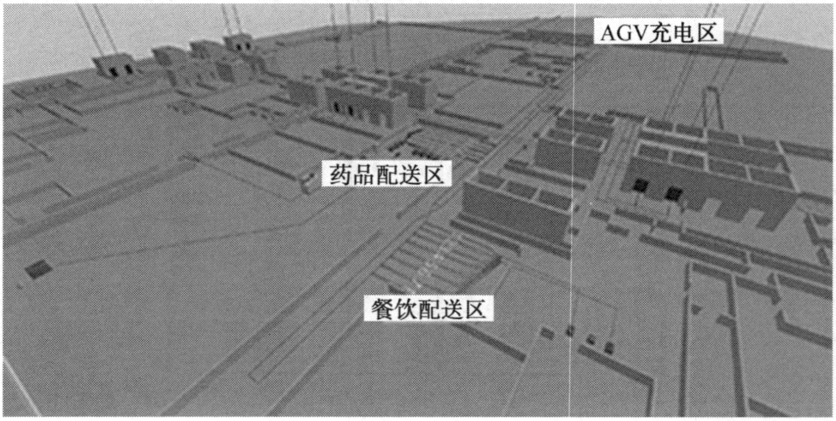

图 11-14 某医院物资配送区域仿真

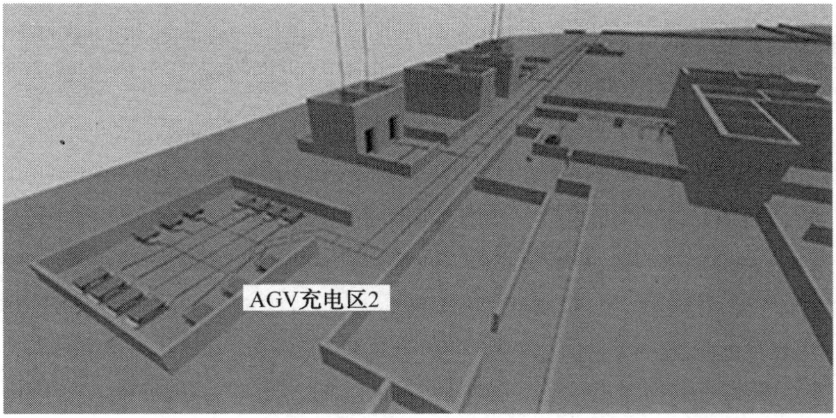

图 11-15　某医院 AGV 充电区域及道路规划

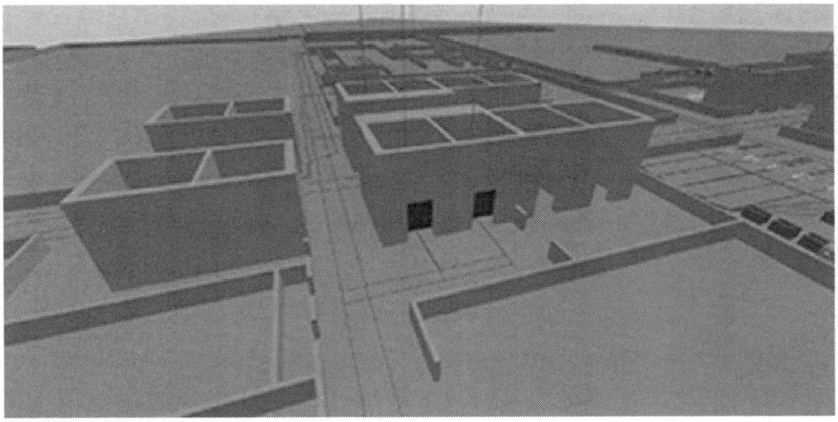

图 11-16　某医院内部 AGV 道路规划及电梯出入路线

在医院大楼布局中，给每个位置的物资配送区域分配了两部电梯。例如，主楼有八座塔楼，每座塔楼有两部电梯。当 AGV 或机器人搬运员接近电梯时，他们将选择最近的电梯，以尽快完成物资配送。但是，如果两台电梯都可用，则最好选择使用率较低的电梯。AGV 电梯选择逻辑过程如图 11-17 所示。每当 AGV 到达选择节点时，将检查两部电梯的可用性。如果两者都可用，则使用率较低的电梯将打开；或者，可用的电梯将打开。同样，如果两部电梯都繁忙，那么所有车辆都必须在节点处等待。

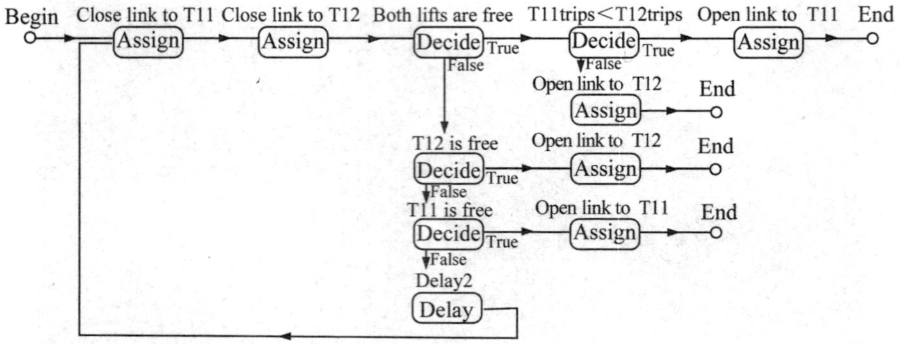

图 11-17 AGV 电梯选择逻辑

为了更好地安排 AGV 交通顺序，在仿真模型中我们设置了十字路口交通控制程序，如图 11-18 所示。每当 AGV 通过十字路口时，首先进行逻辑判断，即识别即将同行的方向是否有车辆通过，如有，则等待 1 秒直至道路畅通。

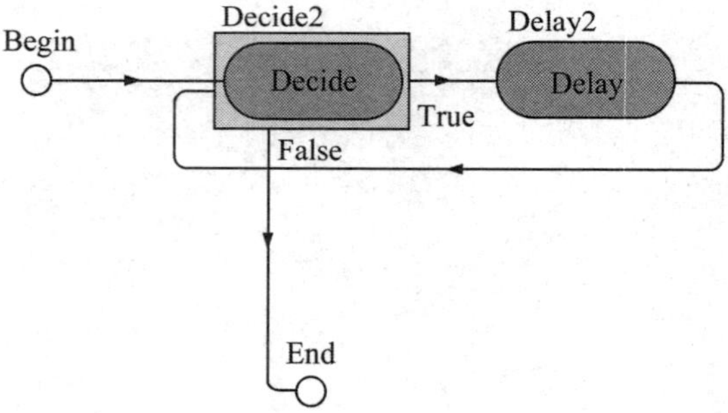

图 11-18 十字路口交通控制程序

11.4.3 仿真实验结果分析

由于早餐配送量大、任务繁忙且时间安排紧迫，在此，我们以早餐时间为例说明如何确定所需 AGV 的数量。从 08:30 到 09:30，每天将送回托盘。在这里，我们考虑为大病房提供 3 个托盘，还有 105 个托盘需要返回。因此，为了获得 AGV 的最佳数量，我们逐渐增加数量，并检查何时可以返回所有托盘。这是基于模拟的优化，步长为 1。图 11-19 显示了不同数量 AGV 的准确完成时间。由图可以看出，使用 25 辆 AGV，托盘返回时间稍有延迟，至少需要 26 辆 AGV 才能满足时间要求。因此，我们建议使用 26 辆 AGV，另外 2 辆 AGV 作为备件。

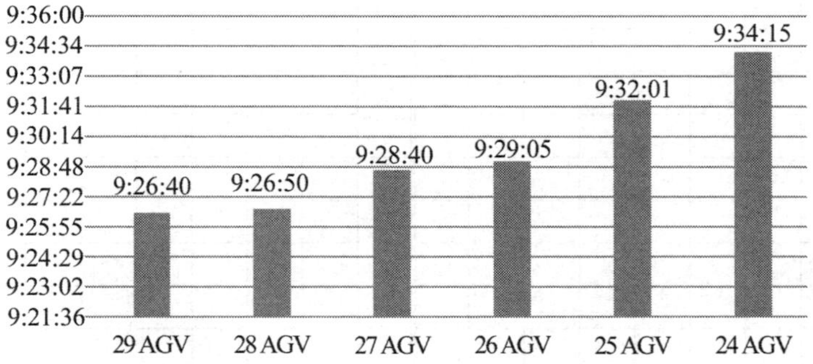

图 11-19　不同 AGV 数量下早餐托盘返回时间统计图

在医院各楼层托盘接收区域均分配了 4 个托盘放置位置，必须了解这些位置在高峰时段是否可用。图 11-20 显示了 07:00—07:45 期间的托盘放置位置利用率。对实验结果进行统计分析发现，在 B1_ED_T4、B1_ED_T5、B1_ED_T6 三个位置的 AGV 停靠站需求为 5 个，超出了目前的容量。L2_DSOT 和 L2_MOT 的站点已充分利用，而其他站点均足够。

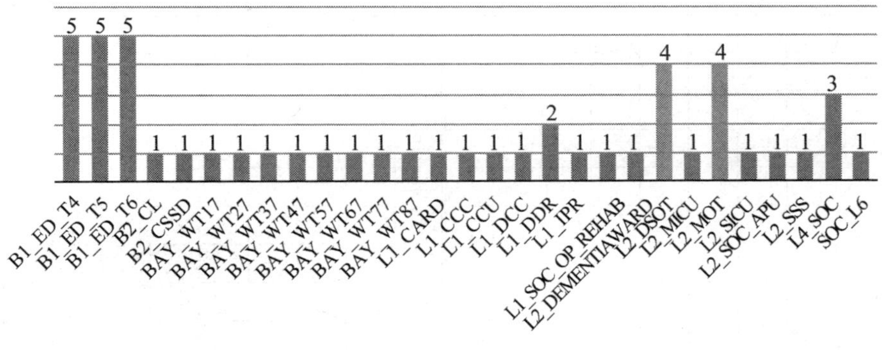

图 11-20　07:00—07:45 时间段装载车位使用率

注：数字大于 4 表示不够用，数字等于 4 表示满载使用，数字小于 4 表示利用不足。

由于 AGV 数量和时间是有限的资源，因此必须合理安排每个供应链的时间窗口。通过优化时间窗口，所需资源可以最小化，如所需 AGV 和托盘的数量，但不会影响每个部门的日常供应，即食物、亚麻布、无菌物资、药品等。经过仿真模型参数设置与结果验证，各种物资供应与配送时间窗口优化结果如表 11-9 所示。

表 11-9　各类物资配送时间窗口

活动	05:00—06:00	06:00—07:00	07:00—08:00	08:00—09:00	09:00—10:00	10:00—11:00	11:00—12:00	12:00—13:00
食物配送								
托盘返回								
亚麻布配送								
托盘返回								
无菌物资配送								
托盘返回								
药品配送								
托盘返回								

活动	13:00—14:00	14:00—15:00	15:00—16:00	16:00—17:00	17:00—18:00	18:00—19:00	19:00—20:00	20:00—21:00
食物配送								
托盘返回								
亚麻布配送								
托盘返回								
无菌物资配送								
托盘返回								
药品配送								
托盘返回								

此外，根据某医院的实际需求，本案例同时进行了其他场景的实验。例如，在医院早期规划中，各关键区域均设置了两部电梯负责 AGV 物资供应与配送。在本案例中，对电梯数量的配置进行了仿真验证。结果发现，目前的电梯配置数量存在冗余的情况，电梯利用率不高，在关闭一部电梯的情况下，AGV 物资配送时效性没有受到影响。因此，基于本仿真模型，我们建议某医院在关键区域设置一部电梯即可。其他场景实验结果或建议如表 11-10 所示。

表 11-10　结果或建议

序号	场景分析	结论或建议
1	①各楼栋一部电梯 ②各楼栋两部电梯	一部电梯即可满足各楼栋配送需求
2	①各病区配送两托盘的食物 ②各病区配送三托盘的食物	①至少需要 21 辆 AGV ②至少需要 26 辆 AGV
3	①药品＋无菌物资配送托盘的数量 ②亚麻布配送托盘的数量	①至少需要 64 个托盘 ②至少需要 50 个托盘
4	各区域托盘放置数量(初始设置为 4 个)	在物资配送高峰时段，楼栋 4、5、6 急诊部门的托盘放置数量需求为 5 个，超出目前设置的数量，因此建议高峰时段在这些区域安排辅助人员及时卸载托盘物资，清空托盘放置区域以备后续 AGV 卸载物资

参考文献

[1]JAMES R，LAMBERT D M. Strategic logistics management[M]. 4th ed. New York：McGraw-Hill，2000.

[2]MORGENTHALER G W. The theory and appication of simulaton in operations reseach[M]//ACKOFF R L. Progess in operations reseach，New York：John Wiley & Sons，Inc，1961.

[3]科恩，韦特. 连续系统数字仿真[M].李仰东，李宝绥，刘志俊，译. 北京：科学出版社，1981.

[4]PRITSKER A A B. The GASP IV in simulation language[M]. New York: John Wiley & Sons, Inc, 1974.

[5]SPRIET J A, VANSTEENKISTE G C. Computer-aided modelling and simulation [M]. New York and London: Academic Press, 1982.

[6] ÖREN T I. Model-based information technology: Computer and system theoretic foundations [J]. Behavioral Science, 1984, 29(3): 179-185.

[7]王其藩. 系统动力学[M]. 上海:上海财经大学出版社,2009.

[8]MINSKY M. Society of Mind[M]. New York:Simon & Schusters, 1988.

[9] FRANKLIN S, GRAESSER A. International Workshop on Agent Theories,Architectures,and Languages[M]. 3 rd. Berlin:Springer-Verlag,1996.

[10]HAYES-ROTH B. An architecture for adaptive intelligent systems [J]. Artificial Intelligence: Special Issue on Agents and Interactivity,1995,72: 329-365.